Questions de

La Suite

BERNARD-HENRI LEVY

Questions de principe trois

La Suite dans les idées

LE LIVRE DE POCHE

Les textes qu'on lira ici ont été écrits, pour la plupart, entre 1985 et 1990. Certains sont inédits. D'autres sont parus dans des revues marginales ou confidentielles. D'autres encore dans des journaux aussi différents que Le Monde, le Corriere della sera, Le Figaro, Globe, L'Événement, La Vanguardia, l'Espressen, l'Aftenposten, le Jerusalem Post, L'Express *ou* Libération. *Je les reproduis tels quels. Sans retouches ni remords. Prenant parfois même le risque — je pense à tel reportage sur la Tchécoslovaquie, réalisé un an avant la « révolution de velours », ou à telle analyse concernant le mur de Berlin, publiée dès novembre 1989 —, de faire ainsi l'aveu d'une lucidité politique mise en défaut par l'événement. La règle du jeu était celle-là, bien sûr. De même que le parti à tenir pour que ce nouveau* Questions de principe *ait la fonction que je lui assigne : donner à qui voudra le témoignage d'un discours qui, sans jamais transiger sur les impératifs de la rigueur, n'entend pas renoncer pour autant à la confrontation avec le monde. Hommage, une fois n'est pas coutume, à Sartre affirmant qu'il n'est de littérature — et de pensée — que de circonstances.*

B.-H. L.
30 avril 1990.

I

FICTIONS

FABLES RÉVOLUTIONNAIRES

I

Lettre de la comtesse de Saint-Priest
à sa cousine Élise,
au sujet des événements
du 14 juillet 1789

Je voudrais te raconter, ma chère Élise, les extra-
vagants événements dont Paris bruit depuis trois
jours et auxquels une malheureuse fortune m'a valu
d'être mêlée.

Il était presque dix heures, ce mercredi 14. Je me
trouvais, comme chaque semaine, dans ma tournée
de bienfaisance. Elle m'avait menée à Saint-Roch.
Au Bureau des pauvres de la place de Grêve. J'étais
passée rue Notre-Dame-des-Victoires, visiter mes
aveugles. Puis quai des Grands-Augustins, où chère
Madame de Genlis donnait sa séance publique de
charité. Puis encore à mon Atelier, pour apporter à
mes orphelins leur content de viande et de vieux
linge. Et je me dirigeais à petit trot vers l'Hospice
du Faubourg Saint-Antoine quand parvint à mes
oreilles un vacarme d'abord assourdi mais qui, à

mesure que j'avançais, devenait de plus en plus formidable. « Permettez que nous tournions bride, me cria Roger, mon cocher, sur un ton dont je sentais qu'il dissimulait mal une forte appréhension ; je vois là le signe d'un tumulte qui fait que Madame la Comtesse aurait, me semble-t-il, avantage à ne pas être vue dans la rue. » Il avait à peine fini sa phrase et notre cabriolet avait tout juste franchi le carrefour de la rue Ménilmontant que le tumulte devenait foule et qu'une véritable marée humaine, d'une ampleur et d'une fureur dont je n'ai jamais connu d'exemple, entoura la voiture et nous ferma la route. « Le peuple, me dis-je ! Voici donc le peuple ! » Et mon premier sentiment, je te l'avoue, fut un mélange d'effroi et d'émotion délicieuse.

Car sur l'instant, vois-tu, il n'était pas interdit de croire à une farce. Ou à une foire. Il n'était pas absurde de se dire : « voici l'une de ces mascarades dont les bourgeois se divertissent et dont une femme de condition n'a pas, en principe, à prendre ombrage ». Mais quand je vis le nombre de ces gens, quand je notai le caractère déterminé, farouche, de leurs figures, quand je découvris surtout qu'ils étaient armés — oui, Élise, armés ! — qui d'une faux, qui d'une pique, qui d'un méchant bâton au bout duquel on avait attaché une baïonnette ou un couteau, je compris qu'il fallait déchanter et qu'il y avait dans ce spectacle quelque chose de plus redoutable. Mon attelage était cerné. Mon domestique épouvanté. C'étaient des centaines et des centaines de drôles qui me regardaient sous le nez, me narguaient, me commentaient. Et il s'en trouva même un, sorte de manant sans souliers et presque sans culotte, pour sauter sur mon marchepied et me dégoiser une insanité que je rougirais de répéter.

Lorsque, maladroit, il redégringola sur le pavé, ce fut, à mon encontre, une immense gronderie mêlée de cris, d'insultes et d'éclats de rire à faire frémir.

Crois-tu que Roger aurait pris alors son fouet pour corriger le gueux ? Nenni ! Car le moins stupéfiant de l'affaire ne fut pas de voir ce fidèle serviteur, les joues toutes empourprées, la physionomie métamorphosée comme s'il était pris, lui aussi, par la fureur environnante, bredouiller sans me regarder que la berline était coincée et descendre tout de go, se mêler à la populace ! Mon siège, du coup, était fait. La fièvre était trop forte. Trop fort cet incroyable désordre dont je voyais qu'il dérangeait tous les principes admis d'une société civilisée. Apercevant soudain chère Yolande de Polignac portée en effigie par une bande de vauriens qui l'accrochaient à une lanterne, un vertige me saisit à l'idée de ce que penseraient ces bandits si d'aventure ils apprenaient que je me trouvais en chair et os parmi eux. Je n'allais pas rester là, n'est-ce pas, toute seule sur mon phaéton, avec mon grand chapeau de paille festonné de rubans lilas ? Vu qu'il n'y avait pas une vinaigrette ni une chaise à l'horizon, mon parti fut vite pris : je décidai d'abandonner là ma voiture ; de me fondre à mon tour dans cette tourbe épouvantable ; et, sans plus songer au déjeuner où l'on m'attendait déjà (c'était chez les d'Estaing, rue Sainte-Anne, dont je brûlais pourtant de visiter le nouveau jardin d'hiver) de me laisser porter par le flot qui, malgré moi, sans que je puisse m'en extraire ou le contrarier, me mena droit... à la Bastille.

Pourquoi la Bastille ? Il me faut dire que, sur le moment, j'étais si désemparée que je ne me risquai pas à me le demander. Mais je crois, à la réflexion, que mon armée de charbonniers, salpêtriers et autres gagne-deniers n'en avaient, à cette heure de la matinée, pas une idée beaucoup plus claire. « Mort aux riches, criaient-ils avec des roulements d'yeux dont je craignais à chaque pas d'être la cible d'occasion ! A bas les aristos ! A l'eau les foutus prêtres ! Finis la calotte et les calotins ! Demain sera notre tour ! Demain nous coucherons dans l'édredon ! » Mais d'imprécations contre la forteresse elle-même, je n'en entendais guère et je suis à peu près convaincue que ces gredins étaient encore à cent lieues des terribles extrémités auxquelles l'échauffement des esprits allait bientôt les conduire. La vérité — j'allais l'apprendre de la bouche d'un gentil petit perruquier que le hasard de l'aventure avait placé à mes côtés et qui m'avait offert le bras à un moment où, trébuchant sur le pavé mal joint, j'avais manqué me tordre la cheville — était celle-ci : les gens qui nous entouraient étaient en quête, depuis la veille, de poudre et de fusils ; s'étant portés en vain dans tous les arsenaux de la ville ils se trouvaient dans des dispositions que la colère, la déception, ainsi que le sentiment d'avoir été bernés rendaient fort menaçantes ; et s'ils étaient ici, face à cette forteresse que nul ne songeait encore à prendre ni braver, c'est que ses caves, aux dernières nouvelles, regorgeaient de ce qu'ils cherchaient — et que la garnison, s'ils en faisaient la demande, n'hésiterait pas à leur remettre.

L'histoire — puisque histoire il y a — a d'ailleurs commencé de manière tout à fait civile par l'envoi d'une députation chargée de représenter au gouverneur de la place que les munitions dont il disposait appartenaient à la Nation. La foule grondait, certes. Elle était toujours dans le même état de fermentation et de nerf. Et tu peux deviner les sentiments de ton amie, coincée entre un portefaix malodorant, une vivandière insolente et un charretier du faubourg qui graissait tranquillement son fusil tandis que son voisin distribuait à qui voulait des poignées de chevrotines. Mais enfin, le climat était à l'attente. Il respirait sinon la bonhomie — comment parler de bonhomie quand on découvre dans sa ville de tels nids de sédition ? — du moins une certaine confiance. On blaguait. On devisait. On se montrait du doigt, quand il paraissait en haut des tours, tel ou tel invalide, familier du quartier, que l'on connaissait par son prénom. Et si grande était la naïveté de ces hommes par ailleurs si féroces qu'ils ne doutaient pas un seul instant de voir, sitôt leur députation revenue, ces braves sentinelles fraterniser avec le peuple. « Il faudrait beau voir que la troupe résiste, clamait un bourrelier aux airs de matamore. Vous verrez comme ces gens auront tôt fait d'oublier l'état qui les a faits soldats pour retrouver la nature qui, comme nous, les a faits hommes. » Il était tard, maintenant. Le soleil, très haut, échauffait mon pauvre front indécemment dénudé. Et la populace, de plus en plus nombreuse, attendait en quelque sorte que s'ouvrent toutes seules les portes de la Bastille.

Que s'est-il alors passé ? Et d'où vient que le climat, jusque-là débonnaire, ait finalement tourné à l'émeute ? La chose a tenu, comme souvent, à un enchaînement de circonstances qui, pour hasardeuses qu'elles aient été, n'en échauffèrent pas moins les esprits dans des proportions inattendues. Il y a eu que la députation, entrée dans la forteresse à dix heures, n'en était pas ressortie à onze : la vérité est que le gouverneur Launey l'avait priée à déjeuner mais le peuple, l'ignorant, pensa qu'on la tenait en otage et que c'était une autre façon de se moquer de lui. Puis il y eut que ledit gouverneur, en gage de bonne foi, ordonna que, en haut des remparts, on recule tous les canons : la manœuvre, vue d'en bas, fut de nouveau prise à l'envers et le bruit se mit à courir que c'était pour les recharger, non pour les dépointer. Et puis il advint enfin que la foule, ayant approché tout près des murailles et les soldats, sur les tours, lui ayant fait de grands signes de chapeau, elle prit pour une invitation à avancer ce qui était en réalité une injonction de reculer : ce qui fait que lorsqu'une poignée de meneurs eurent gravi le toit de la parfumerie voisine, puis sauté dans la cour de l'odieuse forteresse et baissé de force le premier pont-levis afin que la bourgeoisie s'y engouffrât, la troupe, se voyant désobéie, tira sur les assaillants tandis que ces derniers, se sentant trahis (et croyant qu'on ne les avait induits à pénétrer que pour mieux les massacrer), entrèrent dans une rage et une vengeance de tous les diables.

J'essaierais en vain de te peindre l'abominable tourmente qui s'abattit alors sur les lieux et dont Dieu seul a voulu que je sortisse indemne. J'ai vu le sang couler, mon Élise. J'ai vu des morts. Des blessés. J'ai vu des femmes étouffées, des jeunes gens piétinés. J'ai vu tomber près de moi, dans un râle pitoyable, un garçon boucher qui faisait le fier et dont un biscayen venait d'emporter le bras. Le canon tonnait. Ça mitraillait d'en haut. Ça tiraillait d'en bas. Les pères envoyaient les fils ramasser les balles que les invalides avaient tirées. Les fils demandaient aux pères de leur donner des petits clous pour armer de maigres fusils. Et c'était miracle, quand j'y repense, de voir tous ces hommes, cuirassés ou pas, armés ou non, s'exposer de la sorte aux foudres d'une artillerie dont le seul bruit me faisait défaillir mais qui ne semblait faite que pour redoubler leur rage. « Bas les ponts, criaient-ils ! Bas les armes ! En bas la troupe ! On ne tire pas sur la nation ! » Mais la troupe, hélas, n'entendait pas. Elle ne semblait, à leur surprise, nullement décidée à pactiser. Elle ne cessa même pas le feu quand les insurgés allèrent chercher des charrettes qu'ils poussèrent dans la cour et auxquelles ils mirent le feu dans l'espoir que la fumée les dissimulerait aux regards. Les minutes passaient. J'avais trouvé, sous un porche, un bien précaire abri. Et je commençais de me dire que cette étrange bataille ne finirait qu'avec la nuit lorsqu'enfin parut le sous-lieutenant Élie.

Information prise, il s'agissait d'un officier de fortune, sorti du rang, dont le bel uniforme du régiment de la reine cachait mal la petite roture. Mais quelle allure, quand il s'avança sur la place ! Quel panache ! Quelle bravoure ! Et quelle autorité, surtout, pour diriger le feu, mener une manœuvre ou demander aux gardes françaises qui le suivaient d'ajuster les meurtrières ! Est-ce cette apparition qui décida de tout ? Ou se produisit-il quelque chose d'autre, à l'intérieur même de la forteresse, qui induisit le gouverneur à une indulgence fatale et que rien, dans l'état des forces, ne rendait obligatoire ? Bien des mystères subsistent, chère cousine, quant à ce dénouement. Mais toujours est-il qu'au moment même où le lieutenant allait faire donner son canon, le tir des assiégés cessa aussi vite qu'il avait commencé ; on entendit, à sa place, un grand roulement de tambour ; une voix, sortie d'un des créneaux, dit qu'il était inutile de verser davantage le sang des électeurs ; et puis une main parut, tendant un bout de papier que l'officier, au péril de sa vie, en marchant sur une planche jetée en travers du fossé, alla chercher lui-même au pied de la muraille. La garnison se rendait ! Sans nulle raison apparente, alors qu'il s'y trouvait encore de quoi soutenir un siège, la forteresse cédait ! « La Bastille est prise, cria-t-on ! La Bastille est tombée ! » Et ce fut une ruée — barbare comme la canaille enivrée...

Oh ! ma bonne Élise ! Pourquoi le Ciel a-t-il permis que je vive pour assister au spectacle qui allait maintenant m'être donné ? On vit sortir les invalides, houspillés par ces sauvages. On vit un officier suisse, à la bouche encore noire de la poudre de ses cartouches, supplier qu'on l'épargnât. Un autre, la baïonnette déjà dans le ventre, qui hurlait qu'il était du Tiers et qu'il s'était gardé de tirer. J'en entendis un troisième, qui ne dut la vie sauve qu'à l'intervention d'un charretier observant qu'avant de le tuer il serait bon de l'interroger. On égorgeait tout ce qui s'opposait. On dépeçait tout ce qui tombait. Des cris de vengeance et de plaisir partaient de tous les cœurs. Ce n'étaient, d'un fossé à l'autre, que félicitations de citoyens qui voyaient dans ces massacres le baptême de leur République. Et quand enfin Launey sortit, tête nue, les vêtements déchirés, le visage sanglant et la main désarmée, ce fut une affreuse clameur qui ne le quitta plus jusqu'à son arrivée aux marches de l'Hôtel de Ville. « Il faut le pendre, criait l'un... L'attacher à la queue d'un cheval... Il faut torturer ce galeux, le détruire... » La horde n'eut pas à crier bien longtemps car il se trouva un employé de cuisine pour lui donner un coup de pique dans la poitrine, le traîner dans le ruisseau, l'insulter, le piquer encore et finalement lui trancher la tête à coups de sabre maladroits. Je le sais maintenant, cousine : les Huns et les vandales ne viendront ni de Chine ni du Nord, ils sont déjà parmi nous.

Quel sera le retentissement de cet odieux événement dont je n'ai pu, je le sais bien, que te donner une pâle idée ? Faible si l'on en croit le maigre butin que trouvèrent ces furieux quand ils se saisirent de la place : de vieilles armures, un gibet du temps jadis et, en tout et pour tout, sept malheureux prisonniers que la clémence royale avait sans doute oubliés. Fort, en revanche, si l'on en juge par l'audace inouïe d'une crapule qui ne s'est plus contentée, cette fois, de piller des sacs de farine et qui s'est peut-être déliée de toutes ses révérences : plus que l'autre soir, devant la boutique de Réveillon, il y avait là le ton d'une vraie *révolution*. Pour moi, en tout cas, la leçon est claire. Je n'aurai garde de rester plus longtemps dans une ville où l'on ne respecte ni Dieu, ni le Roi, ni les Princes. Et puisque cette lie qui se prétend le peuple semble ne plus obéir qu'à ses instincts les moins philosophes, je crains de devoir me rallier aux sages conseils d'exil que tu me donnes depuis des semaines. Aujourd'hui, Versailles. Demain, Londres ou Genève.

II

Mémoire de l'avocat L.,
conventionnel et régicide,
au sujet de la mort de Louis Capet

Senlis, février 1831. Bien des années ont passé depuis le temps de cette Terreur dont nous sommes un certain nombre à avoir gardé la mémoire. J'étais un jeune avocat du Tiers, ouvert et tolérant, qui croyait à la Révolution mais sans en épouser les excès les plus funestes. J'avais soutenu Necker. Prêté une plume libérale aux cahiers de mon bailliage. Je m'étais efforcé, à Versailles, au début des

États Généraux, de concilier les points de vue des ordres en conflit. J'étais modéré sans être Feuillant. Jacobin sans être Exagéré. Je marchais avec la Montagne, mais en évitant de perdre de vue les perspectives de la Plaine. Dans l'affaire du 4 août comme dans celle de la constitution du Clergé ou dans les sourdes disputes qui suivirent les massacres de septembre, j'avais tenu la balance égale entre les factions diverses qui se partageaient l'Assemblée. J'étais un député banal, bien vu de ses commettants, cherchant à toutes forces — et, ma foi, y parvenant ! — à traverser indemne cette interminable tempête où tant de mes compagnons avaient déjà sombré. Et je n'aurais jamais eu l'idée de prendre ainsi la plume s'il ne s'était trouvé un événement au moins qui sortît de cet ordinaire et auquel il a fallu qu'un destin mauvais m'associât. Cet événement, c'est la mort du Roi ; je ne voudrais pas quitter cette vie, ni affronter le dernier jugement, sans essayer de m'acquitter du récit que voici.

La vérité m'oblige à dire que lorsque, pour la première fois, j'entendis former l'hypothèse de la mise à mort du souverain, je fus d'abord partagé entre l'incrédulité et l'effroi. Quoi ? Le fils de saint Louis ? Le descendant de soixante-cinq monarques ? Ce prince vertueux, disciple de Fénelon, que l'on savait habité des plus amicales pensées à l'endroit du genre humain ? Non. Je ne le croyais pas. Je n'osais admettre, que dis-je ? je n'osais même concevoir que nous puissions, simples mortels, humbles représentants d'un peuple nouveau-né, nous instituer de la sorte juges de notre juge, maîtres de notre maître. Le propos, ce jour-là, avait été tenu dans la grande chapelle du couvent dominicain de la rue Saint-Honoré où les députés bretons, puis jacobins, avaient pris l'habitude de se retrouver. Et c'est un obscur agitateur qui, sur un ton dont l'effronterie ne pouvait qu'accentuer l'incongruïté même de l'idée, avait prétendu nous offrir la belle tête dorée. Les semaines eurent beau passer. La proposition de l'agitateur, trouver mille échos et relais. Les pamphlets eurent beau succéder aux libelles et, du Palais Royal aux sociétés de pensée, l'abjecte rumeur s'enfler — rien n'y fit : la possibilité de ce régicide continuait de m'être inconcevable et il me fallut l'ouverture du Procès pour prendre la mesure du crime qui se préparait.

Je me souviens de ce procès comme si j'y étais encore. Je revois Brissot, déjà chancelant, plaider que la mort de Capet nous précipiterait dans la guerre. Barère, tonitruant, que c'est au contraire la clémence qui affaiblirait la République. Vergniaud, que la représentation nationale ne pouvait délibérer sous la pression des sections qui, à l'évidence, voulaient du sang. Je me rappelle mot pour mot le beau discours de Condorcet. Celui du Girondin Barbaroux demandant un supplément d'instruction. Je les revois tous, pauvres acteurs d'un drame qui manifestement les dépassait, en train de rivaliser d'ardeur, d'orgueil ou d'éloquence. Et je le revois lui, tel qu'il nous apparut enfin, un petit matin de décembre, à la barre de ce tribunal que son ombre hantait depuis des mois — simple, un peu gauche, avec cette voix mal timbrée dont la plupart d'entre nous n'avaient jamais entendu le son et qui, Dieu sait pourquoi, me rappela celle de mon père. Les débats durèrent encore des semaines. Des clans se firent et se défirent. On se perdit en arguties qui témoignaient de l'embarras où nous plongeait une affaire à peu près sans précédent. Faut-il évoquer nos discussions sans fin sur l'inviolabilité, ou non, de la personne royale ? L'entière journée que nous passâmes à vérifier l'identité, oui je dis bien *l'identité*, d'un prévenu dont la présence même nous paraissait impensable ? Le procès, de fait, s'enlisait. Les partisans de la Cour relevaient peu à peu la tête. L'avocat Malesherbes semblait reprendre espoir. Jusqu'au moment où un jeune député se leva : il s'appelait Saint-Just et son discours, éblouissant, allait donner au débat sa plus tragique dimension.

Que tout ait basculé avec ce discours de Saint-Just, j'en suis aujourd'hui convaincu. Non pas que le Commissaire aux Armées fût plus talentueux que les autres, ni même plus acharné. Non pas qu'il disposât, sur le passé ou les fautes du roi, d'informations que nous n'avions pas. Mais il adopta un point de vue, je devrais dire une philosophie, qui éclairèrent nos discussions d'un jour tout à coup différent. Capet est innocent, exposa-t-il en substance. Il n'y a contre lui aucun grief à faire valoir. Il n'est ni le traître ni le comploteur que dépeint, dans sa furie, la presse des hébertistes. Et l'on chercherait en vain les lois ou commandements que ce parjure aurait bafoués. Seulement voilà, ajouta-t-il au moment où la salle, retenant son souffle, attendait qu'il prononçât l'absolution définitive : s'il n'a pas trahi de loi, c'est qu'il n'en a pas non plus souscrit ; s'il n'a pas rompu d'engagement, c'est qu'il n'en avait pas contracté ; et le vrai crime de cet homme — qui mérite, cette fois, bel et bien la mort — est moins d'avoir violé le pacte social que de n'y être jamais entré. Saint-Just, autrement dit, tenait Louis pour ce qu'il était. Il reconnaissait de bonne grâce les prétentions de l'absolutisme. Alors que toute la défense des avocats était de dépouiller cet homme de son onction sacrée, il n'avait de cesse, lui, que de la lui restituer. Implacable démarche qui, renvoyant Capet à Louis et soulignant ce qu'il avait de grand mais aussi de monstrueux et d'étranger à l'ordre social, le condamnait plus sûrement que toutes les révélations sur les secrets de la fuite à Varennes ou le contenu de l'armoire de fer. Quand l'archange eut parlé, je sus que le roi avait perdu : il était une vivante infraction à la loi naturelle et à ses principes ; on allait, cette infraction, non la juger mais l'effacer.

Quand arriva le jour du verdict, la plus étrange atmosphère régnait dans notre assemblée. Les hommes étaient tendus. Les visages hallucinés. Ils semblaient tous murés dans d'obscures idées fixes qui se passaient de mots. Ces orateurs admirables avaient soudain le verbe rare, laconique — comme s'ils savaient que tout était dit, que le sort était jeté et qu'il ne restait que de prendre acte d'une partie déjà jouée. Louis serait-il condamné ? Et si oui, à quelle peine ? Tous les députés, un à un, d'un air de gravité extrême, montèrent à la tribune pour prononcer leur sentence. La gauche et la droite. Les Jacobins et les Girondins. Ceux qui voulaient juger le roi et ceux qui, en l'épargnant, se jugeaient déjà eux-mêmes. On vit des malades venir en chemise réclamer la tête du prévenu. On en vit d'autres qui s'éveillaient pour demander sa grâce et qui, ensuite, se rendormaient. Quand mon tour vint de quitter mon banc, le sort avait voulu que je fusse le dernier à faire connaître mon avis. Il faisait nuit maintenant. La pâle clarté des flambeaux ajoutait au lugubre de la scène. Les filles, dans les tribunes, avaient cessé de caqueter. La populace, dans les galeries, de boire et de jurer. Il n'était pas jusqu'aux bruits de la ville, aux clameurs des camelots ou des marchands de libelles qui ne semblaient s'être mis en suspens, le temps que je m'exprimasse. Et c'est dans un formidable silence que, la tête vide, m'étonnant de ma propre voix et des mots qu'elle prononçait, je m'entendis trancher : « La mort ! »

Pourquoi la mort ? Comment moi qui n'avais cessé, depuis des mois que durait ce procès, de prêcher et de peser en faveur de la modération, m'étais-je ainsi laissé gagner par un verdict qui, je le savais, avait le redoutable pouvoir de faire pencher dans son sens le fléau de la balance ? Aujourd'hui encore je n'en sais rien. Et je conjure que l'on me croie — et que l'on n'aille surtout pas penser que je sois en train de chercher à amenuiser à bon compte le poids de mon remords — si je dis qu'à cet instant, quand mes lèvres se desserrèrent pour commettre leur forfait, j'eus le sentiment d'une Force, plus forte que ma force et plus têtue que mon vouloir, qui me dépossédait de moi-même en me dictant ses mots. Je voyais le regard de Collot, menaçant, au premier rang. Celui de Billaud, à côté de lui, qui ne se détachait pas de moi. Je voyais Saint-Just, avec son œil terrible qui scrutait le fond de mon être. Je réentendais sa voix, l'autre jour, dans son fameux discours — dont l'assourdissant écho recouvrait toutes mes pensées. J'étais envoûté, oui. J'étais la proie d'un délire indéfinissable et magique qui me liait à des puissances dont je ne savais rien. A présent, je comprends mieux : cette force qui me possédait, c'était celle d'une Religion qui remplaçait l'ancienne et dont nous scellions les fondations dans le ciment du parricide. Nous n'étions pas des juges mais des prêtres. Et ce que nous annoncions, en trempant ainsi nos mains dans le sang d'un roi martyr, c'était une société nouvelle dont la Révolution accoucherait.

L'aube venue, je ne sais quel mélange de honte, de regret ou, peut-être, de curiosité fit que je m'en allai rôder aux portes de la prison du Temple. Il y avait là des curieux. Des habitués de toute espèce. Il y avait le classique contingent de tricoteuses et de lécheuses de guillotine qui attendaient le convoi funèbre. Il y avait même des partisans du roi qui, bravant l'œil de la plèbe et de ses mouches, essuyaient furtivement des larmes sur leurs visages navrés. Mais le plus remarquable était l'invincible pitié qui semblait s'être emparée de la multitude d'hommes et de femmes qui avait tenu à se rassembler tout au long du parcours entre le Temple et les Tuileries. Par quelle aberration avait-on choisi ce lieu pour y dresser l'échafaud ? Voulait-on donner au monarque, en le suppliciant à l'endroit même du palais de ses aïeux, comme un ultime regret de sa splendeur déchue ? Ou faut-il croire au contraire, comme on l'a souvent dit depuis, que c'est la crainte de l'émeute qui fit écourter le chemin de cet ultime voyage et l'arrêter, par conséquent, sur ce théâtre fastueux ? Je crois, pour ma part, qu'aucune sorte d'humiliation ne fut épargnée à ce pauvre homme. Je revois les mille et une vexations qu'on tint à lui infliger tout au long de son calvaire. Et je n'exclus donc pas que l'on ait voulu, jusque dans cette mise en scène macabre, prouver la déchéance de la religion qu'il incarnait.

Capet, pourtant, mourut en roi. Il ne se départit pas un instant d'une magnanimité sublime dont je ne suis pas sûr que ni ses ennemis ni ses amis aient jamais rien soupçonné. Pas un mot quand il découvre le carrosse vert, attelé de deux chevaux, qui va le conduire à la guillotine. Pas une plainte quand, auprès du marchepied, il découvre le bourreau dans son costume rouge sang. A peine une protestation quand on lui lie les poignets dans le dos, qu'on coupe ses cheveux et qu'on échancre sa chemise à grands coups de ciseaux. Et quelle majesté quand, refusant toute assistance, il gravit seul le petit escabeau, rejoint son confesseur en haut de la plate-forme et, sans cravate, les habits tout déchirés, tente pour la dernière fois de s'adresser au peuple. « C'est une trahison », crie-t-il quand un roulement de tambour vient recouvrir sa voix. Puis, quand les aides de Sanson viennent s'emparer de lui : « Puisse mon sang ne pas retomber sur vos têtes. » Mais l'exécuteur est déjà là. On le pousse sur la bascule. On lui sangle les reins puis les jambes. L'auguste cou est si gros qu'il a peine à entrer dans la lunette de bois et qu'il faut s'y reprendre à deux fois pour le trancher tout à fait. « Vive la Convention, hurle la foule quand la tête roule dans le panier ! Vive la République ! » Oui, la République est fondée. Sa religion, scellée. Et elle l'est dans une liesse, mêlée de superstition, qui ne laisse pas de doute sur la nature de la cérémonie qui vient de se dérouler. Quand l'un des commis du bourreau, prenant la tête par les cheveux et la brandissant devant la foule, aspergera les premiers rangs des dernières gouttes du sang royal, la chose sera dite : l'ancien régime est mort — et le nouveau a son onction.

III

Dialogue entre le père Étienne Dejoncker
et un prêtre insermenté,
recueilli le 2 avril 1794
quelque part en Ile-et-Vilaine

— Personne ne vous a suivi ?
— Non, mon Père, je ne crois pas.

— Vous savez ce qu'il vous en coûterait d'être vu ici, avec moi ?

— Je sais le péril où je vous mettrais si j'amenais à vous des patriotes. Aussi ai-je marché de nuit, par des chemins de campagne et n'ai-je demandé ma route qu'à un camelot de Mordelles que l'on m'avait désigné comme un de vos paroissiens.

— Oh ! mes paroissiens...

— Si, si, je maintiens le mot. Car la confusion est si grande qu'on ne sait plus, de vous ou moi, lequel tient la paroisse. Réfractaire, vous vous cachez des Bleus. Jureur, je me cache des Blancs. Et mon déguisement de compagnon vaut bien l'air de valet de ferme que, pour tromper le monde, vous vous donnez.

— N'importe. Il vous a fallu de grands motifs pour traverser le département et venir jusqu'au repaire d'un pauvre insermenté. Voilà quatre ans que je vis ainsi, de grange en grange, de cave en grenier ; et vous êtes bien, je vous l'avoue, le premier de votre espèce à passer le seuil de ma porte.

— C'est que je suis en désarroi, mon père. L'un de ces désarrois terribles qui vous remuent l'âme jusqu'à la vase et que je voudrais que vous éclairiez. C'est une décision que l'on veut me voir prendre et qui, parce qu'elle me laisse le choix entre l'apostasie et la mort, pourrait...

— Je sais. Sœur Marie-Odile m'a dit. Elle m'a parlé de ce crime — le mot, pour le coup, n'est pas trop fort — qu'on vous incite à commettre. Mais ne préférez-vous pas, avant d'y venir, que nous prenions l'affaire par le début ?

— Oh ! le début... C'est celui d'un jeune curé de campagne qui accueille avec faveur les événements de 89. On parlait d'égalité, de fraternité entre les hommes, de liberté. Le Christ, à bien y penser, n'avait jamais prêché autre chose ; et je ne voyais rien qui, dans ces ferveurs nouvelles, allât contre les mystères, les sacrements de la Sainte Église.

— Rien, vraiment ? La spoliation de nos biens... Le pillage de nos privilèges...

— J'étais, je vous le redis, un petit prêtre congruïste qui n'avait qu'à se plaindre, depuis dix ans, de ces abbés dorés, rentés et insolents qui confondaient le bénéfice de leurs chapitres et les intérêts de leurs personnes. Que ces prélats se désespèrent ne m'importait pas outre mesure ; qu'on les déshéritât de leurs possessions me semblait un juste retour.

— Au risque de les voir ramenés à un état de pauvreté dont les œuvres de charité pâtiraient ?

— Le risque — je devrais dire la chance — était au contraire, à mes yeux, de nous ramener à la pureté de l'Église des premiers temps. Plus de dîmes. Plus de luxe. Plus de chanoines roulant carrosse au nom d'un Christ qui allait nu-pieds. Quel meilleur moyen de redevenir, nous, les dispensateurs du saint mystère, la part la plus sobre, la plus noble, de la nation ?

— Notre ministère était abaissé. Notre état, avili. En prétendant nous salarier, l'État jacobin nous stipendiait ; il faisait de nous des commis, appointés et donc à ses ordres.

— Je vous accorde qu'un petit bien-fonds eût mieux valu que ce salaire. Un prêtre a besoin d'un jardin, n'est-ce pas ? Aime-t-il pas planter, sarcler et se distraire, de la sorte, des lourds soucis de sa charge ? Reste, si vous permettez, que la patrie était en danger. La nation, en grand progrès. Comment n'eussions-nous pas soutenu, fût-ce au prix de ce sacrifice, un État qui, outre nos dîmes, supprimait les tailles, les corvées et les impositions injustes ?

— A ce moment donc, vous jurez ?

— Oui, mon père, je jure. Sous réserve du spirituel, mais je jure.

— Ah !... Vous redoutiez donc, vous aussi, que l'on mêlât le spirituel au temporel ; vous deviniez que cet État ne rêvait que de mettre la main à l'encensoir et sur les âmes...

— Que nous demandait-on de jurer ? Fidélité à la Loi, à la Nation, au Roi. Je ne voyais rien là qui entachât ma religion. Et j'y voyais même, à tout prendre, une assez bonne application du principe évangélique : à César ce qui est à César, à Dieu ce qui est à Dieu...

— Que l'évêque de Rennes hésite, puis refuse, ne vous ébranlait pas plus que cela ?

— Pardon, mon père, si je vous offense. Mais ce qui m'ébranlait d'abord c'était de le voir nous délaisser. Je n'avais pas les connaissances de ce docteur subtil : mais lorsqu'un troupeau est en perdition, la place du pasteur est au milieu de lui.

— Et le silence du pape ?

— J'avais la parole du roi.

— Et quand le roi s'en est allé ?

— J'ai pensé qu'il fallait rester.

— Par goût de la République ?

— Par amour de ma paroisse.

— Vous pouvez m'expliquer cela ?

— J'avais consulté mes ouailles. Je leur avais dit : « voilà... telle est cette constitution civile que l'on propose au clergé de France... tel, le serment qu'on nous demande... » Et tandis qu'une poignée s'offusquait — « si vous jurez, vous vous damnez » — la plupart avaient répondu : « Jurez, ne jurez pas, cela nous est bien égal. » Pour eux, la chose était claire : si je partais, un autre viendrait ; et il ne fallait pas, à cet autre, laisser le champ du Seigneur.

27

— Mais vous ? Votre conscience ?

— Ma conscience disait que c'était un crime, en effet, de laisser sa paroisse à un intrus.

— Je le faisais bien.

— Alors, je vous condamnais.

— Vous, c'est la Sainte Autorité qui vous excommuniait.

— Je me sentais uni de communion avec mon Dieu. N'était-ce pas lui, et lui seul, qui nous avait commandé : « Allez... je vous envoie... enseignez... baptisez... prêchez l'Évangile... » ?

— Que l'on soumît votre ministère à l'aveugle suffrage d'un peuple ne vous embarrassait pas non plus ?

— *Vox populi, vox dei.* Aux heures de doute extrême, je songeais à Ambroise et à Augustin qui avaient aussi été élus.

— Ces élections, ces serments, toutes ces fêtes républicaines et civiles où l'on mêlait si impudemment leur liturgie à la nôtre ne vous semblaient pas des mascarades ?

— Je trouvais étrange, c'est vrai, de voir chanter *La Marseillaise* à la suite du *Te Deum* et des officiers municipaux monter en chaire avec moi. Mais mon Église était pleine ; le village, en grande liesse ; le matin de mon serment, les cloches sonnèrent sans arrêt jusqu'à dix heures passées. N'y avait-il pas là de quoi enchanter un humble curé ?

— Quand avez-vous compris que l'on cessait de vous respecter ?

— Cela commença par de menues choses : des réflexions ; des vexations ; des regards obliques, ou soupçonneux, quand je paraissais dans un lieu. Mon habit devenait suspect. Mes bas de laine, mes souliers à boucle étaient des signes presque honteux. Un matin, en arrivant, je trouvai un arrêté placardé sur la porte de l'église dont on prétendait faire un grenier. Et le même jour — ou le lendemain — je vis Léon, mon vicaire, soudain presque insolent, paraître en habit de paysan. Le fripon était informé : à peine une semaine plus tard, un décret de la Convention interdisait officiellement le port de la soutane.

— J'étais à l'époque, au Rheu, à la lisière du diocèse, caché dans une ferme où, le jour, je travaillais la terre et où, la nuit, je disais la messe. Vos paroissiens venaient à moi. Ils me racontaient ce qui se passait. Et j'entendais parler de profanations épouvantables.

— Hélas, oui. Ce fut comme un vent de folie qui souffla sur le village. Sous prétexte que l'armée manquait de bronze et de salpêtre, on vint desceller nos bénitiers ; fondre nos cloches ; on vola — comment dire autrement — les deux pauvres argenteries que j'avais déclarées l'année précédente ; on décapita les saints qui entouraient le baptistère ; au nom de leur Égalité, ils allèrent jusqu'à raser la petite tour qui surplombait le bâtiment. Tous les anges du ciel durent frémir à cette vue : mais ce vandalisme alla si loin, le désir de sacrilège était ancré si profond dans le cœur de ces furieux que je trouvai, un beau matin, un commissaire en carmagnole qui mettait un bonnet rouge sur le front de ma Sainte Vierge et entreprenait — pardon, mon père — de se soulager dans un ciboire.

— Se servit-on de votre Église pour célébrer les cultes nouveaux ?

— Cela se fit sans moi. Mais je dus consentir en effet à ce que l'on ôtât la croix derrière l'autel, que l'on couvrît d'un drap bleu blanc rouge les Christ des vitraux et que l'on peignît sur la façade des hommages à cette Raison que l'on devait maintenant célébrer. Chaque décadi, le sabbat recommençait. Léon, qui s'appelait maintenant « Dix août », venait servir sa drôle de messe. Et je voyais, impuissant, ce serviteur de Dieu devenu missionnaire de l'Enfer entonner la louange de leur soi-disant Être Suprême.

— Et vous restez toujours...

— Je vous l'ai dit : quand on n'a pas de cheval, on laboure avec des ânes ; et je savais que si je partais, d'autres prendraient ma place. Ils étaient là. Ils piaffaient déjà. Je ne voulais pas, par respect de moi-même et de mon salut, livrer à ces mécréants des simples hommes et femmes qui s'étaient confiés à moi. Alors, donc, j'ai prié. Pour eux tous, j'ai prié. Et je suis demeuré sur mes terres, auprès des miens, croyant encore que, de la sorte, je leur éviterais le pire.

— Je comprends, oui. Jusqu'au jour où, me dit Sœur Marie-Odile, on a voulu obtenir de vous ce serment nouveau, tellement plus grave que les précédents et qui vous a mené donc jusqu'ici...

— C'est cela. Je crois, mon père, tout ce qu'un prêtre doit croire et j'ai le sentiment d'avoir traversé cette tourmente sans jamais rien céder de l'essentiel de notre foi. Mais là, je ne savais plus. Pour la première fois depuis longtemps, j'ignorais où était la voie. Et j'ai eu beau prier, scruter le ciel et les livres, je n'ai distingué aucune lumière qui voulût bien m'éclairer sur les questions terribles qui, nuit et jour, m'assaillaient.

— Dites, mon fils, dites.

— Je voyais que cette injonction de me marier — puisque c'est de cela, proprement, qu'il s'agissait — n'était destinée qu'à m'humilier, me discréditer davantage. Mais que devais-je faire ? Un prêtre se condamne-t-il en contractant cet engagement ? Qu'il le fasse sous la contrainte, en réservant sa conscience et sa foi, change-t-il la nature du péché ? Pourra-t-il s'en défaire le jour venu ? Lui permettra-t-on d'arguer qu'il n'a agi que sous la menace des circonstances ? Et d'avoir choisi sa vieille servante, qui pourrait être sa mère, lui épargnera-t-il les soupçons les plus odieux ? J'étais dans les ténèbres. Et c'est à ce moment que votre image et votre nom se sont imposés à moi.

— Vraiment ?

— Vous ne m'aviez jamais tout à fait quitté, mon père. Nos routes se sont séparées, me disais-je. La sienne est peut-être plus longue, plus escarpée. Mais elles finiront par se retrouver. Eh bien voilà. Nous y étions. Et puisque j'en étais là, puisque je me cachais à mon tour et qu'il n'y avait plus de jurement qui mît à l'abri de la meute, c'est tout naturellement vers vous que j'ai choisi de me tourner.

— Il n'est jamais trop tard, mon fils, pour faire acte de contrition et, dans le seul fait que vous soyez ici, je vois déjà, pour ma part, le commencement d'une pénitence. Que vous dire, cependant, que vous ne sachiez déjà et dont votre venue témoigne suffisamment ? Je suis là, seul ou presque, dans ce lieu proscrit des hommes mais, je le sais, proche de Dieu. Allez. Que mon exemple vous serve de sermon.

Le père Dejoncker se maria finalement le 2 avril 1794.

Arrêté le 4 du même mois, il fut accusé de « tiédeur républicaine » et décapité, le 7, sur la place du Palais à Rennes.

IV

Journal du citoyen Desmorets,
aide-bourreau

2 mai 1794. Faut croire que du temps a passé
depuis l'époque, pourtant pas loin, où j'entrais au
service de monsieur le bourreau. J'étais pas peu fier
alors. Personne ne m'aurait ôté de l'idée que je
faisais un grand métier. La République a des juges,
je disais, qui désignent les têtes. Eh bien elle a des
exécuteurs qui, ensuite, les font tomber. Et je ne
vois pas qu'il y ait ici que là moins d'humanité, de
dignité. J'aimais voir les fronts sur la bascule.
J'aimais qu'ils s'inclinent et que, à la façon des
mahométans, ils aillent embrasser la poussière et
se prosterner, pour ainsi dire, devant la Sainte
Nation. Aujourd'hui, donc, le temps a passé. J'ai
beau faire mes efforts, je n'arrive plus à croire
comme avant. Et pas plus tard que ce matin, alors
qu'on m'annonçait du « gros gibier », qu'est-ce que
je vois arriver, tout gémissants et se tordant les
mains de pitié ? Un perruquier, une fille qui a crié
« vive le roi », une famille de bourgeois qui a festoyé
le jour de la Saint-Louis, un faquin qui avait négligé
de s'incliner devant le buste de Marat et deux ci-
devant, décatis, qu'on avait tirés d'une oubliette.
Est-ce là cette noble et belle justice dont je me
voyais le serviteur ?

5 mai. Le peuple non plus n'y croit plus. Ce
peuple qui nous acclamait, qui nous traitait comme
des héros : maintenant, quand nous passons avec
nos tambours, nos charrettes et nos cargaisons de
condamnés, c'est tout juste s'il ne nous hue pas.
Finis les vivats ! Fini ce « les voilà ! les voilà » qu'ils
criaient à pleine gorge quand ils nous voyaient

paraître à l'entrée de la Place ! Finis les petits bancs apportés la veille, les tréteaux, les fenêtres louées à prix d'or, les mères qui amenaient leurs enfants, les gargotiers qui, pour attirer la clientèle, recopiaient tous les matins, au dos de leurs menus, la liste des condamnés ! Oui, finie la foutue claque que je ne détestais pas vu mes antécédents d'acteur et, pour parler comme Mauricette, mes tendances au cabotinage. Pas plus tard que ce matin, s'il n'y avait pas eu les tricoteuses et si on n'avait pas rameuté, pour faire bon poids, quelques dizaines d'anciens bagnards, dûment colérés et enivrés, il n'y aurait pas eu grand monde pour applaudir au spectacle. En parler à Monsieur le bourreau. Pas possible de travailler dans des conditions pareilles.

7 mai. Ce foutu savant par exemple. Est-ce que ça doit mourir, un savant qui n'a jamais pensé qu'à sa chimie ? Laissez-moi quinze jours, il a dit, et je finirai mon invention qui sera utile à la nation. Taratata, lui a répondu Fouquier : la nation n'a pas besoin de chimie et ne se soucie pas de tes inventions. Sur quoi il m'a été livré, avec une vingtaine de pauvres diables, aussi ahuris que lui quand on leur est tombé dessus pour les ficeler et leur couper le poil. Je m'y connais pas beaucoup en inventions. Mais ce Monsieur Lavoisier, puisque c'est Lavoisier qu'il s'appelle. m'a semblé un bien brave homme : moi qui me suis toujours flatté d'un cœur où le l'émoi entre aussi mal que le coin dans la pierre, je me suis senti tout chose quand j'ai vu cette grosse tête pleine de science rouler dans la sciure.

11 mai. Quand j'essaie de me rappeler ce que j'avais dans le l'idée à l'époque de mes débuts je trouve, sans me vanter, deux choses. Première-ment : dame guillotine était une sainte femme, abrégeuse de souffrances et égaliseuse de conditions, dont on ne remercierait jamais assez la Convention de nous avoir fait don. Mais deuxièmement : la machine était si belle, si mécanique, elle était tellement humaine dans sa façon de vous faire sauter la tête, en un clin d'œil et sans histoires, qu'il y avait lieu de redouter de la voir en de mauvaises mains et de les voir, ces dites mains, en user outre mesure. Eh bien voilà. Nous y sommes. Et quand je constate, comme aujourd'hui, cette nouvelle charretée de braves gens, quand je regarde ce jeune homme qu'il faut se mettre à quatre pour le traîner sur l'échafaud et qui se convulse tellement que, même la tête coupée, son pauvre corps gigote encore (et tout ça pour le seul motif qu'on l'a surpris au Champ de Mars avec une perruque blonde) — quand je regarde ça, oui, je ne peux pas ne pas me dire qu'il y en a qui abusent de la justice et qui, Comité ou pas Comité, déshonorent la guillotine.

15 mai. Je ne croyais pas si bien dire. Car à ce qu'il paraît que Monsieur Sanson se ferait remplacer demain matin par son frère Charlemagne. Et pourquoi, ce remplacement ? parce qu'il se voit convoqué au Palais, par Fouquier Tinville en personne, avec mission spéciale et secrète de donner son avis sur les nouveaux modèles de guillotine qui arrivent de tous les coins de France. Est-ce l'esprit républicain qui invite à tant de zèle ? Et faut-il se féliciter de voir tout ce que ce pays compte d'ingénieurs et d'inventeurs rivaliser de science pour nous perfectionner notre rasoir ? Hum ! J'en doute, s'il vous plaît. Car la République est dans les fins, pas dans les moyens. Elle est dans la vertu, pas dans la multiplication des dépenses. J'ajoute que je l'aime bien, ma Louisette. Quand je pense à tout le mal qu'on a eu à faire connaissance, ce serait une foutue anarchie que de mettre ça par terre pour s'initier à une autre machine. Pitié pour les bourreaux !

16 mai. Buvette du Tribunal. Belle tablée avec, autour de M. Sanson, un huissier du tribunal, deux jurés, ses frères Cyr et Charlemagne, un robin et un trio de prévenus qui n'ont pas l'air de se douter qu'ils sont de la prochaine fournée. Il est bien à son aise M. Sanson. Il aime rien tant que pérorer, comme ça devant un petit public d'admirateurs qui le consolent de ce que la rue Saint-Honoré soit tous les jours un peu plus vide. Le meilleur projet, il nous explique, est celui d'un charpentier du Bourbonnais qui aurait inventé un système où, sitôt la tête dans le panier, le corps chuterait dans une trappe qui s'ouvrirait elle-même sur un tombereau lequel, en économisant le temps de débarrasser la plate-forme, permettrait d'augmenter d'autant le nombre des guillotinades. « Ah ! oui, fait le robin dont je n'arrive pas à savoir s'il est ou curieux ou courtois, et que faut-il donc penser de ce mirobolant dispositif ? — Rien de bon, répond Sanson ! non, citoyen, rien de bon ! Car voyez-vous que ce soit l'un de mes commis qui, glissant dans la flaque, tombe avec le corps à la trappe ? » Un silence se fait dans la tablée. Car nous avons tous en mémoire ce pour quoi il fait sa remarque : son plus jeune fils mort, l'année passée, en faisant un faux pas dans le sang d'un Girondin et en tombant, du coup, de toute la hauteur de l'échafaud.

20 mai. Visite d'un apprenti qui nous arrive de Lyon et qui, mal équarri, vient chercher à Paris des leçons de guillotine. Comment lui dire que les seules leçons que j'ai, présentement, envie de donner, seraient des leçons d'amertume ; et qu'on n'a qu'une idée quand on sort, comme aujourd'hui, d'une journée de terrorisme : se mettre un coup de tisane dans la tête et rentrer gentiment chez soi avec une bouteille sous le bras ?

21 mai. Pourquoi ne pas tout lâcher, me demande une petite à qui je n'avais point dit mon état et qui, le découvrant, a pris la parfaite mine de la préjugiste effarouchée ? Mais dame, cela ne se peut, je lui ai rétorqué ! Car il me faudrait payer au prix fort ce qui apparaîtrait forcément pour un aveu de modérantisme ! Le regard du prêtre Lothringer en disait déjà long, l'autre matin, quand, l'esprit un peu ailleurs et donc moins consciencieux, j'ai oublié de montrer au peuple la tête d'un décapité. Et je sais les méchants bruits qui courent depuis que Madame Élisabeth se voyant, sur la bascule, l'épaule et le sein découverts, m'a dit « Monsieur, je vous en prie, au nom de votre mère, couvrez-moi » — et que moi, sottement, je lui ai ramené un pan de sa robe... Gare, je me dis ! Ces diables t'ont à l'œil et faudrait voir à être prudent si tu veux vieillir sans te casser ! Couper des têtes, et encore des têtes, pour éviter qu'on coupe la tienne : quel triste sort, quand on y pense ! Allez donc savoir si, là-haut, dans les comités et les assemblées, ils n'en sont pas un peu tous là ! et si ça ne serait pas une explication qui en vaut une autre pour ce triple galop de boucherie dont on est tous écœurés mais qui continue quand même de plus belle.

10 juin. Rumeur à la Conciergerie comme quoi le Comité aurait pris de nouvelles mesures pour presser encore le pas, vu que le rendement, aux yeux de Fouquier, laisserait à désirer. Plus d'avocats, à ce qu'on me dit. Plus de consultation de prévenus. Même plus besoin de témoins quand le tribunal a sa conviction. Et des audiences qui, si possible, ne devraient pas durer plus de cinq minutes. Citoyen Marat, réveille-toi : ils sont devenus fous.

12 juin. Confirmation de la rumeur d'avant-hier et application immédiate puisqu'on m'apprend que l'Accusateur aurait remercié tous les jurés soupçonnés de modérantisme. « Il me faut du rendement, il a répété ! Un rasoir qui tourne tout le jour ! Les jurés sont là, non pour juger des coupables mais pour reconnaître des ennemis et, sitôt reconnus, les raccourcir. » Pour les jurés, je ne sais pas. Mais pour les bourreaux l'affaire est faite : à dater de ce soir, la moitié de l'équipe devra être de permanence dans la salle des morts, à la Conciergerie — des fois qu'il y ait de l'encombrement et qu'il faille sans attendre s'occuper de ces messieurs dames.

15 juin. Il tourne, il tourne, le rasoir. Et, pour qu'il tourne encore plus vite, voilà-t-il pas qu'ils ont inventé d'écrire à l'avance les jugements. C'est le greffier Lambert qui me l'a dit. Même qu'on aurait presque pu, d'après lui, faire tout de suite leur toilette aux condamnés. A quoi ça a servi, auquel cas, d'auditionner tout ce petit monde ? Et à quoi bon le triste spectacle de ces malheureux qui conjurent, sanglotent, se défendent ? A rien, qu'il me répond ! Ah ! pour ça non, à rien ! Même que, pendant le spectacle, ces messieurs de la justice en profitaient pour blaguer, se moquer des prévenus, imiter leurs gestes lamentables et, pour les plus sérieux, préparer les listes du lendemain.

17 juin. Plus vite ! Encore plus vite ! Ils n'ont que ça dans la tête d'aller toujours plus vite ! Et vu que ce matin on avait une Biron sur notre liste et que, arrivés à la prison, il s'est présenté deux femmes qui portaient ce fichu nom, ou nous a dit : « une Biron, deux Biron, est-ce que l'esprit public s'arrête à pareils détails ? puisque vous hésitez, emmenez-les toutes les deux : ce sera le plus sûr moyen, et de ne pas se tromper, et de ne pas perdre de temps. » Revu, toute la journée, le double regard des deux mégères qui se maudissaient l'une l'autre quand on les a mises sur le banc, côte à côte, le dos à l'échafaud.

19 juin. On me parle d'un citoyen Jacquillard qui serait venu au Tribunal témoigner pour son merlan. « Ah ! çà, vous tombez bien, lui aurait envoyé le substitut : il nous restait justement une place dans la charrette. » Vérifier l'histoire. Car, ma parole : si on guillotine les témoins, maintenant...

22 juin. Pire cet après-midi. Et le diable me torde le cou si je n'en ai pas été, cette fois, le spectateur oculaire. On n'avait pas fini la fournée du matin. Il restait cinq ou six condamnés qui rôdaient comme âmes en peine dans la salle du greffe. Et voilà qu'on nous amène la livraison suivante, condamnés et acquittés mélangés, avec ordre que ça ne traîne pas et qu'on ait fini pour le souper. Alors qu'est-ce qu'on fait ? Eh bien, dame, on ne traîne pas. Et, vu que ce qui mange le plus de temps c'est de faire l'appel et de trier ceux qui y ont droit, on fait ni l'appel ni le tri on embarque tout le monde sans autre forme de procès. Tous à la bascule ! Condamnés et acquittés mélangés !

27 juin. Eh oui. Ça devait arriver. Tant va la cruche à l'eau qu'elle se casse. Et à trop fatiguer le matériel, il finit par se détraquer. C'est au tranchoir que, ce matin, j'ai fini mes deux derniers condamnés.

29 juin. Cette fille, pure comme Jeanne et belle comme Blandine, qui me supplie de l'épargner ou, du moins, de la laisser prier. La foule qui pleure. Monsieur Sanson qui tremble. Les aboyeuses soi-même qui montrent une figure émue. Et sa mère, les yeux secs, le menton hautain, qui, au pied de l'escabeau, vient l'assister et nous braver. Quand tout est fini, elle vient réclamer les cheveux de la petite, qui ne les avait pourtant pas expressément légués. Tant pis, je me dis. Il faut se montrer humain. Et de retourner à la Conciergerie pour les redemander à la femme Richard qui, entre-temps, les avait vendus. Foutue journée !

30 juin. Mal dormi. Trente exécutions à la chaîne sous une pluie qui tombait comme cordes. Et ce cochon de ci-devant qui avait tellement pas envie d'y aller qu'il a fallu trois aides pour l'attacher et une bonne minute pour que sa tête consente à se détacher du tronc.

2 juillet. Mal dormi encore. Revu en rêve la tête coupée de la Corday, giflée par Firmin. Celle de la du Barry, où ils faisaient passer du vin comme dans un entonnoir. Et puis celle de cet aristo sur quoi ils avaient pissé.

3 juillet. Pas dormi du tout. Des têtes. Toujours des têtes. Je ne vois plus que des têtes, moi, la nuit, quand je ne dors pas. Et ça me donne une migraine qui me dure jusqu'au matin. Est-ce que c'est vrai qu'elles ne meurent pas ? Qu'elles gardent des sensations ? Est-ce que c'est vrai que, dans le panier, elles suivent encore ce qui se passe ? Et quelle est donc, dans le sac, la dernière vision d'une tête coupée ? Continue m'a dit Mauricette, au déjeuner : tu te retrouveras en enfer, avec que des têtes autour de toi.

7 juillet. Même la journée, maintenant ! Des voix. Des visions. Ces taches de sang que je vois partout. Et les passants, dans la rue, que je ne peux pas m'empêcher de regarder comme s'ils avaient la tête entre les cuisses. Est-ce que ça ne finira donc jamais ?

10 juillet 1794. Monologue intérieur
de Maximilien Robespierre

Cela ne cessera donc jamais.

Ces pavés.

Ces cahots.

Cette mâchoire qui me fait si mal, qui se décroche à chaque secousse.

Et puis ce sang dans ma bouche. Je ne connaissais pas l'odeur du sang. J'ignorais qu'il eût ce goût vénéneux, un peu âpre, de sève encore trop fraîche. Est-ce qu'ils savent, tous ces braves gens, le goût qu'a le sang d'un pur ?

Ces gens, oui. Ce peuple que j'ai chéri, choyé de toute mon âme et que, aujourd'hui encore, j'embrasse du meilleur de mon cœur. J'avais tout prévu, il me semble. J'avais prévu la trahison, la corruption, la conspiration. J'avais vu venir la bataille d'hier à l'Assemblée et ce retournement cruel des trembleurs en exécuteurs, des terroristes en modérantistes. La seule chose que je n'imaginais pas c'étaient les cris de ce porte-faix, de cette jeune femme dépoitraillée, la seule chose que je ne pouvais concevoir, imaginer ni supposer c'était ce petit peuple des quartiers qui me hue et hurle à la mort.

Où est le peuple ? Où sont les sections ? A-t-il suffi d'une nuit, pour que Paris change de mains et que nous nous trouvions là, sous les crachats, attachés à des charrettes humides encore du sang des pires ennemis de la République ? Je ne leur ai pas appris la haine, pourtant. Je leur ai appris l'amour. Et la douceur. Je leur ai transmis les plus belles vertus de justice, de liberté, de sagesse. « Ne perdons pas de vue, leur disais-je, que nous sommes en spectacle à la planète et que nous délibérons en présence de l'univers. »

« Scélérat... Assassin... Souffre, crapule... Pleure... Pleure donc... C'est le sang de Brissot qui t'étouffe... Tu voulais être roi... ? Eh bien te voilà dans la charrette... » Tiens, la jeune femme de tout à l'heure qui s'accroche maintenant aux ridelles pour pouvoir m'injurier tout son soûl. Elle me suivrait, la friponne ? Elle n'aurait pas eu son content de vengeance, de spectacle ? Les filles sont bien belles, ce soir, dans la tiédeur du crépuscule.

Ne pas ciller. Ne pas trembler. Bien s'accrocher à Hanriot quand arrivent les crachats. Le tout est que le bandeau tienne. Que la mâchoire ne retombe pas. La nuit va être chaude, on dirait. Les couleurs de la rue ont changé. Le tout est de montrer comme une âme noble marche au supplice.

« Tu me suis, Robespierre, avait prédit l'infâme Danton. » Eh bien non, Danton, je ne te suis pas. Pas plus que je ne suis l'ignoble Mirabeau. Pas plus que je ne suis Ronsin, Momoro, Fabre ou le lâche Hébert. Car jamais la vertu n'aura suivi le vice. Et même ici, face à la mort, le dos à la charrette qui bringuebale sur le pavé, il reste un monde entre moi et les artisans corrompus du fédéralisme, du feuillantisme et autres athéismes.

Mes doigts sont froids, tout à coup. Mes jambes de plus en plus gourdes. Aurai-je la force de monter l'escalier ? Capet l'a eue, paraît-il. Capet est mort en romain. Le monde est mort depuis les romains, a dit un jour Saint-Just. Et je meurs, moi aussi, comme mouraient parfois les romains : victime du poignard de ces félons que j'ai faits rois.

Étrange que je pense à Capet. Faut-il que ce soit lui dont le visage, à cette heure, revienne me hanter — et non celui de Danton ni d'aucun des conspirateurs que je n'ai su ni pu étouffer ? Capet et moi. Moi et Capet. Imbéciles qui croient que je voulais restaurer ! Calomnie de prétendre que je rétablissais la dictature ! Savent-ils même, les ignorants, ce que désignait, à Rome, ce beau mot de dictature ? N'empêche. Je songe à Capet. Et c'est bien lui, Capet, dont l'ombre me revient — avec celle de Codrus dans son chaudron, de Lycurgue l'œil crevé ou de Socrate buvant la ciguë.

Que fait le peuple ? Que font les sections ? Pourquoi Saint-Just a-t-il, d'une voix si monocorde, donné lecture de son discours ? Pourquoi Couthon a-t-il tardé ? Pourquoi Augustin s'est-il défenestré ? Pourquoi Hanriot était-il ivre ? Pourquoi avoir laissé à Collot la présidence de la séance ? Pourquoi fait-il si chaud ? Si froid ? Pourquoi n'ai-je pas arrêté Barras ? Féron ? Pourquoi l'autre matin, chez Duplay, quand ils sont venus me voir, l'œil chassieux, la mine chagrine, ne les ai-je pas aussitôt mis en état d'arrestation ? Pourquoi n'avoir pas nommé les traîtres ? désigné les nouveaux Exagérés ? Pourquoi avoir épargné Vadier, qui avait insulté la Théot ?

J'ai soif. Tellement soif. Se trouvera-t-il un nouveau gendarme pour, au pied de l'échafaud, me donner un peu d'eau ? Doucement, s'il vous plaît... A la cuiller, tout doucement, en évitant le trou qui me perce la joue... Oh ! l'odieux visage de Barras et de Féron, l'autre matin, chez Duplay, avec leurs fronts pâles, leurs traits altérés, ces petits yeux d'espions et d'assassins qui guettaient les traces de poudre sur le col de ma chemise. Il est des hommes que, pour moins que cela, Lycurgue eût chassés de Lacédémone.

On dit : les Jacobins étaient trop durs, trop sévères à leurs ennemis ; mais une République ne survit que lorsqu'elle se montre inflexible.

On dit : ils ont versé trop de sang, le peuple était lassé du sang ; mais on ne verse jamais trop le sang vicieux des comploteurs — et le peuple le savait, qui voulait les lois terroristes.

On dit : ils ont bafoué les lois, ignoré les droits naturels ; mais étaient-ils dans la nature, ces lâches ? étaient-ils dans le droit, ces perfides ? et n'y avait-il pas avantage, pour la patrie, à peupler les cimetières plutôt que les prisons ?

Si j'ai un regret — un seul regret — c'est de ne pas avoir assez veillé. Pas assez épuré ni régénéré. S'il a un reproche à me faire, ce peuple, c'est de ne pas avoir eu le temps — la force ? — de frapper ces êtres vils qui conspiraient contre lui.

Ça ne finira donc jamais. Ces cahots. Ces secousses. Ces insinuations perfides. Ces complots. Malheur à nous si nous ouvrons nos âmes à l'indulgence ! Malheur à la République si elle relâche sa vigilance ! Cédons — et nous mourons. Desserrons l'étreinte — nous sommes perdus. Ô vertu des grands cœurs ! Ô grandeur d'une âme bronzée ! Tout a commencé, au fond, avec l'affaire de l'Être Suprême. Fureur. Scandale. La calomnie de ces fripons, en réponse aux touchantes acclamations du peuple. Où est le peuple ? Où sont les sections ? Quand cesseront donc ces crachats et ces cahots ? Quand cesseront-ils, ces factieux, de diviser le peuple souverain ?

« Assassin... Scélérat... Meurs donc, dictateur... Tu voulais la tyrannie... Alors, sa majesté a perdu la parole ? Buveur de sang... Tyran... Est-il vrai que tu avais une fleur de lys gravée sur ton cachet ? » Saint-Just est là, heureusement, près de moi, comme à l'habitude — avec sa tête blonde et son dédain superbe qu'aucune huée n'entame. A-t-il mal, lui aussi ? Et soif ? Aurai-je le temps de lui parler ? De l'embrasser ? Ou faudra-t-il attendre le panier ? Dieu que Saint-Just est beau ! Et comme l'aventure était belle ! Nous rêvions de pureté. Nous voulions un peuple régénéré. Nous avons pris le marbre social et, dans sa pierre informe, nous avons taillé le corps d'un Homme remodelé. Aurions-nous, sans le savoir, déchaîné des forces terribles qui, maintenant, nous emporteraient ?

Car voilà le bourreau. Et voilà, près de lui, ce coquin de Desmorets dont on m'avait signalé les tendances modérantistes. Gare à toi, Desmorets ! Je te vois ! Je t'observe ! Rien n'échappe, tu le sais, à l'œil de l'Incorruptible ! Voici Monsieur Sanson, oui, avec ce surtout rouge que je n'avais finalement jamais vu. Je sens l'odeur chaude du sang. Je vois les grimaces des tricoteuses. Le bruit court que je voulais rétablir la royauté et que j'allais, tant que j'y serais, épouser la fille Capet... Les imbéciles ! S'ils savaient comme j'ai mal, comme cette mâchoire me pèse !

Résister ? S'opposer ? Mais contre qui, grands Dieux ? Et puis au nom de quoi ? Cette loi, je l'ai forgée. Cet échafaud, je l'ai dressé. Ce peuple qui crie à la mort, c'est moi qui l'ai animé. Et qui sinon moi, toujours moi, aurait l'audace et le pouvoir de me conduire à la mort ? Je suis le couteau et la plaie. La victime et le bourreau. Je suis le citoyen Robespierre qui emmène le ci-devant Maximilien. A boire. A boire. Si seulement on me donnait à boire. Saint-Just est un peu plus pâle. Hanriot a l'œil qui pend hors de son orbite sanglante. Et moi je sens ces petits bouts d'os qui se mêlent au sang dans ma bouche.

Je suis las maintenant. Infiniment las et sombre. Mes jambes me portent à peine. Le froid m'a gagné tout à fait. Heureusement que les secousses ont cessé, qu'on m'a détaché des ridelles. Holà ! Qui va là ? Qui est ce comploteur qui s'approche et prétend m'ôter mon bandage ? Tout doux, citoyen Sanson, tout doux. Si tu me coupes la tête, au moins coupe-la tout entière.

Mais où est donc le peuple ? Où sont passées les sections ? Sont-ce ses tambours que j'entends là, dans mon dos, qui couvrent la clameur des trico-teuses et le bruit de la bascule ? A moi les Piques ! A moi, les canonniers des Lombards ! Lavalette avait raison, ils ont fini par se réveiller.

Dormir maintenant. Partir. L'âme survit-elle au corps ? la vertu à la chair ? La tête de Couthon dans son sang. Celle de Saint-Just, les yeux rougis. Pauvre Le Bas, mort trop tôt, qu'ils auront enterré Dieu sait où. Il fait si froid. Si soif. Pourvu qu'il n'en profite pas pour me retirer mon bandage. Je vois là-haut nos glorieux noms, qui sont comme les figures du paradis.

VI

Tarente, le 28 août 1803.
Lettre du général Choderlos de Laclos,
inspecteur général de l'Artillerie,
à son épouse Marie-Soulanges

Ne te fâche pas, ma belle amie. J'ai beau entendre tes motifs. J'ai beau tourner et retourner ta gentille petite lettre. Je ne me fais décidément pas à ton idée de « Mémoires » ! Non pas, comprends-moi bien, que je ne brûle, moi aussi, de revoir un jour imprimé un livre portant mon nom. Ni que je ne sois aussi las que toi de ces quinze années passées à écrire pour le compte des autres. Ni surtout que je n'aie, sur cette époque affreuse, plus de souvenirs qu'il n'en faudrait pour mener l'entreprise à bien. Seulement voilà : peut-être en ai-je trop, justement ! Si, si, je dis bien trop — et cela m'apparaît de plus en plus clairement depuis que je suis ici, à Tarente, dans cette lumière sèche où je n'ai d'autre occupation que d'attendre de tes nouvelles, soigner ma dysenterie et remâcher cette drôle d'histoire qu'aura été ma vie : j'en ai trop vu, trop entendu, j'ai été le témoin de trop de choses, le dépositaire de trop de secrets et je crois que c'est cela qui, bizarrement, m'oblige désormais à me taire. « Aux premières loges », dis-tu ? « Dans les coulisses » du drame ? Certes, mon amie ! Tu ne me « flattes » pas — tu as raison ! Mais il faudra te faire à l'idée — paradoxale j'en conviens ; mais n'est-ce pas le moindre paradoxe de la période d'où nous sortons ? — que c'est d'avoir été là, si près, au cœur même de la tragédie et de ses péripéties énigmatiques, qui doit m'inciter aujourd'hui à la plus extrême prudence.

Prends le cas de mes rapports avec le fameux parti d'Orléans. Je laisse la question de savoir si j'ai bien fait, ou non, d'attacher alors mes pas à ceux d'un prince veule, sans ambition ni caractère, qui arrivait décoiffé à l'Assemblée, pour ne pas dire déboutonné et dont je croyais pouvoir, par la seule force de mes intrigues, de ma volonté et de mes leçons changer la nature profonde pour l'installer sur le trône de France. Le vrai problème c'est : que puis-je aujourd'hui dire ? qu'est-il possible de révéler des dessous de toute l'affaire ? les rencontres de Montrouge ? les contacts avec La Fayette ? les discussions secrètes avec Chamfort ? Condorcet ? Guillotin ? ai-je le loisir de raconter comment nous achetions alors les électeurs ? les journaux ? les agitateurs ? et que se passerait-il si je faisais la lumière, toute la lumière, sur cet « or d'Orléans » dont on a tant glosé ? On voit toujours notre main derrière l'émeute Réveillon ou la prise de la Bastille. Que serait-ce si l'on apprenait ce que je faisais à Versailles, dans les couloirs des États Généraux ? ou l'extravagante bouffonnerie d'alcôve qui voulut que, l'année suivante, alors que nous attendions notre champion et que le pouvoir, lui, n'attendait que d'être pris, il arriva une heure trop tard — tout imprégné encore du musc de sa cocotte ? Petite cause, grand effet : tu sais que je n'ai ni le droit, ni tout à fait le pouvoir, de dévoiler aujourd'hui cet aspect caché des choses.

Un autre exemple. Il me concerne de près. Mais il te fera toucher du doigt l'embarras où je me trouverais si je donnais suite à ton idée. C'est celui des mois que j'ai passés, dans les conditions de privilège que tu connais, à l'ombre des cachots de la République robespierriste. Vais-je dire en effet comment, par quelles complicités et complaisances, j'ai été mené à La Force ? puis à la maison de Picpus ? vais-je dire mon pacte avec Danton ? mon contrat avec mes geôliers ? les contacts que, là où j'étais, je continuais de conserver au sein même du Comité de Salut Public ? dois-je révéler l'étrange visite que fit un soir, à l'écrivain que j'étais encore, l'Incorruptible en majesté ? dois-je dire ce qu'il m'a demandé ? ce que je lui ai offert ? vais-je décrire, avec toutes les conséquences qui s'ensuivraient, cette toile d'influences occultes, si patiemment tissée, à laquelle je devais tout de même les quelques privilèges qui changent l'ordinaire d'un prévenu ? pire : crois-tu que je puisse, sans mettre en grand péril et ta tranquillité, et celle de nos enfants, révéler au grand jour les intelligences ultimes qui m'épargnèrent, le moment venu — tu sais, hélas, à quel prix ! et *qui* paya ce prix ! — les rigueurs de l'échafaud ? Il y a des secrets, ma douce, qu'il vaut mieux ne pas ébruiter et les révolutions sont pleines de ces accointances mystérieuses dont nous avons tous avantage, une fois l'Histoire passée, à tenter d'effacer les traces. Laissons les morts enterrer les morts : cela m'a toujours semblé, dans les affaires de cette nature, la disposition la plus sage et la seule qui, surtout, fasse l'unanimité autour de soi.

Encore un exemple. Le plus brûlant probablement. Et, pour nous, le plus fâcheux. Tu sais ce que je « lui » dois. Et tu mesures comme moi le mérite qu'il pouvait y avoir — dès avant brumaire — à réintégrer dans son métier, et dans son arme d'origine, le rescapé d'une époque qui ne suscitait plus alors qu'effroi et réprobation. Vais-je, là encore, tout raconter ? ce dîner chez les L. ? cette démarche auprès de S. ? vais-je dévoiler mes cartes maîtresses ? les moyens de pression dont je disposais ? vais-je donner le détail des documents que je possédais et qui eurent l'effet que tu sais — à commencer par celui de me rappeler au souvenir de ces premiers bonapartistes ? et ne serais-je pas bien imprudent d'aller publier tout à coup les lettres qu'échangeaient, il y a maintenant plus de dix ans, un certain Choderlos de Laclos qui régnait sur le « comité de correspondance » du club des Jacobins — et un petit officier corse qui n'était encore, lui, que l'humble secrétaire de la section de Valence ? Laclos le roué... Laclos le manœuvrier... Laclos le perfide, grand maître en conspirations et stratagèmes savants... Est-ce bien le moment, alors que je retrouve enfin, à défaut de la paix intérieure, un peu de mon panache et de ma dignité d'officier, de ressusciter cette légende que je traîne depuis vingt ans ?

La vérité, ma belle amie, est qu'il faudrait, si je

commençais, aller jusqu'au bout des choses. Je te parle de ces « accointances » dont j'ai, comme d'autres, bénéficié. Eh bien il faudrait les décrire toutes. Les connues et les secrètes. Les improbables et les glorieuses. Il faudrait détailler, au-delà de mon propre cas, le rôle des sectes et des clubs. Des sociétés de pensée et des maçons. Il faudrait dire ce que fut vraiment ce Comité de Sûreté Générale, finalement si mystérieux. Il faudrait dire pourquoi je signais mes actes officiels en faisant précéder mon paraphe des trois points de la maçonnerie ; mais il faudrait conter aussi la guerre de l'ombre que se livraient, sous couvert d'unité nationale et au détriment de nos armées, Saint-Just, Pichegru, Jourdan et, bien sûr, l'infâme Carnot ; et puis il faudrait lever le voile sur le rôle que le même Carnot joua, à l'insu de tous ou presque, dans la chute de Robespierre qui était, en principe, son allié. Mais je t'en dis trop, Marie-Soulanges. Ou, peut-être, pas assez. Car ce qu'il faudrait, en fait, montrer c'est — comme, pour un corps son écorché ou, pour une passion, les calculs secrets qui la gouvernent — toute la face cachée d'un monde où les amitiés, les alliances, les contrats tacites ou les inimitiés réelles ne sont *jamais* ce que nous en disent les relations officielles. Girondins contre Montagnards ? Modérés contre Exagérés ? Allons donc ! Comme si c'était aussi simple ! comme si les vrais partis, les factions qui comptent et qui, parfois, font basculer l'Histoire, ne se déterminaient pas *toujours* selon d'autres intérêts ! Souviens-toi de Thermidor et de la naïve surprise de ces victimes découvrant la coalition qui s'était tramée dans leur dos et que leur « pureté » les avait dissuadés de reconnaître.

Nous avons parlé d'argent ? Là aussi, il faudrait

tout dire. Oh ! pas les cas les mieux connus. Pas Danton. Pas Mirabeau. Pas ce pauvre diable d'Églantine ou ce nigaud de Cloots dont je finis par me demander s'ils n'ont pas payé pour tout le monde. Non. Si j'écrivais ton livre, j'y exposerais les vraies transactions ; les circulations véridiques ; j'y expliciterais les règles de ce lourd et vaste commerce qui est le vrai support de l'autre — celui des mots et des idées ; je dirais le complot de la monnaie ; la guerre à coups d'assignats ; je montrerais l'effet, sur l'opinion et la sensibilité publiques, de l'interdiction des métaux et de la réouverture de la Bourse, du paiement des indemnités hollandaises ou de la fin du négoce avec le Nouveau Monde ; et je ne me tiendrais pas pour quitte tant que je n'aurais pas établi ceci — qui a, pour moi, force de loi : pas de Révolution qui n'ait sa source, et sa fin, dans la ronde et le manège du nouveau Dieu Argent. L'or d'Orléans ? Eh bien oui, l'or d'Orléans. Nous savons toi et moi qu'il n'est pas mort, cet or, avec la mort de son dispensateur et que l'on ne comprend pas bien, sans lui, la plupart des événements qui, récemment encore, ont jalonné nos vies. Va expliquer cela à tous les cœurs sensibles qui croient que l'Histoire se fait avec des idées, des espérances ou des desseins !

Et puis il y a *la* grande question — celle dont personne ne veut apparemment parler et que je ne suis même pas certain que tu souhaiterais me voir aborder. Te rappelles-tu ce que je t'ai parfois dit du libertinage effréné qui régnait dans les prisons ? Et offenserai-je ta pudeur en te rappelant les scènes qu'il t'arriva de surprendre, mon innocente, alors que tu venais me rendre visite dans ma chambre de Picpus ? C'est une autre loi, ma mie ; et cette loi nous dit qu'il n'y a pas de Révolution sans un déchaînement de sensualité et de passion coupable. J'ai vu des Valmont à La Force. J'ai vu des femmes tomber dans leurs filets avec une indécence que je n'aurais pas osé prêter à la pire de mes rouées. On m'a parlé de condamnés qui, dans la salle des morts du Tribunal, sur les matelas pouilleux où ils attendaient Sanson et sa charrette, se livraient à des débordements dont la violence semblait aiguisée par la proximité de l'échafaud. Tu connais ce projet, que je nourrissais jadis, d'un livre sur les femmes et leur influence sur le train du monde ? Il y avait alors, dans ma galerie, la du Barry et la Genlis, la Houdetot et la Montessan. Que serait-ce si j'y ajoutais, outre mes déchaînées de la Picpus, le portrait de Madame Roland, celui de la Tallien dont le boudoir a fait, puis défait les régimes — sans parler de cette créole aux langueurs assassines dont on ne dira jamais assez le rôle dans l'ascension, puis le triomphe de l'Empereur ? La Révolution et les femmes. La Révolution par les femmes. Il a fallu, là aussi, toute l'ingénuité de Maximilien pour ne pas mesurer que ce sont elles les vraies actrices ; elles qui tiennent les vraies ficelles ; et elles qui, l'heure venue, donnent le signal de l'hallali.

Voilà, ma chère amie. Tu es déçue, j'en suis sûr, de me voir si peu enclin à entrer dans tes désirs et à venir grossir ainsi le fier escadron de ceux qui, un à un, prétendent nous livrer leur « témoignage » sur ces années. Mais quoi ? Me vois-tu racontant mes fantaisies ? Imagines-tu nos amis ? Nos ennemis ? Imagines-tu l'Empereur lui-même, si l'un de ses généraux s'avisait de publier ses singulières théories sur la véridique histoire d'une Révolution terminée ? Et ne sens-tu pas comme c'est la nature même de mes rencontres, des confidences que l'on m'a livrées, bref des informations dont je me trouve être, mi par nécessité mi par hasard, le détenteur de provision, qui m'interdit, je te le répète, de dire quoi que ce soit ? Laclos est fou, crierait-on. Laclos a perdu la tête. Sans voir — car cela *ne peut* se voir, car il est bien trop tôt pour qu'on *ose* même le penser — que c'est le monde qui, dans ces années, perdait la tête et le sens... J'ajoute (mais cela, plus que jamais, de toi à moi, de cœur à cœur) que ce geste de tout dire et d'éclairer tous les mystères aurait — si, par hypothèse, je m'y résolvais — l'effet supplémentaire de dissiper une équivoque que tout mon tempérament me pousse au contraire à maintenir. Ils veulent la vérité ? Ils veulent savoir ce que j'ai réellement fait, laissé faire ou fomenté ? Eh bien qu'ils veuillent, ma douce ! Qu'ils rêvent ! Qu'ils déraisonnent ! J'ai laissé courir, vingt ans durant, le sot bruit d'une parenté entre le plus odieux de mes personnages et moi qui n'en étais que l'auteur ; il ne me déplaît pas, à la réflexion — et pour ce qui me reste à vivre — de laisser galoper les rumeurs les plus folles sur la conjuration d'Orléans, mes menées aux Jacobins ou les inavouables trafics du sulfureux « secrétaire » d'un prince guillotiné...

Un dernier point, ma chère. Car je ne voudrais pas finir sans un mot qui t'apaise. Que je n'écrive pas ce livre-ci, ne signifie pas, au contraire, que je n'en veuille écrire aucun. Et j'en ai un autre en tête, dont je t'ai parfois parlé et qui mûrit, lui, très vite au soleil de l'Italie. Consacré à démontrer, comme je te l'écrivais un jour, *qu'il n'existe de bonheur qu'à l'intérieur de la famille*, il aurait ce premier mérite d'épaissir, au lieu de la dissiper, l'équivoque où je te disais à l'instant qu'il ne me déplaît finalement pas de laisser s'égarer mon monde.

Pense donc ! L'auteur des *Liaisons*, ce méchant, ce perfide, ce conspirateur en eaux troubles, suspect de toutes les vilenies, achevant son œuvre et sa vie sur une éloge de l'ordre et de l'amour fidèle ! N'y a-t-il pas là, mon amie, de quoi dérouter les esprits simples qui m'avaient enfermé dans le rôle du scélérat, adepte de ses propres liaisons et à jamais voué aux pires immoralités ? Il aurait cette seconde vertu d'ajouter sa petite pierre — oh modeste ! mais qui viendrait à point nommé... — à l'édifice social que nous offre Napoléon : crois bien qu'en ces temps troublés où le relâchement des mœurs est le principal obstacle à la remise en ordre du pays, une campagne littéraire rondement menée ne me sera pas moins avantageuse qu'un succès militaire où le délabrement de ma santé met de plus en plus d'incertitude. Et puis il aurait enfin ce mérite qui, à mes yeux, vaut tous les autres, d'offrir à ta bienveillance l'hommage d'un écrivain qui n'a rien imprimé depuis vingt ans. Il s'intitulerait, ce livre, « Les Liaisons heureuses » et serait comme une offrande que je viendrais déposer sur l'autel d'un amour aussi fervent que fidèle. Je sais, ma bonne amie, combien tu goûterais ces nouvelles « Liaisons » ! Je suis convaincu qu'elles finiraient, du moins à tes yeux, de me faire pardonner ces premières — qui, n'est-ce pas, t'ont fait si peur ? Et je n'ai présentement qu'un désir qui est de voir ce bon Lespagnol juguler très vite les suées, les bénéfices de nature et les fièvres qui m'empêchent de m'y atteler avec toute la paisible ardeur que le projet mérite.

Adieu, bonne chère amie. Je t'aime et embrasse de tout mon cœur, ainsi que nos enfants. J'ai bien peu de forces, mais c'est quelque chose d'en avoir assez pour vous aimer tous et pouvoir vous en assurer.

Choderlos de Laclos mourut huit jours plus tard, le 5 septembre 1803, des suites de sa brève maladie.

Mai 1989.

VOYAGE DANS L'EUROPE DE 2021

Te souviens-tu, mon cher Asada, du pari que nous faisions l'an dernier, au fameux dîner de clôture du « Sommet International des pays de la zone yen » ? Eh bien voilà, mon ami. Peut-être n'y croyais-tu pas toi-même et as-tu lancé en l'air cette idée de voyage en Europe. Mais j'ai pris, pour ma part, le défi très au sérieux. Et moi qui pensais que les voyages étaient chose dépassée, moi qui vivais dans la certitude que les modernes n'auraient plus jamais, comme nos pères et nos grands-pères, à goûter à l'inconfort de ces engins préhistoriques que sont les trains ou les avions, j'ai quitté Tokyo un matin ; j'ai abandonné mes computers, mes ateliers de télétravail, mes images fax, mon satellite — et me voilà qui, sans crier gare, tout étonné de ma propre audace, me suis retrouvé dans la peau d'un « voyageur » du siècle dernier. Histoire de jouer la comédie jusqu'au bout et de me mettre dans le ton « littéraire » qui convenait, j'emportais avec moi un exemplaire tout jauni de *L'Extraordinaire Voyage du samouraï Kasikura*.

Par où commencer ? Et comment te faire partager les impressions extravagantes que j'ai retirées de l'aventure ? Il y a d'abord eu l'Italie où je ne me suis, hélas ! pas suffisamment attardé — tant le climat y est hostile à ceux que l'on n'appelle plus, là-bas, que les « impérialistes aux yeux bridés ». J'avais en tête, tu l'imagines, les images de synthèse du laboratoire « Japan Oktet ». Eh bien c'est ça, cher Asada. C'est exactement ça. J'ai retrouvé Florence, avec son théâtre permanent pour touristes du tiers monde. Bologne, avec son musée du terrorisme. Padoue, où les marbres sont moins lisses, mais aussi beaux, que sur nos écrans. Je suis passé par Milan où l'on voit encore quelques citadins. Rome où l'on n'a toujours restauré ni Saint-Pierre, ni les thermes de Caracalla (il faudrait, à l'occasion, songer à en dire un mot à nos amis du « Mishima Fund Raising Incorporated »). Et j'ai même poussé jusqu'à Venise qui est tout à fait conforme, elle, en revanche, à la maquette reconstituée que nous avons à Tokyo. L'Italie reste le plus beau musée du monde — le seul problème étant, bien sûr, tous les cars de touristes russes, roumains ou tchèques qui viennent aussi s'émerveiller de ses mystères et de ses charmes.

La France m'a moins impressionné. Non pas, tu penses bien, qu'on m'y ait fait grise mine. Mais c'est la chaleur même de l'accueil, l'excès de servilité et de complaisance à notre endroit qui m'y ont au contraire mis mal à l'aise. Pense donc ! Le Louvre japonisé... La N.R.F. japonisée... Yves Saint-Laurent et le Ritz encore et toujours japonisés... La promenade des Anglais, l'ex-Monte-Carlo, où l'on ne rencontre plus que des retraités de Kyoto... Et la région parisienne tout entière transformée en un gigantesque Disneyland pour nos techniciens en goguette...

Trop, c'est trop, mon cher Asada. Et je t'avoue que de voir tous ces jeunes Français m'accoster sous les arcades de la Défense en me proposant, qui des filles, qui des francs au marché noir, qui de menus services encore plus inavouables, avait de quoi serrer le cœur. Ajoute à cela une langueur extrême. Un président Désir qui vieillit mal. Des équipes dirigeantes où l'on ne sent plus ni foi ni projet d'aucune espèce. Ajoute encore le spectacle d'une intelligentsia — l'ancêtre Debray, les cacochymes Lévy et Minc — qui n'a manifestement plus les moyens de son influence. Paris n'est pas Rome, mais ce n'est même plus Paris. Et ce constat m'a plongé dans une mélancolie qui ne m'a quitté que deux jours plus tard, à mon arrivée en Allemagne.

Car là c'est encore autre chose. Tu te souviens, n'est-ce pas, de notre émotion à tous, voilà maintenant trente ans, quand le fameux Mur s'est effondré ? Un étudiant de l'université Est-Ouest de Cologne m'a dit à ce sujet : « Ce qui s'est passé ce jour-là, c'est en réalité ceci : les gens de R.D.A. croyaient qu'ils étaient allemands, ils ont découvert qu'ils étaient pauvres — découverte qui, du jour au lendemain, a véritablement sonné le glas de leurs rêves les plus euphoriques. » Et, quelques heures plus tard, le président de l'Institut d'Euthanasie appliquée de Leipzig : « Personne n'a compris à l'époque que l'Allemagne n'est pas un État mais une nation, en sorte qu'en vous obnubilant tous sur l'union du premier vous avez manqué la résurrection de la seconde — qui se faisait, elle, sous vos yeux. » Vieille histoire, dis-tu ? Voire. Car cette nation ressuscitée, cette Deutschland reconstituée, elle est *la* réalité géopolitique avec laquelle nous devons compter. Oublie l'Alsace et la Lorraine, la Poméranie et la Silésie. Oublie Vienne, Bâle et

Gdansk — tous ces lieux de jadis qui n'ont d'auto-nomie que dans les manuels du siècle dernier. Ce qui existe concrètement c'est une vaste zone Mark, où l'on parle et commerce en allemand, qui va jusqu'à Bucarest, Varsovie, Budapest et peut-être Riga.

J'insiste sur cette histoire allemande. Car je ne peux pas oublier non plus la formidable erreur d'appréciation qui nous a tous induits à croire que c'est l'Ouest qui, dans l'affaire, aurait immanquable-ment raison de l'Est. Aujourd'hui, trente ans ont passé. Les jeux sont faits. Or ce qui saute aux yeux c'est que si les allemands occidentaux restent les plus riches, les plus puissants, etc., ils n'exercent pas vraiment de fascination sur leurs cousins orien-taux. Pas de voyages. Encore moins d'exode. Un mode de vie frugal, presque spartiate, délibérément éloigné de nos folies « capitalistes » et auquel j'ai eu l'impression qu'ils ne renonceraient pour rien au monde. Je vais peut-être te surprendre. Mais l'in-fluence, si influence il y a, irait plutôt en sens inverse et il m'est arrivé de me demander si ce ne serait pas l'Allemagne fédérale qui envierait secrè-tement les charmes écologiques de la vie chez sa voisine. Il y a eu, pendant mon séjour, de grandes manifestations à Dresde contre l'installation d'un supermarché. « Dehors les marchands », disaient les militants en pantalons de velours côtelé... « A bas les grandes surfaces »... « Approvisionnons-nous à l'Ouest, mais revenons vite à l'Est pour consommer en paix »... Ne me crois pas si tu ne veux pas. Mais l'extraordinaire est que, revenu à Bonn, j'ai lu dans les regards une secrète admiration pour tant d'ar-dente vertu.

« Le communisme est mort », clamait la généra-tion de nos pères ! C'était exact, bien sûr. Sauf qu'elle n'avait pas prévu que ce qui viendrait à la place serait ce drôle de socialisme, convivial et sympathique, qui panacherait avec talent les charmes du rose et du vert. Les Allemands de l'Ouest ont bâti des usines à l'Est. Ils ont construit un vaste marché. Ils ont acheté des châteaux en Bohême et des terres en Slovaquie. Ce qu'ils ont découvert chemin faisant (mais qui en même temps, je te le répète, les impressionne infiniment) c'est qu'on n'achète pour autant ni les cœurs ni les idées et que l'utopie égalitaire continuerait de prospérer dans le sillage de leurs capitaux. Essaie d'imaginer le Danemark du siècle dernier, tel qu'on peut le retrouver dans nos banques d'images. Ou bien l'Irlande de la même époque, avec ses poneys, ses vieux pubs, ses vastes prairies, son air pur. C'est ça l'Europe du Milieu. C'est à ça que ressemblent les enfants naturels de Dubcek, du théâtre populaire et du rêve autogestionnaire qui ont essaimé depuis vingt ans d'un bout à l'autre de la région. A l'exception bien sûr de la Hongrie qui demeure, au milieu de tout ça, comme un îlot de capitalisme déchaîné.

J'aurais voulu, cher Asada, te parler aussi des conflits que l'on sent poindre néanmoins à l'abri de cette façade. J'aurais voulu te parler de l'Europe tribale. De ses querelles régionales et religieuses. J'aurais voulu te dire un mot du formidable — et, pour nous, Japonais, proprement incompréhensible — vent d'antisémitisme qui souffle sur la Pologne et qui se manifeste un jour par la profanation d'une synagogue ; le lendemain par la vente des terrains d'Auschwitz ; le lendemain encore, par l'homélie du jeune archevêque Jaruzelski déclarant à Czestozova, devant des milliers de fidèles venus rendre leur hommage à la célèbre Vierge Noire, que les « Juifs ont été jetés sur le fumier de l'Europe pour ce qu'ils étaient : des juifs d'argent ». Il y aurait encore la Lituanie qui est comme un vaste Hong Kong aux portes de la Russie — avec la classique et, ma foi, bien plaisante atmosphère de trafic qui règne dans les ports francs. Et puis il y aurait l'Ukraine enfin, exsangue, anarchique — qui sort à peine de la guerre civile où la plonge depuis vingt ans le pitoyable échec de l'expérience Sakharov-Gorbatchev. Mais le temps presse, mon ami. Je dois libérer le fax. Car on annonce qu'en Bosnie, dans une obscure bourgade du nom de Sarajevo vient d'être assassiné le non moins obscur descendant d'un archiduc autrichien. A bientôt, à Shinjuku.

Novembre 1989.

B.-H.L. PAR B.-H.L. : NÉCROLOGIE[1]

Bernard-Henri Lévy. Écrivain français. Né à Béni-Saf (Algérie) en 1948. Mort à Jérusalem en 2029. Débute par un livre-témoignage (*Les Indes rouges*, 1973) qui revendiquait, non sans présomption, le parrainage d'André Malraux. Poursuit avec une série d'essais sur le marxisme (*La Barbarie à visage humain*, 1977), la Bible et le judaïsme (*Le Testament de Dieu*, 1979), le discours fasciste et sa version pétainiste (*L'Idéologie française*, 1981). Entame une carrière littéraire avec l'histoire romancée de la génération dite « soixante-huitarde » (*Le Diable en tête*, 1984) ; le récit d'une agonie célèbre (*Les Derniers Jours de Charles Baudelaire*, 1988) ; un roman d'amour sur fond de guerre civile (*La Tentation de Don Juan*, 1993). Tous ces livres, essais et romans, trouvent une large audience. Mais leur auteur reste prisonnier d'une image sulfureuse et d'inimitiés tenaces. Lui-même déclarera, après son troisième échec au Goncourt (récompense littéraire

1. Texte paru dans le *Dictionnaire* de Jérôme Garcin (Bourin éd., 1988).

fort prisée dans ces années et qu'il obtiendra beaucoup plus tard, à soixante-dix-sept ans, pour un court récit autobiographique paru chez un éditeur bruxellois) : « le malentendu est à son comble ; sans doute le mérite me revient-il d'avoir, modestement mais fermement, instauré un nouveau rapport entre la littérature et les médias ; mais force est de constater que, de cette logique médiatique, je me retrouve aujourd'hui victime et prisonnier. »

L'année suivante, et comme s'il voulait « en finir avec la comédie littéraire » (titre d'une autre interview, également emphatique et complaisante, parue dans *Globe*, l'organe officieux des muscadins de l'époque), Bernard-Henri Lévy quitte Paris, s'installe à Genève et donne une série de petits livres, d'apparence gratuits et sans fil directeur véritable, où les observateurs ont le plus grand mal à retrouver le souffle, voire l'esprit, du fougueux écrivain des décennies précédentes. *Le Rêve d'Aristote* (1996) est un court poème en prose à la façon de Des Essarts. *Dix petites gloses pour servir à l'idée de modernité* (1999) est un recueil d'aphorismes, souvent amers, sur le déclin du courage. *L'Impacaltura di Agnetta : les Trois M. et leur destin* (2004) est un recueil d'études savantes sur la peinture de Mondrian, Matisse et Martinez. Dans *Les Neuf Péchés capitaux* (récits de promenades dans neuf villes européennes : Bruxelles, Genève, Zurich, Barcelone, Trieste, Lisbonne, Ségovie, Berlin, Ostende) il faudra toute la sagacité d'un jeune docteur de l'université de Douala pour repérer les grandes étapes de l'itinéraire final de Benjamin C., le héros du *Diable en tête*. Et quant au premier tome de ces *Mémoires* (2008) dont la presse attendait mille anecdotes sur la vie littéraire, politique et galante de la fin du siècle précédent, il étonna surtout par la pauvreté de ses révélations. L'histoire n'en conservera qu'un final curieusement intitulé : « Au revoir et merci — cette année à Jérusalem ! »

Commence alors — à Jérusalem justement — un silence de quinze ans dont on ne sait trop, aujourd'hui encore, à quoi il fut occupé. L'auteur du *Testament de Dieu* a-t-il cédé à la tentation mystique ? A la luxure ? A l'affairisme ? Quel crédit faut-il accorder aux informations selon lesquelles il se serait alors lié avec le célèbre Armando Flatto Sharon ? A-t-il, pour de bon, renoncé à l'écriture ? A ses prestiges ? A son théâtre ? Ou faut-il croire au contraire, comme l'ont prétendu certains échotiers, que ce Fregoli des lettres, rééditant la facétie d'un certain Romain Gary, eut l'ultime audace de se glisser sous le masque d'Alain Paradis, l'énigmatique auteur de *Moi-même en écrivain jubilaire et en vieillard* — sotie néo-baroque qui fit grand bruit dans les derniers cénacles lettrés ? Toujours est-il que le nom de cet exilé ne tarda pas à s'effacer, puis à disparaître complètement. N'eût été le coup d'État franciste de 2023, puis son opportune arrestation, la même année, par une police qui, alertée de sa présence à Paris par le secrétaire perpétuel de l'Académie nationale, intercepta son taxi dans le quartier de l'Étoile, il aurait achevé son existence dans l'inéluctable anonymat des agitateurs démodés.

Les circonstances mêmes de cette arrestation restent, elles aussi, mystérieuses. *Libération*, le quotidien conservateur de ces années, parla de « provocation ». Le sycophante de l'Académie nationale eut l'aplomb de déclarer que : « rien ne vaut un beau scandale pour vous rajeunir un vieux comédien. » D'autres encore rappelèrent comment le vieux comédien s'y entendait, jadis, pour organiser lui-même « la dramaturgie de sa propre gloire ».

Et, de fait, on reste confondu par la démarche d'une police mettant à l'index un idéologue bien oublié et courant les bibliothèques pour en retirer à grand bruit les exemplaires d'une *Idéologie française* qui avait, depuis longtemps, cessé d'inquiéter qui que ce soit. N'empêche. Le vieil homme passa deux longues années à la prison de la rue Jacob. Muré dans un silence qui dérouta ses anciens adversaires, il joua merveilleusement son rôle de nouveau martyr. Et c'est ainsi que la jeune génération, même si les tenants et aboutissants de l'affaire lui échappaient en grande partie, redécouvrit l'existence de celui qui, un demi-siècle plus tôt, s'était autoproclamé « l'apôtre des droits de l'homme ».

Quand le régime s'effondre, Bernard-Henri Lévy a soixante-dix-sept ans. Fort du timide regain de gloire que vient de lui apporter la bêtise franciste, il risque, sans trop y croire, une *Adresse au peuple de gauche* qui passe quasiment inaperçue ; puis le récit autobiographique précité qui lui vaut une récompense tardive et désormais privée de sens ; puis enfin, avec quelques demi-soldes, nostalgiques, comme lui, des âges littéraires (Jean-Paul Enthoven, Philippe Sollers, Pascal Quignard, Jérôme Garcin) un ouvrage collectif intitulé *Pavane pour des proses défuntes*. Il meurt à quatre-vingt-un ans, dans l'indifférence générale, laissant une œuvre singulière, souvent confuse, frappée (pour reprendre un mot qui lui est cher) au coin du malentendu et qu'il convient de relire à la lumière de ses propres prophéties.

DANILO KIŠ, ROMAN

Sa voix. Je crois que je commencerai par sa voix.
Robert Bresson ne dit-il pas que c'est toujours au
téléphone — c'est-à-dire, donc, à la voix — qu'il
choisit ses interprètes ? Eh, bien ! là, ce sera pareil.
Le même pari. La même démarche. Le même type
d'engendrement à partir du même type d'élément.
J'imagine un narrateur composant son personnage
à partir d'accents ou d'intonations venus au travers,
par exemple, d'une conversation téléphonique. « C'est
tout simple, aura dit le futur personnage. Vous me
reconnaîtrez facilement. Je suis très grand. J'ai de
très grandes mains. » Moyennant quoi le narrateur
ne reconnaîtra ni la taille ni les mains, mais, sans
que l'intéressé ait eu besoin d'ouvrir la bouche, la
tessiture d'une voix qu'il portera, à la lettre, gravée
sur son visage. Une voix chaude. Bien timbrée. Une
voix éraillée, enrouée par instants, avec des impa-
tiences qu'accentue presque un drôle de geste de
la main venant buter contre le nez pour le repousser
loin de la bouche. Une voix comme un aveu. Une
voix comme une empreinte. Un homme qui, à la

façon de ces orchestres dont l'entière symphonie tient tout à coup dans une note, se résumerait à cette voix. Kiš et sa voix.

De quoi peuvent bien se parler deux écrivains dont les voix se rencontrent pour la toute première fois ? Politique ? Roman ? Idées générales ? Grands sentiments ? Allons donc ! Bien sûr que non ! J'imagine une conversation, dans un bar anglais de Saint-Germain, qui roulera sur des questions de technique, voire de quasi *cuisine* littéraire. L'un : je ne parviens pas à comprendre comment les romanciers d'aujourd'hui peuvent écrire à la machine. L'autre : je ne peux concevoir, pour ma part, l'invraisemblable archaïsme d'une plume ou d'un bic glissant sur le papier. L'un : ce qui manque à vos machines, c'est le poids, la pression, la présence de la main hésitant sur la feuille, s'arrêtant, revenant, raturant, surimprimant, sautant un mot, une phrase, rattrapant sa propre pensée, marquant le souffle ou la cadence, recommençant, effaçant tout — ce qui leur manque et leur manquera toujours c'est cette part musicale (ou sculpturale) qui a, me semble-t-il, la main pour condition. L'autre : savez-vous ce qu'est une machine ? savez-vous ses ressorts ? ses ressources ? connaissez-vous ses joies ? ses ruses et ses roueries ? ses possibilités infinies et folles ? ignorez-vous qu'on ne tape pas, mais qu'on pianote ? qu'on a nos dièses ? nos bémols ? que cette « pression » dont vous parlez, nous l'obtenons, nous, au doigté ? je reconnais mes touches à leur son ; je dose, je calcule l'intensité de ma frappe ; et j'arrive même à régler mon souffle — celui de la phrase, de l'idée — sur le rythme du clavier. L'un et l'autre, l'autre et l'un : d'accord, au moins, pour admettre que les écrivains sont bien sots de prendre ces grands airs avec leur « inspiration », leur « magie », leur « mystère ineffable et profond » quand il serait si simple — et si beau ! — d'exhiber leurs procédés. Terminer la scène par un hommage à Proust avouant, dans le *Contre Sainte-Beuve*, qu'il y a des « beautés grammaticales » qui l'émeuvent bien davantage que les beautés morales, philosophiques ou esthétiques.

Seconde conversation. Quelques mois ou semaines plus tard. La scène se passe cette fois dans les bureaux d'un grand éditeur. L'éditeur parle contrats, délais, droits, gloire et argent. Il évoque le roman en cours. Interroge sur le suivant. Il feint la plus extrême fébrilité pour s'enquérir du troisième, du quatrième. Il évoque les prix. La rentrée. Il va même jusqu'à ce Nobel dont on commence, lui a-t-on dit, de murmurer qu'il devait aller à un « centre-européen ». Mais l'écrivain, lui, n'a qu'une idée sur laquelle il reviendra avec un entêtement où l'éditeur aura bien tort de voir une ruse ou un caprice : voir rééditée, avant toutes choses, une *Leçon d'anatomie* écrite bien des années plus tôt en réponse à des Serbo-Croates qui avaient monté contre lui, à Belgrade, un ignoble procès en plagiat. Brûlure. Douleur. Désir inentamé de voir confondus, jusqu'à Paris, les calomniateurs. Idée, aussi, que l'on a peut-être touché là — sans le savoir ni le vouloir — à l'essence même de sa foi, de sa technique littéraire. Et monologue, du coup, où il sera forcé d'expliquer que la littérature vient des livres, pas des choses ; qu'elle n'a jamais rien été d'autre qu'une intarissable citation ; et que tout l'art du romancier est de traiter et retraiter un stock fini de thèmes, d'événements ou de récits. Lui prêter un roman, alors. Enfin : une *amorce* de roman qui conclurait la péripétie. Ce serait l'histoire d'une femme — sa mère, peut-être — qui ferait du tricot comme lui de la littérature : en acceptant toutes les commandes ; en se pliant à leurs contraintes ; mais en faisant en sorte que passe à travers chacune l'unité d'un style et d'un art. Vrai roman ? Faux roman ? Réponse dans mon roman.

Un « essai » maintenant. Une « station » dans le roman, où l'on verrait se dégager l'originalité du romancier. « Centre-européen », c'est entendu. Mais après ? En plus de cela ? Qu'est-ce qui le distinguera, finalement, de tous ceux qui, comme lui, ont conçu ou concevront ce rêve du roman total, polyphonique, métaphysique ? L'idée à développer serait celle d'un prosateur qui, par provocation ou paradoxe, ajouterait au dessein commun une charge d'ironie qui, simultanément, le déjouerait. Un livre comme un clin d'œil. Un livre comme un trompel'œil. Un art du récit piégé, plein de chausse-trappes, de fausses fenêtres. Truquages. Mensonges. Fausses références. Vrais documents. Faits attestés, qui semblent fous. Folles inventions, qui paraissent vraies. La frontière qui vacille entre la fable et le réel, le fictif et le certain. Tout un jeu de miroirs où c'est le projet même de connaître et l'idée du grand-roman-pouvant-aussi-servir-à-produire-sur-lemonde-une-sorte-de-savoir qui perdent leur évidence. La règle et le jeu. La rigueur et l'ironie. Quelque chose comme un Musil qui aurait lu l'*Aleph* ou les *Enquêtes*. Ah ! le grand rire de Kiš et sa façon de laisser entendre qu'il ne croit qu'à demi ce qu'il raconte, lorsqu'il déclarera qu'il a donné, avec tel ou tel de ses ouvrages, « sa » théorie du stalinisme. Kiš : le moins allemand des romanciers de cette fameuse Europe du centre.

La maladie, maintenant. Le rire, qui s'est figé. Les traits, qui se sont durcis. Quelque chose de trop saillant dans le regard, comme si la douleur avait forgé, martelé le visage tout autour. Et puis cet air de colère incrédule qui, depuis qu'on lui a dit la vérité, paraît ne plus vouloir le quitter. Contre lui-même ? Contre les bien-portants qui le narguent ? Contre les mal portants, les souffrants, les estropiés au monde desquels il ne parvient pas à croire qu'il fasse lui aussi partie ? Une scène terrible, en tout cas. Un dialogue qui, à soi seul, dira son exaspération. Le narrateur est toujours là qui, travaillant sur les « derniers jours » d'un écrivain du XIXe, trouve malin de lui faire part de toutes les hautes pensées (le dernier mot, la dernière œuvre, le destin des livres inachevés, la gloire, le malentendu, le désir d'immortalité, les chances et moyens de l'exaucer) qu'il prête à son héros. Et lui, alors, se dresse, blêmit comme sous l'insulte, agite cheveux et bras à la façon d'un mauvais acteur et puis se calme soudain pour, dans un pauvre petit soupir, lui souffler quelque chose comme : « un romancier mourant pense à la mort, pas au roman ». Silence du narrateur qui n'ose plaider ni contredire. Kiš ou les « derniers jours » ? Le réel ou le roman ? L'ennui c'est qu'il s'agit de Kiš justement — et qu'on ne sait jamais bien, avec lui, où commence l'un, où finit l'autre.

Après la maladie, la métamorphose. Il n'aura, c'est essentiel, changé ni de prestance ni de physionomie. La même grande taille. Les mêmes grandes mains. Le même regard indigné. Le même sourire figé. Les mêmes cheveux. Les mêmes gestes. Bref une jeunesse d'allure inentamée quand il entre dans un café, s'assied, fait signe au garçon. Sauf qu'à l'instant où il s'exprime — mettons que ce soit pour saluer ou pour grommeler quelques propos amers sur les ravages de la « chimio » — il se produit l'effet inverse de celui de sa première apparition :

sa voix n'est plus que l'ombre, que dis-je ? la caricature de ce qu'elle était et qui lui convenait si bien. Une voix grêle, tout à coup. Une voix de fille. Une voix d'oiseau. Une de ces voix haut perchées, comme en suspens au-dessus du corps, dont on a envie de dire qu'elles ont échoué à s'incarner. Ou bien encore : une de ces voix décalées, mal ajustées à leur organe, qui rappellent irrésistiblement un film de série mal doublé. L'effet de ce changement ? Un visage un peu ahuri du tour que sa voix lui joue. Un corps gêné, presque accablé, par ce qui ne peut lui apparaître que comme une sédition insupportable. Une âme déroutée elle aussi par la nécessité de se mettre, à proprement parler, au diapason. Et puis un livre enfin, privé de son fil et de son principe, qui ne sera pas loin de perdre, lui non plus, ce qui lui tenait d'âme et de corps. Changer d'âme, alors ? de corps ? Changer le personnage ? Abandonner le livre lui-même — attendu que la musique s'est arrêtée qui lui servait de leitmotiv ? Non. Continuer au contraire. Suivre le personnage. Danilo et sa nouvelle voix. La voix et son nouveau Danilo. Misère infinie d'un homme que l'on dirait voué, jusqu'à la fin des temps, à ajuster non pas sa voix à son être (ce qui, par principe, n'est plus pensable), mais son être même à sa voix (ce qui sera, on le sent bien, plus original et romanesque).

Et puis non ! Pas si simple. Et possibilité d'un coup de théâtre dans les rapports, que l'on croyait figés, entre l'auteur et son personnage. L'hypothèse sera que celui-ci soit retourné pour un été, chez lui, en Yougoslavie. Qu'il ait un peu ri. Beaucoup chanté. Pas mal bu, rêvé, espéré. Et que là, grisé par un parfum d'insouciance et de légèreté qui lui revenait d'on ne sait où, il ait eu la drôle d'idée de lire, puis de traduire, un petit texte (appelons-le, par convention, *Éloge des intellectuels*) du narrateur. Bizarre ? Oui, bizarre. Pas d'explication vraiment plausible. Les raisons qu'il donne lui-même — le goût de traduire, l'honorable tradition des écrivains traducteurs, le souci de mettre sa langue au travail d'une autre langue — soulevant plus de problèmes qu'elles ne feignent d'en résoudre. Je tiens à la scène, cependant — et j'y tiens à ce point-ci du récit. Primo parce que l'idée me semble inhabituelle — et donc romanesquement intéressante — d'un narraté venant traiter, s'approprier la langue d'un narrateur. Et, secundo, bien sûr, parce qu'on ne comprendra rien sans elle (et sans le lien nouveau, terriblement fort et intime, qu'elle a permis de nouer) à l'épisode qui va venir.

Car c'est là que viendra « la » scène — lestée, sinon légitimée, par tout le poids de ce travail, de cette communauté de langue et d'esprit. Au commencement, il y aura la stupeur. Puis l'effroi. Puis les excuses, que, je suppose, on donne toujours dans ces cas-là : « l'espoir... la vie... les difficultés techniques de l'entreprise... la morale... la foi... le fait que, selon la loi donc, il s'agit encore et toujours d'un crime... Puis, si j'essaie d'entrer *dans la tête* de mon bonhomme, le piètre monologue intérieur qui redoublera (et aggravera) ses dérobades de vive voix : "pourquoi moi ? pourquoi ce soir ? sommes-nous, *étions-nous* tellement amis que tu me demandes la chose la plus terrible qu'un homme puisse demander à un autre homme ? » Danilo est chez lui cette fois, rue Arthur Groussier — assis tout raide sur ton divan avec la minerve qui, lorsqu'il la garde, le fait ressembler à une marionnette et qu'il enlève de temps en temps dans un geste de rage et de haine. Et j'imagine le narrateur, tout raide aussi en face de lui — qui sentirait monter les larmes en même temps que, soyons francs, une furieuse envie de s'en aller. Émotion et comédie. Compassion et tartufferie. Difficile devant une demande — et donc une situation — aussi extraordinairement « limite » d'improviser la bonne distance.

Aller plus loin. Forcer le trait. Ce pourrait être un dîner le samedi ou le dimanche suivant. Le narrateur a cru bien faire. Il s'est dit : « soirée gaie... bel endroit... » Il s'est persuadé : « surtout pas le coup — et l'affront — du petit restaurant discret où au moins, on sera tranquilles. » Et il a choisi, du coup, cette indécente brasserie où on les regarde, l'un comme une bête, l'autre comme un con ou comme un monstre. Ses gémissements. Tes couinements. Ces cris qu'il pousse parfois et qui semblent lui-même l'effrayer. Ce fauteuil absurde. Cette table idiote. La position qu'il ne trouve pas. Le vin qui ne vient pas. Les serveurs qui le bousculent. Les clients qui l'observent. Le bras fou qui tient le bras mort. La tête, inclinée malgré la minerve, qui semble prête à rouler. Les cris encore. Les douleurs. Son exquise courtoisie, cependant. Sa conversation. Ses bons mots. Jusqu'à cet « appétit » qu'il feint, entre deux crises, de retrouver. Une leçon ce soir-là : qu'il faut se cacher pour souffrir.

Et puis le voyage à l'Est enfin — puisqu'il faudra bien, à ce roman, tenter de trouver une fin. Prague ? Sofia ? Bucarest ? Budapest ? Berlin ? Belgrade ? Je choisirai la Pologne, il me semble. Et je la choisirai là, tout près, en ce début de printemps. Le cimetière juif de Varsovie. Ses tombes renversées. Ses ronces. Ses herbes folles. Ses grands arbres qui ont eu le temps, depuis quarante ans, de prendre racine entre les pierres. Et Kiš, déambulant donc avec l'auteur et lui confiant, chemin faisant, toutes les appréhensions qu'éveille en lui ce retour, désormais flagrant, de la nostalgie européenne. Oui, bien sûr, il s'en réjouit. Il y voit, comme chacun, l'événement « historico-mondial » le plus heureux des dernières décennies. Mais cela ne doit pas, insiste-t-il, nous rendre brusquement aveugles à tout ce que peut charrier de sombre ce retour de l'archaïque. Musil... Broch... Les deux visages de l'Europe centrale... L'équivocité de la Cacanie... Les nationalismes... Les intégrismes... Les chauvinismes qui reviennent... Les antisémitismes qui se réarment... Le mystère de ce que sera une Mitteleuropa *sans les Juifs*... Danilo parle... Parle... Il parle comme, depuis le début de sa maladie, il n'a peut-être jamais parlé... Au bout d'un moment, il se tait. Fatigué, sans doute. Le pas plus lourd, plus attentif. L'un derrière l'autre — mais en silence — les deux amis poursuivent leur route. Le narrateur devine son pas, sa présence dans son dos. Il entend ses reniflements, qui lui rappellent sa voix d'autrefois. Combien de temps ont-ils marché ? Le jour, entre-temps, a baissé. La lumière, tout à l'heure bleuâtre mais claire, a presque complètement disparu. « Tiens, dit-il : la nuit nous a surpris. » Puis, n'entendant pas de réponse : « comme ce brouillard est tombé vite. » Et c'est alors que, se retournant, il s'aperçoit qu'il est tout seul. Il appelle — rien. Il revient sur ses pas — personne. Il va, vient, d'une tombe à l'autre, dans le désordre — toujours pas l'ombre de Danilo. Perdre son personnage, une nuit, dans le cimetière juif de Varsovie — est-ce une fin bien plausible et raisonnable ? La réponse est chez Kiš à nouveau, dans les dernières lignes d'un roman de jeunesse que je ne pourrai mieux faire que citer pour terminer. « Et pourtant, tout y était. Toutes les pistes de l'affaire. Tous ses fils entremêlés. Toutes les indications qui, disposées dans le désordre, permettraient de remonter le cours d'une existence dont j'avais apparemment été l'un des témoins ultimes. Il n'y manquait, en vérité, que l'expression du dernier acte — ce corps qui, mystérieusement, n'a jamais été retrouvé. »

Mars 1990.

II

POSITIONS

1

LA VERTU

Surtout pas de lyrisme. Surtout pas de romantisme. Rien, surtout rien qui, de près ou de loin,
puisse ressembler à une adulation des « valeurs de
la jeunesse ». La jeunesse, on ne le dira jamais assez,
n'est pas une valeur en soi. Les jeunes, on ne le
répétera jamais suffisamment, n'ont pas de raison
particulière d'être plus familiers du Vrai, du Bien
ou de la Justice. Et rien ne me paraît plus sot que
cette idée irréfléchie mais, hélas, tellement courante ! que les étudiants, parce qu'ils sont les étudiants, seraient porteurs d'on ne sait quelle authenticité miraculeuse. C'était mon avis en 68. C'est
toujours mon avis en 86. Et, quelle que soit ma
sympathie pour le mouvement, quels que soient le

soutien que je lui apporte ou l'hommage que je lui rends, je me méfie comme de la peste de cette mythologie simple et, au fond, assez niaise qu'il faudrait, pour aller vite, appeler le « juvénisme ». Pas d'idolâtrie, donc. Pas de sacralisation. « Ils ont vingt ans, comme dirait l'autre, je ne laisserai personne, etc. »

Ne pas céder non plus à la démagogie. Ne pas céder à la facilité partisane ou militante. Ne pas tomber dans ce vieux travers qui fait qu'on ne peut soutenir une cause ou un mouvement sans abdiquer aussitôt toute forme de distance, de réticence, d'esprit critique. Je pense, personnellement, que tout n'était pas mauvais dans le projet de loi Devaquet. Je pense que Devaquet lui-même n'était pas, et loin s'en faut ! le plus indigne des ministres. Et je suis de ceux qui, sur le fond, se sentent beaucoup plus proches de l'esprit rénovateur du rapport Schwartz par exemple, que du conservatisme frileux de tel syndicat de professeurs. Je le pense, donc je le dis. Je le dis, donc je l'assume. Et si je l'assume ainsi, c'est que l'époque me paraît close des intellectuels à la traîne, à la suite ou à la botte. Erreur, ici comme ailleurs, des ralliements sans condition. Erreur de ce rassemblement de clercs qui, cette semaine, comme s'ils n'avaient rien appris, rien oublié, affirment leur adhésion « entière ». Et urgence d'une solidarité qui n'exclut pas, mais implique le libre débat, le désaccord. Question de sérieux, me semble-t-il. Rigueur élémentaire. Respect d'un mouvement qui n'attend pas de nous dévotion mais discussion. Aujourd'hui, le deuil. L'indignation, sans réserve ni distance. Mais demain les analyses, les problématiques de fond. La question de l'Université, qu'on le veuille ou non, demeure ouverte.

Bon. Ces précisions — ou précautions... ? — étant dites, qu'est-ce au juste que ce mouvement ? Qu'est-ce qu'il y a de vraiment nouveau, vraiment bouleversant dans son discours ? Le plus frappant, à mon avis tient moins à ce qu'il dit, qu'à ce que, justement, et tout à coup, il a cessé de dire. Le radicalisme par exemple. Le progressisme débile. Le désir de changer l'homme, de casser en deux l'histoire du monde. Ce que l'on n'y entend plus, c'est cette phraséologie pompeuse et hystérique qui faisait corps, en 68, avec les discours de rébellion mais qui, aux oreilles de 86, ne signifie soudain plus rien. Vingt ans à peine — et on dirait un siècle. Une génération tout juste — et on croirait un âge, une entière époque de la culture qui auraient proprement basculé. Non pas, comme on le dit, un retour au réalisme. Non pas le pragmatisme sage et un peu triste d'une jeunesse revenue du rêve, de l'idéal, de l'utopie. Mais une utopie qui, bien plus fondamentalement, a tout à coup changé d'objet. L'insurrection est là. Les forces d'insoumission sont intactes. L'esprit d'insubordination est à peu près inentamé. Mais tout se passe — et c'est la vraie nouveauté — comme si l'on avait affaire à une génération qui, pour la première fois depuis longtemps, avait tout bonnement cessé de *désirer la Révolution*.

Mieux, tout se passe comme si l'on avait affaire à une génération qui dans sa masse, désirait spontanément, j'allais presque dire naturellement, l'idéal démocratique. Il a fallu dix ans, vingt ans parfois, à la génération précédente pour arriver à ce résultat. Il lui a fallu le Goulag. Il lui a fallu Soljenitsyne. Il lui a fallu d'interminables querelles sur le marxisme et l'anti-marxisme, le totalitarisme et son contraire — il lui a fallu de douloureuses, de coûteuses interrogations sur les pièges de la tradition philosophique allemande ou ceux de l'idéologie française. Ici, pas du tout. Pas l'ombre d'une discussion. Mais une adhésion immédiate, sans scrupule ni réserve, à ce qui apparaît comme une évidence incritiquable. Cela est-il cause de ceci ? Et l'évidence démocratique d'aujourd'hui est-elle obscurément redevable des travaux idéologiques d'hier ? Je ne me souviens pas, en tout cas, de manifestations aussi responsables, de débats aussi raisonnables — je ne me souviens pas en 68 par exemple, que l'on ait si spontanément désavoué les casseurs, sifflé les provocateurs ou fait taire, à la Sorbonne, les manipulateurs, les petits chefs.

Absurde, après cela, de parler d'« apolitisme ». Et extraordinaire myopie de ceux qui, Dieu sait pourquoi, persistent à occulter la dimension politique du mouvement. Car qu'est-ce que ce renouveau démocratique, sinon de la politique ? Et cette revendication de liberté ? Et ce discours sur la justice ? Et ce désir têtu d'être tenu pour des acteurs, des agents à part entière du processus social ? Et cette extrême maturité de gens qui, en pleine crise, au plus haut de l'euphorie, prenaient le temps d'amender, article par article, un projet de loi que les députés, de leur côté, n'avaient parfois que parcouru ? Illusion de ceux qui, comme Bourdieu, ont vu dans le mouvement une nouvelle aspiration « collective » dans le style de nos débordements communautaires d'antan. Mais illusion, aussi, de ceux qui n'y ont entendu que la petite musique égotiste d'une jeunesse purement « morale ». Quand des centaines de milliers de jeunes gens prennent ainsi la parole, quand, sur l'égalité par exemple, ils tiennent un discours qui évite le double piège du naturalisme philosophique ou de l'égalitarisme despotique, il est difficile de ne pas saluer l'événement ;

il est difficile de ne pas admettre que l'on réinvente là, outre la démocratie, la politique en tant que telle.

Entendre le mot à la lettre. Je veux dire dans son sens le plus strict ou, si l'on préfère, le plus trivial. Car ce n'était pas le moins extraordinaire, dans les manifs de ces derniers jours, que de voir comment, d'un point de vue quasi politicien, les lycéens et étudiants ont su mener leur barque. Il y a eu des faux pas, sans doute. Il y a eu des erreurs. Et je ne suis pas loin de penser, notamment, que l'appel aux syndicats n'était pas l'initiative la mieux venue de la semaine. Mais enfin, c'est Monory qui s'est planté en s'adressant à la jeunesse. C'est Pasqua qui s'est ridiculisé en haranguant le congrès du R.P.R. sans songer que la France le regardait. Ce sont ces politiques chevronnés, rompus en principe à la technique, qui ont constamment tapé à côté. Et ce sont les leaders étudiants que l'on a vus chaque fois à chaque étape de la crise, trouver le mot qui portait, le geste qui convenait. Intelligence des situations. Science des rapports de force. Sens consommé du rôle, de la fonction des médias. C'est évidemment un compliment. Et je crois qu'il y a là, dans cette alliance de l'art politique et de l'intransigeance éthique, les deux termes d'une « vertu » dont l'époque contemporaine était en train de perdre la trace.

Concrètement cela veut dire que c'est toute une partie de la classe politique qui s'est trouvée du jour au lendemain ringardisée. Pasqua, donc. Monory. Toute une clique archéo-gaulliste ou ultra-libérale qui vient de rencontrer sa limite, son seuil d'incompétence et de nullité. Sans parler, bien entendu, des pitres du Front National à la disqualification desquels les étudiants et lycéens auront infiniment plus contribué que des kilomètres de discours, de théories ou d'anathèmes. La ringardisation, cela dit, va jusqu'à l'autre bord. Elle n'épargne personne ou presque. Et elle touche jusqu'aux gentils socialistes qui, non contents de n'avoir rien prévu, n'ont rien dit ni rien compris. Récupération ? Non. Pas de récupération. Moins en tout cas qu'on ne l'a dit. Mais une stupeur, plutôt. Une sorte d'hébétude. Un silence interdit devant un phénomène indéchiffré.

Concrètement, cela veut dire aussi que c'est l'ensemble du jeu qui vient, grâce aux étudiants toujours, d'être perturbé et bousculé. La France, comme chacun sait, vivait en léthargie. Pour la première fois peut-être, dans l'histoire de la République, elle n'avait plus d'« opposition ». Et nous avions un gouvernement qui, du fait de la cohabitation, imposait dans la fièvre, à coups de 49.3, et sans résistance ou presque, ses réformes ou ses foucades. Coup d'arrêt, donc. Renaissance d'une opposition. Apparition d'un contre-pouvoir. Les étudiants et lycéens ont réussi là où leurs aînés, depuis le 16 mars, avaient pour ainsi dire baissé les bras. La loi Devaquet ? On est loin de la loi Devaquet. Si Jacques Chirac recule sur le code de la nationalité, s'il recule sur les prisons privées ou le traitement forcé des drogués, c'est à eux que nous le devrons ; c'est à eux, et à eux seuls, que nous devons peut-être de sentir s'alléger un peu ce climat d'ordre moral dont nous sommes quelques-uns à parler depuis quelques mois.

Et puis concrètement encore, et c'est à mes yeux l'essentiel, tout cela signifie que vient d'arriver à l'âge d'homme une génération non plus perdue, vaincue, ou sempiternellement défaite, *mais victorieuse*. Bien voir le poids de cette victoire. Bien prendre la mesure de sa charge symbolique. Bien comprendre ce que cela peut impliquer dans une vie d'homme ou de femme. J'appartiens, pour ma part, à une génération qui est sortie de ses militantismes avec un sentiment d'échec. Et j'ai vu — d'un peu loin, mais j'ai tout de même vu — ce qu'il peut en coûter d'avoir à faire son deuil d'une amertume de ce calibre. Ici, c'est le contraire. Ce sera, désormais, quoi qu'il arrive, le contraire. Et malgré le drame, malgré la tragédie, malgré un étudiant mort et trois étudiants blessés, il restera aux autres la conviction que, une fois au moins, ils auront fait reculer un pouvoir, un État.

Une génération qui sait cela est une génération à demi sauvée. C'est une génération armée comme aucune autre face aux épreuves qui l'attendent. C'est une génération qui, en tout cas, ne se couchera plus, n'acceptera plus n'importe quoi. En ce sens oui — et hors, je le répète, de toute espèce de béatitude juvéniste ou démagogue — la jeunesse qui, depuis dix jours, défile dans les grandes villes de France est assurément porteuse d'une part de notre espérance.

Décembre 1986.

2

A PROPOS DU CARMEL D'AUSCHWITZ

Que cette affaire du Carmel d'Auschwitz soit d'une importance extrême, nul aujourd'hui n'en doute. De même que nul ne doute des ravages qu'elle est en train de faire dans le paysage judéo-chrétien tel qu'il était sorti du Concile de Vatican II. Ce dont je ne suis pas sûr, en revanche, c'est que l'on ait ici et là (et quand je dis « ici et là », je songe aux organisations juives autant qu'aux observateurs ou aux églises chrétiennes) su prendre la mesure des vrais enjeux profonds qui sous-tendent le débat.

Je ne crois pas, moi, par exemple, à la malignité foncière de cette poignée de carmélites qui ont choisi de venir prier aux portes du camp de la mort.

Je ne vois pas dans leur présence, ni même dans

leur entêtement, ce signe d'antisémitisme, inavoué ou inconscient, que nombre de mes amis se sont empressés d'y voir.

Je suis tout prêt, même, à admettre la sincérité de leurs motifs quand elles nous disent — ou nous font dire — que cette présence est à elle seule un acte de contrition, de pénitence, de recueillement.

Qu'elles tiennent à nous faire savoir que ces prières s'adressent à *tous* les morts (c'est-à-dire, si les mots ont un sens, aux bourreaux comme aux victimes, aux kapos hitlériens comme aux Juifs gazés) n'est toujours pas le plus choquant — car comment reprocher à des catholiques cette égalité des âmes devant le pardon qui est au cœur de leur foi et de leur liturgie ?

Et quant à l'idée enfin — elle aussi très répandue chez la plupart des partisans du déplacement du Carmel — d'un abus de pouvoir spirituel qui ferait de cette Croix dressée devant le camp l'instrument d'une espèce de conversion posthume qui poursuivrait à travers les morts l'entreprise de déjudaïsation qui avait échoué sur les vivants, je ne sais tout simplement pas ce qu'elle peut bien signifier de concret. Car qu'est-ce que convertir un mort ? en quoi la proximité d'une croix, voire même d'un rituel, pourra-t-elle y parvenir ? par quelle magie une oraison, un vœu ou une prière, retireront-ils à des millions d'hommes et de femmes une identité juive qui les a fait vivre puis mourir ?

Non. S'il y a désaccord, que dis-je ? s'il y a scandale et si cette présence d'un couvent dans le bâtiment même où les nazis entreposaient jadis leurs réserves de Zyklon B a quelque chose de choquant et, à terme, d'intolérable, c'est pour des raisons d'un autre ordre — que l'on estimera, c'est selon, moins graves ou plus essentielles, mais dont j'ai le sentiment, en tout cas, qu'elles touchent à la racine du schisme, et donc du malentendu, entre nos deux spiritualités.

Tout tourne, me semble-t-il, autour de l'idée que l'on peut se faire, et de la mort en général, et de cette mort « particulière » dont Auschwitz est le symbole.

La mort. Ce n'est pas faire injure, j'espère, aux catholiques, que de rappeler qu'ils la vivent dans la perspective « optimiste » de la résurrection et du rachat. Les Juifs, eux, sont plus prudents. Ils sont sans doute plus pessimistes. Ils ne croient pas que s'ouvre avec elle l'aube d'un nouveau temps qui serait celui d'un face à face, éternel et lumineux, avec le Rédempteur. Ils sont à cent lieues, si l'on préfère, de ce que Philippe Ariès appelait « la mort apprivoisée » et dont l'ordre de Sainte Thérèse reste aujourd'hui encore l'un des plus glorieux représentants.

Auschwitz. Le pessimisme ici confine au désespoir. Et l'on ne saurait trop rappeler ce que les rescapés des camps nous disent du caractère démesuré, et donc irrémissible, de l'entreprise de destruction à laquelle ils ont survécu. Un événement sans pareil, disent-ils. Une catastrophe sans précédent. Une volonté d'annulation, d'extermination totale, dont aucune époque de l'Histoire n'offre d'équivalent. Et face à cet événement donc, face à ce déchaînement d'horreur qui était comme un défi à toutes les raisons du monde, une seule attitude possible : un silence aussi profond, aussi profondément *désolé* que le fut la désolation de ces agonies sans recours.

De deux choses l'une, autrement dit. Et l'on est loin, comme on voit, des pauvres petites querelles d'appropriation des souffrances dont les médias se font l'écho. Ou bien l'on tient qu'Auschwitz fut un drame comme un autre, tout juste un peu plus barbare que ceux qui l'ont précédé — et alors, en effet, on pourra sans grand scrupule laisser monter au ciel la classique prière des croyants et leur non moins classique espoir de rédemption. Ou bien l'on pense au contraire que cette barbarie-ci ne ressemblait à rien de connu et qu'elle abandonnait ses victimes à un désarroi inouï — et alors la théologie juive vaut, pour le coup, commandement : au silence de Dieu doit succéder celui des prêtres ; au désert de l'espérance, le désert de la glose ; à l'irréductible horreur d'une mort insensée, ce que les Hassidim appelaient « le jeûne de la Parole ».

Je suis, faut-il le préciser, résolument du second parti. Ce qui, en clair, veut dire que je serais également choqué par la présence, en ces lieux, d'un tout autre lieu de culte. Les carmélites doivent partir. Elles doivent le faire très vite. Lech Walesa, Tadeusz Mazowiecki, doivent les y inviter à leur tour. Non pas, je le répète, en vertu de je ne sais quelle « inaliénabilité » d'un malheur qui appartiendrait à d'autres et dont elles s'arrogeraient indûment le territoire et la mémoire. Mais tout simplement parce que ce lieu d'abomination doit rester un lieu vide dont la topographie même rappelle, pour les siècles et les siècles, ce pur anéantissement dont il fut le théâtre. Ni Carmel ni synagogue. Ni prières, ni liturgie. Pas le moindre lieu de culte sur le site où furent défiés toutes les paroles et tous les cultes. Le respect des morts est à ce prix. Ainsi que le souvenir d'une tragédie que trop de forces, autour de nous, conspirent à banaliser.

Juin 1989.

3

DES SANCTIONS CONTRE M. DENG

Faut-il sanctionner la Chine ? Et, surtout, le pouvons-nous ? C'est, au lendemain du sommet de Madrid et de ses résolutions, la seule question qui vaille.

On nous dit — Richard Nixon en tête — que les sanctions ne « marchent » jamais. Ce fut le cas du blocus cubain de 1961 et de l'embargo céréalier après l'invasion de l'Afghanistan. Mais ce ne fut celui ni de la Rhodésie raciste, contrainte, sous la pression, de se débarrasser de Ian Smith ; ni de la Pologne jaruzelskienne, dont les dirigeants eux-mêmes ont maintes fois reconnu le prix — 15 milliards de dollars — que les sanctions leur ont coûté ; ni même du fameux gel, par Carter, des avoirs iraniens, qui eut tout de même pour effet la libération des otages de Téhéran.

On nous dit que la Chine est moins vulnérable que tout autre pays au chantage économique et que la faible part qui lui revient dans les courants d'échanges mondiaux la met, de fait, à l'abri. C'était vrai il y a dix ans. Ça ne l'est plus à présent. Et, si le commerce extérieur de Pékin reste effectivement archaïque, s'il préfère souvent le troc à l'usage plus sophistiqué des droits de tirage spéciaux, il n'en a pas moins atteint un niveau quasi comparable à celui des autres États-continents. Privez M. Deng de l'exportation de ses métaux. Annoncez la suspension des livraisons pour l'extraction de son pétrole. Je ne suis pas certain que son cynisme ne s'en trouverait pas ébranlé.

On dit, on répète que la Chine est une « forteresse », qu'elle a le goût de l'« autarcie » et qu'elle peut assumer sans dommage les frais d'une mise au ban. C'est vrai, probablement, des parties du territoire que n'ont pas touchées les réformes. Mais c'est faux, derechef, de ces poches du pays que les « quatre modernisations » ont presque hissées au niveau de développement de Hong Kong ou de Taiwan.

J'ai visité, à deux reprises, ces « zones économiques spéciales ». J'ai vu cette Chine dans la Chine, étrangement plaquée sur l'autre et qui, recouvrant à s'y méprendre les frontières des concessions coloniales de jadis, vit à l'unisson des marchés internationaux. Elle n'a plus grand-chose à voir, cette Chine-ci, avec celle des empereurs mandchous. Et je ne crois pas me tromper en prévoyant l'embarras où nous plongerions ses dirigeants si nous annoncions soudain la mise en suspens des crédits, des projets industriels ou des transferts de technologies qui lui sont aujourd'hui destinés.

Les adversaires des sanctions plaident que les entreprises sont libres et que nul n'a le droit — ni, du reste, la compétence — de leur interdire de traiter avec le partenaire de leur choix. C'est vrai, là aussi, en théorie. Mais ça l'est moins en pratique. Car aucun expert n'ignore que, dans un pays comme le nôtre, il n'y aurait pas eu grand monde pour se risquer sur le marché chinois si l'État, et l'État seul, n'avait stimulé, conforté et, le plus souvent, garanti l'indéniable pari que représentait la démarche. M. Bérégovoy n'a pas le pouvoir d'empêcher Total ou Peugeot de mener à bien leurs projets. Mais il a celui d'agir sur la Coface ou les banques nationalisées ; il dispose de cette réelle marge de manœuvre que constituent les subventions, les crédits de réassurance ou les prêts bonifiés de toute espèce qui équivalent dorénavant à un transfert de richesses au profit d'un régime assassin.

La France, justement, a-t-elle son mot à dire dans l'affaire ? Et le modeste volume de ses transactions avec Pékin ne la disqualifie-t-il pas ? C'est à nouveau ce qui se dit. Et c'est, je le crains, une autre erreur. Car, sans parler du poids moral qui est le sien, elle a des moyens d'action qui, si la volonté politique était là, pourraient jouer dès à présent. Un exemple : la remise en question de cette accréditation auprès de la C.E.E. que la Chine fut, ne l'oublions pas, le premier pays communiste à obtenir. Un autre : notre poids spécifique auprès du Cocom, cet organisme international chargé de contrôler les exportations vers l'Est de technologies « sensibles » — et dont il serait temps de se souvenir que, par tradition, il fait bénéficier la Chine d'un régime de moindre rigueur.

Ces pressions n'auront-elles pas l'effet pervers — autre argument — de se retourner contre leurs auteurs ? Et faut-il « isoler » un pays qu'un traitement de paria ne fera que déchaîner ? C'était la thèse, en 1935, des adversaires des sanctions contre l'Italie. C'était celle, à Munich, de ceux qui s'acharnaient à « maintenir le contact » avec l'Allemagne. Aujourd'hui, à l'heure de Tian An Men et des exécutions sommaires d'étudiants et d'ouvriers, j'ai peur que ce ne soit l'alibi des consciences qui, confondant la solidarité avec un peuple et la complicité avec ses bourreaux, ont d'ores et déjà fait leur deuil de tous les morts de Pékin. Ce que nous demandent les vivants ? Sanctionner. Encore sanctionner. Car c'est le seul langage, nous disent-ils, que soit encore capable d'entendre la clique de despotes qui entoure Deng Xiaoping.

Ajouterai-je que l'actuel gouvernement est le type même de ces régimes « à risque » dont se défient en général les investisseurs avisés et qu'il pourrait ne durer que ce que dureront les octogénaires morbides qui, pour l'instant, le tiennent ? L'argument vaut ce qu'il vaut. Mais il n'est pas si fréquent que le réalisme bien compris rejoigne la morale pour que j'accepte de m'en priver.

Que les banquiers, les industriels occidentaux refusent de l'entendre, et les massacreurs de Pékin continueront de se moquer de nos protestations. Qu'ils le comprennent, au contraire, qu'ils jouent, en tous les sens du terme, la Chine de demain contre celle d'aujourd'hui, et ils verront récompenser leur patience sur le double terrain de l'honneur et de leurs intérêts à long terme. D'une chose, en tout cas, je suis sûr : c'est d'abord à ces hommes d'affaires qu'incombe la redoutable tâche d'arrêter ou de freiner le massacre. Des capitaux contre des droits. Des crédits contre des têtes. Recherche financiers vertueux, désespérément.

30 juin 1989.

4

RÉPONSE A RICHARD NIXON

L'ancien président Richard Nixon vient de proposer, dans ces colonnes, à propos de la répression en Chine et des « excessives » protestations qu'elle suscite en Occident, un « éloge de la prudence » que nous ne voulons pas laisser sans réaction.

Passons sur le ton du docte qui, depuis l'Amérique et son bureau de Santa Barbara, donne aux étudiants chinois des leçons de réalisme et croit mieux connaître qu'eux leurs véritables intérêts.

Passons sur les lapsus qui émaillent cette longue leçon. Le « lobby des droits de l'homme », par exemple... Tiens ! Les droits de l'homme, un lobby ? Pourquoi pas une secte ou une faction ? Et faut-il entendre là que M. Nixon n'en serait pas ?

Passons encore sur l'étrange définition du « tragique », selon le professeur. La répression ? Le carnage ? Les chars et les mitrailleuses lourdes face à un peuple désarmé ? Allons donc ! Vous n'y êtes pas ! Ce qui est tragique, écrit-il, ce n'est pas l'écrasement de la revendication démocratique ; c'est que cette revendication se solde — *sic* — par « l'échec économique » de M. Deng. Prière de pleurer sur le yuan...

Passons enfin sur l'image, sous-jacente à tout le texte, d'un État Léviathan qui, depuis cinq mille ans, de façon quasi naturelle, aurait périodiquement besoin de sa ration de morts. Vous protestez, nous dit-il ? Vous montez sur les estrades ? « Naïfs » que vous êtes ! Ignorants qui « ne vous contrôlez plus » ! Comme s'il n'était pas clair que ces quelques centaines de morts ne sont qu'une péripétie dans l'histoire des tueries chinoises ! Comme si, ramené à l'échelle de cette Chine immense, ce massacre qui vous choque n'était pas finalement bien modeste ! Les victimes de Tian An Men ? Une larme dans l'océan. Une ride à sa surface. Encore un peu, et M. Nixon nous donnait sa version du « détail »...

Le plus grave dans ce texte, ce pour quoi il mérite réponse, c'est ce qu'il nous dit de *la* question qui, depuis les décisions de la C.E.E., devrait occuper l'esprit de tous les vrais amis de la Chine : la question des ripostes — c'est-à-dire, en fait, des sanctions — qu'il convient ou non d'infliger à son régime assassin.

Car que nous dit M. Nixon ? D'abord qu'une politique de sanctions, loin d'aider les Chinois, ne ferait que les isoler. Sophisme, bien sûr. Car sanction n'est pas rupture. Et personne n'a jamais dit qu'une décision d'embargo, par définition ponctuelle et conditionnée dans le temps, signifiait la fin de toute espèce de lien avec le pays sanctionné. On peut couper des crédits. Inviter les entreprises, les institutions financières à davantage de rigueur. La communication, grâce au ciel, ne passe pas seulement par là. Il reste la radio de Hong Kong, le *samizdat* des cœurs et des âmes. Il reste les hommes qui, d'homme à homme, dans l'ombre ou la clandestinité, continuent de s'obliger l'un l'autre. Et La Voix de l'Amérique, n'en déplaise à M. Nixon, a tout de même d'autres canaux que les contrats de *joint ventures* avec Chrysler ou Framatome.

Il nous dit ensuite qu'on casserait la dynamique qui est supposée conduire du progrès économique à l'approfondissement des libertés. Sophisme, là aussi. Et quel sophisme ! Comme si l'horreur de Tian An Men n'avait pas réduit à néant cette prétendue logique ! Comme si l'on n'avait pas cette fois la preuve, atroce, et hélas ! irréfutable, qu'aucune corrélation ne lie la marche des affaires à celle de la démocratie ! Si le peuple chinois doit relever un jour la tête, il le devra moins au pactole dont l'ancien président voudrait gratifier son homologue qu'au harcèlement de ceux qui, l'œil fixé sur les camps de travail et les poteaux d'exécution, indexeront chaque dollar sur des gestes concrets de libération et de clémence.

Il nous dit encore que l'embargo, si l'on y venait, punirait moins Deng Xiaoping que « les millions d'individus qui vivent sous son régime ». La mystification, cette fois, est à son comble. Car, à qui fera-t-on croire que les paysans chinois ont besoin d'ordinateurs pour cultiver leurs rizières ? Que l'embargo sur les voitures affectera directement leur mode et leur niveau de vie ? Comment raisonnablement penser qu'une pression sur la « zone économique spéciale » de Shenzen ou de Canton changera quoi que ce soit au sort de la multitude ? Si nous sommes favorables à ces pressions, c'est qu'elles frappent le sommet, pas la base ; la *nomenklatura*, pas les masses ; si l'arme économique a quelque chance d'être efficace, c'est que l'on a affaire à une société dont le commerce extérieur est directement calqué sur la hiérarchie des classes : tirons sur le fil de ce commerce, c'est la clique dirigeante qui trinquera ; tenons-lui le langage du négoce — le vrai : celui qui échange des biens contre des droits —, c'est elle que l'on privera de ses prébendes et privilèges. Que M. Nixon se souvienne : le peuple, sur Tian An Men, se réclamait moins de nos banques que de nos statues de la liberté.

Et puis, dernier argument : il paraîtrait que des sanctions auraient pour inévitable effet de pousser Pékin vers Moscou et de jeter Deng Xiaoping dans les bras de Gorbatchev. Que M. Nixon nous pardonne, mais à l'heure de la glasnost et de la quête, sincère ou non, de brevets de démocratie, on voit mal la nouvelle Russie voler ouvertement au secours du Pinochet du socialisme ; et le moins que l'on puisse dire est que l'analyse nixonienne ne brille pas là non plus par l'acuité de son regard ou la modernité de ses analyses.

Mais laissons là les polémiques. Car il n'est pas sûr après tout que l'ancien président ait le souci, dans cette affaire, d'ajuster ses analyses aux réalités du moment. Et ce qui frappe en fait, ce qui ressort du texte quand on le lit entre les lignes et qu'on essaie d'en isoler les présupposés cachés, c'est qu'ils tiennent en deux fantasmes, assez bien connus des historiens mais qui n'ont, hélas, pas grand rapport avec la situation chinoise.

Car enfin, soyons sérieux. Quand M. Nixon nous dit, au mépris de toute raison, que la fermeté serait une faute dont les Chinois feraient les frais, il est difficile de ne pas revoir le vieux film de l'abandon, de la démission occidentale tel que l'ont mis en scène quelques-uns de nos aînés. 1935 : ne pas sanctionner l'Italie, on la jetterait dans les bras d'Hitler — deux ans plus tard, elle y était et signait le pacte d'acier. 1938 : ne pas froisser Hitler, lui abandonner la Tchécoslovaquie puis Dantzig, histoire de le fixer à l'Est — l'année suivante, c'était la guerre. 1945 : ménager « Uncle Joe » de peur que les churchilliens et autres tenants du *containment* ne fassent monter, à sa place, les « durs du Politburo » — il faudra cette fois le rapport de Khrouchtchev pour mesurer la sottise, l'ingénuité de ces distinguos.

M. Nixon, répétons-le, ne tient pas un autre langage lorsqu'il redoute, par des sanctions, de pousser à bout Deng Xiaoping ; et la question que nous posons, nous, est de savoir le prix que, dans un an, dans dix ans, nous aurions à payer pour le Munich d'aujourd'hui.

Plus profondément, on ne comprend pas ce texte ni son petit air de déjà vu si l'on n'a pas à l'esprit cette autre tradition, bien plus ancienne encore, et probablement plus pernicieuse, du responsable-aux-nerfs-d'acier-qui-sait-faire-taire-ses-émotions-pour-laisser-parler-la-voix-du-calcul-et-de-la-raison. Étudiants, ravalez vos larmes, dit en substance le président ! Respectez les équilibres stratégiques et nucléaires ! Les petits hommes de Tian An Men ne doivent pas troubler le jeu des Grands ni les protestations occidentales mettre en péril la paix du monde ! L'indignation est légitime, reconnaît-il. Elle ne manque ni de charme ni de vertu. Mais elle est si partielle en même temps ! Si désespérément aveugle ! Et il serait tellement plus sensé de lever le nez de ce tas de cadavres qui nous bouche les horizons de l'histoire universelle ! Richard Nixon n'est pas un salaud. Il ne se veut même pas cynique. C'est quelqu'un qui, simplement, se meut dans les hautes sphères d'une géostratégie dont nos indignations désordonnées troublent la belle harmonie. Faire baisser les altos U.S... Monter les basses soviétiques... Prière à tous de se régler sur les indications du chef d'orchestre... Éviter surtout de s'en tenir à la toute petite partition des suppliciés de Tian An Men... Telles sont les recommandations du *maestro* Nixon. Et il s'entend comme personne, depuis son olympienne retraite, à ravaler nos drames et la poussière des petites souffrances au véritable rang que leur impartit l'ordre du monde. M. Nixon est un brillant hégélien.

Le syndrome du Grand Dirigeant après celui du Petit Munichois. Ce sont les deux bouts de la chaîne. Les deux piliers de la sagesse, de la prudence nixoniennes. C'est la version sophistiquée — ou, en tout cas, organisée — de toutes les rumeurs défaitistes et, finalement, démissionnaires que l'on entend monter depuis maintenant quelques semaines. Qui sait si, au-delà du cas chinois, ce ne serait pas la formule même des machiavélismes contemporains ? Qui sait si l'on ne tient pas là, à l'heure des nouveaux empires, le *vade-mecum* parfait du devoir d'indifférence ? On nous permettra, quant à nous, de préférer à cette « prudence » et à son « humanisme » réfléchi le sursaut, même brouillon, de la conscience horrifiée. Horreur, oui, du carnage. Pure monstruosité de ces crimes. Tous ces visages de morts, que rien n'explique ni ne rachète. Si nous plaidons pour les sanctions, c'est que nous n'avons le cœur, nous, ni à la dialectique ni à ses ruses.

Texte écrit en collaboration avec Gilles Hertzog.

6 juillet 1989.

5

M. BÉRÉGOVOY, L'ÉCONOMIE
ET LA DÉMOCRATIE

Oui ou non, la France versera-t-elle à la Chine le fameux prêt de 830 millions dont l'existence nous fut révélée, à la veille du 14 juillet, par une dépêche officielle de Pékin ?

On avait de bonnes raisons d'en douter après les prises de position de Jacques Attali, puis de François Mitterrand, qui répondaient à la vive émotion soulevée par la nouvelle[1]. Depuis la mise au point du ministère des Finances assurant que le Crédit national « honorerait ses engagements », tout semble remis en cause ; et il y a dans cette volte-face un

1. *Cf.* Entre autres, l'appel signé avec Henri Cartier-Bresson, André Glucksmann et Yves Montand, le 16 juillet.

parfum d'épicerie qui ne peut qu'alarmer à nouveau tous ceux qui, depuis des semaines, plaidaient pour la fermeté.

La France n'aurait de raison, nous dit-on, de réviser sa position qu'en cas de « dégradation de la situation ». Que faut-il donc à ces messieurs ? Combien de nouvelles exécutions ? Combien d'arrestations ? Combien de dissidents traqués, puis finalement arrêtés, comme vient de l'être M. Wang Dan ? Que M. Bérégovoy me pardonne : mais une « situation » de terreur où l'on continue d'étouffer les moindres manifestations de culture et de liberté, me paraît suffisamment « dégradée » pour mériter la vigilance d'un État démocratique.

La France, continue-t-il, aurait sur le marché chinois des positions à défendre, des intérêts à préserver. Soit ! Mais on me permettra d'ajouter qu'elle a aussi des valeurs, des principes à illustrer. On me permettra de rappeler qu'à l'heure où les experts des deux pays mettaient la dernière main aux « modalités techniques » d'application des contrats, nous voyions défiler sur les Champs-Élysées des étudiants chinois qui témoignaient pour Tian An Men. Laquelle de ces deux images est la plus conforme à la vocation d'une France qui entendait, ce soir-là, diffuser à travers le monde le message des droits de l'homme ?

Nous avons signé des contrats, dit encore le ministère des Finances, et nous devons coûte que coûte honorer notre parole. Certes. Mais nous avons tout de même, dans notre histoire, signé autre chose que des contrats. Nous avons des « déclarations » qui nous engagent au moins autant que les savants « protocoles » des fonctionnaires du Trésor. Que la France songe à son crédit commercial, c'est bien ; qu'elle songe à son crédit moral — ce sera mieux.

Qu'elle honore sa signature financière, bien sûr ; mais à condition qu'elle ne se déshonore pas, ce faisant, aux yeux du peuple chinois et de tous ceux qui, hors de Chine, attendent d'elle une juste parole.

Il y a une phrase enfin qui, dans le communiqué du ministère, est proprement scandaleuse. C'est celle qui stipulait que les versements au titre du protocole de printemps devraient être gelés « le temps que les esprits se calment ». L'impudence, cette fois, le dispute au cynisme. Et l'on aura rarement vu si franche spéculation sur ce qu'il faut bien appeler la frivolité de l'opinion, la volatilité de ses indignations. Laissons passer la vague, semblent dire les fins stratèges. Attendons que ces fâcheux retournent à leurs études. Attendons même, pourquoi pas, qu'un massacre chasse l'autre. Et nous pourrons alors, toute honte bue, et dans l'indifférence générale, subventionner les assassins.

Entendons-nous. Je ne crois bien évidemment pas qu'il faille renoncer à nos liens avec la Chine martyre. Et lorsque nous avons, ici même[1], appelé à sanctionner le régime de M. Deng, il ne s'agissait en aucun cas d'une proposition de rupture. On peut investir à Pékin, disions-nous. On peut s'y installer. Mais en assortissant cette présence d'un certain nombre de conditions qui, non contentes de sauver l'honneur, sauveront des vies humaines.

Un contrat peut protéger un dissident, ouvrir les portes d'une prison. Il peut suspendre un crédit à de discrètes mesures de libéralisation. S'il ne saurait être question d'exiger d'un entrepreneur le respect d'une morale dont se fiche son ministre, on peut

1. « Des sanctions contre la Chine », *Le Monde*, 29 juin ; appel du Comité international contre la répression en Chine (secrétariat : 14, rue Duphot, 75001 Paris).

leur demander à tous deux de jouer de cette arme concrète — et au fond, plus efficace — qu'est l'arme économique. Peugeot restera à Pékin. Ainsi que Framatome. Et peut-être est-il inévitable que soient finalement versés les fameux 830 millions. Mais je propose que, dans tous les cas, un échéancier soit établi, qui tienne *aussi* compte des droits de l'homme. Donnant-donnant : la parole du Crédit national contre une première liste de prisonniers dont nous tenons les noms à sa disposition.

27 juillet 1989.

6

ISRAËL ET L'INTIFADA

QUESTION : *Vous avez certainement été soumis à de nombreuses pressions depuis le début de la crise dans les territoires. Or, vous qui avez toujours été à la pointe des combats pour les droits de l'homme, n'avez jusqu'à présent rien dit. Pourquoi ce silence ? Et pourquoi vous décider à parler maintenant, et au Jerusalem Post ?*

RÉPONSE : C'est vrai que les médias français m'ont sollicité. Mais il y avait dans leur façon de le faire, dans leur façon de sommer les Juifs français, et les intellectuels en particulier, de prendre position et, bien sûr, de condamner Israël, quelque chose qui me gênait. Il ne s'agit pas cette fois-ci, comme au moment de la guerre du Liban, de désinformation.

Et il n'y a pas eu, grâce au ciel, l'hystérie, les dérapages en tout genre de cette époque. Mais disons que l'on sentait, et que l'on sent encore, trop de jubilation à nous mettre en accusation, que dis-je ? à nous *voir* en position d'accusés pour que cette invitation à parler ne me semble pas terriblement suspecte. J'ai préféré ne pas entrer là-dedans. Ne pas offrir à certains le plaisir de me voir jouer au petit jeu pervers des victimes devenues bourreaux, des rôles renversés, etc. Devant ce climat de quasi-chantage où l'on attendait de nous que nous glosions sur notre désarroi réel ou supposé...

Q. : *Justement : réel ou supposé ?*

R. : Aujourd'hui, à l'heure où nous parlons, je suis, comme tout le monde, sous le coup de l'attentat d'hier, à Dimona et de la nouvelle étape qu'il représente dans l'engrenage de la violence. Mais, cela étant dit, vous imaginez bien que je ne peux qu'être bouleversé par tout le reste. Car comment peut-il en être autrement quand on voit ce que nous montrent les images tournées dans les territoires ? Quand on voit des soldats de Tsahal se conduire comme des soudards ? Quand on apprend tous les jours, tous les matins en se levant, qu'il y a un mort, deux morts, trois morts palestiniens de plus ? Je sais, bien sûr, que la situation est complexe. J'imagine, enfin : j'essaie d'imaginer l'état d'esprit de ces soldats harcelés, poussés à bout. J'essaie de me figurer ce que ça peut vouloir dire d'être ainsi *lapidés* (car c'est bien de ça qu'il s'agit, n'est-ce pas ?) par des gens qui, en même temps, découvrent leur poitrine et vous mettent au défi de répliquer. Mais enfin, ceci n'excuse pas cela. Rien — pas même, donc, ces trois Israéliens assassinés, il y a quelques heures, en plein Israël, par les tueurs de l'O.L.P. — n'excuse l'hystérie du type qui s'acharne à coups de pierres sur le bras ou la tête d'un homme désarmé. Vous le savez : je suis un philosophe attaché à la cause des droits de l'homme et j'ai toujours refusé l'idée qu'il y ait des bons morts et des mauvais morts, des cadavres qui comptent et des cadavres qui ne comptent pas. Eh bien là, dussé-je déplaire à certains, c'est bien évidemment pareil : je suis, comme tous les Juifs du monde, bouleversé par les morts juifs d'aujourd'hui ; mais je me fais une trop haute idée, et des droits de l'homme, et du judaïsme, pour n'avoir pas également mal — et parfois honte — à chacune des quatre-vingts victimes palestiennes qu'ont fait, à ce jour, les affrontements dans les territoires.

Q. : *Je vous ai interrompu. Pourquoi avoir choisi de parler maintenant ? Et pourquoi à nous ?*

R. : Pourquoi maintenant ? Parce qu'il y a un moment où, aussi solidaire que l'on se sente, aussi vigilant que l'on soit à ne pas mêler sa voix à celle des ennemis d'Israël, on s'aperçoit que continuer de se taire devient une faute. Pourquoi à vous ? Parce que ce que j'avais à dire, et qui n'était pas forcément agréable, je préférais le dire ici, à Jérusalem, que dans une capitale de la diaspora. Parler à Paris ou à New York, c'est parler pour parler. Pour se donner bonne conscience. C'est montrer, éventuellement, que l'on est un bon humaniste, bien-pensant et vertueux. Parler ici, en Israël, en s'adressant en quelque sorte aux responsables israéliens, me semblait être à la fois plus loyal, plus convenable et peut-être, qui sait ? plus efficace.

Q. : *Si les communautés juives sont l'objet de fortes sollicitations en France, elles ne le sont pas moins en Israël. Il y a, comme vous savez, deux tendances contradictoires. D'un côté, celle de Shimon Pérès qui a ouvertement demandé aux communautés de la diaspora de se prononcer en faveur d'une conférence internationale pour la paix. De l'autre, il y a Ithzak Shamir qui a demandé aux mêmes communautés de la boucler. Où vous placez-vous dans cette histoire ?*

R. : Je ne vous étonnerai sans doute pas en vous disant que je n'ai pas l'habitude d'obtempérer aux demandes de qui que ce soit. Cela étant dit, la position de Shamir me paraît particulièrement absurde et je trouve assez navrant qu'un responsable de ce rang puisse dire comme ça, sans s'apercevoir apparemment de l'énormité de la chose, que la vocation du peuple juif puisse être de se taire ! Moi, c'est le contraire. Je crois que la crise est assez grave pour que l'on ait besoin de toutes les voix, de toutes les énergies. Et dans la mesure même où j'aime Israël, où je m'identifie à son destin, dans la mesure où je crois que tout ce qui le concerne concerne non seulement les Juifs d'Europe mais l'Europe en tant que telle, j'estime qu'il est essentiel que le débat s'ouvre le plus largement possible.

Q. : *Vous savez ce que certains vont répondre. Il y a ceux qui sont ici, en première ligne, confrontés aux vrais problèmes. Et il y a les autres, confortablement installés en diaspora qui n'ont, de ce fait, pas droit au chapitre.*

R. : C'est ce que m'a dit Menahem Begin, en effet, il y a quelques années, en pleine guerre du Liban. Je me souviens lui avoir répondu que c'est comme si on nous disait qu'il faut être russe pour parler des Russes. Afghan pour condamner l'Armée Rouge en Afghanistan. Comme si on n'avait pas le droit de donner son avis sur la politique de Jaruzelski en Pologne tant qu'on ne va pas, chaque dimanche, prier la Vierge Noire de Czestosowa... C'est absurde, vous le savez bien. Absurde et *irresponsable*. Car la seule attitude responsable serait, encore une fois (et même si cela gêne l'idée, disons : un peu courte et par trop unilatérale que l'on a généralement des rapports entre Israël et la diaspora) d'élargir la discussion à l'ensemble du monde juif. Ne pas dire : ça va mal, donc baissons la tête, et fermons notre gueule. Mais : ça va mal, très mal, donc faisons travailler nos têtes et n'hésitons pas à parler.

Q. : *Alors, pour dire quoi ?*

R. : Pour dire déjà ce que dit toute une fraction de l'opinion israélienne et que nous sommes de plus en plus nombreux, en Europe, à avoir envie de soutenir : à savoir que, par-delà les bavures, par-delà même les tabassages et les morts, ces fichus territoires sont devenus le plus diabolique des pièges pour l'image, le destin d'Israël. On nous disait jusqu'à présent : les territoires c'est une protection, un glacis, on en a besoin pour notre sécurité. Aujourd'hui, c'est le contraire : le glacis est devenu menace, la protection source de danger et s'il y a un péril, aujourd'hui, pour la survie du pays, ce péril s'appelle aussi la Cisjordanie et Gaza. Il faut sortir de ce piège. Desserrer l'étau à tout prix. Il faut, comme dit Yeshayahu Leibowitz, non seulement libérer les territoires, mais *libérer Israël des territoires.*

Q. : *Leibowitz disait cela dès 1967...*

R. : C'est vrai. Encore que, en 1967, la situation était différente. Israël n'occupait pas les territoires pour le plaisir, ni en vertu de je ne sais quel appétit de conquête. Mais parce qu'il avait été agressé, menacé dans son intégrité. Et c'était en riposte à cette attaque qu'il allait jusqu'au Jourdain. Aujourd'hui, ce n'est plus pareil. La paix est faite avec l'Égypte. On dialogue avec les Jordaniens. Et, face à cela, il reste les implantations, les fous du « Bloc de la Foi », les intégrismes qui, chez vous aussi, se réveillent — avec, au bout, ce qu'il faut bien appeler un destin sud-africain. On peut prendre le problème par tous les bouts. Jouer avec la démographie. Trafiquer les statistiques. On ne sort pas de là (sauf, bien entendu, à pratiquer la forme la plus bêtement criminelle de la politique de l'autruche...) : si les partisans du « Grand Israël » venaient à triompher, l'État juif n'aurait pas le choix ; il ne pourrait, pour rester un État juif, qu'accepter des formes de « partage » incompatibles, c'est le moins que l'on puisse dire, avec sa vocation.

Q. : *Que faut-il faire alors, d'après vous ?*

R. : Toute la question est là. Et on ne peut pas dire non plus, comme font certains, et comme si la chose allait de soi : « Il faut rendre les territoires, tout de suite, à n'importe quel prix. » Car les rendre à qui, mon Dieu ? A Arafat qui ne reconnaît pas Israël ? Aux Jordaniens qui n'en veulent pas et qui, s'ils en voulaient, auraient vite fait d'écraser l'insurrection palestinienne avec des méthodes autrement plus musclées que celles de Tsahal ? Le problème, là aussi, est terriblement complexe. Il n'y a pas de formule simple que l'on puisse assener de manière péremptoire. Et je trouve assez incroyable, soit dit en passant, la position de ces gens qui, en France comme en Israël, nous disent : « Il faut sortir de Cisjordanie immédiatement, sans préalables ni conditions », alors qu'ils savent très bien que, dans l'état actuel des choses, cela équivaudrait à livrer les populations palestiniennes aux risques d'un nouveau Septembre Noir ! La seule chose que l'on peut dire, pour le moment, c'est que la fuite en avant n'est plus possible. Et qu'il n'y a pas de raison d'État, d'orgueil national, d'impératif de « sauver la face » ou de « ne pas céder à la pression de la rue » qui tiennent face à la nécessité vitale d'engager, je dis bien engager, le processus de dialogue et de retrait.

Q. : *On en revient toujours au même problème : à qui parler ? à qui s'adresser ?*

R. : C'est ce que je vous dis. Toute la difficulté est là. Car c'est vrai qu'on ne dialogue pas tout seul. Qu'on ne fait pas la paix tout seul. C'est vrai, à la limite (et cela éclaire, je crois, bien des aspects du comportement de l'armée dans les territoires) qu'on n'est pas « moral » tout seul, sans un vis-à-vis qui le soit aussi — sans un « visage », comme dit Buber, qui vous reconnaisse et vous regarde. Mais bon. C'est comme ça. C'est une des données du problème et le fait est que l'on a affaire à un cas, probablement unique dans l'histoire récente, où il s'agit de s'entendre avec des gens qui, littéralement, ne vous regardent pas. Pour mille et une raisons — certaines éthiques, d'autres stratégiques — je crois tout de même qu'il faut essayer. Être celui qui fait le premier pas. Quitte à laisser à cet adversaire sans visage la responsabilité de se découvrir et d'assumer les risques du refus.

Q. : *Autrement dit, vous n'excluez pas l'idée d'engager le dialogue avec l'O.L.P...*

R. : Écoutez. Je suis plus sévère que n'importe qui à l'endroit de l'O.L.P. Et Arafat, quoi qu'il dise, quoi qu'il devienne ou feigne de devenir, restera à jamais pour moi l'assassin de Kyriat Schmoneh, des Jeux olympiques de Munich, et j'en passe. Mais là encore, que voulez-vous ? Depuis vingt ans que l'on en parle, on n'a pas vu émerger dans les territoires l'ombre d'un nouveau leadership. Et que cela nous plaise ou non, que cela plaise ou pas aux Palestiniens eux-mêmes, ce sont bien les mots d'ordre de l'O.L.P. qui servent d'étendard à cette « révolution des pierres ». Un jour ou l'autre, il faudra s'y résigner. Mieux : chacun sait qu'on s'y résignera. Et pourvu, bien sûr, qu'elle le veuille, pourvu qu'une fraction significative de ses dirigeants renonce enfin, et sans équivoque, à cette politique du pire (dont les victimes, soit dit en passant, sont les Palestiniens autant que les Israéliens), un dialogue s'instaurera qui sera bien forcé, en effet, d'aller *jusqu'à l'O.L.P.* Alors pourquoi ne pas le dire pendant qu'il est encore temps ? Pendant que la pression extérieure n'est pas venue s'ajouter à celle de l'émeute ? Pendant, surtout, qu'Israël est en mesure de dicter ses conditions ? Arafat est notre ennemi. Mais enfin, que je sache, c'est bien avec les ennemis qu'on négocie ! Je sais que les situations ne sont pas comparables : mais quand les Français s'asseyaient avec les Algériens à Évian, quand les Américains ouvraient la Conférence de Paris avec les Vietnamiens, c'était un fleuve de sang qui les séparait. Et pourtant...

Q. : *Quand Kissinger discutait avec Le Duc Tho, il ne s'asseyait pas à côté de quelqu'un qui voulait détruire l'Amérique. Que répondez-vous à ça ?*

R. : L'idéal encore une fois, aurait bien sûr été la disqualification de l'O.L.P. Mais les choses étant ce qu'elles sont, je réponds que ce ne sera pas la première fois, là non plus, que l'on aura vu des gens vouloir tout et se satisfaire de la moitié ; être radicaux dans l'opposition et modérés à l'épreuve des faits ; oui, c'est ça, je vous réponds par ce vieux principe freudien : ce ne sera pas le premier cas d'hystérie mégalomaniaque qui se dégonflera au contact du réel... J'ajoute, au risque de paraître brutal : autant l'opinion mondiale est choquée de voir les soldats juifs cogner sur des gens qui brandissent des lance-pierres, autant elle trouverait dans l'ordre des choses de les voir taper sur les mêmes gens, mais armés, et habillés d'un uniforme. L'argument a peut-être l'air cynique. Mais je me demande si Israël ne gagnerait pas, parfois, à être un peu plus cynique...

Q. : *Qu'est-ce qui est à négocier dans ce cas ? Qu'est-ce qui, de votre point de vue, est négociable par les Israéliens ?*

R. : Avant toute chose, je crois que ce dont nous avons besoin c'est d'une vraie révolution des mentalités. Car, voyez-vous : quand je regarde la situation, les formules des uns et des autres, quand je lis les plans de paix à la fois innombrables et semblables qui se succèdent en vain depuis vingt ans, ce qui me frappe c'est que tout le monde, au fond, a l'air d'accord pour penser qu'il puisse y avoir *un* plan, *une* solution, *une* formule définitive et géniale permettant, si on la découvrait, de « résoudre » le problème. Vous avez les optimistes de gauche qui rêvent de ressusciter le royaume de Cordoue en Terre sainte. Vous avez les optimistes de droite qui croient que les populations arabes leur seront un jour ou l'autre reconnaissantes de leur apporter l'eau, le gaz, l'alphabet même, voire la démocratie. Mais, dans les deux cas, la démarche est la même :

c'est l'idée que la solution existe quelque part, inscrite dans je ne sais quel ciel des idées, et qu'il suffit de bien chercher pour la trouver. Moi, je ne crois pas. Je crois qu'il y a des problèmes, dans l'Histoire, qui n'ont pas de solution du tout. Et je crois que nous sommes, là, en présence d'un de ces problèmes. Admettons ça une fois pour toutes. Admettons que l'Histoire est parfois tragique, sans solution parfaite ni définitive. Alors, et alors seulement, on commencera de substituer au pathos messianisant des uns et des autres le dur langage de la politique — on commencera, si vous préférez, de raisonner en termes de négociation et de compromis.

Q. : *Vous ne m'avez pas répondu...*

R. : Sur ce qui est négociable et ce qui ne l'est pas ? Disons que Jérusalem n'est bien entendu pas négociable. Ni telles ou telles implantations stratégiques, indispensables à la sécurité du pays. Ni, surtout, le fait qu'un éventuel état palestinien ne pourrait être pensable que dans une Cisjordanie démilitarisée. A partir de là, je ne sais pas. Il faut réfléchir. Travailler. Il y a toute une foule de questions précises, concrètes, qu'il faut essayer de se poser. Les militaires le font. Les politiques aussi. Je me demande seulement si ces questions ne sont pas trop graves pour être laissées aux seuls politiques et militaires.

Q. : *Comment cela ?*

R. : Prenez les intellectuels par exemple. Ils parlent. Ils pétitionnent. Ils colloquent à tour de bras pour évoquer toujours — et ils ont raison de le faire, bien sûr ! — les mêmes éternelles questions de principe. Pourquoi ne pas imaginer, une fois n'est pas coutume, qu'ils se salissent un peu les mains ? Pourquoi ne pas imaginer des penseurs juifs, sionistes ou non, se réunissant demain avec des cartes d'état-major devant eux, des experts à leurs côtés, et le souci de quitter pour une fois, donc, l'empyrée des « questions préalables » ? Paris a eu sa réunion des Nobel. Jérusalem aurait, en marge de la classe politique et de ses égarements, une vraie, concrète réflexion sur les conditions de la paix.

Q. : *Vous êtes sévère avec la classe politique israélienne...*

R. : Non. Mais je trouve qu'elle n'a brillé, jusqu'ici, ni par son imagination, ni par son esprit de prévision. On a souvent parlé de l'impréparation d'Israël à la guerre du Kippour. Ce qui vient de se passer est encore plus incroyable : comment a-t-on pu se laisser surprendre par une insurrection que les plus obtus des observateurs extérieurs annonçaient depuis des années ?

Q. : *Vous disiez tout à l'heure qu'un peu de cynisme ne ferait parfois pas de mal à Israël. Que vouliez-vous dire par là ?*

R. : Cynisme n'est sans doute pas le mot qui convient. Mais disons que je suis souvent sidéré par les maladresses que commettent les dirigeants israéliens. Il y a la guerre militaire. Mais il y a aussi, presque plus importante, cette formidable guerre médiatique qui se joue, elle, hors d'Israël, sur le front mondial de l'information...

Q. : *Avec les images qui nous parviennent ces temps-ci on a l'impression que, dans cette guerre-là, nous ne sommes pas très bien placés...*

R. : Pire : je ne suis même pas certain que les dirigeants de Jérusalem aient véritablement conscience de son importance, de ses enjeux. Prenez cette affaire des territoires. Il y a là des enjeux symboliques énormes qui touchent à l'image même d'Israël, voire du peuple juif ou de sa mémoire. Vous avez des émeutiers en train de passer maîtres dans l'art de manier lesdits symboles. Vous avez les ignobles mais redoutables renversements de mythes avec l'histoire du faux Exodus, de David contre Goliath, etc. Et en face de tout ça, en face de cette prodigieuse sarabande d'images, vous avez quoi ? Un Shamir qui se conduit comme s'il n'avait affaire qu'à une vulgaire bataille de rues justiciable de non moins vulgaires coups de matraque et de fusil.

Q. : *Est-ce que ce n'est pas paradoxal venant d'un peuple dont on dit qu'il est justement le peuple du Livre, des symboles, de la communication ?*

R. : Si, bien sûr. Et c'est même, quand on y pense, assez pathétique. Oui, c'est pathétique d'en être à rappeler constamment qu'Israël est une démocratie, le Fatah une organisation terroriste, Arafat un totalitaire, etc.

Q. : *La Tradition interdit la représentation de l'image humaine. Est-ce que ce n'est pas cette tradition-là qui empêche les Israéliens de voir que l'image a, aujourd'hui, un rôle prépondérant ?*

R. : Il y a sûrement de ça. Avec ce fait, aussi, que les Israéliens semblent avoir décidé de faire ce que ni les Anglais aux Malouines, ni les Américains à La Grenade, ni les Français en Algérie n'ont osé faire : à savoir laisser les informateurs informer, les télévisions téléviser, bref la vérité s'imposer et circuler. C'est un risque, bien sûr. Mais c'est aussi une force.

Une extraordinaire preuve de courage démocratique. Et de cela, par contre, je serai le dernier à me plaindre... Et puis j'ajoute quand même une chose. Il me semble y avoir chez un certain nombre de dirigeants israéliens un pessimisme de fond qui leur fait dire : « Quoi que nous fassions, quoi que nous disions, nous serons de toute façon condamnés. » Je suis d'accord, moi, avec l'analyse. Mais j'en tire une conclusion inverse : je crois que dans la mesure même où Israël est seul, menacé, toujours en butte à la condamnation, il se doit d'être particulièrement vigilant sur tout ça. Je suis le contraire d'un angélique. Je suis convaincu qu'il n'y aura pas de paix durable sans le maintien d'un intraitable rapport de forces. Simplement, ce rapport de forces il faut le jouer jusqu'au bout. C'est-à-dire jusque et y compris dans cette guerre médiatique.

Q. : *Vous, intellectuel de la diaspora, quel conseil donneriez-vous au gouvernement israélien dans ce domaine de la guerre médiatique ?*

R. : Le problème n'est pas de donner des « conseils ». D'autant que, dans ces matières, on ne peut pas non plus séparer les choses et qu'une stratégie ne vaut que pour autant que la démarche de fond est juste. Mais prenez un exemple simple. Nous disions tout à l'heure que l'on attend depuis vingt ans de voir émerger dans les territoires un leadership de substitution. Pourquoi, alors, est-ce que, dans les premiers jours de la révolte, on n'a pas offert aux jeunes Palestiniens de désigner leurs délégués, de formuler leurs exigences et d'engager ainsi le dialogue ? Dans cette première période des émeutes, je ne suis pas du tout certain que l'O.L.P. détenait l'hégémonie politique et idéologique qu'elle est en train d'acquérir. Et il me semble que, le climat d'insurrection aidant, les Palestiniens du silence auraient peut-être enfin osé se faire entendre. Le geste aurait été juste. Digne. Et, en même temps, redoutablement politique...

Q. : *Et pour l'avenir ?*

R. : Pour l'avenir, Israël est un pays formidable. Il n'a pas son pareil pour planter des tomates dans le désert, lancer un assaut sur Entebbe ou se situer à l'extrême avant-garde de la science et de la technologie modernes. Mais je crois que ce qui lui manque le plus cruellement, en ce moment, ce sont des spécialistes, comment dire ? du maniement du symbolique. Prenez cette nouvelle stratégie palestinienne dont on parlait à l'instant et qui semble consister à retourner contre nous les grands archétypes de notre histoire. Voilà des gens qui s'entendent de mieux en mieux dans ce genre de petits trafics. Voilà des discours, des affrontements que l'on dirait resurgis de la nuit des temps. Voilà des haines, des dénégations, des rivalités mimétiques, dont nous savons combien elles vont loin dans l'inconscient des gens et dont on peut, hélas, parier que, une fois passé l'émotion consécutive à l'attentat du Néguev, elles reviendront très fort sur la scène des émois planétaires. Comment se fait-il, encore une fois, qu'on soit muet face à tout ça ? Pourquoi, au lieu de traiter le symptôme — et d'y répondre — ne trouve-t-on à y opposer qu'une indispensable mais fragile politique de force ? Et face à une affaire de ce calibre qui brasse, que cela plaise ou non, toute une part d'« immémorial », devrait-on se résigner à un discours banalisé, sans mémoire ni profondeur ? Je ne me permettrai pas, là non plus, de donner des « conseils ». Mais compte

tenu de ce qu'est Israël, compte tenu de ce que
sont les valeurs, la culture juives, convenez qu'il y
aurait là un incompréhensible gâchis !

Propos recueillis par Éric Ghebali
et Michel Zlotowski.

11 mars 1988.

7

LA POLITIQUE EST UN ROMAN

Voilà, oui. Nous y sommes. La politique a eu ses prophètes, ses mythes collectifs et ses dogmes. Elle a connu des dévots (nous étions tous, en un sens, ces dévots) qui allaient partout répétant qu'elle changerait le monde et la vie. Eh bien ! maintenant, c'est fini. Le temps des grands mots, des grands desseins est révolu. Et il suffit d'écouter, de regarder autour de soi, il suffit de lire *L'Année des masques*[1], par exemple, et sa collection d'instantanés, pour prendre la mesure du phénomène : c'est tout l'univers politique, tout son appareil ancien de convictions et de croyances qui, depuis quelques années,

1. « *Les Carnets secrets de Philippe Boggio et Alain Rollat* », *L'Année des masques*, Éd. Olivier Orban.

s'est décomposé sous nos yeux. Uniformisation des messages... Homogénéisation des codes et des mots d'ordre... Déclin des grands signifiants (le peuple, la patrie, la révolution, le marché) qui gouvernaient le système à distance... Quelle qu'en soit la raison, le fait, en tout cas, est là : il y a, dans le dispositif même, quelque chose qui fait qu'on n'y croit plus ; et c'est comme une fuite, une lente mais sûre hémorragie qui l'aurait petit à petit vidé de sa substance et de son sens. La parole politique n'est plus ni vraie ni fausse — elle est creuse ; et tout se passe comme si un invisible court-circuit l'avait en quelque sorte interrompue, désamorcée.

Est-ce à dire que cette parole soit morte ou sur le point de l'être ? Non, justement. Car lorsque la substance s'étiole, il reste la forme qui l'exprimait. Quand le sens se délite, il reste le signe et le rite. Et c'est tout le paradoxe des époques laïques ou impies que de voir ces formes, ces signes, ces rites, reprendre à leur propre compte le faste et le prestige des convictions défuntes. Surcroît de mise en scène... Prolifération des performances... Multiplication des arènes où l'on s'émerveille de débats d'autant plus acharnés et furieux que plus personne n'y croit vraiment... On peut le déplorer, mais c'est ainsi ; et il faut être sourd pour ne pas saisir la formidable demande, non de discours, mais de spectacle qui est apparemment l'avers de cette extinction simultanée des lueurs de l'idéal. Les meilleurs acteurs l'ont compris : François Mitterrand redécouvrant dimanche, chez Anne Sinclair, les vertus d'un jeu réthorique oublié depuis de Gaulle. Les plus mauvais n'entendent pas : pathétique destin d'un Raymond Barre — enlisé dans ses mérites, ses vertus, ses vérités, et négligeant cet impératif de séduction qui, seul, ouvre la victoire. C'est la seconde leçon du livre : cet âge sceptique, cynique, qui pensait avoir fait son deuil du politique et de ses cultes, restera aussi, et pour la même raison, celui d'une inflation sans précédent de ses emblèmes et de son théâtre.

J'insiste. Quand on parle de ces grands acteurs, on songe toujours à leur ambition, à leur goût du pouvoir et de la majesté. On les peint comme des monstres froids, animés du seul désir de puissance et de gloire. Alors qu'il y a une autre passion qui, si l'on suit Boggio et Rollat, est aujourd'hui plus décisive et qui est celle non de la gloire mais du jeu, non de la puissance mais de l'intrigue — cette pure passion politique, gratuite, presque vaine, qui est en train de devenir leur ferveur ultime et suprême. Nouveau ? Non, pas nouveau. Vieux comme le monde au contraire et comme cette politique dont Jean Baudrillard rappelait un jour qu'elle naît à la Renaissance, en pleine époque baroque, sur le modèle du théâtre et de la sémiurgie jésuitique. Nous l'avons oublié, simplement. Nous sortons d'un âge ingrat où l'idée même que l'on puisse prendre plaisir à séduire, conquérir, manœuvrer, était une idée tabou. Levée du tabou. Reconnaissance, enfin, de la formidable jouissance que ces hommes trouvent dans la feinte, la ruse, la pose, le calcul. Boggio et Rollat ont lu Balthazar Gracian. Ils se souviennent de Machiavel. Les meilleures pages de leur livre sont celles où, de journalistes, ils s'improvisent romanciers — pour nous raconter, mieux que les coulisses, la trame et la dramaturgie de cette pantomime en trompe l'œil qu'est la politique contemporaine.

Un exemple. On croit, on voudrait croire, en une histoire raisonnable et logique où les grands effets procéderaient de grandes causes et les victoires d'un lent, patient travail de la vérité. Les auteurs racontent comment, dans le face à face télévisé final qui fut, à n'en pas douter, le non-événement clef de l'élection présidentielle, l'idéologie des protagonistes, leur vision du monde ou de la vérité pesèrent finalement moins lourd que la force d'un regard, la plus ou moins bonne maîtrise des nerfs — voire la longueur de la table que l'on avait placée entre eux. Elle mesurait, cette table, 1,70 m. Soit l'exacte longueur de celle qui, en conseil, pendant les deux années de cohabitation, avait séparé le premier ministre d'un président gaullien. Et ce fut assez, nous expliquent-ils, pour rétablir instantanément entre eux l'infranchissable distance que des semaines de campagne, de compétition, de corps à corps, croyaient avoir abolie. Pouvoir du symbolique. Tenacité d'un rapport de forces qui, à la lettre, se passait de mots. Il y a là toute une part d'aléa, de contingence — d'aucuns diraient : de malignité — que n'eût pas indiquée une analyse traditionnelle et que seul pouvait soupçonner l'œil expert du romancier.

Un autre exemple. On croit — on veut croire — à des acteurs sinon parfaits, du moins vertueux et méritants qui, telles de pieuses figures sorties d'un livre de Condorcet, ne se détermineraient qu'en termes de bien public, de volonté générale ou collective. Les auteurs nous suggèrent des personnages autrement plus complexes et noirs, que l'on devine aux prises avec des drames, des conflits intérieurs parfois terribles. Sidérant aveu de Bernard Pons confiant à son successeur que, le jour où il ordonna l'assaut d'Ouvéa, il était « devenu fou »... Absences de Jacques Chirac quand, au plus fort de la bataille, il sent son être qui se fissure, son identité qui vacille — automate au sourire figé, à la prestance d'emprunt, et qui s'obstine dans son rôle... François Mitterrand, enfin, plus sphinx que nature lorsque, au seuil de l'action, comme s'il avait à dompter je ne sais quel démon intérieur, il s'astreint à une immobilité presque torpide et maîtrise jusqu'à ses regards, ses soupirs, ses demi-sourires... Qui sait, oui, s'il n'y aurait pas un démon, un ennemi au cœur de chacun ? Et qui sait si leur grande affaire à tous — éminemment romanesque elle aussi ! — ne serait pas de domestiquer ce démon en même temps que de harceler, d'exciter celui du voisin ? Hier, Mitterrand-Chirac... Avant-hier Chirac-Fabius. Dans les deux cas, le même enjeu : maîtriser son rebelle intérieur tout en allant débusquer, déchaîner celui de l'autre.

Troisième exemple. Cette guerre politique, au moins l'imagine-t-on claire, sans merci mais sans surprise, avec amis ou ennemis identifiés une fois pour toutes. C'est compter, nous disent encore nos initiés, sans la candide rouerie d'un Raymond Barre sabotant, au soir du premier tour, son ralliement à Jacques Chirac. Sans la duplicité d'un Giscard savourant, comme si c'était le sien, le triomphe de Mitterrand sur ses deux anciens premiers ministres. C'est compter, chez Chirac lui-même, sans cette déroutante fascination pour un adversaire qu'il ne cessera, jusqu'au tout dernier instant, de légitimer par ses lapsus. Étrange scène où on le voit, un matin, rêver de tout dire à ce maître qu'il n'ose célébrer comme tel : ses émois, ses chagrins, ses doutes de candidat... Autre scène, un peu plus tard, où il voudrait le voir là, sur-le-champ, devant lui : ah ! il serait si bon de lui montrer comme il s'est repris, comme il a surmonté ses désarrois... Et puis ces alliances absurdes, ces rivalités inexpliquées, toute cette ronde de tueurs qui ne visent juste qu'en visant près, tout près — au cœur de leur supposée famille et de ces fraternités haineuses qui font la loi du milieu... Ressorts ordinaires dans la vie. Classiques en littérature. Mais il fallait bien du talent pour venir les repérer au principe même de l'âme, de la machinerie politiciennes !

Alors, bien sûr, on criera à l'outrage. On gémira sur cette nouvelle atteinte portée à la dignité, à l'honneur du politique. Et il se trouvera probablement des nostalgiques de la grande époque pour s'étonner que l'on réduise ainsi le service de la cité à ces jeux de masques et de semblants, ces anecdotes, ces effets de surface. Je crois, moi, on l'aura compris, que ce type de « réduction » n'est justement pas — loin s'en faut — la pire façon de faire ; et qu'il y a dans ce parti pris, dans cette obstination romancière, dans cet acharnement joyeux à nous peindre le sérail sous les couleurs de la fable ou de la scène de genre, un certain nombre de vertus dont on aurait tort de se priver. Une société où l'on serait enfin passé de l'idéal, de l'utopie et des grands desseins nationaux aux douces illusions d'une politique conçue comme un des beaux-arts ne commencerait-elle pas de se prémunir contre l'éternelle récurrence des fanatismes et des violences ? Et les commentateurs qui, tels les précepteurs des hommes de cour d'autrefois, raconteront par le menu, les tours, les détours, les impasses, de ce nouvel « art politique » et de ses pures abstractions ne contribueront-ils pas, eux aussi, à l'inappréciable allégement de la vieille religion ? Éloge de l'abstraction. Vertus de l'artifice. Gloire à une époque qui, de la raison d'État, ne connaîtrait plus que la comédie.

Lire cette *Année des masques* comme une salubre contribution à ce désenchantement d'une République qui n'attendra plus, dès lors, que la lucidité de ses citoyens.

15 février 1989.

8

A PROPOS D'UNE AFFAIRE DE TCHADORS

Trois lycéennes en tchador. L'opinion qui s'émeut. Un ministre de l'Éducation nationale, soucieux d'apaisement, qui déconseille de les exclure. Et voilà nos intellectuels[1] qui, montés sur leurs ergots, retrouvant le redoutable ton des inquisitions d'autrefois, en appellent à la croisade contre ce qu'ils baptisent un « Munich de l'esprit ». Cette prise de position n'est pas seulement maladroite. Elle est surtout grotesque. Et ceci pour plusieurs raisons.

L'inflation, d'abord, du mot « Munich ». Depuis quelques années, chaque fois qu'il y a un compro-

1. « Profs, ne capitulons pas ! » par Elisabeth Badinter, Régis Debray, Alain Finkielkraut, Elisabeth de Fontenay, Catherine Kintzler. *Le Nouvel Observateur* du 2 novembre 1989.

mis, une négociation quelque part, on entend les grandes consciences hurler : « Ça y est ! c'est Munich ! » Enflure du langage. Hystérie sémantique. Banalisation d'un concept qui a, dans la mémoire européenne, un poids autrement plus tragique. Si MM. Debray et Finkielkraut veulent nous redonner le goût des grands débats d'idées, il leur faudra commencer par rendre aux mots leur sens. Question de probité. Question de principe.

Le problème de fond, ensuite. Il est exact que le tchador signifie, pour les femmes musulmanes, humiliation et abaissement. Mais outre que je ne suis pas certain que, dans le cas présent, les choses soient aussi simples, outre qu'il y a dans la démarche de ces jeunes filles toute une part de jeu, de provocation ou même, allez savoir, de séduction paroxystique, je trouve tout de même étrange l'attitude de ces clercs qui nous disent en substance : « Si je vois dans une classe une élève voilée, je sors mon revolver laïc et je refuse de faire cours. » J'ai été professeur, moi aussi. Et parce que je suis laïc, parce que je trouve que le voile est un symbole d'intolérance, je crois que j'aurais à leur place l'attitude exactement inverse et que je m'emploierais au contraire à convaincre cette élève. C'est cela la laïcité. C'est à cela que sert l'école publique. C'est à cette émancipation qu'elle a le devoir d'œuvrer. Je suis prêt, pour ma part, à me rendre dès demain dans une classe du genre de celle de Creil pour aller parler à des adolescentes, éventuellement voilées, de Rabelais, de Voltaire ou de Salman Rushdie.

Que faites-vous dans ce cas, demandent nos « anti-munichois », de ces intellectuels arabes qui nous supplient de ne pas céder — sous peine de les affaiblir dans le combat qu'ils mènent, chez eux, contre le fanatisme religieux ? Je leur réponds que nous ne sommes ni en Algérie ni en Tunisie, mais en France — et que nous avons, en France, une tradition pédagogique dont tout l'honneur est, justement, de traiter les tribalismes, d'intégrer les intégrismes — et cela par la seule force d'un discours alternatif. C'était quoi, cette fameuse école laïque dont toute la presse française nous rebat les oreilles depuis huit jours ? C'était une école qui prenait les enfants en sabots, avec tous les préjugés, les particularismes de leur milieu — et qui les rendait aux familles enrichis d'un enseignement qui, sans nier ces appartenances, sans les passer au laminoir ou au lavage de cerveau, tentait de leur inculquer le sens de l'universel. Les temps ont changé, certes. Mais la démarche reste la même. Nous avons des jeunes beurs qui arrivent dans les lycées tout imprégnés par les croyances, les interdits ou les servitudes qu'ils héritent de leurs familles. L'école laïque doit leur parler. Elle doit les libérer. Et je trouve sidérant, encore une fois, le comportement de ceux qui, désespérant de leur propre parole, renonçant à leur magistère et, au fond, à leur fonction, les renvoient sans délai à leur système de servitudes. Il est là le vrai renoncement. Elle est là la capitulation. Avec, au bout du compte, le risque de voir ces jeunes musulmans, livrés à eux-mêmes, se replier dans leur ghetto. Ce jour-là, les principes seront saufs — mais l'intégrisme aura gagné.

La vérité c'est qu'il y a aujourd'hui, en France, deux conceptions de la laïcité qui sont en train de s'affronter. Une laïcité vieillotte, dépassée, qui ne craint pas de nous dire son émouvante nostalgie des « blouses grises » et de l'école communale d'autrefois. Et puis une laïcité nouvelle, adaptée aux enjeux du moment, qui sait que, pour l'école du XXe siècle, la vraie bataille à mener sera celle des programmes et des contenus de l'enseignement. L'autorité ? Oui, l'autorité. Mais pas l'autorité au sens niais. Pas l'autorité du martinet et de la badine. Celle, bien plus noble, d'une parole enseignante qui, cueillant les enfants, je le répète, sur le sol de leurs préjugés, prend le temps de les amener jusqu'au respect de l'universel. Le temps, oui. La patience. Elle est, cette patience, l'essence même de la pédagogie. Je suis effrayé de voir des intellectuels responsables oublier cette évidence. Mes amis de S.O.S. Racisme dont on a si étourdiment critiqué la position étaient, à tout prendre, bien plus proches de ce que devrait être un « esprit républicain » bien compris : faire confiance au discours, pas aux matraques, pour affranchir les élèves de leurs tutelles religieuses ou familiales.

Reste, bien entendu, l'épineuse question du droit à la différence dont chacun sent bien qu'elle est au cœur de toute l'affaire. Comment réagiriez-vous, demandent les philistins, si des jeunes lycéens arrivaient demain en classe avec un insigne fasciste au revers de leur blouson ? De quel droit le leur interdire si le voile, lui, est autorisé ? Voilà le type même de confusion qu'il devrait appartenir aux intellectuels de dissiper. Il y a signe et signe. Différence et différence. Et il y a toute une vraie réflexion à mener — mais fine, complexe — autour de ce débat. C'était, il y a dix ans, l'un des thèmes de mon *Testament de Dieu*. Il y a des différences, disais-je, qui supportent de s'inscrire dans un cadre universel et qui sont, à ce titre, justiciables d'un droit ; et il y en a qui, en revanche, parce qu'elles contestent jusqu'à l'idée d'universalité, n'ont pas ce droit au Droit. Mon analyse n'a pas changé : la

France est pleine de musulmans, de Juifs ou de chrétiens qui sont *d'abord* républicains ; ce n'est bien entendu pas le cas de ceux qui arboreraient un insigne nazi. Comparer une croix gammée à un voile ou à une kippa est, pour cette raison, non seulement odieux mais idiot. C'est contre ce genre d'idioties contre ce confusionnisme généralisé que j'aimerais voir réagir l'intelligentsia européenne.

16 novembre 1989.

9

LE MUR VU DE MOSCOU

Comment ne pas se réjouir de ce qui se passe à Berlin Est ? J'ai lu ici et là, dans la presse française et étrangère, que de prodigieux calculs avaient présidé à l'événement et que des manipulateurs habiles — les Soviétiques, pour les nommer — l'avaient de bout en bout désiré puis fomenté. Le hasard a voulu que je me trouve à Moscou justement le fameux vendredi où le mur de la honte est tombé. J'étais à la rédaction de « Facti et argumenti », l'un des importants journaux de la Perestroïka. Puis dans le bureau de M. Zarkisov, l'un des patrons de la télé. J'ai passé la journée, que dis-je ? *les* journées suivantes à lire, à écouter, à tenter de déchiffrer la version que les médias soviétiques offraient de l'événement. Or sans prétendre ériger mes « impressions » en règle ou en leçon je crois pouvoir témoigner que le désarroi de ces médias, donc de la Nomenklatura dont ils exprimaient le point de vue, était au moins égal à celui des Occidentaux. Gare à ne pas prêter à l'inédit plus de prévisibilité qu'il n'en a ! Gare à la tentation, décidément indéracinable, de voir une fois de plus dans ce bouleversement l'inévitable main de Moscou ! L'histoire, en Allemagne, s'était figée. Congelée. Elle avait pris depuis quarante ans, pour parler comme Michel Foucault, « la forme du destin ». Eh bien force est de constater que cette histoire s'est remise en route sous la pression d'un immense et imprévisible mouvement de foule. « Je l'avais prévu », répètent en chœur depuis huit jours tous les messieurs de Norpois qui peuplent nos chancelleries. « Il » l'avait prévu, ajoutent-ils en frissonnant comme pour corser encore leur étrange fascination pour M. Mikhaïl Gorbatchev. Vue depuis Moscou la réalité est tout autre : une révolution brutale, sans antécédent ni pressentiment, dont je répète qu'elle a pris de court les responsables moscovites.

*
* *

Est-ce à dire que le communisme allemand de l'Est ait été emporté dans la tourmente et que le peuple ait gagné là une définitive victoire ? Je n'en suis pas certain. Car à écouter jusqu'au bout l'écho de cette affaire tel qu'il est parvenu au bord de la place Rouge, on retire ce second sentiment — paradoxal assurément, contradictoire avec le premier, mais qu'il faut tenter de penser en même temps que lui : celui d'un appareil politique qui, d'abord débordé, halluciné par le cataclysme, a très

132

vite repris pied et l'a magistralement récupéré. On dit ici que M. Krentz a tout perdu. On dit que le communisme a connu là sa débâcle la plus totale. Les Soviétiques, eux, nous rappellent (et quand je dis les Soviétiques je pense à des intellectuels comme Boris Kagarlitsky, Vitaly Khorotitch — d'autres encore, auprès de qui j'ai passé ces quelques jours de folie...) qu'une « débâcle » est aussi un « dégel » et qu'il y a dans ce « dégel » autant de chances de renouveau que de risques de catastrophe. En clair, l'idée qui domine à Moscou est qu'en ouvrant le mur, en levant le tabou sur le passage, en rendant brusquement accessible ce qui était interdit depuis toujours, on a pris la seule mesure susceptible de stopper la folle hémorragie — d'hommes, mais aussi de sens, de symboles — qui épuisait l'Allemagne de l'Est. Krentz, de ce point de vue, serait en train de réussir là où Jaruzelski a échoué. Il serait en passe de donner corps, mieux que Gorbatchev lui-même, au rêve gorbatchévien d'un appareil post-communiste qui, larguant toutes les amarres de l'idéologie et de la foi, continuerait de s'imposer comme l'un des garants du lien social. Le peuple ? La révolution ? La démocratie ? Certes. Mais gare à ne pas sous-estimer, là non plus, les ruses d'une Histoire qui n'a décidément pas fini de déjouer les certitudes de ceux qui, chaque fois, nous prédisent son achèvement.

*
* *

Autre erreur de perspective, à mon sens, des médias occidentaux : l'insistance avec laquelle ils reviennent sur cette fameuse question de la « réunification » allemande. Est-ce meilleure intelligence politique ? Sens dialectique plus aiguisé ? Toujours est-il que les intellectuels soviétiques qu'il m'a été donné de rencontrer m'ont tous affirmé que l'hypothèse de la réunification était, en tant que telle, une hypothèse dépassée. Quarante ans de séparation... Quarante ans de culture, d'idéologie concurrentes... Un monde dont la loi fondamentale, aussi imprévisible soit-elle, reste que l'Histoire ne repasse jamais les plats... La R.D.A., m'a-t-on dit, a ses frontières, ses traditions. Elle a ses mythes fondateurs, ses socles communautaires. Elle n'est plus depuis longtemps l'État « artificiel » que fantasment, Dieu sait pourquoi, les observateurs occidentaux. Et il suffit de lire, d'écouter, pour savoir que si les révoltés de Berlin réclament des droits et des libertés, ils ne réclament en aucun cas de rejoindre dans un même État leurs cousins occidentaux. Erreur d'analyse, donc. Myopie et préjugé. L'idée de réunification obsède *tous* les Européens — à l'exception des principaux concernés, c'est-à-dire des Allemands eux-mêmes. « Votre président de la République, me dit Boris Kagarlitsky, a eu tort de parler trop vite. Il a eu tort d'évoquer tout de suite cette histoire d'État unique. Et il a pris, ce faisant, une responsabilité considérable. Laquelle ? Celle de vous rendre aveugles à l'autre vraie menace qui est celle, non de l'État, mais de la nation recomposée. » Aller à Moscou, oui, pour se ressouvenir de ce que Mme de Staël disait déjà : que la Germanie a toujours été cette nation avant d'être cet État ; que la question de l'unité, dans l'Histoire vraie de l'Allemagne, s'applique toujours à la première avant qu'à la seconde ; et que s'il y a un danger dans le bouleversement dont Berlin Est est en train de devenir l'épicentre, il est celui de cette *Deutschland über alles* qui s'est, depuis des siècles, ri des frontières et des suzerainetés.

Concrètement, cela veut dire quoi ? Cela veut dire d'abord que l'« Europe » que nous avons connue et dont le grand marché de 1992 était jusqu'à présent l'horizon est morte avant de vraiment naître. Mme Veil peut bien s'accrocher à son rêve. Valéry Giscard d'Estaing proposer, comme si de rien n'était, de « noyer » la R.D.A. dans l'ensemble communautaire. Les socialistes français et scandinaves peuvent continuer tant qu'ils voudront d'imaginer un « élargissement » de cet ensemble aux pays frères qui « frappent à la porte ». La vérité c'est que si leurs efforts sont louables, ils sont surtout pathétiques — et qu'il y a dans tous ces discours un côté combat d'arrière-garde qui ne laisse pas de surprendre. Les deux Europes, disent-ils... L'Est et l'Ouest... Sans voir que c'est toute cette topographie, réelle et imaginaire, qui vole en éclats sous nos yeux. On a raison de dire que les événements de Hongrie, de Pologne et, à présent de Berlin, sonnent le glas de l'ordre instauré à Yalta. Mais il faudrait ajouter que l'on en revient, du coup, non à la carte d'avant guerre mais à celle de Metternich. L'Europe de demain ? Il y aura, à l'Orient, la Russie et ses marches ; à l'Occident, l'essentiel de l'actuelle C.E.E. ; mais il faudra compter, entre les deux, avec une vaste zone centrale que nous voyons, depuis quelques mois, retrouver son autonomie, son espace, voire son Histoire — et dont toute la question sera de savoir dans quelle mesure elle participera de cette nouvelle « nation allemande ».

Exemple de question concrète : l'écrasante présence, si bien décrite par Alain Minc, des investisseurs ouest-allemands dans toutes les régions qui se libèrent petit à petit de la tutelle totalitaire ; cette présence est-elle fatale ? ce rapport de forces, irrémédiable ? et Prague, Budapest ou Varsovie sont-ils voués à demeurer comme un immense *hinterland* pour le patronat de Bonn ? Autre exemple : cette toute petite nouvelle, lue dans la presse soviétique toujours, le jour même de l'annonce de l'effondrement du mur, selon laquelle les écoles hongroises auraient d'ores et déjà remplacé, en première langue obligatoire, le russe par l'allemand ; fatal, là aussi ? sans contrepoids possible ? et faudra-t-il se résigner, en France notamment, à la nullité de notre influence ? Un autre encore : tout ce foisonnement de nationalismes, de querelles tribales ou de clochers dont il faut bien convenir que le communisme les étouffait et que l'on sent revenir dans les fourgons de la liberté ; les « nationalités » céderont-elles au vertige du chauvinisme ? de la xénophobie ? verront-elles se réveiller tous les micro-conflits dont mourut autrefois l'empire austro-hongrois ? Europe centrale, Europe malade. Zone centrale, zone des tempêtes. Nul ne peut prédire aujourd'hui si le vent de liberté qui souffle sur les pays de l'Est est porteur de progrès ou au contraire de régression ; mais ce qui est sûr, en tout cas, c'est que l'on peut se réjouir, exulter, danser de joie sur le mur ou dans les rues de Dresde et de Leipzig, sans s'interdire pour autant de s'inquiéter de la réponse qui sera ou non donnée à ces interrogations et à quelques autres.

*
* *

Tout le problème, autrement dit, est de savoir sous quelle forme et quel visage risque de revenir cette très ancienne réalité que l'on appelait autrefois la *Mitteleuropa*. Voilà des années que les écrivains en débattent. D'un côté, ceux (Kundera, bien entendu, mais aussi Milosz ou Danilo Kiš) qui la voient comme une terre idéale, quasi immatérielle, au point de confluence imaginaire de Musil, de Kafka ou du cercle de Prague. De l'autre les pessimistes (Joseph Brodsky, mais aussi quelqu'un comme Habermas) qui préfèrent se souvenir de cette « prison des peuples », à dominante allemande, rongée par les rivalités et les affrontements de clochers, où furent également conçus quelques-uns des pires cauchemars de l'humanité moderne. Qui avait raison de Kundera ou d'Habermas ? Cette zone centrale européenne était-elle (sera-t-elle...) une zone de grande culture ou bien de barbarie ? Désigne-t-elle, cette *Mitteleuropa*, la sublime région de l'esprit dont les noms de Broch et de Kafka disent encore la nostalgie — ou faut-il y voir au contraire la patrie d'un romantisme dont l'écologie, le refus de la technique, voire certaines formes de « socialisme » seraient les versions les plus récentes ? L'événement, c'est que ce débat n'est plus l'affaire des seuls écrivains ; qu'échappant au cercle bien fermé des académies d'antan, il est maintenant dans la rue ; l'événement, le vrai, c'est que c'est aux peuples désormais qu'il appartient de trancher. Dilemme culturel, évidemment. Affaire de civilisation. Corps à corps, en réalité, de deux espaces civilisationnels dont la nouvelle Europe est devenue l'enjeu. Qu'on me pardonne si j'affirme qu'il me paraît, ce corps à corps, bien plus essentiel pour l'avenir que la réunification allemande — ou que l'effondrement d'un communisme qui, chacun le sent, est irrémédiablement condamné.

18 novembre 1989.

10

L'INTELLIGENCE CONTRE L'INFAMIE

Ce qui me surprend le plus, aujourd'hui, c'est l'apparente résignation à la montée du Front national. Pas une manifestation à Dreux. Pas une protestation à Marseille. Pas de pétition ni de mobilisation intellectuelle. Alors, à défaut d'une analyse, ce bref rappel de principes — à lire comme autant de préalables à ce que pourrait être, à mes yeux, un antilepénisme résolu.

Premier principe : appeler un chat un chat, c'est-à-dire un fasciste un fasciste. C'est une évidence ? Sans doute. Encore que si l'évidence en avait toujours été une, si nous n'avions pas interminablement débattu sur le point de savoir si le Front national était un parti poujadiste, populiste, semifasciste, un quart fasciste, bref si nous n'avions pas eu peur d'identifier un mouvement dont le véritable lignage était pourtant très clair, la classe politique française se serait conduite autrement. Elle ne lui aurait pas si vite reconnu, par exemple, le mérite de poser « les bonnes questions ». Ni celui d'avoir en partage un certain nombre de « valeurs communes ». Elle lui aurait plus chichement mesuré le droit à une expression politique à part entière. Elle n'aurait pas si gaillardement œuvré, en d'autres termes, à l'effroyable banalisation qui est devenue notre lot. Aujourd'hui le mal est fait. La banalisation est achevée. Tous ces débats (en parler, pas en parler ? discuter, pas discuter ?) sont bien entendu dépassés. Reste le persistant devoir de *nomination* du fascisme. Ne serait-ce que pour cette raison : il y a en France non seulement une mémoire, mais une majorité antifasciste — et il faut, à cette majorité, donner les justes raisons de se mobiliser et de se battre.

Deuxième principe : ne pas céder, dans ce combat, et sous prétexte d'efficacité, à la tentation de se situer sur le terrain de l'adversaire. La chose peut se comprendre sur le plan purement tactique — encore que la performance de Bernard Tapie et sa façon de retourner contre la vulgarité lepéniste les arguments qui étaient les siens m'aient moins enthousiasmé que la plupart des observateurs. Elle a peut-être ses raisons dans l'ordre proprement politique — encore que j'aie trouvé bien attristant de voir l'apôtre du parler vrai, l'héritier de Mendès et de sa rigueur (autrement dit, Michel Rocard) en rajouter, l'autre soir, à la télé, dans le côté : « voyez comme je sanctionne ! comme je fais de la bonne police ! regardez comme je ne suis pas en reste, moi non plus, dans la chasse au clandestin ! » Ce qui est sûr, en tout cas, c'est que la surenchère serait désastreuse sur les lèvres de ceux qui font métier de penser. Que les intellectuels admettent ne fût-ce que le concept de « seuil de tolérance », qu'ils se laissent aller à parler de l'immigration tout entière comme d'une « maladie », qu'ils consentent, par conséquent, à donner un renfort *théorique* à des phobies ou à des pulsions, et ils offriront à Le Pen ce qui lui manquait encore : la légitimité d'un discours qui me paraît, moi, devoir être condamné en bloc.

Troisième principe, connexe : tenter de maîtriser le débordement de mots et de folie dont nous savons, d'expérience, qu'il ne peut qu'alimenter ce type de malaise. Je ne nie pas, par exemple, qu'il y ait un problème de compatibilité entre le Coran et la laïcité. Je ne nie pas non plus — et je l'ai dit ici même — que le port du voile dans les écoles de la République ne soit une provocation difficile à avaler. Mais de là à répondre à la provocation par la provocation, de là à ressusciter l'esprit de Charles Martel et à jeter l'opprobre sur les « professeurs munichois », de là à partir en guerre contre un Harlem Désir mystérieusement désigné comme un raciste inversé, il y a un pas que certains de nos clercs ont pris le risque de franchir avec une allégresse à mes yeux bien légère. Nous sommes les gardiens des mots. Les garants de leur probité. Quand cède cette probité, quand triomphent l'hystérie et la confusion sémantiques, il est constant que s'affaisse également l'esprit de résistance. Qu'il me soit arrivé, à moi aussi, de faillir à cette exigence, ne m'empêche pas de dire aujourd'hui ceci : pour vaincre Le Pen, il faudra aussi des pensées fines, subtiles — attentives à penser, notamment, la difficile question des rapports entre l'islam et l'intégrisme.

Quatrième principe enfin — particulièrement recommandé, s'agissant de gens dont le métier devrait être de réfléchir et de savoir : enquêter avant de parler, s'informer avant de juger. Ce qui me frappe en effet c'est l'incroyable ignorance où nous sommes de la réalité de cette France qui se reconnaît aujourd'hui sous le drapeau de M. Le Pen. Qui sont les électeurs du Front national ? Que pensent-ils ? Que veulent-ils ? Qu'est-ce qu'il se passe réellement dans les ghettos de la Vieille-Charité à Marseille ? Dans une H.L.M. de Dreux ? Dans la tête des nouveaux fidèles de Mme Stirbois ? De quelle mystérieuse blessure procède ce : « je suis français, moi, monsieur » de tant d'anciens socialistes, communistes, libéraux, etc. ? Nous sommes allés en Chine et à Cuba. Nous nous précipitons, en ce moment, à Prague et à Berlin. Nous n'avons reculé, depuis trente ans, devant aucune espèce d'exotisme ou d'aventure. Il est tout de même étrange que nous soyons paralysés à l'idée d'un voyage au bout de la ligne du métro. Une suggestion à mes pairs (et à moi-même) : retrouver le chemin de la France pour y mener enfin les reportages qui nous manquent. Une invitation à Pierre Bourdieu (et à ses équipes de sociologues) : nous donner sur la bêtise et la vulgarité lepénistes des enquêtes aussi précises que celles qu'ils ont pu consacrer au phénomène de la « distinction ». Ces travaux ne remplaceront bien évidemment pas les formes les plus concrètes du combat. Ils ne nous laisseront pas quittes, non plus, de la nécessité de gérer (mais je dis bien *gérer* — avec tout ce que le mot suppose de patience, de silence, voire d'efficacité technocratique) les mille et un problèmes surgis du quotidien. N'empêche qu'ils en seront l'inévitable préalable et qu'il y a là, pour nous, une tâche autrement plus décisive que celle qui consisterait à ruminer indéfiniment rancœurs et idées simples. Pourquoi l'intelligence désarmerait-elle face au spectacle de l'infamie ?

Décembre 1989.

11

VERSETS SATANIQUES ?

Ma réaction à cette affaire Salman Rushdie ? Elle tient en peu de mots. Les principes ne se divisent pas. Ils ne souffrent ni nuances ni exceptions. Et s'il est un principe qui, dans l'ordre de l'esprit comme dans les autres, ne me semble pas supporter le moindre compromis, c'est bien celui de ne céder jamais, en aucune circonstance et sous aucun prétexte, au fanatisme ou au chantage. Concrètement, je crois que nous avons aujourd'hui, nous autres écrivains, trois façons simples de répondre à ce qui apparaît déjà comme une affaire sans précédent depuis les listes Otto :

1. *Marquer notre solidarité d'écrivains* à l'endroit d'un écrivain qui, pour avoir écrit un roman probablement iconoclaste, jouit du redoutable honneur de voir sa tête mise à prix. J'ignore de quelle façon cette solidarité se formulera. Mais je sais qu'elle nous incombe comme un devoir et qu'il serait tout de même singulier d'avoir si souvent su nous opposer, dans le passé, à la censure de tel Marcellin ou Pompidou — et de nous retrouver soudain muets en face de celle de Khomeyni. Rappelons-nous ce livre de Pierre Guyotat paru, il y a presque vingt ans, sous le parrainage conjoint de quatre préfaciers. Pourquoi ne pas concevoir, lorsque paraîtront les *Satanic Verses*, et quelque jugement proprement littéraire qu'ils nous inspirent alors, une démarche de même type ?

2. *Affirmer par avance, en France et hors de France, notre soutien aux éditeurs* qui choisiront de prendre ce risque. Je ne sais pas, là non plus, quelle forme pourra prendre ce soutien. Mais je crois que le livre doit paraître et que nous pouvons, que nous devons, tout faire pour y aider. Une idée parmi d'autres : pourquoi l'ensemble des éditeurs français ou même européens ne répondrait-il pas d'une seule voix à cet insupportable chantage ? Pourquoi ne rachèterait-il pas collectivement, pour les exploiter collectivement, les droits acquis jusqu'ici par une seule maison d'éditions ? Bon vieux refrain, aux vertus éprouvées : quand on menace un éditeur, « nous sommes tous des éditeurs menacés »...

3. *Interroger le gouvernement français* sur les suites qu'il compte donner à une provocation terroriste qui, parce qu'elle émane d'un État, l'intéresse au premier chef. M. Roland Dumas, ministre

des Relations extérieures, était la semaine dernière à Téhéran dans le but, nous disait-on, de normaliser nos relations avec le régime des ayatollahs. Cette normalisation est-elle encore à l'ordre du jour ? Est-il toujours si urgent d'aider cet étrange régime à retrouver sa place dans le concert des nations ? Persiste-t-on dans l'intention de lui offrir — puisque c'est aussi de cela qu'il s'agissait — les moyens d'une reconstruction et d'une puissance retrouvée ? Si oui, il faut le dire. Si non, il faut le dire aussi. Car ce sera le plus sûr moyen de faire savoir, à ceux qui en douteraient, que la France n'est pas prête à renouer avec ce vieux démon familier que l'on appelle « l'esprit de Munich ».

Février 1989.

III

REPORTAGES

RETOUR DE L'U.R.S.S.

I

Moscou. Premier regard. Son aéroport délabré. Ses douaniers indolents et las. L'interminable route, cabossée, mal éclairée, qui traverse les faubourgs pour arriver sans transition au centre de la ville. La ville, donc. La ville, sans crier gare. Ce décor de banlieue, hideux et ingrat à souhait, avec sa neige sale et ses façades en ruine. Un terrain vague ici. Une usine là, en plein centre. Une décharge publique encore ici, entre deux immeubles en construction dont on sent bien qu'ils ne seront plus finis. De la boue. De la zone. Cette architecture informe, à mi-chemin du faux gratte-ciel et de la vraie caisse à savon, qui faisait dire à Le Corbusier qu'il faudrait raser Moscou pour la reprendre de zéro. Ces avenues vides. Ces passants fantomatiques. Ce paysage urbain désolé, suant la grisaille et l'ennui. J'attendais une ville ardente. J'espérais une atmosphère, sinon d'émeute, du moins de liesse. Au lieu de quoi cette torpeur qui me paraît si mal coller avec l'idée que je me faisais de la révolution gorbatchévienne. Se peut-il que la capitale, non seulement de toutes les Russies, mais de toutes les perestroïkas, soit ce gros bourg endormi, replié sur lui-même et sa misère, plus proche de nos Minguettes ou de Sarcelles que d'une grande métropole politique.

Impression confirmée le lendemain, sur le chemin de mes premiers rendez-vous. La ville, de bon matin, est certes un peu plus riante. Il y a la place Gorki où l'on vient lire « Les Nouvelles de Moscou » en placards. Les kiosques à journaux où l'on fait déjà la queue pour acheter les parutions du jour. Il y a la place Rouge et ses pompes. L'église Saint-Basile et la féerie de ses bulbes, de ses clochers, de ses coupoles. Il y a, entre la Sterenska et la rue Piatnitskaïa, les vestiges du vieux Moscou avec ses ruelles, ses tonnelles, ses jardins buissonniers oubliés au fond d'une cour, cette jolie maison dorée réchappée du temps des tsars. Il y a l'Arbat enfin qui, depuis qu'il a été classé quartier restauré et piétonnier, est devenu le rendez-vous des jeunes, des camelots, des diseurs de bonne aventure et des orateurs de faubourg. D'où vient pourtant, jusque sur l'Arbat, cette légère et insistante torpeur ? D'où vient que les discours les plus libres, les plus apparemment insolents, y aient cette tonalité sourde, comme étouffée ? « Ce peuple est fatigué, me dit un marchand de calendriers, de faux passeports et de médailles. Il n'en peut plus. Il n'y croit plus. » Puis Tania, sa compagne : « Vous êtes français ? Il n'y a vraiment que chez vous que Gorbatchev soit adoré. Ici, les gens s'en fichent. Ils ont cessé de croire à ses belles paroles, ses belles promesses. Jamais, depuis quatre ans, sa popularité n'a été si basse. »

Surpris par ces propos ? Incrédule ? Oui, bien sûr. Sauf que je vais en avoir, dès le surlendemain, une triste illustration. Il est midi. Il fait très froid. Une foule de Moscovites, emmitouflés dans leurs

150

manteaux, se pressent à la manifestation qui doit faire pièce, m'a-t-on dit, aux cérémonies officielles de l'anniversaire d'octobre 1917. Un orateur parle des mineurs en grève. Un autre du nécessaire combat contre la corruption dans l'État. Un troisième réclame l'exclusion posthume du camarade Staline des rangs du parti communiste. Et, quand un quatrième lui succède pour exiger l'abolition du fameux article VI qui éternise, dans la Constitution, le rôle dirigeant dudit parti, j'ai le sentiment de vivre l'un de ces moments « historiques » dont nous sommes, depuis quelques semaines, devenus si peu avares. Le malheur, c'est qu'il n'y a, en comptant bien, que deux ou trois mille manifestants pour assister à ce moment ; qu'ils ont, ces manifestants, plutôt des têtes d'étudiants, d'intellectuels ou de professeurs ; et que deux à trois mille professeurs applaudissant sagement aux envolées lyriques d'une poignée de députés, cela n'a ni l'allure ni l'importance des foules qui, au même moment, envahissent les rues de Berlin. A croire que la perestroïka, née à Moscou, ne soit en train de s'y essouffler ; à croire que, triomphante à la périphérie, dans toutes les zones satellites où elle fut, pour ainsi dire, exportée, elle ne soit précisément en panne au centre même du système.

Pire, je suis toujours à Moscou au moment où tombe le Mur. Et je puis apporter, sur ce point, un double témoignage. Je ne suis pas certain, tout d'abord, que l'effet de surprise ait été beaucoup plus fort dans les chancelleries occidentales que chez les responsables dont j'ai pu, le jour même, à *Ogoniok* ou à la télévision, recueillir le commentaire — ce qui tendrait, me semble-t-il, à relativiser la légende d'un Gorbatchev omniprésent qui aurait manigancé, depuis le Kremlin, la révolte des Berli-

151

nois. Mais, surtout, j'ai eu le sentiment que si l'intelligentsia, le premier choc passé, a pavoisé, si elle a reçu l'événement comme l'annonce d'une fabuleuse et immense libération, le peuple, lui, l'a accueilli de façon beaucoup plus tiède. Pas de manifestations de rue. Pas d'explosions de joie. A peine un frémissement, le samedi soir, sur l'Arbat, quand on a commencé de se repasser le premier article de la *Pravda*. « Ça vous étonne », me demande, non sans une pointe d'amertume, Boris Kagarlitski, ce jeune leader trotskiste qui était l'une des vedettes du rassemblement de l'autre jour et que je retrouve chez lui, ce soir-là, devant la pauvre tasse de lait qui nous fera office de dîner. « Vous avez tort. Car Berlin est loin, cher ami. Et le peuple de Moscou a deux soucis, et deux seulement, qui suffisent à occuper toute son intelligence politique : les pénuries qui s'aggravent et le désordre qui s'amplifie. »

Côté pénurie, il m'est bien entendu difficile de juger de façon précise. Ce que je peux dire, c'est que j'ai vu, pendant mon séjour, les queues devant les « Univermag » s'allonger davantage chaque matin ; que des produits de première nécessité comme le sel, la viande, la lessive ou même les pommes de terre, se sont mis à manquer tout à coup ; que le paquet de cigarettes américaines valait au marché noir — dans un pays où le salaire moyen tourne autour de deux cents roubles — vingt roubles à Moscou, vingt-cinq à Leningrad, quarante à Sotchi et à Gori ; qu'à Sotchi justement, dans une ville qui se flatte d'une vraie vocation touristique, il était impossible, dans les hôtels, de trouver une tasse de thé ou de café ; ce que je peux rapporter, c'est encore l'opinion de ce vieux Géorgien, nationaliste modéré et gorbatchévien plutôt fidèle, qui s'occupe depuis des années de l'approvisionnement d'un magasin et qui me raconte comment la désorganisation du système de transports est parvenue à un tel degré que les fruits et les viandes arrivent presque toujours avariés. La situation a-t-elle tant empiré qu'il le prétend ? Et les choses marchaient-elles mieux du temps du stalinisme ? L'important, à la limite, n'est pas que cela soit vrai mais qu'on le croie ; et c'est un fait que, dans l'U.R.S.S. d'aujourd'hui, un nombre grandissant de gens regrette le temps béni du « caviar brejnévien ».

Pour ce qui est du désordre, en revanche, c'est le propre — et l'honneur — de la glasnost de ne rien dissimuler de la gravité de la situation. Pas de jour où « Vramat », le journal télévisé quotidien, ne se fasse l'écho du climat de prévarication généralisée où baigne l'économie. Pas un numéro de « Bonsoir Moscou » — la grande émission du soir, au ton incroyablement libre, dont raffolent les Moscovites — où l'on ne tienne à nous révéler, ici, le détail d'une fraude ; là, le nom d'un accapareur ; là encore, le scandale de ces trois jeunes gens qui, venus décharger dans une banlieue un arrivage de pommes, ont vu de mystérieux « miliciens » en civil leur ordonner de décamper. Pas une livraison des *Nouvelles de Moscou*, de *Facti i Argumenti* ou d'*Ogoniok* qui, avec un acharnement digne d'un *Washington Post* de la grande époque, ne revienne sur les dangers d'explosion d'une machine à peu près complètement grippée. Sans parler de ce que là aussi — et pêle-mêle — j'ai pu personnellement constater : une bande d'adolescents en colère à Gori ; un gang de taxis à Leningrad ; des trafiquants de caviar et de fausse monnaie sur la perspective Nevski ; des racketteurs de touristes ; des maquereaux jusque dans les couloirs d'hôtel ; des demi-soldes de l'armée d'Afghanistan traînant leur rancœur à Moscou ; cet ancien policier, licencié pour incompétence et reconverti dans le petit banditisme à Bolchevo — bref, tout un tissu d'illégalismes qui pourrait bien être devenu la loi de l'univers soviétique.

Je dis : illégalisme. Je pourrais dire : explosion, ou implosion, du lien social. Tant il est vrai que, avant d'être politique ou strictement économique, la maladie dont souffre l'U.R.S.S. est celle d'une désocialisation probablement sans précédent. Crise de confiance. Crise de croyance. Dérèglement des systèmes qui faisaient que le pays fonctionnait. Faillite de tous les repères qui permettaient aux Soviétiques, vaille que vaille, de vivre ensemble. J'ai vu, pendant ces deux semaines, non seulement un régime, mais une société qui s'effondrait. J'ai vu des visages effarés qui paraissaient ne plus rien savoir de leur propre identité. Une nuit surtout, à Tbilissi, dans l'ombre de la perspective Roustaveli où terminaient de brûler quelques dizaines de drapeaux rouges, j'ai eu le sentiment d'une humanité folle, déboussolée, qui dérivait doucement à la surface de la ville. Lénine, déjà, redoutait ce vieux fond anarchiste et noir qui était, disait-il, le malin génie de la Russie. Mikhaïl Gorbatchev en est-il là ? Aura-t-il, lui aussi, quoique avec d'autres moyens, à conjurer le retour du génie ? Ou faut-il voir au contraire, dans le climat de panique qui règne aujourd'hui à Moscou, le signe d'une décomposition désormais inéluctable ? Tel me semble en tout cas, par-delà les slogans et les affrontements en surface, le véritable enjeu de la perestroïka.

II

MI-DÉCEMBRE. Second séjour. — Lorsqu'on demande aux observateurs soviétiques de commenter les embarras ou les retards de la rénovation gorbatchévienne, ils avancent, en général, deux types d'explication. D'abord, disent-ils, il y a la peur. Le peuple soviétique en a trop vu. Il a été souvent trompé par des marchands d'illusions au moins aussi séduisants que le Mikhaïl Gorbatchev d'aujourd'hui. Et il faut le comprendre, n'est-ce pas, s'il regarde à deux fois avant de se lancer à nouveau dans une aventure de même nature. La perestroïka durera-t-elle, se demande par exemple cette jeune kolkhozienne rencontrée à la poste de Gori ? Ses chefs tiendront-ils ? Ne seront-ils pas renversés ? Chassés peut-être ? Et qu'adviendra-t-il, ce jour-là, des malheureux innocents qui se seront démasqués en les suivant ? Méfiance donc. Prudence. Le spectre des purges, des goulags, des dékoulakisations et des massacres. Si Gorbatchev échoue, ce sera d'après les tenants de cette première thèse, parce qu'il n'aura pas su vaincre ce scepticisme et son entreprise continuera d'être perçue comme une de ces « révolutions d'en haut », qui, de Boris Godounov et Pierre le Grand à Lénine, Staline ou Khrouchtchev, se sont régulièrement retournées contre les humbles et les petits.

Il y a ensuite l'explication par les rigueurs ou les raideurs d'un appareil bureaucratique demeuré tout-puissant. L'U.R.S.S., m'a-t-on maintes fois dit, continue d'être gérée par ses innombrables ministères. Ce sont eux qui font la loi. Eux qui l'appliquent ou la transgressent. Ce sont eux qui, en vertu de mille ruses ancrées dans le rite et l'habitude, ont le pouvoir de saboter les velléités de modernité. Ainsi de cette entreprise que je visite à Sotchi et qui, profitant des décrets du printemps dernier, a demandé et obtenu son automatisation. Bail de cinquante ans. Autogestion de la production. Un directeur élu. Des performances encourageantes. La prétention, ô scandale, de commencer de faire des profits. Jusqu'au jour où le ministère compétent, voyant ces premiers petits succès, se met à contester sa politique, rationner ses ressources vives, discuter ses choix salariaux, bloquer les devises qu'elle a gagnées sur les marchés d'exportation, bref multiplier les tracasseries qui risquent de l'obliger, dans les semaines ou les mois qui viennent, à renoncer à son effort. Échec par la bêtise, cette fois. Paralysie par les structures. Inertie d'une machinerie qui s'oppose de toutes ses forces au « parti du mouvement ». Si la perestroïka est si lente à triompher c'est, dans cette perspective, à cause d'un système de pesanteurs héritées, en gros, du passé.

Ces deux explications ont leur part de vérité. Mais je retire de ce voyage la conviction qu'elles sont trop simples et qu'elles en recouvrent une autre — infiniment plus inquiétante. J'ai vu des chefs d'entreprise, par exemple, pour qui, ministère ou pas ministère, c'est l'idée même de « profit », de « productivité » ou de « faillite » qui est littéralement impensable. J'ai rencontré un syndicaliste qui m'a tout bonnement annoncé que le prolétariat russe descendrait dans la rue le jour où on lui avouerait que le modèle de croissance gorbatchévien suppose quinze millions de chômeurs. J'ai discuté, à Gori, ville natale du regretté Joseph Staline, avec un fonctionnaire municipal qui m'a expliqué, dans le même élan, son désir farouche d'indépendance et son intention bien arrêtée de ne renoncer à aucune des subventions qu'alloue traditionnellement une capitale à ses provinces. Trois cas. Trois situations distinctes. Mais qui expriment le même refus d'un monde où l'on vivrait à l'heure du risque, de la responsabilité individuelle ou collective, de l'initiative, du libre choix, des contrats. Je ne pense pas me tromper si je dis que ces personnages ressemblent au moins autant à l'U.R.S.S. d'aujourd'hui que le chef d'entreprise de Sotchi ou l'intellectuel d'*Ogoniok* — et si j'ajoute, par conséquent, qu'il y a dans la culture même de ce pays un certain nombre de traits qui font pour le moment obstacle à la perestroïka.

Prenez l'histoire des coopératives. Elles sont, sur le principe, autorisées depuis un an. Et cette autorisation est, sans conteste, l'un des acquis du gorbatchévisme. Or si l'on quitte le ciel des principes et qu'on tente de comprendre ce qui se passe sur le terrain, que voit-on ? Des kolkhoziens qui, à la surprise des réformateurs, boudent la bonne nouvelle. Des villages entiers qui insultent, boycottent et persécutent ceux qui se laissent quand même tenter. Toute une série de folles rumeurs qui, à la ville comme à la campagne, voient dans ces rares entreprises coopératives, des repaires de trafiquants, de spéculateurs, de profiteurs. Bref, la transformation des coopérateurs en une classe de nouveaux koulaks, livrés à la vindicte d'une opinion trop heureuse de se voir offrir sur un plateau le visage de ses affameurs. Les ministères, là non plus, n'y sont pour rien. Pas plus que la prudence d'un peuple peu soucieux de jouer, le jour venu, les victimes expiatoires. Ce qui est véritablement en cause, c'est la vieille méfiance tsariste, puis léniniste, à l'endroit d'un mouvement qui a l'âge de la Sainte Russie ; et c'est sans grand étonnement que j'entends un journaliste me dire que si, d'aventure,

157

il prenait au régime l'idée d'organiser un référendum sur la question, c'est à une écrasante majorité que le peuple voterait la liquidation pure et simple d'un système où il ne sait voir que vices et péchés...

« Et la N.E.P., dis-je à mes interlocuteurs ? Et l'effort de Lénine, tentant de rendre à l'U.R.S.S. du début des années 20 quelques-uns de ses réflexes capitalistes et marchands ? » Justement, me répond-on. Nous ne sommes plus aux années 20. La Russie d'aujourd'hui n'a strictement plus rien à voir avec celle que les derniers tsars avaient frottée au monde. La différence majeure étant que soixante-dix années de communisme sont passées par là-dessus, qui ont éradiqué les moindres racines de cette mentalité marchande. Un peuple cassé, oui. Un peuple sans ressort. Un peuple où l'on ne sent plus, comme en Tchécoslovaquie ou en Allemagne, ni l'énergie ni le désir qui font les révolutions réussies. Mais cela du fait, non de je ne sais quelle obscure fatalité, mais d'une idéologie bien définie qui s'est imposée au fil des temps. L'U.R.S.S. est un pays où l'argent reste un crime. Le commerce, un trafic. C'est un pays où l'on continue de ne pas comprendre qu'un salaire puisse être le prix d'un travail ou que l'égalité dans la misère ne soit pas un modèle idéal de société. Si je retire une leçon de ce voyage c'est qu'Alexandre Zinoviev n'avait, au fond, pas tort : l'*homo sovieticus* existe et c'est lui qui, au fond, fait obstacle à la perestroïka.

Lui vraiment ? Lui seulement ? On se souvient du marquis de Custine décrivant, dès 1839, « l'aptitude des Russes à l'obéissance religieuse, à la soumission écrasée ». On se rappelle, plus près de nous, le bel article de Kundera disant que le véritable handicap de l'U.R.S.S. par rapport à ses voisins était sa moindre appartenance à cet espace culturel global qu'il appelait l'« Europe ». Eh bien ! j'ai eu, un soir, à Tbilissi, dans la partie orientale de la ville, près du bazar, comme un écho à ce débat. Et je l'ai eu en écoutant un écrivain franco-géorgien m'expliquer que, dans l'éternel débat qui oppose les occidentalistes aux slavophiles, les disciples de Pouchkine et de Herzen aux héritiers de Dostoïevski et de Gogol, ce sont les seconds qui, hélas ! sont en passe de l'emporter. Victoire littéraire, insiste-t-il. Strictement littéraire. Mais à laquelle il m'est difficile de ne pas prêter, moi, un autre sens : comme s'il y avait là, au cœur de ce pays, dans les tréfonds de son être et de sa plus archaïque mémoire, dans l'âme de ses hommes, dans le désordre de ses paysages, dans la superposition séculaire de l'esprit de Byzance, du génie de l'Asie et de celui, plus récent, des palais italiens de Bartolomeo Rastrelli le signe d'un conflit qui existe bien évidemment aussi dans les pays d'Europe de l'Est — et qui est peut-être alors, plus que les trente ans de stalinisme ou les soixante-dix ans de socialisme, la véritable source des résistances à la réforme.

Car, au fond, de deux choses l'une. Ou bien l'U.R.S.S. appartient à l'Europe ; elle est aussi le pays de Pierre-le-Grand, de Catherine II, de Pétersbourg ; elle est l'héritière de Pouchkine, de Lomonossov, de Radichtchev ; et alors la culture du droit et de la loi, de la démocratie et de la technique a toutes les chances d'y fleurir. Ou bien elle n'y appartient pas ; elle est le pays des icônes et de la Vierge de Vladimir ; elle reste la terre de Pskov, d'Ivan Kalita, de Dimitri Donskoï ; elle reste, comme dans l'architecture de Saint-Basile ou de la vieille imprimerie de la rue du 25-Octobre, physiquement prisonnière de cette slavité primordiale ; elle peut avoir, dans ce cas, mille beautés, mille vertus, mille mérites — mais probablement pas celui d'être en mesure d'absorber le message occidental des amis de M. Gorbatchev. Laquelle de ces deux hypothèses est aujourd'hui la plus plausible, voilà ce que nul ne saurait dire. Mais ce qui est sûr, en revanche, c'est que la partie se joue dans ces termes ; qu'elle se décidera sur ce terrain ; et que c'est la bataille des idées, des intellectuels et des journaux qui risque, pour cette raison, d'être la plus déterminante. Tout le monde, pendant que j'étais à Moscou, s'interrogeait sur le retour possible de Soljenitsyne dans sa patrie. A cause de *L'Archipel* ? Oui, à cause de *L'Archipel*. Mais à cause aussi, n'en doutons pas, de la position qu'il devra prendre dans ce grand débat culturel dont dépend à l'évidence le destin du gorbatchévisme. Sakharov est mort. Puisse la grande intelligentsia russe rester fidèle à son esprit. Il y va, je le répète, de l'avenir d'une révolution sans précédent depuis 1917.

III

Peut-on, dès à présent, et alors que la situation évolue d'heure en heure, dresser sinon un bilan du moins un état des lieux et des forces en présence ? Mikhaïl Gorbatchev — c'est ce qui m'a le plus frappé, finalement, tout au long de mon enquête — est d'abord un homme seul. Il n'a pas d'Église derrière lui comme en Pologne. Ni de société civile comme en Hongrie. Ni d'émeute populaire et nationale comme en Tchécoslovaquie ou en R.D.A. Il n'a même pas de parti structuré qui puisse servir de levier à son fantastique effort rénovateur. « Le parti est à sa main, me dit un ancien dissident reconverti chez les informels, mais il n'a plus de ligne, plus de colonne vertébrale ; n'importe qui, ou à peu près, peut désormais y adhérer : vous, moi, un tsariste, un slavophile, un anticommuniste, un antisémite... » Et s'il a les intellectuels avec lui, s'il peut se réclamer d'eux et s'appuyer sur leurs journaux, si eux-mêmes lui rendent hommage et reconnaissent leurs idées dans son programme, l'histoire de la Russie est ainsi faite que cette petite alliance ne peut pas ne pas rappeler celle du despotisme éclairé avec l'intelligentsia — et ne fait, par conséquent, que l'isoler encore un peu plus de la Russie profonde. Un homme seul, oui. Sans bases ni soutiens. L'un de ces « vertueux », adossés à leurs seuls courage et imagination politique, dont Machiavel faisait l'éloge. Gorbatchev, grand Florentin.

Cet isolement le condamne-t-il ? Et faut-il parier, donc, sur sa marginalisation prochaine ? Non ! Car l'autre visage du machiavélisme c'est, comme chacun sait, le génie politique ; et ce génie politique, le moins que l'on puisse dire, est que l'hôte du Kremlin n'en n'est nullement dépourvu. « Ses prédécesseurs, insiste l'ex-dissident, avaient tous des adversaires. Lui les a soit brisés, soit déconsidérés. Et le résultat c'est que si le parti est en miettes, s'il ne peut plus servir d'appui au projet réformateur, il ne peut pas non plus servir de repaire à une éventuelle opposition. Ligatchev ? Ligatchev est une blague. Une invention de journalistes. Jamais, vous m'entendez, jamais dans toute l'histoire de l'U.R.S.S., un secrétaire général n'a concentré entre ses mains un pouvoir aussi absolu. » Ledit secrétaire général peut fort bien, en d'autres termes, céder un jour face à la rue. Il peut tomber sur une émeute, une explosion des nationalités, une famine. Mais ce qui n'est plus imaginable, c'est le schéma khrouchtchévien classique du dirigeant cerné, empêché, puis renversé par le fameux « clan conservateur » des kremlinologues patentés. Non pas, au demeurant, qu'une réaction conservatrice soit a priori exclue. Mais l'idée qui prévaut à Moscou c'est que le durcissement, si durcissement il y avait, se ferait non pas contre, mais avec un Gorbatchev qui, décidément incontournable, mettrait le même talent à prendre d'assaut son propre bureau qu'il en a mis jusqu'à présent à liquider ses adversaires.

Le durcissement, donc. Je n'ai, là non plus, que des indices. Des témoignages parcellaires et datés. Mais je vois mal comment ne pas me faire l'écho de la formidable rumeur, venue de toutes les couches de la société, qui évoque — ou, parfois, appelle — l'inévitable ralentissement du train réformateur.

Confidences de responsables qui, lorsqu'ils réfléchissent à haute voix aux pesanteurs de la bureaucratie, ne craignent plus de citer en exemple le cas de Pierre le Grand matant la révolte des boyards. Articles, tant dans la presse officielle que dans celle des informels, où l'on commence à se demander si l'introduction du marché, du capitalisme, etc., ne peut réellement se faire que dans le cadre d'une liberté politique dogmatiquement affirmée. Conversations saisies au vol, sur l'Arbat ou ailleurs, où l'on entend tout à coup parler de « modèle turc » ou « coréen » — comprenez : un type de développement qui saurait combiner une certaine liberté d'entreprendre avec le maintien d'un État relativement autoritaire. Ces considérations, je le répète, relèvent moins du reniement que de l'aménagement d'une perestroïka dont tout indique qu'elle reste, plus que jamais, à l'ordre du jour. N'empêche. Le fait est là. Et je ne serais pas étonné que l'on voie dans les prochains mois les gorbatchéviens eux-mêmes réclamer ici une législation sévère du droit de grève dans les services publics ; là des sanctions plus dures contre les détournements de marchandises ; là encore le maintien, coûte que coûte, et par-delà le congrès qui vient de s'achever, du rôle dirigeant du parti.

D'autant que l'on ne voit pas non plus comment les prochains mois feraient l'économie d'une aggravation de la situation dans les provinces non russes. Je ne suis pas allé en Lituanie. Ni dans les républiques musulmanes. Mais j'ai traversé la Géorgie. J'ai passé deux jours en Abkhazie, cette micro-province, rieuse et fleurie, qui réclame son autonomie, et par rapport à l'U.R.S.S., et par rapport à la Géorgie elle-même. Et ce qui m'a sauté aux yeux, ce qui, à Gori par exemple, sur la grande place de la ville, alors que nous filmions, Alain Ferrari et moi, la maison natale de Staline reconstituée comme un musée et qu'une bande d'adolescents s'acharnait à nous expliquer son attachement sans bornes à ce sublime enfant du pays, ce qui m'a sidéré donc, à Gori, c'est la force d'un chauvinisme qui ne craignait apparemment pas de revendiquer la mémoire de la plus extrême horreur et dont je ne voyais plus, du coup, quel talent, quel génie, quelle vertu, machiavélienne ou non, était encore en mesure d'exorciser la démence. Mikhaïl Gorbatchev le sait-il ? Pourra-t-il naviguer sur cette vague-là comme il a su le faire sur celle des émeutes européennes ? Entendra-t-il surtout les hommes qui, comme Youri Afanassiev, dans ses conversations avec Jean Daniel[1], le supplient de « traiter » ces revendications nationales, d'« aller à leur rencontre » ? La question est là, bien sûr. Toute la question. Et le vrai écueil, pour le coup, où peut venir échouer sa tentative réformatrice.

1. *Une grande lueur à l'Est*, Marensell.

Autre écueil, autre limite : la formidable expansion récente d'une mouvance slavophile qui, pour être elle aussi, à sa façon, un sous-produit de la glasnost, n'en est pas moins devenue son adversaire le plus redoutable. Ce sont des écologistes. Des défenseurs de la forêt russe et des cours d'eau pollués. C'est toute une foule d'associations de défense des monuments et du patrimoine architectural. Ce sont des provinciaux qui voient la ville comme une perdition. Des prêtres qui se vouent à la restauration d'une vieille église. C'est Pamiat, enfin, ce vrai mouvement politique issu d'une ancienne association de sauvegarde des monuments historiques et dont les locaux vous mettent, à la seconde même, dans l'ambiance : des portraits de Nicolas II au mur ; des hommages à Stolypine ; un tract où vous lisez que « les patriotes russes n'ont aucune raison de laisser des ministres youpins nous opprimer encore longtemps » ; des exemplaires de *La Jeune garde* ou de *Notre contemporain*, avec référence obligée aux *protocoles des sages de Sion* ; une sorte de pope au regard niais qui tient qu'Octobre 1917 était une révolution juive et la Kolyma une invention des Juifs. Je ne dis pas, bien entendu, que le stalinisme ait complètement disparu en U.R.S.S. Mais je rentre de ce voyage persuadé que la force qui monte et qui compte, celle qui pourrait déboucher à terme sur un modèle alternatif, c'est cette vaste mouvance — réactionnaire, panslaviste et, littéralement, néofasciste.

Un dernier mot à propos du stalinisme. Il n'a pas complètement disparu, dis-je. Il n'a pu ni s'évaporer ni se dissoudre par enchantement. Mais le paradoxe veut que ce qu'il en reste, les derniers débris de la pensée Brejnev et de son dogmatisme d'autrefois, subsiste, non pas contre, mais à l'intérieur même de cette grande mouvance slavophile. « Oui, les staliniens peuvent devenir nos alliés, me dit le pope au regard fou. Bien sûr, on ne les aime pas. Eux et nous, on n'aime pas la même Russie. Mais ils avaient quand même un avantage : du temps qu'ils avaient le pouvoir, ça n'était pas ce désordre d'aujourd'hui et ils savaient, eux, tenir l'empire. » En clair, il y a dans ces associations russophiles deux grandes tendances qui s'affrontent. D'un côté, les anticommunistes purs et durs qui ne veulent aucun compromis avec les maîtres d'avant-hier — mais qui, du coup, font leur deuil de l'empire et savent qu'ils devront se contenter d'une « petite » Russie : c'est, en gros, la position de Soljenitsyne. De l'autre, ceux qui refusent le principe de ce deuil et entendent tenir le pays dans son périmètre léniniste — mais qui sont tout naturellement conduits, de ce fait, à envisager l'alliance avec ces spécialistes de l'ordre impérial que sont les héritiers de Béria : monstrueux court-circuit de l'« extrême droite » et de l'« extrême gauche » qui pourrait bien être, finalement, le fin mot des idéologues de Pamiat...

Tout est possible à partir de là. Un court-circuit partiel. Un court-circuit total. Une dictature militaro-nationaliste. Un retour en arrière. Une fuite en avant. La victoire de la ligne Soljenitsyne. Son échec. Le chaos. La guerre civile. L'éclatement définitif de l'empire. Le recours à la force. Le modèle « turc ». Le modèle « coréen ». Bref, les mille et un scénarios, plus ou moins catastrophiques, que l'on peut raisonnablement déduire de cet ensemble de remarques. A moins — c'est la dernière hypothèse et c'est celle, faut-il le préciser ? à laquelle je veux croire — qu'un homme seul, sans appuis, sans soutiens, etc., n'ait raison du raisonnable et ne finisse par imposer au destin sa volonté.

Mikhaïl Gorbatchev sera-t-il cet homme-là ? Saura-t-il conjurer toutes ces forces, liguées en face de lui ? Pourra-t-il, en son propre pays, être le prophète qu'il est à Prague, à Berlin, à Varsovie, à Bucarest ? Tout ce que l'on peut dire aujourd'hui, c'est que la Révolution est en marche. Une grande histoire immobile s'est remise en mouvement. Une bataille politique, une vraie, lézarde une société que l'on croyait pétrifiée. Que l'issue de cette bataille soit incertaine, c'est l'évidence. Mais le fait même qu'elle ait lieu, le fait que des intellectuels, des députés, des journalistes disputent de l'avenir d'un pays réputé sans lendemain est, à soi seul, un événement qui pourrait être inépuisable. Malgré la crise et le chaos, malgré la torpeur et les lenteurs, malgré toutes les raisons que nous aurions de nous défier ou de guetter le pire, je choisis, moi, de parier : l'Histoire, dans cette région du monde, a trop improvisé depuis six mois pour qu'il nous soit refusé, ici aussi, d'espérer.

Décembre 1989.

L'AIDE HUMANITAIRE
COMPLICE DES BOURREAUX ?

Jusqu'ici les choses étaient claires. Il y avait d'un côté les affamés ; de l'autre, la charité. Entre les deux, des organisations humanitaires de qualité — je suis moi-même, et je m'en honore, à l'origine de l'une d'entre elles[1] — qui se contentaient d'acheminer les secours qu'on leur confiait. Et il y avait, coiffant tout cela, un apolitisme de principe où nous avons tous vu, pendant longtemps, la seule façon d'aider vraiment, sans discrimination ni préjugé, toutes les victimes sans exception des famines et des exodes. Aujourd'hui, pourtant, je n'y crois plus. Je ne crois plus, à tout le moins, que la question soit aussi simple. Et je rentre d'Éthiopie avec la conviction que tout ce confortable système est en train de se compliquer, peut-être de se détraquer

1. Action internationale contre la faim, 34, avenue Reille, 75014 Paris ; organisation fondée, en novembre 1979, par Françoise Giroud, Marek Halter, Jacques Attali, Maria-Antonietta Macciocchi et moi-même.

— et de produire, en tout cas, un certain nombre d'effets pervers.

Un exemple : celui de ces fameux déplacements de population, du nord au sud du pays, qui se sont soldés, au bas mot, par des dizaines de milliers de morts. Il est clair, aujourd'hui, que l'opération n'a pu se faire qu'avec les dons, les camions, les stocks alimentaires de l'aide internationale — il est clair, en d'autres termes, et si insupportable qu'en soit l'idée, qu'elle a collaboré, cette aide, à une épouvantable déportation.

Un autre exemple : celui de ces regroupements forcés de paysans qui se déroulent actuellement dans l'ensemble du pays et dont le bilan humain, s'il n'est pas encore aussi lourd, pourrait très vite le devenir. Il est clair, là aussi, que cette « villagisation » serait impossible si nous ne consentions à livrer, au nom de la charité toujours, l'équivalent des tonnes de teff, de blé ou de sorgho que les malheureux paysans, pendant qu'on les déplace, sont empêchés de récolter — il est clair, autrement dit, et n'en déplaise aux bons sentiments, que c'est cette charité qui finance, de manière absolument logique et concrète, la collectivisation accélérée des campagnes éthiopiennes.

Troisième exemple : celui de ces étranges « orphelinats », ouverts ces deux dernières années et où, à coups de trique et de marxisme, on « rééduque » les enfants dont les parents ont disparu aux pires moments de la terreur rouge. Là encore, ce sont les grandes collectes lancées, notamment, par les organisations charitables américaines, qui financent l'opération.

Dans aucun de ces trois cas on ne peut véritablement parler de « détournement ». Le problème n'est pas — ou n'est que très marginalement — celui d'une bureaucratie corrompue et incapable qui volerait, gaspillerait ou accaparerait les deniers de la charité. Non. Le problème — et c'est cela qui est nouveau — c'est que l'on a affaire, ici, à une bureaucratie maligne, infiniment sophistiquée, qui semble avoir compris le profit qu'on peut tirer d'une famine ; l'usage qu'on peut faire d'une mauvaise conscience ; la manière dont on peut utiliser, absorber, recycler les dividendes de la solidarité ; bref le problème, c'est que l'on a affaire à des aides qui, même dûment acheminées, honnêtement gérées, voire scrupuleusement distribuées, produisent des effets inverses de ceux qu'elles sont censées viser — et peuvent dans les cas extrêmes tuer leurs destinataires au lieu de les sauver.

Ce que je dis là est terrible, je le sais. Car c'est la remise en cause, on le voit bien, de tout un credo. C'est la ruine de cette morale et de cette politique « minimales » qui commandaient de sauver les corps, rien que les corps, etc. C'est tout un système philosophico-politique — celui qui, pour aller vite, va de la religion des droits de l'homme aux grandes messes de Bob Geldorf — qui s'effrite et sombre dans la dérision. Avec, en toile de fond, de la part de ces terroristes d'un autre style que sont les Mengistu et consorts, cet épouvantable chantage dont leurs populations sont les otages et où il n'est pas pensable que nous continuions de nous laisser longtemps piéger : « Sauver les victimes mais en collaborant avec les bourreaux ; ou résister aux bourreaux mais au risque de sacrifier les victimes... »

Car enfin, de deux choses l'une.

Ou bien nous nous trouvons, en effet, devant l'une de ces situations extrêmes où l'on sait que chaque dollar recueilli ne fera qu'accroître un peu plus le martyre de la population otage — et alors il faut savoir dire non, refuser les termes du marché et oser interrompre des aides qui trouveront aisément d'autres théâtres où s'investir. C'est ce qu'ont fait les Médecins sans frontières au moment de leur expulsion d'Éthiopie. Et cette attitude était, compte tenu des conditions où il leur était donné d'agir, la seule compatible avec leur honneur en même temps — et c'est, évidemment, l'essentiel — qu'avec le bien des intéressés : ne pas oublier que c'est leur décision de ne plus aider et le mouvement d'opinion subséquent qui ont permis, au printemps dernier, l'arrêt des grandes déportations.

Ou bien la situation est plus floue, son issue est incertaine, les effets positifs le disputent aux effets pervers ou meurtriers — et alors il faut certes, continuer ; ne pas relâcher l'effort ; mais il faut identifier ces effets pervers, les réduire, tâcher même, pourquoi pas ? d'en induire des positifs, bref, peser de tout son poids pour que le rapport de forces (car c'en est un !) tourne à l'avantage des affamés. C'est ce que fait, je puis en témoigner, une organisation comme Action internationale contre la faim. Et c'est l'attitude qui, à mon sens et dans le contexte où elle travaille, préserve à nouveau le mieux et la dignité des uns et l'intérêt des autres : ne pas perdre de vue, là non plus, le rôle de quasi-« casques bleus » que jouent des volontaires installés sous la ligne de feu des fronts érythréens et tigréens...

En clair, cela veut dire que la véritable alternative n'est pas, comme on l'a trop dit, de « partir » ou de « rester ». Mais qu'une aide humanitaire réussie est une aide qui, *dans les deux cas*, ose poser ses conditions ; affirmer ses exigences ; profiter de sa présence pour peser sur un régime qui bafoue le droit des gens ; cela veut dire qu'une aide humanitaire réussie sera de plus en plus souvent une aide qui, retournant en quelque sorte l'arme de la famine et répondant politiquement à la situation politique qui lui est faite, ne craindra plus de proclamer que livrer des tonnes de lait ou des camions de médicaments lui donne effectivement un droit : celui de veiller à ce que leurs bénéficiaires ne soient pas traités comme des chiens. Ça s'appelle une ingérence : mais je pense qu'il faut l'assumer. La méthode vient de marcher avec, par exemple, les Polonais : je ne comprends pas qu'en Éthiopie on ne songe pas au moins à essayer.

Les organisations humanitaires entendront-elles ce langage ? En verront-elles l'enjeu ? Et sauront-elles, dans les mois et les années qui viennent, reformuler des principes, des procédures, des codes de bonne conduite ou des chartes déontologiques qui leur permettent d'exercer enfin à plein — et, j'insiste encore une fois, dans l'intérêt même des victimes — leurs pouvoirs et leurs devoirs ? Depuis longtemps, des médecins avaient choisi de dénoncer les horreurs dont ils étaient témoins sur le terrain. Il faut aller plus loin. Poser la question sur le fond. La seule chose à peu près sûre étant que la réponse, si réponse il y a, sera collective ou ne sera pas. Dans ce domaine aussi, le terrorisme appelle l'union sacrée — et l'arrogance des maîtres chanteurs, la solidarité des démocraties.

*
* *

Imaginez une lande de boue, de fondrières et de buissons. Imaginez des milliers de tentes, plantées au petit bonheur, au milieu des excréments. Imaginez des odeurs terribles, tenaces, qui vous prennent à la gorge quand le vent souffle un peu fort.

171

Imaginez des hommes, errant dans ce décor. Imaginez des femmes exsangues, courbées sur leurs bâtons. Imaginez des enfants, le visage couvert de mouches, jouant dans le bourbier. Et imaginez surtout (car c'est peut-être ça, au fond, le pire !) une espèce de vie qui s'organiserait quand même — avec ses commerces, ses réseaux, ses policiers, ses miliciens, ses restaurants de fortune bâtis sur les latrines ou ses mille et un petits trafics qui font tourner l'économie du camp.

Il y a, selon les autorités, près de 100 000 Éthiopiens qui croupissent là, sur le site de Tug Wajale, en territoire somalien. Leur nombre réel, selon Médecins sans frontières — et déduction faite des morts, des trafiquants ou des habitants des villages voisins qui se sont fait enregistrer au moment du recensement — serait plus près de 50 000.

S'ils sont là, ce n'est pas à cause de la famine. Ce n'est pas à cause de la sécheresse. Et aucun de ceux que j'ai interrogés ne m'a dit avoir quitté sa terre parce qu'elle ne suffisait plus à le nourrir.

Non, s'ils sont là, s'ils ont bravé les polices, les frontières, les dangers, s'ils ont pris le risque de venir croupir ici, dans ce lieu de pestilence, alors que la plupart d'entre eux semblent être des paysans plutôt prospères installés depuis longtemps sur de bonnes terres bien irriguées, c'est qu'ils fuient une menace plus redoutable encore que la famine : la « villagisation ».

Qu'est-ce que cette « villagisation » ? Et comment, concrètement, les choses se sont-elles déroulées ? Impossible, bien sûr, de faire en si peu de temps — et depuis la Somalie — le tour de la question. Mais les quinze ou vingt témoignages que je recueille me semblent assez concordants pour me permettre de reconstituer, au moins, l'esquisse d'un scénario. Tout commence, en général, par l'arrivée surprise des miliciens au centre d'une zone agricole. Ils rassemblent la population. Arrêtent ses chefs traditionnels. Procèdent à l'enregistrement autoritaire des biens, des bêtes et des outils. Et obligent ensuite les paysans à démonter leurs maisons, à les transporter à dos d'homme jusqu'à un site choisi par le Parti et à les réinstaller là — méthodiquement regroupées et alignées, selon un plan qui, à distance, me semble moins tenir de l'urbanisme que de la paranoïa politique.

L'un de mes interlocuteurs affirme avoir été battu parce qu'il refusait d'obtempérer. Un autre raconte comment il a été jeté en prison pour avoir tenté de vendre, après qu'ils avaient été enregistrés, un âne et une charrue. Un troisième me dit avoir vu un militaire couper le nez et les oreilles d'un groupe de bergers qui refusaient de dévoiler l'emplacement de leurs pâturages secrets. Et plusieurs, enfin, insistent sur l'étrange climat de violence sexuelle qui semble avoir, dans la plupart des cas, accompagné l'opération. Recouper tous ces témoignages, bien sûr, quand je serai en Éthiopie. Encore que j'aie pour règle, dans les situations de cette espèce, de faire plutôt confiance à ce que racontent les réfugiés.

Deux jours déjà en Éthiopie. Je n'ai rien appris de neuf sur cette histoire de « villagisation ». Et j'ai même eu le sentiment, en parlant aux uns et aux autres, qu'il y avait là un sujet brûlant, peut-être même un peu tabou, que l'on n'aborde apparemment qu'avec une certaine gêne.

Deux jours pour rien, alors ? Oh ! non, pas tout à fait pour rien. Car j'ai appris, en revanche, que les gros hélicoptères, entrevus hier matin sur l'aéroport d'Addis, étaient des appareils de combat de type assez nouveau, avec tir aux infrarouges déclenché automatiquement la nuit par le métal ou la chaleur ; les sympathiques « touristes », enfouraillés comme des tueurs, qui rôdaient au Hilton le soir de mon arrivée, des conseillers libyens ; les petits trous dans le mur, au-dessus de la cage d'ascenseur, des impacts de balle datant de leur dernière bataille rangée ; et puis le type en civil, dont on voit le portrait partout, le petit père éclairé du peuple, de l'État et du Parti éthiopien — le camarade Mengistu soi-même...

Ajoutez à cela des faucilles et des marteaux à tous les coins de rue ou presque. Des palissades plein les avenues, dissimulant les maisons brûlées, rasées ou bombardées au temps, pas si lointain, où l'on faisait de la politique à coups de flingue et de canon. Et puis hier soir, à minuit passé de quelques minutes, la drôle d'impression que cela peut faire de se voir plaquer contre un mur, mains en l'air et Kalachnikov dans les reins, pour cause de violation de couvre-feu. On dira ce qu'on voudra mais tout ça, mis bout à bout, finit par faire une ambiance. Et cette ambiance, convenons-en, n'est pas tout à fait celle du pays magique et somptueux, judéo-chrétien dans l'âme et civilisé en diable, dont Jean-Christophe Rufin et Gilles Hertzog, retrouvés dans l'avion de Djibouti, m'avaient brossé le portrait.

Voilà. Il aura suffi de sortir d'Addis. De prendre la direction de Dessié, au nord, avec un bon interprète. Et il aura suffi alors, d'un improbable chemin de terre, coupant à travers champs et où nous ne nous serions certainement pas aventurés sans ce berger auto-stoppeur embarqué à la sortie de la ville, avec son âne, sa houlette, son grand manteau biblique et le chapeau de toile qu'il ôte cérémonieusement à chacune de nos questions.

C'est là en effet, à l'extrême bout du chemin, au milieu d'un paysage splendide mais étrangement désert et où nous n'avons plus, depuis des kilomètres, croisé âme qui vive, que nous trouvons enfin ce que nous venions chercher : toutes droites dans la plaine, équidistantes les unes des autres et identiques jusqu'à l'hallucination, deux ou trois cents huttes de branches, de chaume et de torchis. Bizarre impression d'une ville morte, un tout petit peu irréelle — avec son alignement trop rigoureux, sa propreté trop parfaite, ses enfants trop silencieux, et puis ces groupes d'hommes en guenilles qui refusent de parler et ahanent, dans le froid et la pluie, autour des dernières huttes encore en construction.

Sur le chemin du retour nous repérons une petite maison isolée, qui nous avait échappé à l'aller et où nous nous arrêtons un instant.

Terreur des occupants ! Refus obstiné de laisser entrer !

Refus presque haineux, d'engager quelque dialogue que ce soit !

Renseignements pris auprès de l'interprète, nous sommes tombés sur les seuls paysans de la région qui ont échappé à la rafle — et qui sont en train de nous prendre pour des Russes venus réparer l'erreur...

Oui, sortir d'Addis. Je veux dire en sortir vraiment. Au-delà de cette province du Shoa où sont généralement cantonnés touristes et journalistes. Notre chance, dans l'affaire, c'est bien entendu l'A.I.C.F. ; ce sont ses permis de voyage, ses coupons d'essence — et c'est sa Toyota, surtout, qui file à

175

vive allure sur la route d'Harrar et nous permet, pour la première fois, de nous faire une idée de l'« Éthiopie profonde ».

Il reste, cette fois-ci, quelques agglomérations anciennes, qui ressemblent à des villages de western. Il reste des minuscules huttes de terre, posées à flanc de ravin, qui servent, semble-t-il, d'« étape » aux transhumances. Il reste des semi-nomades, qui ont à la ceinture le grand poignard recourbé des tribus afars traditionnelles et qui paissent tranquillement, comme si de rien n'était, leurs troupeaux de zébus ou de chameaux. Mais l'essentiel, la note dominante du paysage, ce sont encore, tout de même, ces soixante et un villages fous — j'ai essayé de les compter ! — qui se succèdent à intervalles réguliers entre la vallée de l'Awash et Harrar.

Je ne prétends pas, là non plus, à l'exhaustivité. Mais ce dont je puis témoigner c'est que, sur les quatre ou cinq que nous avons approchés ou visités, nous n'avons pas vu une école, un dispensaire, un hôpital ; que partout, en revanche, même dans ceux qui n'étaient manifestement pas achevés, on a pensé à la prison, au poste de police ou au jeu de miradors qui les encerclent et les contrôlent ; bref, cette fameuse « modernité » que le régime impose à ses campagnes et qui est censée justifier son programme a surtout, pour le moment, une odeur de flicaille et de quadrillage.

Ce dont je puis témoigner aussi c'est — pardon d'insister — que toute cette région, toute cette terre grasse, fertile, tous ces pâturages riches, aux mille et une nuances de vert qui s'étagent à perte de vue sur les pentes de la montagne, des deux côtés de la route, a été proprement saccagée par la villagisation. Ici, c'est la moitié de la population active qui, lorsqu'on a détruit les mosquées et qu'on s'est servi de leurs matériaux pour fabriquer des latrines, a fui vers la Somalie. Là, ce sont tous les éleveurs qui, sitôt connue la nouvelle de la collectivisation, ont vendu leur bétail à bas prix.

Là encore, dans un district qui avait toujours fourni, bon an mal an, son excédent de kat et de café, ce sont les semailles que, tout bonnement, on a négligé de faire. En sorte que partout — dans ces trois villages comme, probablement, dans les autres — c'est tout un équilibre, toute une écologie séculaire qui ont été méthodiquement brisés. Il y aura, l'année prochaine, une nouvelle famine dans la province de Harrar. On reverra des paysans errer, entre Nazareth et Bethléem — mais oui ! —, dans des bidonvilles improvisés. On retrouvera sur nos écrans les terribles images des corps décharnés, des ventres ballonnés, de la mort en direct. Seulement, c'est le gouvernement éthiopien qui, sciemment, aura créé cette situation. Et ce sont les organisations humanitaires occidentales qui, de nouveau, organiseront les secours d'urgence. Déjà, et à tout hasard, les Américains sont là. Ils ont leurs stocks, leurs dépôts, leurs systèmes de distribution. En attendant, pour passer le temps, on se dispute déjà les zones, les concessions et les clients...

Harrar ! La ville aux remparts et aux maisons couleur de terre dont on disait volontiers, jadis, qu'un étranger n'en sortait jamais vivant. J'ai cédé moi aussi, bien sûr, au charme de Harrar. J'ai joué, comme tant d'autres, à chercher les traces de Rimbaud. Je n'ai rien eu de plus pressé, à mon arrivée, que d'aller traîner place Mekonnen devant la maison de l'agence Bardey — puis du côté de la belle demeure à deux étages et aux plafonds savamment travaillés où la légende veut que le poète ait longtemps habité.

L'information de la journée, cela dit, c'est quand même un vivant qui me l'aura donnée. Il s'appelle Muftah S. Il est commerçant de son état. Mais il arrondit ses fins de mois en « passant » des réfugiés au sud de Jigiga, en direction de la Somalie. « Le passage dure quarante-huit heures, m'explique-t-il. Ça pourrait aller plus vite, évidemment. Mais on ne peut marcher que la nuit. Et il faut, à partir de 5 ou 6 heures du matin, se cacher dans les épineux. Les trente premiers kilomètres, ça va. On est à peu près tranquilles. Mais c'est après que ça se gâte. Car la végétation devient rare. Les casernes cubaines sont plus nombreuses et les miliciens éthiopiens plus attentifs. Parfois ils laissent passer. Ils demandent un peu d'argent, confisquent les bijoux, mais enfin ils laissent passer. Parfois, ça tourne plus mal. Et l'autre jour, par exemple, on est partis à vingt. On a ramassé dix autres personnes en chemin. A Tug Wajale, à l'arrivée, on n'était plus que huit... »

Retour à Addis. Derrière le Mercato, aux portes de cette gigantesque église Saint-Michael, l'une des plus grandes de toute l'Afrique, que le petit peuple de la ville a bâtie pierre à pierre, tout au long de ces quatre années, en signe de résistance et de protestation. Ahmed B., qui m'a donné rendez-vous là, a un peu plus de vingt ans. C'est l'un des deux mille étudiants que le parti a envoyés, au plus fort des déportations de l'année 1984, sur les zones de réinstallation du Sud. En sorte que s'il ne peut pas me parler des conditions dans lesquelles les rafles se sont faites, il est en mesure, en revanche, de témoigner directement de ce qui se passait à l'arrivée.

Il a vu, me dit-il, les camions de l'aide humanitaire arriver dans la région de l'Illubabor bourrés de bétail humain.

Il a vu des Antonov dont on avait vidé les soutes, occupés jusqu'aux moindres recoins pour y charger le maximum de gens.

Il a vu les corps morts de ceux qui n'avaient pas supporté le voyage. Il a vu des femmes enceintes qui avaient accouché en route. Il a vu, quand les camions et les avions déchargeaient leurs cargaisons et que certains, épouvantés, cherchaient instinctivement à fuir, les miliciens les rattraper et leur casser une jambe, un bras. Il a vu les mères séparées de leurs enfants, les frères de leurs sœurs, les maris de leurs femmes. Il a vu des camps de transit aux conditions d'hygiène effroyables, mais où l'on trouvait le temps de faire de la « formation politique »... Oui, bien sûr, cette période de *resettlement* est pour le moment interrompue. Pour lui, le cauchemar ne finira jamais tout à fait.

« Ah ! écoutez... Je ne prends plus rien au-dessous d'un million de dollars... Il faut être sérieux, vous comprenez... Il faut faire de grandes choses... Vous n'êtes pas mes seuls candidats, du reste... J'ai d'autres dossiers, là, qui sont arrivés avant le vôtre... Mais enfin je retiens la proposition... Votre candidature est sérieuse... Et puis la France, n'est-ce pas... Oui, on aime bien la France, ici... Alors je vous promets... » etc. Ahmed Ali, l'homme qui s'exprime ainsi, est le fonctionnaire très officiellement chargé, à la Commission des réfugiés, de sélectionner les projets d'aide apportés par les O.N.G. Je résume son discours, certes. Et peut-être le caricaturé-je un peu. Mais, sur le fond, c'est bien cela. C'est bien cette arrogance. C'est bien cet ahurissant aplomb d'un homme qui a peut-être compris, après tout, la mécanique humanitaire occidentale. Les projets humanitaires en Éthiopie sont-ils en train de devenir des « marchés » ? des « concessions » ? et serions-nous arrivés au point où il faudra quémander aux bourreaux le droit de venir en aide aux victimes ?

Un détail à propos. Oh ! un petit détail de rien du tout mais dont les connaisseurs, je pense, goûteront tout le sel. J'apprends à l'instant, en sortant de chez Ahmed Ali, que le dernier intellectuel français à être venu en Éthiopie, à avoir été reçu, royalement et ès qualités, par notre chère ambassade de France et à s'être intéressé lui aussi — mais pour les approuver — aux déplacements de populations et à la villagisation, s'appelle Serge Thion ; lequel Serge Thion, pour ceux qui l'ignoreraient, était spécialisé jusqu'ici dans l'éloge des Khmers rouges et dans la négation faurissonienne de l'existence des chambres à gaz. Faurisson/Mengistu même combat ? Comme on se retrouve, n'est-ce pas...

Asmara. Le nord du pays déjà. La capitale de l'Érythrée. Et la seule vraie ville, peut-être, de toute l'Éthiopie. Il y a deux Asmara, en fait. Il y a Asmara ville heureuse ; il y a Asmara ville radieuse ; il y a l'Asmara des putes, des cognacs de contrebande et des hôtels presque luxueux ; il y a Asmara ville italienne, si l'on préfère, avec ses fleurs, ses couleurs, ses trompe-l'œil, ses nostalgies ; oui, c'est ça, il y a l'Asmara de la nostalgie avec ses Fiat des années 50, ses belles maisons toscanes ou piémontaises, et puis là, tout à coup, entre une bougainvillée et une somptueuse vigne vierge, un Apollon du Belvédère quasiment authentique. Et puis il y a l'autre Asmara ; Asmara la guerrière ; Asmara la militaire ; il y a Asmara ville assiégée, avec ses routes qui ne mènent nulle part, son asphyxie économique presque totale et ce vieux marchand de borsalinos qui n'a, depuis dix ans, pas pu renouveler ses stocks ; cette Asmara-là, c'est celle des terrasses fortifiées, des sacs de sable dans les clochers, c'est celle des estropiés dans leurs charrettes de bois ou des gamins qui, le soir venu, entre le Nila Hôtel et le Peacock Bar, à l'heure où l'on n'entend plus que les aboiements des chiens ou le bruit des patrouilles, vous racontent les plus effrayantes histoires de guerre jamais imaginées.

L'un est portefaix. L'autre cireur de souliers. Le troisième employé dans les jardins de l'archevêché. Tous ont un frère, un père, un oncle ou un ami qui est parti un jour s'engager dans les maquis. Les deux visages d'Asmara ? Allons donc, se moquent-ils ! C'est la même chose, en fait. La même gaieté d'apocalypse. La même euphorie un peu fiévreuse d'une ville qui se sait en sursis.

Pas de route, disais-je hier, qui mène à Asmara ou qui permette d'en ressortir. Ce n'était pas tout à fait vrai. Car il y a cette route-ci, tout de même, où nous nous trouvons ce matin et qui, ouverte aux convois militaires et aux missions humanitaires, entre très avant à l'intérieur de l'Érythrée. La guerre est là, à nouveau. Toute proche. Continuellement présente. Avec ce char calciné sur le bas-côté, ce pont à l'arche à demi détruite, cette église transformée en caserne, les sentinelles sur les collines, les casemates enterrées, les check-points, et puis cette impression d'insécurité diffuse qui augmente à mesure que l'on s'enfonce.

La route, en principe, est tenue par les gouvernementaux. Mais le reste, tout le reste, tous ces paysages magnifiques que nous traversons, ces montagnes, ces champs de lave, ces éboulis monstrueux ou ces failles vertigineuses sont le domaine des *fighters*. Cette zone, ce n'est pas un hasard, fut l'une des plus touchées par la famine de 1984. C'est celle où les organisations humanitaires eurent sans doute, à l'époque, le plus de mal à opérer. Et c'est celle, en tout cas, que le gouvernement de Mengistu s'employa le plus ouvertement à affamer. Aujourd'hui encore, ces cinq cents réfugiés d'Adi Kwala croupissent dans leur camp. Et leur représentant qui, pour la énième fois cette année, arrête la voiture d'A.I.C.F. nous supplie de les aider et ne comprend pas pourquoi la Commission des réfugiés nous interdit d'intervenir...

Voilà. Nous sommes à Ramah. Frontière de l'Érythrée et du Tigré. A la toute fin de la route, juste derrière la rivière Mereb, là où la terre redevient très pauvre et où on ne distingue plus très bien les miliciens officiels des paysans soldats qui, la charrue dans une main et la mitraillette dans l'autre, militent dans les fronts de libération.

Pour nous, c'est la fin du voyage. C'en était même, d'une certaine façon, le but puisque c'est ici qu'A.I.C.F. a installé sa mission. Émotion donc. Appréhension. Mille questions qui se bousculent. Mille objections qui se précisent. Et puis très vite, pourquoi ne pas le dire, une sorte de soulagement. Les volontaires d'A.I.C.F. fixent leur population au lieu de la déplacer. Ils opèrent dans des villages traditionnels au lieu de les collectiviser. Ils travaillent des deux côtés surtout, et ne demandent pas à un enfant, avant de le vacciner ou de le nourrir, s'il est ou non partisan des guérilleros tigréens. Pour

182

ces trois raisons, au moins, leur présence me paraît heureuse. Leur projet me paraît juste. Et je rentre à Paris prêt, non seulement à le défendre, mais à le donner en exemple. Non, le pire n'est pas sûr. Oui, il peut être possible de faire échec au chantage.

Septembre 1986.

LE PRINTEMPS TCHÈQUE REVIENDRA-T-IL ?

Les policiers ont été courtois. Les douaniers tatillons, mais aimables. Pas une gabardine grise à l'horizon. Pas l'ombre d'une Tatra noire pour alimenter, ne fût-ce qu'un instant, notre inévitable parano. Quant à Paula, l'interprète en civil qui nous a rencontrés « par hasard » dans la cohue de l'aéroport, il n'a pas fallu la soirée pour la convaincre que nous ne nous intéressions qu'à Kafka et qu'elle pouvait bâcler son rapport pour partir plus vite en week-end. Il est minuit maintenant. Nous sommes paisiblement attablés, Gilles Hertzog, William Karrel, l'équipe d'« Ex Libris » et moi, dans l'une de ces tavernes du vieux Prague, bruyantes et populeuses, où l'odeur de saucisse et de pâté chaud vous prend à la gorge dès l'entrée. Et la preuve est apparemment faite que l'on peut sans difficulté entrer avec un visa de touriste, un sujet de reportage en trompe l'œil et des valises bourrées de Zinoviev, de Kundera et de Vaclav Havel dans l'un des pays réputés les plus rétrogrades du Saint Empire soviétique. « Ça vous étonne vraiment ? demande d'un air goguenard le couple d'étudiants rencontrés à l'Institut français et qui nous a menés jusqu'ici. Vous avez tort. Car la Tchécoslovaquie n'est pas le Cambodge. Ce n'est même pas le Chili. C'est un drôle de pays, vous savez, où la répression est insaisissable. Une répression soft. Grise comme ces murs. Insidieuse comme la brume, tout à l'heure, sur le pont Klement-Gottwald. Je sais que vous aimez bien parler de totalitarisme. Nous préférons parler, nous, de post-totalitarisme. »

Qu'est-ce que ce post-totalitarisme dont on ne cessera de m'entretenir tout au long de ce séjour ? « C'est très simple, explique Pavel X, ce conseiller d'une petite maison d'éditions qui demande à ne pas être cité et dont le rêve est de pouvoir publier un jour l'un des romans de Kafka interdits depuis 1968. Vous devez entendre par là un type de régime assez spécial qui n'a plus grand-chose à voir ni avec le marxisme, ni avec le collectivisme au sens où, je crois, vous le comprenez. Car qui dit collectivisme dit collectivité. Culte, sinon d'une classe, du moins d'un peuple ou d'une communauté érigés en catégories suprêmes et définitives. Or c'est justement ça qu'ils ont cassé. Et il vous suffira d'écouter, de regarder autour de vous pour voir que les gens, ici, n'ont plus la moindre idée de ce que pourraient être un idéal ou même un intérêt commun. » Triomphe, donc, des égoïsmes. Règne des calculs. Un monde replié sur lui-même, où la notion même de civisme, de responsabilité, aurait provisoirement disparu. L'autre jour, raconte encore l'éditeur, il y avait un infirme, sur sa chaise roulante, qui attendait à l'entrée du souterrain de la place Wenceslas. Il était là depuis une heure. Des dizaines de personnes étaient passées. Et nul — jusqu'à lui — n'avait fait le geste de l'aider. En d'autres termes, et si la description est juste, une société non pas soudée, mais désunie. Non pas structurée, mais dissociée. Non pas, comme on croit toujours, agglomérée autour d'emblèmes ou de signifiants massifs, mais désintégrée au contraire, atomisée à l'extrême. De la désocialisation comme stade final du socialisme. De la dissolution du corps social comme méthode de gouvernement. Et si le post-totalitarisme commençait là où, tout simplement, s'exténue la politique ?

Ce qui frappe, du reste, quand on se promène sur l'ancien Graben aussi bien qu'à la Bursa, le marché aux puces de Prague, ou dans le quartier industriel du faubourg de Smirchov, ce n'est pas la misère : les magasins sont approvisionnés. Ni la police : on ne la sent guère. Ni même la peur : la plupart de nos interlocuteurs nous ont surpris par leur extraordinaire liberté de ton. C'est une sensation plus physique, lisible à même les corps ou les visages, et que j'interpréterais plutôt comme une forme d'indifférence, de résignation lasse. Mines ternes. Regards éteints. Démarches vagues, sans entrain. Un rien d'hésitant dans le geste, de désaccordé aux choses, comme s'il était suspendu à un autre temps que le nôtre. Voilà, oui. Question de temps... On a envie de dire de rythme... Une économie différente de ce temps et de ce rythme... A croire que le coup de maître des régimes de cette espèce soit d'installer leurs sujets dans un monde mieux que dépolitisé, *déshistoricisé*, où l'on aurait l'impression d'une histoire immobile, arrêtée et réalisant, pour le coup, les plus improbables prophéties des pères fondateurs du marxisme. L'homme de la rue exprimera cela en disant qu'il n'a « plus d'espoir ». Ou « plus de perspective ». Mais le fond de l'affaire est bien là : Prague était naguère une brillante capitale de l'Europe, et elle garde de ce passé, outre ses ruines et ses palais, une splendeur baroque qui devrait, aujourd'hui encore, l'inscrire de plain-pied dans notre espace imaginaire ; or force est de reconnaître qu'on ne peut pas y passer trois jours sans être pénétré du sentiment, diffus mais insistant, que la « Cité aux cent tours » a décroché de l'Europe et de sa temporalité. Milan Kundera : l'écrasement du Printemps de Prague fut d'abord l'arrachement de la Tchécoslovaquie au temps, au destin occidental.

Comment ce fantasme s'accommode-t-il de la *Perestroïka* en U.R.S.S. ? Du dégel en Hongrie, en Pologne ? C'est bien évidemment la question clef et je suis allé la poser au fonctionnaire du ministère de la Culture qui était censé me renseigner sur la participation du ci-devant Kafka à la contre-révolution de 1968. L'homme est méfiant. Peu porté aux épanchements. Mais enfin, de proche en proche, de lapsus en demi-silences, de confidences feintes en stéréotypes obligés, il consent à expliquer : primo, qu'il ne croit pas plus à Gorbatchev qu'il ne croyait hier à Dubcek ; secundo, que les Tchèques sont payés pour savoir dans quels tumultes et convulsions s'épuisent inévitablement les printemps de cette espèce ; tertio, et par conséquent, qu'il suffit d'attendre et, en attendant, de tenir bon pour que l'Histoire revienne en arrière et que le grand parti frère, au terme de ce qu'il faudra peut-être appeler un « printemps de Prague à l'envers », découvre la face noire (chômage, inflation, dictature de la rentabilité, fermetures d'usines...) de ce qu'il vit pour le moment dans l'ivresse et la nouveauté. L'analyse vaut ce qu'elle vaut. Au moins permet-elle d'expliquer l'ahurissante sérénité qu'affiche le pouvoir tchèque face à ce qui devrait lui apparaître comme une menace de contagion. Les Russes et les Polonais rentrent dans l'Histoire ? Grand bien leur fasse, semble-t-il dire. Qu'ils aillent au bout de la guerre civile, des réveils nationaux, de la balkanisation intérieure. Non seulement nous ne craignons rien, mais nous savons que c'est ici que l'on viendra, lorsque l'heure aura sonné, chercher le meilleur modèle d'une inéluctable remise au pas.

* * *

Changement de décor. La scène se passe, cette fois, dans une modeste maison de la banlieue de Prague où nous a conduits Rujena Kulhanek, la secrétaire de Vaclav Havel, et où nous attendent quelques-uns des porte-parole successifs de la charte 77. Il y a là Jan Stern, le poète. Jiri Kanturek, le rédacteur en chef de la revue du samizdat, *Alternatives*. Eva Kanturova, sa femme, qui, dans un livre récent, faisait de Jean Hus le précurseur de la dissidence. Ladislav Lis, membre fondateur du V.O.N.S. Il y a un prêtre catholique, Vaclav Maly. Un pasteur protestant, Milos Rejchrt. Et puis, pour que l'éventail soit complet, le vieux Jiri Hayek, qui fut ministre des Affaires étrangères en 1968 et qui, avec son costume passé, sa cravate grise effilée, ses lunettes d'écaille façon Dubcek et son inusable foi dans un socialisme à visage humain, semble tout droit sorti d'une bande d'actualités de l'époque. S'il partage l'opinion de notre commissaire culturel d'hier ? Grands dieux, non ! Il croit, lui, que les choses bougent. Il parie sur la contagion. Et le voilà qui, sans peut-être mesurer tout le tragique paradoxe de ses propos, entreprend de démontrer que c'est du Kremlin gorbatchévien que souffle aujourd'hui le vent nouveau. Incroyable mais vrai : les rescapés du Printemps tchèque, ces hommes que

188

les chars russes ont bafoués, exilés dans leur propre pays, en sont à s'étonner qu'une administration stalinienne interdise certains matins la *Pravda* ; oblige la revue *Kommunist* à circuler parfois sous le manteau ; ou intime l'ordre à sa télévision de ne consacrer que quelques secondes à la relégalisation de Solidarité ou aux élections à Moscou !

Le moment le plus pathétique de la rencontre sera celui, où, un à un, avec une solennité mêlée d'humour, ils déclineront leur métier. Car que peut-on bien faire quand on a été ministre en 1968 ? ancien directeur de journal ou de radio ? Comment gagner tout simplement sa vie quand on vous interdit depuis vingt ans d'assumer professionnellement votre état d'intellectuel ? Eh bien, on devient bûcheron. Ou gardien de musée. Ou tractoriste dans une ferme. Ou encore balayeur dans le métro, veilleur de nuit dans un hôtel ou, dans le meilleur des cas (car c'est, de toutes ces astreintes, celle qui laisse, paraît-il, le plus de temps pour travailler), chauffagiste dans un immeuble. Kafka travaillait bien dans une compagnie d'assurances ouvrière, s'exclame Vaclav Maly, qui survit, entre deux baptêmes ou deux mariages clandestins, en entretenant les toilettes d'un restaurant ! Il écrivait bien dans les caves, renchérit Milos Rejchrt, qui, lui, entre deux offices, quand il ne trouve pas de pasteur courageux pour lui prêter sa chaire, s'occupe d'une chaudière. Kafka, oui... Dostoïevski et sa pensée dans les souterrains... Les premiers chrétiens et les catacombes... Toutes les comparaisons sont possibles. Elles se bousculent dans mon esprit. La vérité, c'est que jamais la formule moderne de « pensée underground » ne m'était apparue aussi littéralement exacte. Ces hommes pensent. Ils sont, ils demeurent de vrais intellectuels. Mais ils le sont dans des conditions de précarité qui confinent à l'héroïsme.

Combien sont-ils, demandons-nous ? Et que représente au juste la charte 77 ? Un millier de consciences, répond Lis, si l'on ne compte que les signataires stricts. Quelques milliers de plus, si l'on ajoute les sympathisants. Mais ces milliers sont des millions si l'on veut bien considérer l'impact souterrain de ce virus de la vérité qu'il leur revient de cultiver et d'inoculer patiemment dans les innombrables failles d'un système, au fond, mal assuré. *« Virus de la vérité »* : l'expression est de Vaclav Havel ; elle revient souvent dans ses textes : mais tous la reprennent à leur compte et elle signe, me semble-t-il, une vraie philosophie de l'action. Ces hommes, en réalité, restent d'une certaine façon fils des Lumières. Et ils gardent de leur passé la certitude « avant-gardiste » de l'inéluctable triomphe de la vérité sur l'erreur, de la raison sur le délire — pour peu que de bons éclaireurs s'emploient à en maintenir le souvenir et le flambeau. Les Polonais étaient des militants ; eux sont des professeurs. Ils étaient des hommes de masse ; ils sont des conspirateurs. Les uns construisaient des syndicats ; les autres tiennent, dans le huis-clos d'un appartement, des séminaires de haut niveau, consacrés à Husserl et Patocka, dont ils ne mettent pas une seconde en doute l'effet de rayonnement et à terme, de subversion. Grandiose, là encore. Portrait du dissident en *carbonaro* de l'esprit.

La réalité, bien sûr, est malheureusement très différente de ce que feignent de croire ces fervents du Juste et du Bien. Et c'est en écoutant des gens plus humbles, politiquement moins engagés, que j'ai pu mesurer l'ampleur du malentendu. Sans doute faut-il faire la part de l'inévitable prudence qu'inspire ce type d'interview. Mais j'ai interrogé des audacieux et des timides. Des grandes gueules et des méfiants. J'ai tenté de sonder, surtout, des étudiants de l'université Charles, rencontrés au café Slavia, et qui n'ont pas craint de me conduire ensuite à cet invraisemblable « musée de la répression » où l'on expose les hauts faits des gardes-frontières du rideau de fer. Or je n'ai pas toujours senti, à propos du combat des dissidents, l'enthousiasme que l'on percevait, il y a dix ans déjà, chez les supporters du premier Solidarnosc. Havel, par exemple, est estimé. Infiniment respecté. Allez même savoir s'il n'a pas, aux yeux de ses concitoyens, l'inappréciable mérite d'avoir endossé pour eux tous le rôle ingrat du martyr. Mais il n'a pas encore cette figure charismatique, propre à embraser tout un peuple, qu'a désormais Lech Walesa. La classe ouvrière tchèque serait-elle partie trop tôt ? Aurait-elle, vingt ans après 1968, un printemps ou un été de retard sur son homologue polonaise ? Ou sont-ce les intellos qui n'ont pas encore su trouver les mots pour se faire entendre ? Le fait, en tout cas, est là. Et la solitude d'une opposition qui profère ses vérités devant un peuple silencieux — et qui, en janvier dernier, lors de la manifestation anniversaire de la mort de Jan Palach, n'a pas pu voir sans tristesse des milices prolétariennes venir prêter main forte aux V.B. de la police anti-émeutes.

« Laissez tomber », nous dit Jan, l'ancien batteur francophile d'un groupe de hard-rock, dissous il y a trois ans, qui nous a donné rendez-vous dans l'extravagant café Art déco de l'hôtel Europa. Veste cloutée. Talonnettes. Banane années 50. Bracelets aux poignets. Badges Gorbatchev épinglés sur le tee-shirt. Les dissidents, pour lui, sont des *has been*.

Des papys. Ils ne seraient plus branchés, à l'entendre, ni sur les « *aspirations* » ni sur le « *Klimat* » de la jeunesse praguoise. Et il leur reproche — en vrac — d'être trop vieux, trop naïfs, trop politiques, trop élitistes ; il leur reproche au fond, avec une condescendance à la limite du supportable, d'être des « figures », presque des « stars », que leurs emprisonnements mêmes achèvent de consacrer et de soustraire par conséquent à la condition commune. « Moi, gronde-t-il, quand on m'a fait repasser mes examens de qualification et que, comme par un fait exprès, j'ai été recalé, vous croyez que quelqu'un s'est levé pour me défendre ? Est-ce qu'il y a un de vos foutus journaux qui a daigné publier ma photo ? Et croyez-moi pourtant : j'en ai autant fait que vos chartistes, côté droits de l'homme — rock compris... » Jan est-il représentatif de la nouvelle génération ? Heureusement pas. Mais il est difficile de brosser le portrait de l'opposition au régime sans faire aussi sa part à ce type de discours — et sans reconnaître surtout que, outrances mises à part, ce que nous appellerions ici la « culture rock » a sa place dans le paysage.

Tout s'est noué, en fait, avec la très étrange aventure de cette fameuse Section de jazz dont il n'existe aucun équivalent à l'Est, pas même en R.D.A. et qui, née en 1971 autour d'un modeste club d'amateurs de musique moderne, a tôt fait de déborder de son cadre et de ses activités autorisées. Au début c'était un bulletin — *Jazz* — qui donnait des adresses de discothèques. Puis une collection de livres — « *Jazzpetit* » — qui prolongeait le bulletin et publiait, par exemple, une biographie de John Lennon. Puis une série de publications — la correspondance Nietzsche-Wagner, les *Exercices de style* de Queneau, un choix de textes sur le Living Theater de New York, les livres de Bohumil Hrabal — qui sont évidemment à cent lieues de l'univers musical. En sorte que, peu à peu, et sans que la machine bureaucratique trouve aussitôt la parade, c'est toute une contre-culture qui est venue se rassembler sous le drapeau de cette très officielle section de l'Union des musiciens. Ajoutez à cela le passage insensible du jazz au jazz-rock. Puis du jazz-rock au hard rock. Ajoutez-y les dizaines de milliers de jeunes affluant chaque année aux journées de jazz de Prague. Vous aurez une bonne idée de ce vrai mouvement d'opinion qui, jusqu'à l'interdiction de la Section en 1983, a donné à la « zone grise » quelques raisons de croire et de survivre.

S'agit-il de politique, dira-t-on ? De vraie, de bonne politique ? Je me suis posé la question, bien sûr. Mais je vois mal de quel droit nous refuserions ce titre à un mouvement qui, dans la Tchécoslovaquie d'aujourd'hui, reste apparemment capable de faire descendre dans la rue des foules de jeunes en colère. C'est l'une de ces formations — le Groupe des jeunes musiciens — qui, en 1985, a été à l'initiative du mouvement de solidarité avec les affamés d'Éthiopie. C'en est une autre — le légendaire Plastic People of the Universe — qui, dès 1976, lorsque ses animateurs sont arrêtés, puis emprisonnés, conduit une poignée de défenseurs des droits de l'homme à lancer la charte 77. Et, récemment encore, ce sont des jeunes de la même mouvance qui ont été le fer de lance des manifestations de la place Wenceslas. Je suis allé au mur John Lennon où, le 25 décembre, comme chaque année, écolos et pacifistes sont venus entendre des airs interdits et réclamer en même temps le départ des troupes soviétiques. Si j'ai tenu à lire là une page de Vaclav Havel, c'est que les slogans à demi effacés que l'on peut encore y déchiffrer ne laissent, à mon sens, pas de doute : entre le disciple de Patrocka dont les textes portent l'empreinte de Beckett ou Ionesco et les rebelles du rock qui ont élu l'un des Beatles comme figure tutélaire, l'écart est moins profond que ne le voulait notre batteur jusqu'au-boutiste.

Le tableau de cette dissidence ne serait pas complet si je ne disais un mot, pour finir, des Églises. La Tchécoslovaquie, là non plus, n'est pas la Pologne. Et l'imprégnation catholique, au moment de la Contre-Réforme, y a été à la fois trop tardive et trop évidemment associée à l'asservissement aux Habsbourg pour pouvoir aujourd'hui exprimer l'âme d'un peuple. Les lieux de culte sont pleins, cela dit. La pétition lancée ces dernières semaines pour la libération de Devaty a recueilli six cent mille signatures. Et la menace est assez forte pour que l'État prenne la peine de démettre des évêques, de susciter la naissance d'un clergé constitutionnel, d'encourager l'organisation collabo *Pacem in terris* et puis de persécuter, en Slovaquie, les résistants en soutane. « Pendant vingt ans, nous n'avons rien dit, raconte Vaclav Maly. Nous avons baissé la tête, courbé l'échine. Et ils ont bien cru qu'ils pourraient extirper la foi de la conscience tchèque. Depuis, Jean-Paul II est venu. Et, ici aussi, cette venue a permis de n'avoir plus peur. L'Église est debout. Elle a un appareil. Elle est la seule à en avoir un, en face de celui du Parti. Et je puis vous assurer qu'elle est bien décidée à s'en servir. Nous ne faisons pas de politique, mais nous donnons de l'espoir. » Admirable père Maly ! Belle figure de prêtre combattant et, cependant, dialecticien ! Saurons-nous entendre son message ? Aurons-nous l'intelligence d'interpréter tous ces signes qui, des écrivains chartistes aux rockers écolo, des tavernes de Mala Strana aux églises baroques de Bohême, sont en train de nous dire que la Tchécoslovaquie ne sera peut-être pas l'éternelle oubliée de la révolution démocratique ? Vingt ans après Jan Palach, l'heure est peut-être venue que refleurisse le printemps.

Avril 1989.

IV

ROMAN OR NOT ROMAN ?

POUR LE ROMAN

On me dit : « Mais où êtes-vous donc ? Quel rôle tenez-vous dans vos romans ? Et d'où vient que, de livre en livre, vous nous parliez de Benjamin C., de Charles B. — jamais de ce B.-H.L. qui, si vous étiez l'écrivain sincère, authentique, que nous attendons, serait votre sujet ? » Ma réponse c'est qu'il y a des livres « sincères » en effet. Des livres « authentiques ». Une littérature « personnelle » où les écrivains s'affrontent à leur propre biographie. Mais que cette littérature-là est, par principe comme par goût, aux antipodes de ce que je fais. J'aime Stendhal, bien entendu. Je ne déteste ni les classiques ni les versions contemporaines de la tradition dite « égotiste ». Mais, si j'avais à nommer ma famille, s'il me fallait tracer les lignes de ma généalogie, elles passeraient plutôt du côté de Flaubert soufflant à Louise Colet son fameux : « l'expression tue le style » ; de Mallarmé s'instituant le « truqueur », l'« histrion spirituel » de sa propre poésie ; de Kafka notant qu'il est entré en littérature du jour, et du jour seulement, où il a substitué à la pesanteur du

« je » l'impersonnelle légèreté d'un « il ». Le fait est là : si je dis « je » dans mes essais, je dis « il » dans mes romans ; si je les écris, ces romans, c'est pour me dérober autant que pour m'exhiber — pour me retirer, me retrancher, autant que pour me « révéler ».

D'ailleurs de quoi s'agit-il ? Quel « je » exhiberais-je ? De quel auteur attendent-ils donc, nos modernes tenants de la littérature à l'estomac, qu'il se révèle et se mette en scène ? Est-ce l'auteur officiel, celui qui signe le livre, qui écrit dans les journaux ? Est-ce l'auteur plus secret, détaché du précédent et des tribulations banales de la banale biographie, dont le *Contre Sainte-Beuve* nous dit qu'il est le vrai sujet du texte ? Est-ce l'auteur inconscient, replié dans les plis du livre ? Le sujet de l'« expérience intérieure » chère à Du Bos ou Georges Poulet ? Le problème n'est pas posé. Il n'est jamais même évoqué. Ces questions complexes, aux implications diaboliques (qu'est-ce, au juste, que « s'exprimer », se « mettre en scène », etc. ?) nul n'en mesure, apparemment, la portée. Je ne suis pas loin de partager, pour ma part, l'inquiétude que je prête à mon héros : comment l'écrivain s'exhiberait-il puisque, dans le meilleur des cas, il n'est pas la source mais le fruit du livre ? Comment parlerais-je de moi dans mes romans quand je suis le premier stupéfié par ce « moi » que je ne soupçonnais pas et qui finit par me surprendre lorsque le livre est achevé ? « Je » est un effet de texte. L'auteur, le fameux « Auteur », est cet « autre » que le roman, au terme de son parcours, fait advenir et exister.

Circonstance aggravante : non content de m'être absenté du livre, non content de m'en être littéralement abstrait, j'y ai convoqué la bien réelle biographie d'un personnage de l'histoire littéraire —

Charles Baudelaire. Et le doute, alors, de s'installer, en forme de question feinte ou de regret cauteleux : faut-il que le roman soit malade, la ressource romanesque exsangue, faut-il qu'un romancier soit à court d'idées et d'imagination pour chercher dans la réalité ce qu'il a pour métier d'inventer ? Passons sur la niaiserie de l'objection. Passons sur la colossale ignorance dont elle témoigne si naïvement (était-il à bout de souffle, ce roman, quand Broch écrivait *La Mort de Virgile* ; Aragon, *La Semaine sainte* ; Giono son *Pour saluer Melville* ?). Je suis convaincu, surtout, que cette intrication de l'imaginaire et du réel, ce devenir-imaginaire de personnages réels, bref cette appropriation et ce traitement de matériaux documentaires sont, mieux qu'un des acquis, un horizon du roman moderne. Comment rendre « réelles » des créatures fictives, se demande-t-on le plus souvent ? Je crois qu'un champ immense s'offrira aux romanciers quand, à cette question, ils substitueront cette autre : « comment rendre fictives, imaginaires, des créatures réelles ? ».

Relire, dans cette perspective, le très beau texte que Michel Foucault consacre à *La Tentation de saint Antoine* et que cite Danilo Kiš dans sa *Leçon d'anatomie*. Non, dit-il en substance, *La Tentation* n'est pas un livre de rêves et de délires. C'est un monument de science. Un phénomène de bibliothèque. C'est un ouvrage dont il n'est pas une ligne, un mot, qui n'aient supposé des « lectures », des études, des références subtiles aux *Religions de l'Antiquité* de Creutzer, ou à tel livre de Mémoires. Et on ne comprend rien à Flaubert, conclut-il, on n'entend rien à l'impression de fantasmagorie que dégagent incontestablement ses livres si l'on ne voit qu'ils sont le fruit du « zèle le plus érudit ». Après Flaubert vient Kafka. Après Kafka, Joyce et Roussel.

Après eux, avec eux, tous ces écrivains modernes qui déploient leur onirisme dans le décor de « la bibliothèque assourdie ». Le savoir contre le rêve ? L'ancrage dans le réel, entrave à l'imaginaire ? Allons donc ! Chacun sait que la meilleure manière de rêver n'est pas de fermer les yeux mais de les ouvrir. Chacun sait — depuis Borges au moins — que l'érudition est, non le contraire, mais le comble de la poésie. Baudelaire, bien sûr : l'art ne vient jamais du monde, mais de l'art ; les livres, les vrais, ont leur source dans les livres — et non dans je ne sais quelle « émotion », analphabète et amnésique.

Qu'est-ce qui est « vrai » dans ce cas ? Qu'est-ce qui est « faux » ? Comment démêler dans des romans de ce type la part du « zèle érudit » et celle de son élaboration ? La question, c'est le moins qu'on puisse dire, turlupine les gazettes. Je ne suis pas certain, moi, dans la perspective qui est la mienne, de la trouver si essentielle. Ou, plus exactement, je ne suis pas loin de croire que, c'est l'une des fonctions de ces romans, non de la clarifier, mais au contraire de la brouiller. Hommage à Poe faussant, détournant ses matériaux. Hommage à Kiš avouant de fausses sources, inventant de fausses références. Hommage à Borges attribuant à d'autres des textes qui sont de lui — à lui, des textes qui sont à d'autres. Il y a, dans mes *Derniers Jours*, des mots de Baudelaire que j'intègre à mon récit. Il y a des textes de moi que j'attribue, que je *rends* à Baudelaire. La raison de ces jeux ? Miner la mince frontière qui partage les deux univers. Faire — car c'est ici, véritablement, le propre du roman — que la différence devienne aussi fragile, indiscernable que possible. Si j'avais écrit une biographie, le réel eût absorbé la fiction. Comme j'ai écrit un roman, c'est la fiction qui, derechef, absorbe, confond le réel.

Ajoutez à ce goût de l'équivoque, à ce plaisir de voir flotter, vaciller la frontière entre les registres, ma conviction non moins profonde que l'art en général (et celui-ci en particulier) ne se porte jamais mieux qu'à l'ombre des contraintes les plus sévèrement affichées. Le roman c'est la liberté, disent-ils. C'est le règne du caprice, de l'improvisation permanente. Et le romancier lui-même devrait, à les entendre, être le premier « égaré » par l'aventure infinie de ses propres créatures. Je crois, bien sûr, à cette part de liberté. Je crois aux mérites, aux charmes de la fantaisie. Mais je sais en même temps qu'à la seconde où il apparaît, aux premiers mots qu'il prononce, la voix du personnage est posée, son destin presque tracé : Fabrice ou Frédéric Moreau peuvent bien jouer avec ce destin, en transgresser les règles tant qu'ils voudront — chacun sent bien que la règle est là et qu'en faisant ce premier pas sur la scène du roman ou de nos têtes ils ouvrent le champ, non du possible, mais bien d'un *impossible*. Disons qu'en faisant de Baudelaire mon personnage central j'ai radicalisé la chose. Disons que j'ai poussé à sa limite extrême cette impérieuse nécessité de « programmer » un héros. Si l'on écrit des romans c'est pour limiter le règne, non certes de l'imaginaire, mais bien de l'*arbitraire*.

De là l'extrême importance que j'attache aux questions de « composition ». Je sais que la mode est à des œuvres lâchées, désordonnées. Mieux que la mode, je sais que toute une part du XXᵉ siècle a chanté les vertus de l'œuvre désœuvrée, lacunaire, inachevée — inscrivant dans les blancs de son texte son incapacité à se clôturer. Eh bien au risque de choquer, je vois dans cette tradition la défaite moderne du roman. Je lis dans ce renoncement aux exigences de ce que Musil ou Broch appelaient la « grande forme », la pire des démissions. Et je place l'ambition de *La Mort de Virgile*, la polyphonie des *Somnambules* ou des *Irresponsables*, le rêve totalisant de *L'Homme sans qualités* ou de *Finnegan Wake* infiniment plus haut que tous les livres éclatés, en miettes, allant au gré du hasard ou d'une prétendue « inspiration » que produit depuis trente ans la petite secte blanchotienne. Composition donc. Orchestration. Intégration de tous les éléments, de toutes les séquences fictives ou réelles dans une architecture unique. On s'est étonné çà et là de ma fidélité caricaturale à un certain nombre de procédés formels qui vont de la symétrie des narrations à la variation réglée des styles, en passant par la longueur quasi constante des paragraphes et des chapitres : il est vrai que je me sens plus proche de Raymond Roussel que d'Alberto Moravia et que je crois, en ces matières, à l'extraordinaire puissance, fécondité de la technique.

Les romanciers n'aiment pas la technique. Ils n'aiment pas en parler. Ils n'aiment pas la montrer. Et c'est probablement même l'un des poncifs les mieux ancrés dans le néo-romantisme ambiant : un roman peut être fabriqué, composé, il peut obéir aux règles de l'algèbre romanesque la plus sévère — la règle des règles c'est que cela ne se voie, ne se repère à aucun prix. Eh bien je n'en suis pas si sûr là non plus. Je ne suis pas sûr qu'il n'y ait pas, mieux qu'une fécondité, une *beauté* de l'artifice. Et ce qui m'apparaît clair, en tout cas, c'est l'indécrottable naïveté de ceux qui vont nous chantant l'impalpable magie des vrais romans réussis — malheur, selon eux, à qui livrerait ses secrets, accueillerait le lecteur dans son laboratoire et éventerait, ce faisant, tout l'indicible charme du chef-d'œuvre. Relire Roussel ici aussi. Relire *Genèse d'un poème*, cet admirable texte où Poe, loin de désenchanter les vers dont il révèle le procédé, les rend plus mystérieux encore. Relire ces innombrables récits borgésiens qui livrent ou prétendent livrer, en même temps qu'une intrigue, son envers ou sa trame. Le romancier est un faussaire qui, lorsqu'il avoue ses crimes, les rend plus vertigineux encore ; les *grands* romanciers sont ceux qui, lorsqu'ils intègrent à leur récit l'évidence de sa technique, n'arrêtent pas le roman mais le relancent.

Un dernier mot à propos de ce qu'on a pu appeler la dimension « idéologique » de mes livres. Ce *Baudelaire* n'est pas un essai. Et rien ne m'est plus étranger que le « récit d'idées » à la manière de Sartre par exemple. Reste qu'il y a des idées dans ce livre. Peut-être même des thèses. Reste que tous les écrivains dont je me réclame sont *aussi* des romanciers qui ont tenu, pour leur part, à croiser les exigences du discours à celles de la fiction. Réflexion sur la littérature chez Broch. Sur la musique, dans *Le Docteur Faustus* de Thomas Mann. Rôle initiateur, voire initiatique, dans *La Recherche*, d'un discours sur la critique. Et puis étrangeté de ce *Jean Santeuil* que Proust imaginait comme un essai — et de ce *Contre Sainte-Beuve* qu'il présentait comme un roman. Guy Scarpetta a souligné la fonction « intégratrice » de ces grandes fictions. Il a dit leur fabuleux pouvoir d'avaler en quelque sorte tous les styles de discours — notamment philosophiques — qui pouvaient les concurrencer. Je crois, moi, la limite de plus en plus invisible qui sépare l'essai du roman. Il ne vaudrait pas une heure de peine, ce roman, s'il ne s'y agissait aussi d'interroger le monde et son destin.

Deux conditions pour cela. La première : qu'aucune « idée » n'y entre sans être romanesquement enchâssée ; les pires « romans à idées » sont ces récits prétendument « picaresques » qui, sous prétexte de « dix-huitiémisme », interrompent le fil de l'intrigue par des digressions philosophiques ; les bons romans à idées sont ceux qui, coulant leurs thèmes dans la pâte du récit, en font l'un des ressorts, des suspens romanesques essentiels. La seconde : que jamais « thèse » ne vienne sans être, comme dit Kundera, aussitôt « relativisée » ; c'est la raison pour laquelle, dans mes romans, il n'y a pas de personnage central qui incarnerait cette thèse, défendrait sa vérité et s'en ferait, non l'histrion, mais le pompeux porte-drapeau ; c'est la raison pourquoi j'aime ces constructions à plusieurs foyers, ces récits à plusieurs voix, où aucune vérité ne s'affirme sans être recouverte, démentie par la vérité du narrateur suivant. Affirmer sans relâche ces principes. S'y tenir coûte que coûte. C'est à ce prix que l'on sortira enfin du faux débat — de la vraie impasse — qui oppose depuis trente ans la lourdeur du roman « engagé » à la « gratuité » d'une littérature prétendue pure.

Janvier 1989.

MON ART DU ROMAN

GUY SCARPETTA : *Tu affirmes, dans tes romans, un parti pris : celui du refus de l'autobiographie, de la confession, de l'expression directe. Pourtant, il est difficile de ne pas sentir, entre toi et le personnage de Baudelaire, une proximité, presque une complicité. Peux-tu t'en expliquer ?*

BERNARD-HENRI LÉVY : C'est vrai, oui, que je reste fidèle à cette éthique romanesque que j'avais déjà développé à propos du *Diable en tête*. Elle n'est pas « meilleure », ni « préférable » à une autre. Mais enfin, c'est la mienne. Et elle suppose, en effet, un goût du détour, de l'indirect, de la médiation poussée à son extrême. Mon idéal romanesque demeure celui du Flaubert de *Madame de Bovary* et *Salammbô*. Celui qui disait à Louise Colet : « l'expression tue le style. » Quand je dis ça, on m'oppose toujours la fameuse phrase : « Madame Bovary c'est moi. » Comme si cette phrase ne voulait pas dire exactement le contraire de ce qu'on lui fait dire en général. Dire « Madame Bovary c'est moi », c'est dire, inversement, qu'il n'est plus rien d'autre, ce

« moi », que la Madame Bovary du roman, — autrement dit qu'il s'est exténué, vidé de lui-même pour passer dans le livre. Alors, bien sûr, mon cas n'est pas le même. Et c'est vrai, en même temps, que j'ai une biographie et que je la manifeste assez souvent, par exemple à travers mes engagements politiques. Simplement, quand j'écris ces romans j'essaie d'abstraire cette biographie. J'essaie, à la lettre, de m'absenter du livre. Un jour, je raconterai ma vie. Je le ferai carrément. Mais je peux t'assurer que, ce jour-là, ce ne sera pas un roman.

G.S. : *Et ta complicité avec Baudelaire ?*

B.-H.L. : Comment ça, ma complicité ? Après ce que je viens de dire, je ne vais quand même pas te raconter de quelle façon, par quels traits secrets de mon être, en vertu de quelles connivences inavouées, j'ai été conduit à me « projeter » dans le héros de ces *Derniers Jours*. Je tiens, encore une fois, à ce que ce roman, comme le précédent, et comme, sans doute, ceux que j'écrirai encore, demeure à distance de mes émois les plus visibles. Pas de pathos, donc. Pas de considérations bouleversées sur toute « la part de moi-même » que j'aurais mise dans ce livre. Je reste assez fidèle, pour ma part, à cet idéal de littérature « froide », aussi peu « inspirée » ou « enthousiaste » que possible, que mon héros défend à la fin du livre. Lui, renie cette théorie après l'avoir exprimée. Je crois, moi, en revanche, y adhérer largement. Je pense vraiment que la littérature s'établit à la plus grande distance possible, non pas du monde bien sûr, mais de la transe, du sentiment ou de je ne sais quelle « vérité profonde » supposée affleurer entre les lignes et les pages.

G.S. : *Tu peux tout de même t'expliquer sur l'histoire de tes rapports à Baudelaire ?*

B.-H.L. : Ça, c'est autre chose. Parce que, pour le coup, c'est une histoire qui commence bien avant le roman. Ça va peut-être paraître étrange mais je me disais l'autre jour, en parlant avec Jean-Claude Fasquelle, que Baudelaire, pour moi, c'est un peu comme le judaïsme. Tu sais que j'ai eu un drôle de rapport avec la pensée juive. Elle était à la fois totalement absente de mes premiers textes (notamment *La Barbarie à visage humain*) et parfaitement omniprésente (dans cette même *Barbarie*, je l'ai compris plus tard, la plupart des concepts que je mettais en œuvre n'étaient pas compréhensibles sans une référence implicite et dont je n'étais moi-même, encore une fois, pas vraiment conscient, à l'esprit de la Bible et du Talmud). Eh bien, dans cette affaire, et toutes proportions gardées, c'est un peu pareil. Je connaissais Baudelaire depuis longtemps. Je le lisais. Je le citais de-ci de-là. Mais c'est quand je me suis mis à ce livre, il y a trois ou quatre ans, que j'ai pris la vraie mesure de tout ce que, sans le savoir, je lui devais. Mes analyses sur le Progrès, dans *La Barbarie*... Sur l'« histoire »... Mon insistance sur la question du « Mal »... Cet « antinaturalisme » méthodique qui a toujours été si essentiel pour moi... Ce refus du romantisme, notamment en littérature, que j'évoquais à l'instant... Toute la problématique du *Testament de Dieu*... Ce que je disais à l'époque — ça fait déjà presque dix ans ! — non seulement du judaïsme mais du catholicisme... Le pessimisme de principe qui baignait, outre ce livre, les précédents et les suivants... Tout cela était, à l'évidence, dans la droite ligne de Baudelaire... Sans parler de *Pauvre Bel-*

gique, ce livre que je connaissais mal et dont je n'ai commencé d'apprécier l'importance qu'à la lecture du *XIXᵉ siècle à travers les âges* de Philippe Muray : il y a dans ces fragments des choses qui auraient pu figurer, presque telles quelles, dans mon *Idéologie française*. En ce sens, la « proximité », comme tu dis, est très forte. Tant métaphysiquement que politiquement, l'auteur de *Pauvre Belgique*, celui de *L'Éloge du maquillage* ou des traductions d'Edgar Poe est certainement l'un des auteurs dont je me sens le plus proche. Puisqu'on parle de Poe, je pourrais presque dire que j'ai ressenti, en le relisant, lui, Baudelaire, une émotion du même ordre que celle qu'il a pu éprouver lorsqu'il a découvert l'auteur d'*Euréka* et qu'il y a retrouvé l'esprit même de sa philosophie.

G.S. : *Quelle a été l'impulsion première de ce livre ? Comment en as-tu pris la décision ?*

B.-H.L. : Tu vas dire que je me dérobe. Mais c'est vrai qu'il y a là une autre question à laquelle je ne peux pas répondre. Ce n'est pas mauvaise volonté. Ni coquetterie. Mais, vraiment, cela m'est impossible. Je me rappelle, il y a quelques années, qu'un journal féminin m'avait demandé d'évoquer ma « première » étreinte amoureuse. J'avais répondu, sans rire, que je ne m'en souvenais pas et que le commencement, dans ce domaine, me semblait se perdre dans « l'inassignable ». Pardon de la comparaison, mais pour un livre c'est pareil. Je ne sais jamais quand il a commencé. Encore moins quand je l'ai décidé. C'est un jour sans date. Une décision sans détermination. Un commencement dont j'observe qu'il est extrêmement difficile à marquer, à repérer.

G.S. : *As-tu commencé par un plan ? Une vision d'ensemble ? Par la collecte d'un certain matériau ?*

B.-H.L. : J'aurais presque envie de répondre, en parodiant qui tu sais : « au commencement était la clinique »... Oui, c'est ça, des images cliniques... Des images de corps souffrant, de corps lâchant, de corps mourant... Au commencement, il y avait des odeurs de médicaments, des parfums de cataplasme, des glouglous, des arrière-goûts de laudanum... Et c'est autour de tout ça, autour de ces éléments premiers, que le livre a épaissi et qu'est venue la trame...

G.S. : *Tu t'es livré à une enquête ?*

B.-H.L. : Oui, bien sûr. Il y a eu l'enquête clinique, d'abord : j'ai voulu savoir à quoi ressemblait, justement, une aphasie, quels en étaient les symptômes, les manifestations visibles et invisibles... Puis il y a eu l'enquête sur Bruxelles, très importante aussi, car le roman se passe *vraiment* là, rue de la Montagne, à l'hôtel du Grand Miroir — et il était très important, pour moi, de faire réellement vivre ces lieux, de les donner à voir... Et puis il y a eu, enfin, l'enquête baudelairienne elle-même : ce livre n'est ni de près ni de loin une biographie, mais il s'appuie sur un matériau biographique précis, et précisément maîtrisé. La règle, pour moi, était simple mais rigoureuse : chaque fois qu'un fait, un trait, un événement étaient avérés, je les respectais scrupuleusement ; et c'est dans l'intervalle, dans les « trous » du savoir en quelque sorte, que je logeais la fiction. Enquête forcée, là aussi. Multiples études de détail. Je n'ai disposé de la biographie de Pichois-Ziegler que trop tard, hélas, une fois l'enquête bouclée ; mais je crois avoir lu — ou parcouru —

tout ce qui, avant ce monument d'érudition, faisait un peu autorité.

G.S. : *Ton écriture obéit à un plan ? A une composition précise, fixée d'avance ?*

B.-H.L. : Tu connais le discours convenu sur le thème : « mes personnages m'échappent, ils ont leur propre liberté, ils me conduisent plus que je ne les guide... » Je déteste ce discours. C'est ce qu'il y a de pire dans cette idéologie de l'« inspiration » dont on parlait tout à l'heure. Et c'est vrai que, pour cette raison au moins, je suis tenté de procéder avec une rigueur presque maniaque. Un « plan », si tu veux... Ou, mieux, un scénario... C'est ça, oui : j'ai l'hallucination très légèrement paranoïaque (dont je ne me dissimule pas, rassure-toi, l'ingénuité et les limites) d'une maîtrise totale de mon livre et c'est pourquoi je place au-dessus de tout l'exigence formelle. Peut-être poussé-je d'ailleurs la chose aux limites du tolérable puisque, comme on peut le constater rien qu'en feuilletant le livre, il n'est pas jusqu'à mes chapitres qui soient de longueur égale, mes paragraphes qui aient quasiment le même nombre de lignes, mes narrateurs secondaires qui interviennent dans la narration d'ensemble de manière rigoureusement symétrique, etc. Encore une fois, je sais les limites de tout ça. Je devine tout ce qui, dans un livre, et aussi savante qu'en soit la construction, échappe à la vigilance ou aux calculs de l'auteur. Mais enfin, c'est ainsi. C'est dans cette illusion que j'écris.

G.S. : *La composition, donc, avant toutes choses.*

B.-H.L. : Oui, mais attention ! Il y a composition et composition. Je me souviens d'un texte, justement de Baudelaire, où il oppose, sur ce point,

Ingres et Delacroix, Ingres, dit-il, est quelqu'un qui, avant de prendre son pinceau commence par diviser l'espace, morceler sa tâche — quitte à abattre ensuite sa besogne pas à pas, carré après carré, avec une régularité presque scolaire : c'est la mauvaise composition. Delacroix, au contraire, est un peintre qui ne partage rien et qui attend, pour peindre, non pas que sa toile soit morcelée en autant d'espaces qu'il en faudra remplir mais (et c'est complètement différent !) que l'ensemble du tableau soit *déjà* couvert, déjà achevé dans sa tête. Espace non pas divisé, mais rassemblé. Temps non pas étalé, successif, mais resserré à l'extrême. Les adversaires de Delacroix, dit encore Baudelaire, l'accusent de travailler « trop vite ». Ah ! s'ils savaient... Oui, s'ils savaient que les quelques jours que dure l'exécution d'une toile sont *encore trop* au regard de la vision simultanée qu'avait le peintre de son œuvre avant de l'exécuter... Toutes proportions gardées, je suis plutôt, moi, du côté de Delacroix. Ce qui veut dire que je ne me contente pas de faire un plan ou un scénario (ce serait la méthode Ingres). Mais j'attends, pour écrire, d'avoir cette vision synoptique du livre en gestation. Tu me parlais tout à l'heure du moment où j'ai « décidé » d'écrire ce livre — et je te répondais que je ne m'en souvenais pas. Il y a un moment, en revanche, dont je me souviens toujours : c'est celui où je vois mon livre à l'extrême de sa condensation ; non pas des années d'écriture mais un instant ; non pas des centaines de pages mais un point. Tant que ce moment n'est pas arrivé, je ne peux physiquement pas rédiger. Tant que je n'ai pas vu le livre de ce regard total, je sais qu'il est vain d'essayer d'écrire. Il y a d'ailleurs un signe qui ne trompe pas, c'est que mon écriture même, ma graphie, est étrangement illisible, — elle ne « prend » pas, les lettres se défont, se délient. Ce que je dis du livre en général, je pourrais d'ailleurs le dire localement, de chaque chapitre ou de chaque paragraphe : je ne peux en tracer la première ligne que lorsque j'en ai la même perception globale. Ça ne signifie pas, bien sûr, que j'attende passivement ladite perception ni que je rêvasse en l'attendant. Au contraire ! Je ne cesse, pendant toute cette période, de prendre des notes, de griffonner, de fixer sur des bouts de papier des idées d'« attaques », de « chutes », de « rythmes », d'images, de mots, etc. Et cette « vision d'ensemble », je sais que c'est la plume à la main qu'elle finira par me venir. Simplement, je sais aussi le statut de ces notes. Je sais que ce n'est pas encore un « état » du manuscrit. Mais une manière, très longue, de *tourner autour*. Il y a des écrivains qui font des « brouillons ». Moi, je fais des « essais ». C'est ça, oui : j'*essaie* mon regard, j'*éprouve* ma voix, je *teste* des rythmes, des mouvements. Ce qui, sur le papier, donne un assez curieux résultat : mes premiers manuscrits ressemblent à un bizarre désordre de signes, connus de moi seul, et qui indiquent des hypothèses musicales autant que des séquences signifiantes. La plupart des écrivains commencent par les mots et affinent ensuite la ponctuation. Je commence, moi, par la ponctuation et c'est ensuite seulement, beaucoup plus tard, dans les mesures d'un rythme aussi essentiel à l'intelligence qu'à l'oreille, que je songe à détailler les mots.

Encore une image de la peinture. Je pense à l'instant, tandis que nous parlons, au texte de Barthes sur Twombly, où l'auteur de *L'Obvie et l'obtus* nous explique que, chez ce grand abstrait, c'est *le geste* qui vient d'abord. Toutes proportions gardées là aussi, c'est un peu ce que je ressens. D'abord le geste. La représentation de ce que sera la page. Le mouvement d'ensemble qui l'emportera. Plus tard seulement, le détail des tons, des teintes, des traits — et, bien sûr, des signifiants. Et puis, plus tard encore, après maintes versions, un texte qui commence d'être définitif et que j'ai besoin d'« essayer » lui aussi, en le dictant à haute voix ; à ce moment-là, dans ces heures de fièvre et d'extrême tension, on est presque dans une scène de la fin du roman, — sauf que c'est Joëlle Habert, que tu connais, qui tient le rôle du narrateur !

G.S. : *L'étrange, c'est que ton parti pris esthétique, là, dans ce livre sur Baudelaire, est un parti pris baudelairien. Comme si la conception baudelairienne de l'art pouvait encore parfaitement (de même que sa conception du monde) être adoptée par un écrivain d'aujourd'hui. Ne vois-tu rien de « daté » chez Baudelaire ?*

B.-H.L. : C'est une question embarrassante... Car j'ai beau chercher, j'ai beau me forcer à chercher, je ne vois pas... Peu d'œuvres, tu le sais, furent aussi tributaires de la circonstance. Peu furent aussi dramatiquement prisonnières des commandes, des exigences, des incidences ou des conjonctures qui l'ont parfois littéralement dictée. Et, pour cette raison au moins, tous ces textes devraient être terriblement datés. Or le miracle est là. Car c'est bien un miracle. On peut prendre les analyses sur l'art, l'inspiration, la nécessité de contraintes formelles. On peut prendre tout ce qui est dit sur le progrès, la révolution, la volonté de pureté. Ou bien encore — et sur le registre, disons, métaphysique — toute la veine catholique, ou érotique. Tout cela est d'une actualité bouleversante. Et je crois qu'on est en présence d'un cas singulier, peut-être même unique, de *transtemporalité*. Muray l'a très bien dit : on a là une voix apparemment ancrée dans le XIXᵉ et qui parle, en réalité dans le XXᵉ siècle.

G.S. : *N'était-ce pas un défi d'écrire, en 1988, un livre avec un héros positif ?*

B.-H.L. : Je ne sais pas... Peut-être... Si tel est le cas j'ai sérieusement modulé ce défi (et j'ai corrigé le côté, mettons, « édifiant » que le livre aurait pu avoir) en introduisant, à mi-parcours, un second héros qui est le narrateur et dont le moins qu'on puisse dire est qu'il est, lui, plutôt négatif et sombre. Non pas, du reste, que je l'aie fait pour cela. Mais sans doute y a-t-il ici l'un de ces effets romanesques, ou littéraires, dont je disais au début de cet entretien, qu'ils échappent à mon fantasme de contrôle absolu. Ce narrateur, quand j'y pense, n'avait pas, dans le projet initial, cette épaisseur. Il est venu en cours de route. A la lettre, il m'a échappé. Et s'il m'a échappé, c'est peut-être bien pour la raison que tu dis.

G.S. : *Il y a une scène où ce narrateur, ce plagiaire, qui s'est approprié le texte baudelairien, vient cracher le morceau à Baudelaire moribond, aphasique... Et Baudelaire, soudain, se met à rire. Comment faut-il interpréter cette scène ?*

B.-H.L. : A toi de choisir. Il y a l'hypothèse de l'imbécillité (Baudelaire n'ayant plus le souvenir de ces pages qu'il a pourtant dictées). Celle de la malignité (Baudelaire sachant à quoi le voleur s'expose, et ce qui l'attend). Il y a la possibilité que toute cette fin du livre soit une invention du narrateur, un trucage pur et simple, une mystification. Je ne tranche surtout pas. La « vérité », sur ce point comme sur d'autres, doit, dans mon esprit, rester en suspens. Et j'aime bien l'idée que le lecteur demeure, du coup, dans cette incertitude un peu perverse. Je n'aime pas l'idée de l'écrivain omniscient qui, comme Sartre le reprochait à Mauriac, sait mieux que les personnages ce qu'ils ont vraiment dans la cervelle. Mais je n'aime pas davantage — car c'en est le revers, le corrélat — celle du lecteur omniscient qui aurait, au terme de sa lecture, tous les éléments d'appréciation. Où est le romanesque sinon dans l'équivoque, l'ambiguïté programmée, l'esprit de perplexité ?

Septembre 1988.

BAUDELAIRE-ROMAN

L'INFINI : *Pourquoi avoir choisi un personnage réel — Baudelaire — comme héros de ce second roman[1] ?*

BERNARD-HENRI LÉVY : Il y avait des thèmes, je suppose, qui m'occupaient. Des histoires. Des situations. Il y avait un certain nombre de grandes questions (le rapport d'un écrivain à son époque, à son œuvre, le rapport d'une œuvre à elle-même, à ses livres majeurs, à ses opuscules mineurs, la conscience que l'on a ou pas d'être en train de composer autre chose qu'une succession de livres disparates, le problème du dernier livre, celui de la mort qui arrive sur tout ça et interrompt ou non l'aventure) que j'avais, cette fois, envie de poser. Il y avait mes propres limites aussi, à commencer par celle-ci : autant je passe mon temps à dire « je » dans mes essais, autant je suis, à tort ou à raison, rigoureusement incapable de le faire dans mes romans et de prendre ma propre vie pour matière

1. *Les Derniers Jours de Charles Baudelaire.*

218

d'une fiction. Et j'imagine qu'à mon insu, sans que je puisse vraiment vous dire quand, pourquoi, ni comment, la figure de Charles Baudelaire s'est imposée à moi comme le seul opérateur possible de cette fiction que j'avais en tête ; et, par-delà cette figure, ce moment très particulier qu'est son agonie, à Bruxelles, entre l'hôtel du Grand Miroir où se passe l'essentiel de l'histoire et les rues, les bordels, les académies de billard ou les cafés où il se rend pour la dernière fois. J'ajoute que si le héros de ce second roman (Baudelaire, donc) n'a apparemment rien de commun avec celui du premier (qui était, lui, un personnage purement fictif) il y a entre les deux histoires, entre les deux dispositifs imaginaires, un certain nombre de similitudes dont je ne me suis tout de suite aperçu mais qui, à mesure que j'avançais, me troublaient beaucoup. Des choses autour du père, par exemple. Autour de la « faute » qu'il a commise (l'histoire collabo d'un côté, l'affaire du défroquage de l'autre) et dont le poids pèse sur le fils. L'importance du beau-père. La mise en scène des femmes. L'exil à Bruxelles qui joue un peu, cette fois, le rôle de la fuite à Jérusalem pour Benjamin. Le diable bien sûr, ou le « Mal », au cœur des choses dans les deux cas. Sans parler de cette description clinique d'un corps qui souffre, puis qui lâche, dont j'ai fait l'essentiel de ce roman-ci et qui était, d'une certaine façon, au bout du précédent. Je ne sais pas si j'ai écrit *Les Derniers Jours* parce que j'avais écrit *Le Diable en tête* ou si, quand j'ai écrit *Le Diable en tête* j'avais déjà à l'esprit cette silhouette de Baudelaire pendant ses énigmatiques derniers jours. Mais enfin le fait est là. Ces deux livres ont beau être très différents, le héros de l'un a beau être « fictif » et celui de l'autre « réel » — cette dissemblance est moins importante qu'il n'y

219

paraît et n'empêche pas les deux histoires de se déployer dans un univers romanesque assez proche.

L'INFINI : *Est-ce qu'il s'agit toujours bien d'un roman ?*

B.-H.L. : Mais oui ! Plus que jamais ! Sa particularité, bien sûr, c'est qu'au lieu de fabriquer de toutes pièces mon personnage principal, j'ai pris quelqu'un qui a existé. J'ai choisi une période très limitée, très circonscrite de son existence. J'ai rassemblé sur cette période (les trente-cinq jours, pour être précis, qui vont du malaise de l'église Saint-Loup de Namur à la paralysie, puis à l'aphasie, puis au transfert rue des Cendres, chez les Sœurs Hospitalières de l'Institut Sainte-Élisabeth) toutes les informations disponibles. Et de ces informations j'ai fait la base, ou les « poutrelles », d'un édifice qui est, lui, complètement romanesque. Mais dites-moi : est-ce que ce n'est pas *toujours* comme ça que s'ajustent les intrigues ? Est-ce qu'il n'y a pas, dans tout roman, une part de réel, de convention, de contraintes que l'on se donne ? mieux : est-ce que ce n'est pas leur capacité à gérer ces contraintes, à intégrer ces conventions, est-ce que ce n'est pas leur disposition à les suivre, à leur obéir, quitte à voir se réduire leur prétendue « liberté souveraine », qui désigne les vrais romanciers ? En observant ce principe, sans doute ai-je poussé la règle à l'extrême et ai-je, d'une certaine manière, radicalisé les choses. Mais je ne pense pas être sorti, quant au fond, d'une situation classique où il y a toujours, je le répète, toute une masse d'informations (la psychologie des personnages, la vérité de leurs rapports de forces, la logique des situations où ils se trouvent, etc.) qui fonctionnent *comme un réel*. Mon Baudelaire est une figure historique mais aurait aussi bien pu être une figure de fiction. Ou bien, si vous préférez : c'est une figure historique que je traite *exactement* comme si elle était une figure purement fictive.

L'INFINI : *Posons la question autrement : est-ce que les baudelairiens ne vont pas crier au scandale ?*

B.-H.L. : Écoutez : avant de me lancer dans cette entreprise je me suis imposé une première obligation qui était, je viens de vous le dire, de lire une bonne partie de ce qui s'est écrit, en langue française et en langue anglaise, sur Baudelaire en général et ses derniers jours en particulier. Puis, une fois ce travail achevé, je m'en suis imposé une seconde qui était de respecter ces archives, de les traiter avec la plus extrême rigueur, de faire très très attention à la manière dont elles se combineraient au reste, bref de me donner des règles simples, mais constantes, d'articulation de ce qui était « vrai » sur ce qui allait être « imaginaire ». A partir de là le roman commençait. C'est-à-dire que tout était permis. Ou, plus exactement, que, dans le strict cadre de ces règles, tout devenait possible. Et cela non pas seulement du fait de la souveraine fantaisie du romancier, mais au nom de cette « fonction de connaissance » dont je pense, après Broch et Kundera, qu'elle appartient *aussi* au romancier. Ces *Derniers jours*, sont un roman, pas une étude. Et ils n'ont, de ce fait, aucune raison de prétendre rivaliser avec des études baudelairiennes, par ailleurs souvent remarquables. Reste que, en tant que roman justement, ils ne pouvaient pas ne pas produire un certain nombre d'effets de sens ou de connaissance qui, sans être le « but » du livre, n'en étaient pas pour autant négligeables.

B.-H.L. : Encore une fois, je n'ai pas écrit une biographie. Et le sujet du livre c'est vraiment les derniers jours, les *tout derniers* jours de la vie d'un écrivain. Cela dit, dans la mesure où, pour être plus précis encore, je raconte *ce qui se passe* dans la tête de cet écrivain en train de mourir, il y a forcément des flash-back, des séquences de mémoire qui reviennent ; et il y a donc, chemin faisant, soit des lieux communs du commentaire baudelairien, soit des points d'histoire restés obscurs, que l'oreille romancière traite, réinterprète à sa façon.

Jeanne, par exemple, nous savons très peu de chose sur Jeanne... Ni comment elle s'appelle. Ni d'où elle vient. Ni (c'est un comble !) à quoi elle ressemble vraiment, si elle est métisse, quarteronne... Or c'est quand même *la* maîtresse de Baudelaire ! *la* femme de faste et d'infamie, de gloire et d'abjection, qu'il n'a jamais tout à fait quittée et qui, même vieillie, déchue, vaincue par la maladie elle aussi, devenue une sorte de mégère alcoolique et idiote, lui est restée liée ! Eh bien, je crois que la technique du roman, sa méthode, la variété de ses langues, la possibilité de changer de point de vue, de confronter les angles et les regards, m'ont permis non pas exactement de révéler de nouvelles vérités, mais d'essayer des pistes et de tester des hypothèses qui enrichissent la connaissance que j'avais, moi, en tout cas, et du personnage, et de ce lien énigmatique...

La Sabatier. C'est une autre zone d'ombre dans la vie de l'auteur des *Fleurs du mal*. Aimée, pas aimée ? Fiasco, pas fiasco ? La connaissait-il déjà à l'époque où il lui envoyait les fameux poèmes anonymes qui troublaient les dîners de la rue

Frochot ? Et pourquoi le faisait-il ? Dans quel but ? Quel trouble plaisir prenait-il à s'adresser ainsi, sur ce mode clandestin, à la belle Présidente ? Là aussi, mystère. Ou, du moins, débat. Les baudelairiens se disputant depuis cinquante ans sur l'interprétation de cette singulière idylle. J'ai choisi, moi, la chronologie d'Armand Moss dont j'ai fait la base factuelle de mon récit. Et sur le pilotis de cette chronologie, dans les « trous » qu'elle laissait voir, j'ai bâti une intrigue romanesque, à la fois drôle et cruelle (tout au moins, je l'espère !), qui laisse apparaître, il me semble, un autre visage, tant de l'affaire que des rapports de Baudelaire et des femmes.

Le Père. Là, c'est pire encore. On sait que c'était un prêtre. Défroqué pendant la Révolution française. Puis, pour parler comme Barbey, « marié ». On connaît un certain nombre de détails, sans grand intérêt d'ailleurs, sur sa vie d'employé au Sénat ou auprès des Choiseul-Praslin. Mais sur l'énigme du défroquage, sur l'événement lui-même, sur ses suites, sur la manière dont Baudelaire l'apprit, sur le choc qu'il en ressentit, les biographies ne nous disent rigoureusement rien. Sollers est, à ma connaissance, l'un des rarissimes commentateurs à s'être étonné de ce silence. Et le fait est que ce n'est pas rien, quand on est l'auteur des *Fleurs du mal*, quand on a été habité, sa vie durant, par la question et les thèmes catholiques, d'être l'enfant d'un homme qui a renoncé à la soutane. Eh bien, là encore, j'ai essayé d'y voir un peu clair. Et je crois avoir réussi, parce que j'écrivais un roman, à me représenter ce que cela pouvait bien vouloir dire, pour un homme, de renoncer à Dieu ; pour une femme, de se savoir élue, préférée, venue en quelque sorte en remplacement de ce Dieu rejeté ; pour un fils enfin, et

223

pour ce fils-là en particulier, de se savoir issu de ce sacrilège, de ce péché suprême, de cette étreinte « contre nature », etc.

Sur tous ces points — et sur d'autres — je n'oppose bien entendu pas ma « position » à celle des baudelairiens. Mais, prenant appui sur ce qu'ils savent et qu'ils nous disent, *j'essaie* des situations ; je *risque* des perspectives ; et si je suis en mesure de le faire c'est, encore une fois, parce que je dispose de ce fabuleux clavier qu'est la technique du roman.

L'INFINI : *Ce genre, ce style de roman, d'où viennent-ils ? Dans quelle tradition vous situez-vous ?*

B.-H.L. : Il y a *Les Mémoires d'Hadrien*, bien sûr ; mais ce n'est pas tellement ma famille littéraire. Il y a *La Mort de Virgile* de Broch qui a, elle, en revanche, beaucoup compté. *La Semaine sainte* d'Aragon. Des éléments borgésiens. Le *Pour saluer Melville* de Giono. Des choses plus récentes, comme *Les Éblouissements* de Pierre Mertens. Peut-être aussi une influence des *Vies imaginaires* de Marcel Schwob et de la façon dont elles définirent, sur le registre symboliste, les relations de nécessité dont se trame un certain « mentir-vrai ». De toutes les manières, je ne me le cache pas : le projet est, sinon neuf, du moins risqué, plein d'embûches, de chausse-trappes. A tort ou à raison j'ai pensé que le pari valait d'être tenté.

L'INFINI : *Alors, pourquoi Baudelaire ?*

B.-H.L. : Il y a des raisons proprement roma-nesques qui apparaissent, je suppose, à la lecture du livre lui-même. Mais il y a probablement aussi des motifs plus personnels qui tiennent à ma propre biographie. Mettons que Baudelaire soit l'une de mes références fétiches. Mettons aussi qu'il soit l'écrivain français dont je me sente, sur le fond, le plus proche. Et quand je dis « sur le fond » je ne pense pas seulement au poète mais au prosateur, j'allais presque dire au philosophe — je pense à l'auteur des *Salons*, au critique de Delacroix, au thuriféraire de Wagner, au contempteur du Progrès, de la Nature, du « Socialisme », à l'amoureux des villes, au haïsseur des terroirs, à l'ennemi juré de toutes les prisons, de toutes les régressions communautaires ; à l'éloge du maquillage, à la célébration de l'artifice, au prophète d'une littérature froide, sans tremblé ni hasard, à l'impeccable catholique qui n'a cessé, sa vie durant, de rappeler aux euphoriques de son temps la réalité du péché, la pérennité du Mal dans l'histoire, bref, à celui qui, dans l'ordre politique autant que sur le registre métaphysique ou esthétique, a été et reste encore le plus fécond de nos modernes. Philippe Muray, dans son *XIXᵉ Siècle à travers les âges*, a magistralement démontré comment ce Baudelaire-là, celui qui va jusqu'à *Pauvre Belgique* compris, était le vrai « négatif » de la grosse bêtise optimisto-progressiste de l'époque. C'est ce que j'ai voulu raconter, illustrer, en retrouvant tout au long de ce monologue imaginaire la plupart des grands thèmes que j'avais, depuis dix ans, développés dans mes essais. Un exemple parmi d'autres : mon *Idéologie française*. Il y était question de la France, bien sûr. Rien que de la France. Mais je ne suis pas loin de croire à présent que la plupart des dégoûts, des procès, voire des concepts qui composaient ce livre étaient comme le lointain écho du pauvre paquet de notes (que je ne connaissais du reste pratiquement pas à l'époque !) qui devaient donner *Pauvre Belgique*. Ce n'est bien entendu pas un hasard si mon roman d'aujourd'hui, dans toute sa dernière partie, est un hommage fictivement rendu à cette fictive *Pauvre Belgique*.

L'INFINI : *Soyons plus précis : pourquoi le Baudelaire des* Derniers Jours *?*

B.-H.L. : Je suis, sur ce point, comme tout le monde : terriblement fasciné par tout ce qui tourne autour des derniers jours, des derniers mots, des mots de la fin, de la déchéance, etc. Alors à plus forte raison quand il s'agit d'un écrivain. Et à plus forte raison encore quand cet écrivain s'appelle Charles Baudelaire et qu'il a connu l'une des déchéances les plus tristes, les plus atrocement pathétiques de l'histoire des lettres modernes. Il faut essayer de se figurer ce qu'était ce Bruxelles envahi par les proscrits français et ce qu'il appelait le clan Hugo. Cet hôtel du Grand Miroir, sinistre. Cette logeuse acariâtre, stupide. Ces bordels de faubourg où le sort semble s'acharner sur lui et le piège se resserrer. Cette douleur. Cette maladie. Cette lente plongée dans la nuit de l'âme et du verbe. Ces journaux où il lit sa propre nécrologie alors qu'il est encore vivant et qu'il lui reste à vivre une interminable agonie. Ses prières, ses blasphèmes, ses désespoirs, ses faux espoirs. Le rapport si étrange, dans les tout derniers temps, avec les Sœurs Hospitalières et le prêtre confesseur. C'est tout cela que j'imagine. Toute cette poignante, spectaculaire souffrance que je raconte. Avec l'arrière-pensée que passe à travers tout ça quelque chose d'essentiel, qui concerne *aussi* la littérature et son destin.

L'INFINI : *C'est-à-dire ?*

B.-H.L. : Comment meurent les écrivains ? C'est, si vous permettez, *la* vraie question. Vous avez, premièrement, ceux qui meurent à l'heure, au moment où leur œuvre s'achève, après avoir écrit le dernier mot de la dernière phrase de la toute dernière page de leur dernier livre. Proust bien sûr. Ou bien, moins réussie mais dans le même genre, la mort de Céline dans sa cave de Meudon, effondré sur le manuscrit de *Rigodon*. Vous avez, deuxièmement, les écrivains plus chanceux qui survivent à leurs livres, débordent sur leur histoire et continuent de s'affairer dans le siècle tandis qu'ils sont littérairement morts. C'est, caricaturalement, le cas Rimbaud. C'est celui (ne soyons pas cruel !) de tant d'écrivains modernes qui n'en finissent pas de gérer la gloire d'une œuvre canonisée. Et puis je crois enfin qu'il y a un troisième cas, bien moins drôle, bien plus terrible (et, avouons-le, romanesquement bien plus intéressant) qui est celui des malheureux qui ont le sentiment, justifié ou non, peu importe, de mourir dix ans trop tôt — et cela parce que leur œuvre publiée n'est que l'ébauche, l'esquisse, la vague introduction de ce qu'elle promettait. C'est, bien sûr, le cas de Mallarmé. Mais c'est, plus encore, le cas de ce Baudelaire laissant derrière lui, comme vous le savez, toute une foule de projets de romans, de pièces de théâtre, d'essais, d'autobiographies, dont il croyait, lui, et c'est ce qui compte, qu'ils étaient aussi fondamentaux que *Les Fleurs du mal* ou les *Petits Poèmes*. Alors, j'ai pris ces projets. J'ai imaginé ce qu'ils auraient pu être. J'ai imaginé l'effort désespéré de cet homme, tentant une dernière fois d'y revenir. Je l'ai imaginé imaginant son dernier livre, celui qui aurait donné sens à l'en-

227

semble et qu'il voit là, clairement, à la toute dernière minute, alors qu'il n'est, hélas, plus en état de l'écrire. Et j'ai imaginé, bien sûr, l'effet de contre-jour que provoque, sur l'ensemble de l'œuvre, cet échec de la dernière minute. On peut trouver cela absurde. On peut penser — et c'est mon cas — que quelqu'un qui a écrit *Les Fleurs du mal* n'avait, à la lettre, rien à écrire de plus. N'empêche. Nous savons que ce n'était paradoxalement pas l'avis du principal intéressé. Et c'est ce qui m'autorise cette longue méditation finale sur les ruses, les aveuglements ou les malentendus qui sont toujours au cœur de l'entreprise littéraire.

L'INFINI : *Vous prétendez également écrire le livre dont Baudelaire a rêvé sans parvenir à le rédiger.*

B.-H.L. : Est-ce que je prétends vraiment l'écrire ? Le roman est ainsi fait que ce livre est dicté au narrateur par l'écrivain agonisant. Ou, plus exactement, le narrateur *prétend* (et la nuance est capitale étant donné ce que nous savons de lui, de son rapport au héros, des raisons pour lesquelles il a décidé de raconter toute cette histoire...) que ce livre lui a été dicté par l'écrivain sur son lit de mort. Alors, vrai ? Faux ? J'ai voulu que le doute demeure. Et c'est même l'un des suspenses, l'une des perplexités proprement romanesques du livre.

L'INFINI : *Autre détail. Vous produisez également des récits de la logeuse de Baudelaire, de Caroline Aupick, de l'éditeur Poulet-Malassis, ou surtout de Jeanne Duval. Chaque fois, ils parlent par votre voix. De quel droit ?*

B.-H.L. : **Même réponse.** Le livre est ainsi conçu que ces récits (et, en tout cas, le plus problématique d'entre eux : ce journal que Jeanne Duval semble avoir tenu pendant les premiers mois de leur liaison) voient leur authenticité rendue incertaine par l'organisation même du récit, la personnalité du narrateur, etc. Cela étant dit ils sont sinon vrais (ça, c'est l'un des enjeux du roman, l'un des nœuds de son intrigue) du moins vraisemblables (et ça c'était la gageure, le défi du romancier). Je veux dire par là que tous ces personnages ne parlent pas, comme vous dites, par ma voix mais par la leur et que j'ai essayé, avec le plus de rigueur possible, de leur donner une langue qui soit leur évidence. Pour la logeuse ou pour le prêtre de la fin, c'était relativement facile. On ne sait en effet rien sur eux. On n'a ni lettres, ni témoignages, ni le moindre échantillon de leur mode d'être. Et il suffisait donc de fabriquer un lexique, de construire une syntaxe — et de s'y tenir. Pour Charles Neyt, le photographe qui a effectivement passé avec Baudelaire sa toute dernière « vraie » soirée, c'était un peu plus compliqué. Car on a un vrai récit de lui. Un récit plus ou moins apocryphe, mais un récit quand même. Et il fallait donc que mon lexique et ma syntaxe intègrent l'existence de ce récit. Pour Caroline Aupick et pour Poulet-Malassis, c'était encore différent : il y avait des foules de documents dont il fallait absolument tenir compte. Et quant à Jeanne Duval enfin, et à son journal intime, c'était bien évidemment l'affaire la plus délicate puisqu'il s'agissait de ressusciter une figure légendaire, emblématique. Ai-je réussi ? Tout ce que je peux dire, c'est que rien dans ces micronarrations n'est gratuit, ni suspendu à mon caprice.

L'INFINI : *Au fond, cette succession de récits reprend une technique romanesque que vous avez employée dans* Le Diable en tête.

B.-H.L. : Oui. Sauf que je crois, cette fois, l'avoir affinée, perfectionnée. Primo : il y a plus de voix que dans *Le Diable* — six en tout, une par partie. Secundo : alors que, dans *Le Diable*, la quasi-totalité du roman était composée de ces voix entrecroisées et que la narration générale était réduite à quelques pages par-ci par-là — dans ce roman-ci, il y a un vrai continuo qui donne à l'ensemble sa musique et au narrateur sa position. Tertio : alors que ce narrateur apparaissait dès la première page, il n'apparaît cette fois-ci qu'à la fin du récit — son surgissement constituant, du reste, l'un de ses ressorts essentiels. A ces réserves et enrichissements près, vous avez raison. J'ai conservé un mode narratif qui a ses lettres de noblesse (Faulkner, Hemingway, Dos Passos, pour ne parler que des Américains) et qui permet de jouer à plein le jeu des méprises, des demi-vérités, des mensonges contradictoires qui est, je continue de le penser, la loi même du roman.

L'INFINI : *Sur le fond, ce que vous dites, c'est qu'un grand écrivain peut, dans son siècle, passer inaperçu.*

B.-H.L. : Dans le cas de Baudelaire, c'est l'évidence. Mérimée qui le méprise... Du Camp qui l'évite... Sainte-Beuve qui lui conseille d'écrire en latin... Philoxène qui se croit son égal... Hugo et les hugoliens qui le traitent avec une condescendance vaguement inquiète... Buloz qui l'éconduit... Houssaye qui prétend le rewriter... Gautier embarrassé, compromis par la dédicace des *Fleurs du mal*... Delacroix lui-même, oui Delacroix qu'il a tant défendu et dont on aurait pu attendre, de grand à grand, une sorte de vague hommage : non, il le prend pour un « tapeur », un feuilletoniste à gages et lui préfère Silvestre... Et tout cela alors que lui, Baudelaire, contrairement à ce qu'on raconte et qui véhicule la sotte image du poète « maudit », enfermé dans sa solitude et son goût du désaveu, a tout fait, tout risqué, tenté toutes les intrigues et mené toutes les batailles destinées à lui assurer une reconnaissance qui ne vint pas...

L'Infini : *Un roman, donc, sur la méconnaissance...*

B.-H.L. : Je n'aime pas ce mot de « méconnaissance », avec son parfum plus romantique que romanesque. Disons plutôt : sur le malentendu. Le malentendu sous toutes ses formes. Jusqu'à lui, le héros, que l'on voit intérioriser jusqu'au vertige ce désaveu collectif et reprendre à son compte l'essentiel de ces jugements. Et jusqu'à cet épisode final où l'on voit le narrateur pousser la logique du malentendu vers son bord, disons, « positif » puisque, croyant rendre hommage au mourant, voulant lui rendre justice, il prononce deux ou trois phrases qui l'accablent en fait elles aussi et finissent de le convaincre que la partie est finie, bien finie, qu'il n'a plus d'autre ressource que de brûler le livre sur la Belgique... C'est ça, oui, exactement ça : un roman sur le malentendu.

L'Infini : *D'où vous vient, vous, écrivain comblé, cette singulière nostalgie de l'écrivain agonisant dans le malentendu, dans la solitude ?*

B.-H.L. : Mes nostalgies ne font rien à l'affaire. Cette solitude de Baudelaire dans sa chambre d'hôtel bruxelloise m'est surtout apparue, je vous le répète, comme une sorte de situation limite où je trouvais condensés les paradoxes, les énigmes, les intensités ultimes et exemplaires qui font, qui sont, la littérature moderne. Il y a là, en raccourci, tout ce qu'un écrivain ne peut éviter de rencontrer dès lors qu'il prétend faire de la littérature un objet de pensée.

Septembre 1988.

SPINOZA ET LES BIEN-PENSANTS[1]

1. *L'intellectuel doit-il s'engager ? Au risque de se tromper ? Au risque qu'on lui reproche cette erreur, des années plus tard, quand les circonstances ont changé ?*

2. *L'opposition droite-gàuche a-t-elle aujourd'hui, aura-t-elle demain encore, un sens, du point de vue de la conduite des intellectuels ?*

3. *Le rôle de l'intellectuel doit-il se limiter à dénoncer les injustices, les atteintes aux droits de l'homme ? Ou doit-il aussi dire le vrai, le bien, le beau ?*

4. *Où se trouve, aujourd'hui, le courage pour un intellectuel ?*

5. *N'y a-t-il pas dans la nostalgie et l'affirmation des « vraies valeurs » une tentation passéiste, voire réactionnaire ?*

---

1. Réponse à cinq questions adressées par *Le Magazine littéraire* à divers intellectuels.

1. Écoutez. Je suis ce qu'il est convenu d'appeler un intellectuel engagé. Je l'ai dit. Je l'ai prouvé. Et je crois avoir, plus souvent qu'à mon tour, physiquement témoigné de mon « souci du monde ». Cela étant dit, attention ! Je ne fais pas une règle de ce souci. Je n'en fais ni une obligation ni même un impératif. Et j'ai le plus grand respect pour ceux qui, à tort ou à raison, préfèrent se tenir sur ce que Maurice Blanchot appelle le « chemin de ronde ». Il y a des intellectuels qui s'engagent. Il y a des intellectuels qui ne s'engagent pas. Les deux attitudes sont l'une et l'autre justifiées. Qui d'entre nous n'a pas, en lui, les deux tentations ? Quel est celui qui, même plongé dans les combats du moment, n'est pas régulièrement saisi du désir de se mettre en réserve ? Je suis pour ma part, à l'heure où je vous parle, dans un de ces moments-là. Je sais qu'il y a des combats. Je sais qu'il y a des débats. Mais rien — enfin : presque rien — ne me distrairait, je crois, du travail qui m'occupe. Et ce ne sont pas les discussions de lilliputiens dont se fait l'air du temps qui me feront changer d'avis.

2. Si « l'opposition droite-gauche » garde un sens ? Oui, sans doute. Sauf — et c'est tout le problème — qu'elle n'est pas tout à fait la seule et que son « sens », comme vous dites, ne suffit pas à épuiser l'énigme du partage entre les hommes. Je suis, en ce qui me concerne, quelqu'un de plutôt sectaire. Je n'aime pas les fausses — ni, d'ailleurs, les vraies — unanimités. Et je suis très attentif, en général, aux lignes de clivage qui permettent de casser les religions consensuelles. Simplement, si les idées de « droite » et de « gauche » fonctionnent bien dans ce contexte, elles ne sont pas suffisantes. Et il faut, pour que ça marche, les « croiser » avec d'autres

grilles de partage. Le partage, par exemple, entre les démocrates et ceux qui ne le sont pas. Entre les antitotalitaires et ceux qui n'arrivent pas à haïr le totalitarisme jusqu'au bout. Entre les moralistes et les cyniques. Etc., etc.

3. Je sais que la mode est à cette « limitation » des tâches de la pensée. Et nous sommes un certain nombre, depuis quelques années, à nous estimer quitte avec nos exigences et nos devoirs dès lors que, vaillants soldats des droits de l'homme, nous nous sommes vertueusement indignés contre les malheurs, les horreurs, les injustices les plus criantes. Personnellement, je trouve ça court. Et je trouve assez piteux ce drôle de « minimalisme » qui s'est emparé de nous et qui fait que, de peur de nous tromper, nous renonçons tout bonnement au simple métier de penser. Alors, les droits de l'homme, oui. La lutte contre la misère, bien sûr. Mais on ne m'enlèvera pas de l'idée que la philosophie ce n'est pas *que cela* ; et que, sauf à accepter d'être réduite à des catalogues de bons sentiments, elle doit aussi aller plus loin. Descartes ou Spinoza étaient d'abord les architectes d'un système. Ils ne reculaient pas devant les risques, les périls d'une dogmatique. Les intellectuels de demain seront-ils les héritiers de Spinoza ou nos nouveaux bien-pensants ?

4. Voilà. Justement. Le courage est la vertu de l'homme d'action. C'est l'apanage du militant. Êtes-vous sûr que ce soit le mérite le plus essentiel qu'il faille reconnaître à un clerc ? Ne croyez-vous pas que ce courage est, à tout prendre, une vertu seconde par rapport à, mettons, l'« esprit de

complexité » ? Ou alors, disons les choses autrement. Disons qu'être courageux, pour quelqu'un qui fait métier de penser, c'est témoigner précisément de cet esprit de complexité. Et ceci, quoiqu'il en coûte aux yeux des conformismes, des simplifications ambiantes. Courage de ceux qui, dans les années soixante, condamnaient le napalm américain tout en pressentant la terreur rouge. Courage de ceux qui, dix ans plus tard, dénonçaient les crimes de la Savak sans nourrir la moindre illusion quant à ceux — à venir — des ayatollahs. Courage aujourd'hui, dans le même sens, de ceux qui, par exemple, refusent de toutes leurs forces le lepénisme — mais sans tomber pour autant dans les rets d'une vieille gauche qui n'attendait que cette occasion de retrouver titres et emblèmes. Oui, appelons « courage » cette forme-ci de l'esprit de contradiction. Réputons « courageux » celui qui, jamais, au grand jamais, n'acceptera de choisir un « camp » sans avoir un bout de l'âme ou du pied hors des frontières du camp en question. Pasolini disait : sens de l'« abjuration ». Et Baudelaire : n'adopter jamais une opinion sans avoir, en esprit, les raisons de l'opinion inverse.

5. Qui parle de « vraies valeurs » ? Pour ma part, je me suis battu — et c'était déjà beaucoup — pour que l'on voulût bien reconnaître à l'idée même de « Valeur » un certain sens, une importance. Y a-t-il des valeurs valables quels que soient le lieu, le temps, la circonstance ? Y a-t-il, à l'inverse, des crimes qui ne sont plus des crimes selon que l'on change d'époque, de pays, de classe sociale ? Ces questions sont vieilles comme le monde ou, du moins, comme la philosophie. Mais elles se posaient à nouveaux frais au sortir d'une époque où l'on

avait vu le bon vieux relativisme bergsonien repeint aux riantes couleurs du marxisme, du nietzschéisme, du freudisme, voire des dispositifs structuralistes. Et tout le problème était alors de se demander si l'on avait le droit, par exemple, de ne parler de la « Vérité » qu'au titre de sa « situation », de sa « généalogie » ou des « forces » très diverses qui en investissaient la volonté. C'était l'affaire de mon *Testament de Dieu*. Ce fut celle de mon *Idéologie française*. C'était tout le sens de ce « retour à Benda » que je m'époumonais à réclamer voilà maintenant près de dix ans. J'étais bien seul alors. Mais vous savez que d'autres, depuis, m'ont rejoint ; et qu'il n'y a plus grand monde, grâce au ciel, pour voir une « tentation réactionnaire » dans le souci de ces questions.

Novembre 1987.

ÉCRIVAIN OU PHILOSOPHE[1] ?

Si c'en est fini des maîtres à penser ? Si leur âge est révolu ? Non, bien sûr ! Comment et pourquoi voudrait-on que leur âge soit révolu ! Je crois très profondément qu'il n'y a pas de pensée sans maître, pas de production intellectuelle sans toute une série de mécanismes ou de rapports de filiation — je crois, très profondément, que la relation de maître à disciple est, depuis la nuit des temps, inévitablement liée à l'exercice de l'intelligence... Je sais que ce n'est pas très bien porté de dire ça et qu'il y a toute une tendance actuelle qui va dans le sens inverse. Mais je crois qu'elle repose, cette tendance, sur deux grandes illusions qui sont à la fois démagogiques et bêtes. La première, c'est l'idée d'une pensée qui serait tout à coup, et Dieu sait pourquoi, miraculeusement sortie de l'enfance, tirée des limbes et de la nuit, et capable d'accéder donc à je ne sais quel âge enfin adulte. La seconde, c'est celle d'une pensée spontanée, sortie spontanément de la tête des gens et capable de s'imposer, en vertu d'une

1. Réponse à une enquête de *L'Événement du jeudi*.

238

non moins miraculeuse génération, dans toute sa majesté. Ces deux idées sont très bêtes. Elles sont aussi très fausses — et elles contredisent tout ce que nous savons de la manière réelle dont fonctionne la réflexion.

Quels sont les penseurs, maintenant, qui ont eu le plus d'influence sur moi ? J'avais vingt ans en 1968. C'était l'époque de Lacan, Foucault, Althusser, Barthes, Lévi-Strauss — c'était l'époque où nous pourfendions les vieilles lunes de l'humanisme traditionnel et les vagues relents spiritualistes qui imprégnaient l'université française depuis le début du siècle. Je dois dire là encore que, même si tout ça a un peu vieilli et s'il est devenu de mode de pourfendre tous ces penseurs, je leur reste d'une certaine manière, et au plus profond de moi-même, fidèle. J'ajoute que, parmi mes « maîtres à penser », il y avait aussi — surtout ? — un certain nombre d'écrivains. Et je pense en disant ça à des noms aussi différents que Kafka, Proust, Hemingway, Dos Passos, Fitzgerald même, Joyce ou Artaud. Leur point commun ? Ils m'ont appris, dans le désordre et chacun à sa façon, non seulement donc à penser — mais, dans une large mesure, à vivre, à sentir, à évaluer le monde où je commençais d'entrer.

Troisième question : Est-ce que je me considère comme un maître à penser ? Est-ce vraiment à moi de répondre ? Et ne serait-ce pas un peu ridicule pour un intellectuel, de venir affirmer tranquillement : « oui, c'est vrai, je me considère etc. » ? Tout ce que je peux dire c'est que l'idée, en tant que telle, ne me semble ni répugnante ni déshonorante. Ou plus exactement : que, pour les raisons que je viens de dire, je ne suis pas de ceux qui poussent

239

les hauts cris en faisant semblant de protester : « un maître à penser ? quelle horreur ! quelle infâmie ! » Cela étant dit, et si j'essaie d'être très franc, il y a dans l'idée même de « maître à penser » un rien de solennel et de figé qui ne correspond pas à l'idée que je me fais de moi-même. Les écrivains que j'admire vraiment restent ceux qui savent aussi surprendre, bouger, se déplacer, déjouer les conformismes ou les vulgates — déjouer même, le cas échéant, les conformismes ou les vulgates qui se constituent *autour de leur propre nom*. Oui, c'est ça. Je ne conçois pas de littérature ou de philosophie sans cet effort incessant pour casser les raideurs, alléger les pesanteurs, désavouer les communautés ou les adhésions qui sont le corrélat fatal d'un livre ou d'une œuvre. En ce sens — et en ce sens seulement — je prends la *liberté* d'affirmer qu'à l'idéal de maîtrise ne s'arrête peut-être pas la vocation du clerc. Peut-être suis-je, en ce sens, plus « écrivain » que « philosophe ».

Février 1986.

LA FIN DES INTELLECTUELS ?

On a beaucoup parlé ces temps derniers de la « crise des intellectuels ». Les uns pour l'attribuer à une crise générale de la culture. Les autres pour y voir l'effet de la crétinisation mass-médiatique. D'autres, encore, pour noter que ce sont les « nouvelles stars » des affaires, du spectacle ou de la chanson qui tendent à prendre, peu à peu, la place des maîtres à penser. Toutes ces explications, bien sûr, ont leur part de vérité. Mais aucune, j'en ai peur, ne va véritablement au fond des choses. Car aucune ne pose le problème dans les termes à la fois généalogiques et structurels qui sont en vérité les siens.

Relire, de ce point de vue, Julien Benda. Relire le bel essai de définition que constitue sa *Trahison des clercs*. Pas d'intelligentsia, dit-il à peu près, sans pari sur l'universel. Pas d'intellectuel digne de ce nom qui ne croie dans un certain nombre de valeurs — le Vrai, le Juste, le Bien... — indépendantes des lieux, des temps, des circonstances. Et pas d'intellectuel, surtout, qui n'ait la prétention, folle ou fondée peu importe, de s'autoproclamer intercesseur privilégié entre ces valeurs et la cité. L'analyse n'est pas seulement belle. Elle est décisive. Car si Benda a raison — et je crois qu'il a raison — la responsabilité du malaise n'incombe pas à Geldof, aux médias ou à je ne sais quelle industrie des loisirs déferlant dans les cervelles, mais à la crise, bien plus profonde, qui affecte le régime, l'idée même d'« Universel » dans l'Occident de cette fin de siècle.

Crise de l'idée de Vérité par exemple, sous le triple coup du marxisme, du freudisme ou des philosophies (Foucault, Deleuze...) post-nietzschéennes. Crise de l'idée de Justice abstraite (celle des dreyfusards français, celle des anti-fascistes européens des années trente) inévitablement fragilisée par la critique moderne de l'ethnocentrisme. Faillite de la Raison enfin (celle de Husserl à Vienne et Prague, celle de Merleau et Camus face au Goulag) tragiquement démentie, voire bafouée par les charniers. Cette faillite, j'y insiste, n'est pas un phénomène français. Elle vaut à Rome, New York Madrid, Berlin ou Stockholm. Et c'est elle qui, partout, dans toutes les métropoles du Sens, est à l'origine de cette situation nouvelle : un intellectuel affaibli, ébranlé sur son assise et qui, privé en quelque sorte du « vis-à-vis » qui le fondait, devient petit à petit insaisissable et impossible.

Entendons-nous. Je ne suis pas en train de dire qu'il devient impossible aux écrivains d'écrire, aux philosophes de philosopher, aux artistes de faire de l'art. Mais je dis en revanche que, amputés de leurs référents, voyant trembler et se dérober le sol qui les portait, il leur sera de plus en plus difficile d'exercer l'« autre » métier qui était le leur et qui en faisait des « clercs ». Fin du modèle Zola. Fin du modèle Sartre. Fin de ces écrivains, philosophes ou artistes qui, interrompant de loin en loin le face à face avec leur œuvre, prétendaient intervenir dans la cité au nom, donc, de l'universel. C'est sans doute dommage. C'est peut-être dramatique. Mais enfin, c'est ainsi. Il y a là un phénomène auquel nos pleurs, nos nostalgies, nos convulsions ou crispations ne changeront pas grand-chose.

Ajoutez à tout cela la faillite de ce grand « sujet-victime » — le peuple, le prolétariat, plus récemment la plèbe... — dont nous nous voulions les défenseurs. Ajoutez le démantèlement de la grosse machinerie progressiste — l'Histoire, son sens, ses ruses, sa dialectique... — dont nous nous supposions les garants et les agents. Ajoutez-y la difficulté croissante que nous avons à figurer face à nous, face à nos pieuses interventions, ce pôle de négativité qui s'est appelé successivement, au gré du temps ou des urgences, fascisme, impérialisme, exploitation de l'homme par l'homme — j'en passe, et des meilleures. Tout cela est fini, oui. Bien fini. C'est comme si un âge entier de notre Histoire était en train de se clôturer. L'« Intellectuel » ? Une figure dont il faudra peut-être écrire, dans les dictionnaires de l'an 2000 : « nom masculin, catégorie sociale et culturelle, née en Europe occidentale au moment de l'affaire Dreyfus, morte en Europe occidentale à la fin du XXe siècle ; n'a apparemment pas survécu au naufrage de l'Universel ».

Ce qui remplacera cette figure ? Ce que feront ceux d'entre nous qui, conscients du naufrage, ne se résigneront pas pour autant à la solution de la tour d'ivoire ou de la pure littérature ? Il est un peu tôt, certes, pour le dire. Et je n'aurai garde, en si peu de lignes, de répondre à la question. Ce que l'on peut dire, cependant, c'est que le désastre —

puisque désastre il y a ! — peut fort bien, si nous le voulons, avoir *aussi* des conséquences heureuses ; et qu'une fois largué le modèle classique, une fois évacué le côté porte-voix, porte-parole, porte-drapeau ou porte-flingue qu'ils affichaient si volontiers, une fois périmées les pétitions, allégés les alignements, une fois suspectée ou invalidée l'autorité qu'ils s'attribuaient dans la conception d'un manifeste ou la tenue d'une manifestation il restera aux clercs un métier qui n'est, après tout, pas le plus indigne : le pur métier de penser.

J'appelle pensée le contraire, justement, du manifeste. Le contraire de la manifestation. J'entends par pensée le contraire de ce discours simplifié, simplifiant, fonctionnant à coups de stéréotypes et de slogans qu'était, par la force des choses, la parole engagée de jadis. Les intellectuels étaient des « militants ». Ils étaient des « combattants ». Juchés sur leur tonneau et haranguant un peuple silencieux, ils se contentaient bien souvent d'orchestrer, relayer, formuler ou bétonner des idées justes ou méritantes qu'ils transformaient en lieux communs. Libérés de ce rôle, affranchis de cette tutelle, peut-être seront-ils en mesure, pour la première fois depuis longtemps, d'inverser l'ordre de leurs exigences en prenant le risque de l'intelligence. J'appelle « pensée » non pas une réflexion froide, académique, détachée du réel et de ses sollicitations ultimes, mais l'effort pour substituer, au parti pris de simplicité, un pari sans réserve sur *l'esprit de complexité*.

J'ai donné, dans mon *Éloge des intellectuels*, des exemples de cet esprit de complexité. J'ai indiqué quelques-unes des idées simples — le culte de la « différence », la religion de la « jeunesse », la superstition du « débat »... — dont les clercs d'autrefois se sont couramment fait l'écho et qu'ils pourront, enfin, remettre au rouet de la pensée. Ceux qui s'y risqueront ne seront plus des bien-pensants. Ce ne seront plus ces gentils fantassins du Bien, du Bon, du Beau qu'acclamaient les vertueux. Ils ne fourniront à aucun parti, à aucune espèce de communauté, ses raisons de croire et d'espérer. Mais je crois qu'ils auront une fonction qui, pour être apparemment plus ingrate, n'en sera ni moins passionnante ni moins déterminante pour l'avenir. Ajouterai-je que cette fonction-ci, ils seront les seuls, vraiment les seuls, à être en mesure de l'assumer ? Qu'aucune « industrie des loisirs », aucune « vedette des médias », n'aura le pouvoir ni le goût de venir la leur disputer ? Les intellectuels — si tant est que le mot convienne encore — auront là, mieux qu'un terrain sûr, une fonction qui leur sera propre. Le travail de la complexité — *essence* des gais savants de demain.

Octobre 1987.

S'ENGAGER ?

Merci, cher Scarpetta, de m'avoir adressé ces
quelques réflexions. Nous sommes d'accord, bien
sûr. J'allais presque dire : une fois de plus. Et je ne
peux qu'applaudir, par exemple, quand je vous vois
en appeler à un programme d'« analyses concrètes »
seules capables, dites-vous, de corriger ce que peut
avoir d'excessif la rigidité de certains procès. J'en
prépare moi-même une, du reste. Une très longue,
très minutieuse « analyse concrète ». Je ne vous en
dirai pas plus pour le moment. Car vous connaissez
mes habitudes, n'est-ce pas ? Vous savez que je ne
parle jamais de mes livres avant de les avoir achevés ?
Mais enfin, vous verrez... Un an... Deux peut-être...
Toutes ces thèses, tous ces thèmes, repris à la
lumière d'un « cas » métaphysico-littéraire précis...
Et cet *Eloge* qui, ce jour-là, vous apparaîtra pour ce
qu'il était : la préface, somme toute, à un projet
beaucoup plus vaste... Pour l'heure, donc, la préface. L'énoncé d'un certain nombre de principes.
Et ici, à la diable, deux ou trois remarques — en
marge et à propos des vôtres.

1. La « confusion des valeurs » d'abord. C'est le thème de Finkielkraut. C'est celui d'Allan Bloom. C'est aussi, d'une certaine façon, le point de départ de mon propre livre. Mais je tiens tout de même à dire que si je pars en effet de là c'est pour arriver, il me semble, à des conclusions opposées. Il y a un risque de confusion culturelle, c'est entendu. Et nous sommes tous à peu près d'accord pour dire qu'il n'est pas tolérable de voir une chansonnette débile ou un vague graffiti mis sur le même plan qu'une sonate de Bach ou un tableau de Pollock. Mais il y a un autre risque, au moins aussi redoutable, qui consisterait à se raidir, à se cabrer face à l'outrage et à répondre au défi de la « sous-culture » par un retour sans complexes à ce qu'il faudrait bien appeler l'académisme. Le rock, pour moi, ne rend pas sourd. La BD ne rend pas aveugle. S.O.S. Racisme n'est en aucune manière ce ramassis d'analphabètes que d'aucuns se plaisent à dépeindre. Et si j'ai très tôt (en fait, dès les manifestations étudiantes de décembre) mis en garde contre le ridicule d'un certain « juvénisme », je ne crois absolument pas que les jeunes soient tous, fatalement, des ignares ou des crétins. Mineur, majeur ? Culture jeune, culture noble ? Je n'ai pas, je le précise, écrit un livre là-dessus. Et n'en déplaise aux faiseurs d'amalgames — bien ou malveillants, d'ailleurs — ces questions n'occupent que trois ou quatre pages d'un livre qui, en fait, parle d'autre chose. Soyons clairs : je suis partisan de la séparation des genres. De leur stricte hiérarchisation. Certainement pas, en revanche, de leur réciproque exclusion. Ma position, en fait, est très proche de celle que vous défendiez vous-même, il y a deux ans, dans *L'Impureté*. Contre la démagogie d'un côté. Contre le

retour, de l'autre, d'une ligne insupportablement réactionnaire.

2. La question des valeurs ensuite. Vous avez raison de dire que nous ne pouvons plus « revenir » à notre conception ancienne du Vrai, du Juste ou du Bien. Et il est bien évident qu'on ne peut pas, cinquante ans après Freud, vingt ans après *Les Écrits*, un siècle après Nietzsche, Marx et les philosophies dites « du soupçon » faire comme si de rien n'était et renouer sans façons avec nos vieilles métaphysiques idéalistes. Quelque chose, là, est mort. Ça ne reviendra jamais. Il n'est même pas souhaitable que cela revienne vraiment. Et la régression théorique serait si forte, si spectaculaire, que l'on ne peut que faire son deuil, par exemple, de l'illusion de la vérité. Ce que je crois, cependant, c'est que si cette illusion n'existe plus, il reste sa nostalgie. Ou, plus exactement, que si plus personne ne peut raisonnablement croire au « Vrai » il reste son souci. Jean Daniel me racontait l'autre jour l'une de ses toutes dernières conversations avec Raymond Aron. Il s'agissait des intellectuels. Il s'agissait, nommément, de l'un d'entre eux. Et à je ne sais trop quelle remarque de Daniel, Aron avait répondu que ce qui « sauvait » l'intellectuel en question c'est qu'il lui restait au moins *le désir de la vérité*. Tout est là, je crois. Non pas simplement une « fiction ». Pas même un « pari ». Mais véritablement un « désir », une inclination ou une passion de l'âme. Le sophiste et le philosophe. Le cynique et l'amoureux de la sagesse. Tel est encore, au fond, le grand partage.

3. Un dernier mot à propos de cette fameuse affaire d'« engagement ». Ça reste, pour moi, le

point le plus difficile. Et c'est peut-être même, malgré tous mes efforts, malgré toutes ces pages occupées à l'éclairer, la zone la plus obscure du livre. En gros, cette notion d'engagement est une notion foireuse. Je suis conscient — et je le dis — de toute la charge malsaine, douteuse parfois, qu'elle peut véhiculer. Je vais même assez loin dans ce sens puisque je dis que Sartre ne l'aurait peut-être pas inventée, qu'il ne se serait pas amusé à traîner toute la littérature passée, présente et à venir devant ce tribunal de l'engagement, si, à la fin d'une guerre au demeurant plus qu'honorable (et beaucoup plus digne, notamment, que celle de nombre de ses pairs), il n'avait pas représenté *Les Mouches*, à Paris, sous l'Occupation. Et c'est à partir de là que je peux dire à la fois que les écrivains ne sont en effet pas « obligés » de s'engager et qu'un livre comme *Les Fleurs du mal* est un des livres les plus graves, les plus lourds, les moins gratuits du XIXe siècle. Reste, et c'est tout le problème, que je continue quand même d'y croire. Reste, si vous préférez, qu'il y a quelque chose en moi qui, contre toute raison, continue de penser qu'il n'y a pas de *Fleurs du mal*, pas de grande œuvre ou de haute littérature qui dispense un écrivain de ses devoirs éthiques. Vieille adhérence sartrienne, sans doute. Reliquat de « bien-pensance » ou de « vertu ». Souvenir d'Hermann Broch faisant de Néron le modèle du « littérateur esthétisant ». « Très bien, ce livre », me disait l'autre jour Sollers. « Mais pourquoi diable continuer à se croire "l'obligé du monde" ? » C'est toute la question, en effet. Un jour, peut-être, j'y répondrai.

Juin 1987.

V

FIGURES

LES MOTS DE SARTRE

J'avais vingt ans. Je ne laisserai personne dire que Sartre était notre maître à penser. Oh ! certes, nous le connaissions. Il nous inspirait encore, j'imagine, ce mélange de respect vague et d'insolente sympathie qui reste aux écrivains quand on a cessé de les lire. Mais pour ce qui était de penser, vraiment penser et réfléchir, nous avions d'autres modèles qui s'appelaient Lacan, Althusser, Barthes ou Foucault et à côté de qui le banal « existentialisme » ne pouvait nous apparaître que comme une resucée des humanismes d'autrefois. D'autres diront comment, dans ces années de plomb le philosophe déchu vint rejoindre les plus durs, les plus radicaux d'entre nous. Ce qui est clair, c'est qu'il les rejoignait justement ; mieux : qu'il les ralliait ; et je ne crois faire injure à personne en rappelant que c'est lui, et non l'inverse, qui se mettait à l'école des maos — comme si, conscient de sa défaveur, et non sans une humilité au demeurant bien pathétique, il entreprenait de se ressourcer auprès de cette jeunesse nouvelle. Pour ma part, il n'y a pas de doute.

Je n'avais, à ce moment-là, pas lu *L'Être et le Néant*. Il ne me serait pas venu à l'idée d'ouvrir *L'Idiot de la famille* ou bien le *Saint-Genet*. Et c'est plus tard que, par hasard, dans l'improbable bibliothèque d'une mission jésuite de Calcutta, coincé entre un volume défraîchi de Ian Fleming et un traité de théologie aux pages non découpées, je suis tombé sur un de ses livres qui s'appelait *Les Mots*.

Ce livre, faut-il le préciser, était apparemment le moins fait pour convertir ou même séduire le « structuraliste » que j'étais. Pensez : une autobiographie ! Des souvenirs d'enfance ! Avait-on idée, en pleine époque anti-humaniste, à l'heure où l'on nous annonçait que l'homme était une « invention récente », que son « archéologie » restait à faire et que sa « mort » conceptuelle était à l'ordre du jour, de se pencher ainsi, avec tant de vaine complaisance, sur les premiers émois d'un futur grand écrivain ? Mémoires... Confessions... Souvenirs d'égotisme et exercices d'introspection... Tout cela me semblait si vieux ! Si parfaitement inutile ! Il était si clair, à mes yeux, qu'un homme est un être complexe, divisé d'avec lui-même, habité par des forces obscures, rebelles à son propre regard ! Je m'étais tellement fait à l'idée que le seul fait de dire « je » était, à l'âge du marxisme et des philosophies du soupçon, la plus périlleuse des aventures ! Bon. J'ai lu ce livre. Je l'ai lu avec mes réserves, mes réticences inévitables. Mais enfin je l'ai lu. Je l'ai même, une fois terminé, délicatement subtilisé à mes gentils pères jésuites. Et le fait est que c'est lui — et non le polar de Fleming auquel j'avais alors, à tout prendre, bien plus de raisons de m'attacher —, qui, de Calcutta à Dacca, puis de Karachi au delta du Gange, m'a finalement accompagné dans la suite de mon périple.

Je me souviens du *Marchand de bananes*, ce premier roman d'un enfant fou, écrit à sept ou huit ans, sous les applaudissements d'une mère presque aussi folle que lui ; des visiteurs qu'elle conduisait, sur la pointe des pieds bien sûr, dans la chambre de son fils pour qu'ils surprissent le génie dans le feu de sa création ; des ruses que l'on déployait pour convaincre les sceptiques — le grand-père Schweitzer par exemple — de s'intéresser au phénomène. Je me souviens de l'épisode des « anglaises », ces providentielles boucles brunes qui cachaient, tant qu'elles étaient là, l'évidence de sa laideur et qui, le jour où on les coupa, la révélèrent dans son horreur. Je savais — je sais toujours — par cœur cette définition de la laideur : « la chaux vive où l'enfant merveilleux s'est dissout ». De l'enfant : « ce monstre qu'ils — les adultes, les parents — fabriquent avec leurs regrets ». Je pourrais, aujourd'hui encore, redire presque mot pour mot le portrait de Simmonot, « le quinquagénaire aux joues de fille qui cirait sa moustache et teignait son toupet » ; de Barrault, l'instituteur dont l'haleine, forcément fétide, était un signe d'excellence et lui infligeait, quand il se penchait, la plus exquise des gênes ; de Mme Picard, la pâle et grasse dame qui était son meilleur public et dont la seule arrivée avait généralement pour effet de redoubler son talent. Et quant au passage enfin où l'on voit le garçonnet se projeter dans son grand âge et s'imaginer aveugle, écrivant dans la nuit son tout dernier chef-d'œuvre, je n'avais pas besoin de songer à l'incroyable pressentiment dont il était le témoignage pour le trouver bouleversant d'intelligence et d'émotion.

Ce qui m'éblouissait dans des pages comme celles-là ? Difficile à dire à l'époque. Difficile à formuler dans les mots dont je disposais. Mais il y avait un style dans ces récits — et quand je dis un style je ne pense pas seulement, bien entendu, à leur éclatante beauté formelle — qui m'éloignait, je le sentais bien, de la mièvrerie traditionnelle dans ce type de retours sur soi. Une espèce d'ironie, si l'on veut. D'autodérision méthodique. Une espèce d'humour froid, sans concession ni pitié. Mais à condition d'entendre cet humour comme un refus de s'attendrir, de se complaire dans ses émois. Pas de pathos. Peu d'épanchements. Même pas de « nostalgie » ou de « recherche du temps perdu » au sens où, dans mon esprit, le prescrivait le genre. Une écriture sèche, plutôt. Une de ces langues cyniques, presque cliniques, qui vous désenchantent un souvenir aussi sûrement qu'elles le ravivent. Ajoutez à cela l'étrange construction du livre. Les libertés que prenait l'auteur avec l'ordre chronologique. Les faux souvenirs. Les vrais courts-circuits. Le fait que l'évocation, sans qu'on nous dise pourquoi, s'arrêtait tout à coup à la veille de l'adolescence. Ajoutez-y ces redites, ces reprises d'un chapitre à l'autre, ces aberrations du récit, ces contradictions dont il reviendra à Philippe Lejeune[1], quelques années plus tard, de dresser l'inventaire rigoureux : vous aurez une assez bonne idée de tout ce qui, dans ce texte, pouvait trancher d'avec un genre dont j'avais, je le répète, toutes les raisons de me méfier.

Ce n'était plus Stendhal, par exemple, sur les marches de San Pietro, prétendant récapituler le cours de son existence. Ni Chateaubriand, drapé dans sa légende et s'adressant en grande pompe à une hypothétique postérité. Ni bien sûr le pauvre Jean-Jacques avec sa drôle de prétention à une singularité dont Sartre se fichait — le final du livre,

---

1. *Le Pacte autobiographique*, Seuil, 1975.

le fameux « tout un homme, fait de tous les hommes, et qui les vaut tous, et qui vaut n'importe qui » n'était-il pas l'exact envers de l'ouverture des *Confessions* : « voici le seul portrait d'homme qui, etc. » ? Ce n'était même pas Leiris qui, dans *L'Age d'homme*, à l'origine de son projet, avouait encore un besoin de se « disculper », d'être « absous ». Et ce n'était pas Gide qui, dans *Si le grain ne meurt*, conservait toujours intacte la lourde machinerie de la confession et de l'aveu. Autre chose, oui. Une autre allure. Une autre magie. Une intention surtout, qui n'était manifestement plus, ni de retrouver la vérité, ni de rattraper le temps passé, ni de céder avec délices au goût de l'introspection. Pourquoi écrire, alors, si ce n'est plus pour se connaître ? L'entreprise garde-t-elle un sens lorsqu'on a fait litière de toutes ces histoires de profondeur, d'intimisme, de romantisme ? Telle était la question. Tel était aussi le mystère. J'avais le sentiment, confus mais insistant, d'une de ces ruptures de ton dont l'histoire d'un genre littéraire n'est, après tout, pas si féconde. Et comme je n'avais, encore une fois, pas les moyens d'y voir plus clair avec les seules ressources de mon entendement propre, je n'eus de cesse, une fois rentré, que d'aller la poser au maître directement.

Il habitait, à ce moment-là, boulevard Edgar-Quinet, dans le petit appartement où, je crois, il finira sa vie. Je revois une pièce en désordre. Des cendriers pleins de mégots. Un décor, quasi caricatural, de chambre d'étudiant — avec ses étagères pleines de livres, sa grosse table de bois sous la fenêtre, un fauteuil au cuir défoncé, des blocs de papier quadrillé. Et je vois au milieu de tout cela, vêtu d'un pantalon de velours défraîchi, d'un polo boutonné jusqu'au col, chaussé de mocassins de cuir tressé qui ressemblaient à des pantoufles, un vieux monsieur fragile, aux gestes incertains, qui me reçoit avec une courtoisie où j'ai peine, avec le recul, à démêler la part de la curiosité et celle d'une indifférence aujourd'hui plus vraisemblable. Tantôt je le sentais ailleurs. Tantôt j'avais l'impression qu'il me fixait de ses yeux malades à la façon d'un astronome découvrant une planète nouvelle. Si j'étais conscient de sa cécité ? Là non plus, je ne sais pas. Et je me rappelle ce moment où, sottement, comme si je me trompais d'infirmité, je me suis mis à parler trop fort — et où lui, de son côté, sortant de sa réserve, m'a fait un petit geste agacé qui m'invitait à baisser le ton. J'ai dû lui parler du Bangladesh. De la situation des Naxalites, ces maoïstes locaux que l'on tirait comme des lapins sur le toit des prisons bengalaises. Je lui ai parlé de Dominique Grisoni, l'ami qui avait arrangé la rencontre. Et comme il paraissait m'écouter, comme mes récits indiens semblaient m'avoir valu un début de légitimité, je finis par aborder la vraie question qui m'amenait.

Pour autant que je me souvienne — car je n'eus pas la sagesse, hélas, de consigner en rentrant le détail de la conversation — il commença par m'expliquer qu'on ne pouvait pas lire les *Mots* sans les rapprocher de son *Baudelaire*, de son *Genet*, de son *Flaubert*. Non pas, précisa-t-il, que l'on parle de soi sur le même ton que d'un autre. Ni qu'il soit aussi facile de « totaliser » un vivant que de « situer » un mort. Mais à ces réserves près, c'était bien cela. Le même esprit. La même démarche. La même idée d'aller, dans le secret des sources, chercher la clef qui, jusqu'au bout, rendra compte d'une existence. Enfance... Projet... La vie comme remise en jeu, incessante et sous toutes ses formes, d'une sorte de choix primordial, formulé une fois pour toutes... Tous les grands thèmes de Sartre étaient là. Tous les motifs d'une pensée qui, pour n'être pas la mienne, ne m'en étaient pas moins obscurément familiers. Il n'y avait de mystère des *Mots*, à l'entendre, que pour qui refusait de voir ce contexte. Et tout s'éclairait au contraire pour peu que l'on retrouve dans les romanesques rapports du petit Jean-Paul et de MM. Simmonot, Schweitzer ou Barrault, l'exacte application d'un dispositif philosophique. Dois-je préciser que le raisonnement ne me satisfit pas ? qu'il ne me semblait rendre compte ni de la force du récit de mon propre émerveillement ? Si vraiment tout était là, si toute la magie des *Mots* tenait à cette idée simple d'une enfance mise, comme il l'écrira plus tard, « à toutes les sauces de la vie », alors je ne voyais plus très bien ce qui les distinguait de la plupart des « confessions » que, d'après moi, ils périmaient.

Comme j'insistais et que je m'étonnais notamment de la savante beauté d'un style qui paraissait mobiliser, en un admirable feu d'artifice, toutes les ressources de sa langue, il fit la moue ; s'énerva un peu ; il dit que rien n'était plus facile — et donc plus dérisoire — que d'avoir, comme je disais, un « style ». Et reprenant, en moins bien, les thèmes de la fin du livre, il entreprit de me démontrer que la littérature était un leurre ; son culte une imposture ; que le livre tout entier n'avait d'autres propos, justement, que de déprendre son auteur de cette fixation ancienne ; et que s'il était si « beau », ce livre, s'il avait tenu à en travailler, à en ciseler le moindre effet, c'est qu'il voulait une dernière fête avant le renoncement définitif. Un livre comme un bouquet. Un livre comme un carnaval. Une céré-

monie des adieux — je ne jurerais pas qu'il ait
prononcé le mot, mais l'idée était bien là — pour
un homme qui comprend soudain de quel mensonge il est prisonnier. S'il ne se leurrait pas, en
disant tout ça ? Si ce n'était pas maintenant qu'il se
mentait ? S'il n'y avait pas plus de folie, ou du moins
d'idolâtrie, dans cette nouvelle image d'un « écrivain public » servant « la cause du peuple » ? Si, en
un mot, l'idéologue-Sartre n'était pas en train de
nous démolir le merveilleux écrivain qu'il était tout
de même d'abord ? La littérature est un travers
bourgeois, martelait-il. Les littérateurs, des êtres
futiles. Tout ça ne pouvait durer que ce que dure-
raient l'histoire du Malheur et le règne du Capital.
L'écrivain d'hier va mourir ! Vive l'intellectuel pro-
létarien de demain !

La conversation continua une heure sur ce ton.
J'insistai moi aussi. Je m'entêtai. J'essayai par tous
les moyens de lui en faire dire un peu plus long sur
le fameux secret de ces *Mots* qui me hantait depuis
Calcutta. Prenant le problème par l'autre bout, celui
de la biographie, j'essayai de lui faire raconter les
circonstances où il les avait écrits. Quand ?
Comment ? Que peut-on bien avoir dans la tête
lorsque, en pleine guerre froide, au plus fort du
débat avec Camus ou de la polémique avec le P.C.,
on passe ses jours et ses nuits à rendre à cette
littérature « condamnée » un prétendu dernier hommage ? Hélas ! rien n'y fit. Il ne voulait que répéter,
de la même voix nasillarde, la même double leçon
de l'enfance-comme-projet et de la littérature-comme-
illusion. Et je finis par comprendre que j'étais en
face d'un de ces écrivains — j'en connus quelques
autres par la suite —, qui, sur quelque terrain qu'on
les entraîne, à quelque hauteur mélodique que l'on
pose sa voix pour leur parler, vous répondent

invariablement, j'allais dire mécaniquement, sur les mêmes registre et longueur d'ondes. Pourquoi m'avait-il reçu ? Sur quel malentendu ? Aujourd'hui encore je me le demande. Ce que je peux dire, en tout cas, c'est que je ressortis de chez lui pas beaucoup plus avancé que je ne l'étais en entrant. Le mystère restait entier ; et je me résignai, je crois bien, à n'en jamais venir à bout.

Et puis tout a changé. Si je devais dire quand, et surtout à quelle occasion, sans doute faudrait-il que j'évoque la belle interview qu'il donna un peu plus tard, pour ses soixante-dix ans, au *Nouvel Observateur*. Sartre y parlait de son corps. De sa santé. Du travail qu'il avait commencé avec ses nouveaux compagnons maoïstes. Il évoquait son désœuvrement, sa cécité, sa méfiance devant les magnétophones, ses interviews, son désir de transparence. Il s'attardait ensuite sur les rapports complexes de l'écriture et du secret, de la vérité et de l'aveu — il se demandait par exemple (et je le trouvais là encore, soit dit en passant, terriblement en retrait sur l'originalité concrète que déployait le livre) qui du romancier ou du mémorialiste nous en révélait le plus sur l'énigme d'une vie. Et puis voilà que tout à coup, en réponse à une question sur le statut des *Mots*, il lance : « au moment où je les ai repris, j'ai demandé à un ami psychanalyste, Pontalis, s'il voulait entreprendre une analyse avec moi — avant d'ajouter : — il a estimé avec raison qu'étant données les relations que nous avions depuis vingt ans ça lui était impossible ». La chose était dite comme ça. L'air de pas y toucher. Il passa d'ailleurs aussitôt, comme si de rien n'était, à de nouvelles considérations sur l'âge, le Flaubert, la sexualité ou l'urgence. Mais pour moi tout était dit. Le mot était lâché. Et

261

dans cette étrange coïncidence — la tentation de l'analyse au moment même de la reprise des *Mots* — je n'ai pas pu ne pas reconnaître l'élément qui me manquait.

Car enfin qu'est-ce qu'une analyse ? Les lecteurs de Freud savent bien qu'il y est moins question de retrouver le passé que de le parler. De l'exhumer que de l'interpréter. Ils savent que le moment clef de la cure est ce stade dit « du miroir » où le sujet morcelé, voire déchiré, s'identifie tout à coup à une nouvelle image de lui-même qui peut bien être fausse, factice ou forcée pour peu qu'elle soit unifiée. Et ils connaissent, surtout, ce fameux fragment de *L'Homme aux loups* où Freud définit le moi comme une sorte de fiction, bâtie de bric et de broc, et dont la principale fonction sera de nous donner une version rassurante, *sensée*, de notre histoire. Fiction... Construction... Un moi qui, avant d'être vrai ou faux, réintroduit un peu de sens dans le désordre d'une histoire... Le moins que l'on puisse dire est que le parallèle était tentant : et s'il s'agissait d'une autoanalyse plus que d'une autobiographie ? d'une opération de type Pontalis que d'un fragment de Mémoires ? et si ce texte des *Mots* venait très précisément *à la place* de la cure dont, simultanément, il écartait l'éventualité ? Tout me paraissait clair à présent. Tout se mettait en ordre. Et j'avais enfin l'explication — *une* explication, en tout cas — des mille et une aberrations qui m'avaient, dans le livre, fasciné et intrigué.

Les contradictions du récit par exemple. Ces menues invraisemblances. Les libertés qu'il prenait parfois avec la plate chronologie. On pouvait les attribuer, certes, à la stratification d'un livre qui s'est écrit sur plus de dix ans. Mais il était tellement plus simple — et plus fort — d'y voir le prix d'une attitude inconsciemment analytique : considérer le passé, moins comme un être en soi dont il faudrait retrouver la vérité, que comme une sorte de « réserve » où l'on viendrait prélever les traits qui composeront le visage de ce moi quasi fictif... L'interruption, si énigmatique, à la veille de la puberté : on peut là aussi se dire — c'est ce qu'a fait Simone de Beauvoir — que Sartre était trop pudique, trop secret, trop lié à sa mère, etc., pour pousser beaucoup plus loin le jeu des révélations ; mais on peut poser également que le livre s'interrompt à la façon d'une analyse — au moment, et au moment seulement, où le procès de recomposition peut être tenu pour achevé... Et quant à sa langue enfin, quant à ce style complexe, saturé d'images et d'effets, dont Sartre faisait semblant de croire qu'il était comme une débauche ultime et préfiguratrice de son silence, j'avais la conviction, tout à coup, d'une nécessité bien plus forte : comme s'il *fallait* cette langue et sa sophistication prodigieuse pour que s'opère de page en page — j'ai failli dire : de jour en jour, de séance en séance — le travail de réévaluation dont le sujet avait besoin. Je est un Autre — et, de cet Autre, ce sont les mots qui sont le fil.

J'aime ce Sartre-là, bien sûr. J'aime ce mentir-vrai, cette mythomanie lettrée. J'aime l'idée d'une vie dont le sens reste flottant tant qu'un livre n'est pas venu en fixer la version dernière. Drôle d'histoire, n'est-ce pas ? Drôle de pied de nez aux jeunes gens trop arrogants qui, jouant — comme moi — les modernes contre l'Ancien, l'imaginaient fermé à ce type de vertige logique ! Et puis drôle de destin surtout pour un homme qui, finalement, n'aura jamais été si prisonnier de ses mots que dans le texte qui, en principe, devait le déprendre du sortilège ! Sartre et le livre. Sartre et son livre. Sartre, homme-livre qui, malgré lui, quelque effort qu'il ait déployé pour rejoindre « le réel », n'est finalement jamais sorti de ce monde d'encre et de papier. « J'ai commencé ma vie comme je la finirai sans doute : au milieu des livres », soupire-t-il au début du récit dans un moment de mélancolie qu'il feint de regretter ensuite. J'ai envie d'ajouter, moi, qu'il pourrait bien finir, ce récit, comme il a probablement commencé : coincé entre *Le Marchand de bananes* et les contes de fée d'Anne-Marie, dans la bibliothèque d'un enfant-fou qui avait à sa façon tout compris. Tant d'années oui, tant de pages et de détours, pour s'aviser, à la fin des fins, que c'est l'enfant, en lui, qui garde le dernier mot. Sagesse ultime et fondatrice : la vraie vie est dans les livres.

Mars 1990.

FRANK STELLA, LES ANNÉES 80

Fin de siècle. Fin de partie. Effacement des repères. Effondrement des perspectives. Confusion des arts majeurs avec leurs caricatures les plus mineures. C'est tout l'art moderne qui est dans l'impasse. Toutes ses écoles qui s'exténuent. Partout le deuil des maîtres. Partout la ruine des principes. Plus un référent, plus un point fixe pour ordonner l'espace commun. Bref, la peinture traverse une crise, à la radicalité sans précédent, dont nul ne voit très bien ni le terme ni le remède. Et c'est alors que survient un homme qui s'appelle Le Caravage et qui, reprenant le fil, rassemblant le double héritage du classicisme romain et du colorisme vénitien, retrouve le grand art de Titien, de Vinci, de Michel-Ange... Vrai ? Faux ? Les choses se sont-elles réellement, concrètement passées de la sorte ? L'important c'est que Stella le croie. Qu'il formule les choses ainsi. L'important c'est qu'il y ait un artiste aujourd'hui qui ne peut publier un texte ou consentir un entretien sans revenir sur cette crise ancienne et sur cette version de son dénouement. A croire qu'il y a là, mieux qu'un moment, un modèle. Mieux qu'un modèle, une scène primitive. A croire qu'il se sent, cet artiste, à trois siècles de distance, dans une situation comparable à celle qu'il nous décrit. On ne comprend rien à Stella ni à l'évolution récente de son œuvre si l'on ne part de ceci : la peinture vit un malaise dont l'ampleur et la nature ne sauraient se comparer qu'à celles dont furent témoins les contemporains ultimes de Titien — et c'est à lui, Frank Stella, qu'il appartient de rééditer le geste du Caravage pour peut-être, à son tour, aider à la renaissance.

Je reprends donc. Fin de siècle. Fin de partie. Dispersion des avant-gardes. Dissipation de leur héritage. Anéantissement — je cite Stella, dans l'une des importantes conférences recueillies dans son *Working Space* — de la « confiance que l'on avait, il y a vingt ans, dans les descendants de Barnett Newman ». Pollock est mort. Rothko est mort. L'euphorie de l'Action Painting, du Bauhaus de Chicago, du Minimal Art n'est plus que rêve ou souvenir. Bref c'est toute l'histoire de l'abstraction, toute cette belle et grande aventure inaugurée par Malévitch et Kandinsky, qui semblent tirer à leur fin. Et voici qu'un artiste nous arrive qui s'appelle Frank Stella et qui, tenant ferme le cap, rassemblant le double héritage des Russes et de Cézanne, y ajoutant une réflexion sur les enluminures irlandaises autant que sur Picabia, Jasper Johns ou Rauschenberg entend réagir au désastre. Faux ? Vrai ? A-t-il, cet « héritier », le rôle auquel il aspire ? L'important, oui, c'est qu'il y croie. Qu'il se veuille, se figure ainsi. L'important c'est qu'il y ait un artiste qui, s'imaginant donc à nouveau dans la situation du Caravage et rejouant, dans son propre style, la partie qui fut la sienne se vive comme le restaurateur d'une abstraction exténuée. Je ne peins pas pour le plaisir, répète-t-il depuis la lointaine époque des Sixteen Americans et de la préface de Carl Andre. Je ne peins ni par « élan » ni pour exposer un « état d'âme ». Je travaille — citation, toujours — pour « établir une base solide à l'intention de mes successeurs ». Stella, éducateur.

Je reprends encore. Il y a, lorsqu'on regarde le paysage contemporain, les partisans de l'abstraction pure qui tiennent pour un art idéal, vide à force d'être parfait, exsangue à force de radicalité — et que hante, apparemment, le spectre de sa consomption. Et puis il y a les tenants, de l'autre côté, de l'inévitable retour à l'ancien ; il y a les militants d'une figuration ressuscitée qui, seule, rendrait aux œuvres leur saveur, leur couleur, leur vie et leur vigueur. Stella a été proche des premiers : c'était l'époque de ses vastes panneaux monochromes ou de ses tableaux à larges bandes, régulières et parallèles. Il aurait pu l'être des seconds : je pense à ces « Oiseaux exotiques », où l'on sentait comme un regret de l'illusion et de la figure. La vérité c'est qu'aujourd'hui — c'est-à-dire, pour être clair, pendant les presque dix années qui séparent les *Shards* et les *Circuits* des treize admirables *Waves* qui font cette exposition — il a plutôt choisi de se battre sur le double front de ce qui n'est, à ses yeux, qu'une identique régression. L'art abstrait est né une première fois, au tout début de ce siècle, autour de Malévitch. Il est né une seconde fois, à New York, dans les parages d'un « expressionnisme » qui suivit la dernière guerre. Eh bien, si Stella a une ambition, s'il rêve, à la façon du Caravage, d'un geste qui l'inscrirait dans l'histoire de l'art de tous les temps, c'est bien de cela qu'il s'agit : travailler à la *troisième naissance* d'une abstraction que menacent, comme jamais, les deux périls jumeaux du nihilisme et de la figure.

Détaillons. Qui est, au juste, le Caravage ? Et quel est donc ce geste qui fascine assez Stella pour qu'il ne projette depuis dix ans que de le reproduire à sa manière ? Ce geste, nous dit-il, c'est d'abord celui de rendre son histoire à un art qui, délibérément ou pas, s'était coupé de ses racines. Pas sa mémoire — son histoire. Pas une histoire figée, conservée comme dans un musée — mais cette histoire active qui irrigue, nourrit une œuvre et qui veut qu'après une visite, par exemple, aux Chambres du Vatican on fasse tout naturellement prendre à ses modèles l'attitude de ceux de Raphaël. Stella, même si cela choque, n'est jamais sorti de là : un artiste est original en proportion, non pas inverse, mais directe de la quantité d'histoire de l'art qu'il assimile, intègre et traite. Moyennant quoi il peut « citer » Braque dans son *Estoril*. Léger et Longo dans son *Dimezzato*. Moyennant quoi il peut interrompre la construction de *Shards II* pour aller se ressourcer dans les grands musées romains ou bien aller revoir *La Décollation de saint Jean-Baptiste*, à Malte, alors qu'il est plongé dans la finition de ses *Circuits*. Stella passe pour un artiste « physique ». Certains disent même : « instinctif ». Ce qui me frappe, moi, c'est l'acharnement qu'il met dans ses textes (et ce n'est pas rien, pour un peintre, d'accompagner ses toiles d'un incessant contrepoint de textes) à faire remonter son histoire et, de fait, sa famille très en amont du cubisme ; et c'est dans ses œuvres mêmes (et je songe encore à ces *Waves* qu'il place, comme par hasard, sous le signe de Melville !) tout ce jeu de pistes et de signes qui nous renvoie ici à Picasso, là à Motherwell ou Newman, là encore à un triangle

268

de Noland ou un *Radical Love* de Jules Olitski. Ce que Stella doit au Caravage ? De s'être, comme l'écrit Catherine Millet, nourri de l'histoire de l'art autant, sinon plus, que de sa technique.

C'est ensuite, et corrélativement, d'avoir rendu à la peinture « un espace qui lui soit propre ». Pas une « étendue » là non plus. Pas « ce lieu vide, décousu, épisodique » que les époques de crise confondent si volontiers avec lui. Non. Un espace plein. Un espace organisé. Un espace qui, en soi, sans attendre les figures qui viendront ou non s'y inscrire, a déjà corps et consistance. Stella, là non plus, n'en démord pas : un grand peintre (et le Caravage en est, bien entendu, le prototype) est quelqu'un qui, avant d'être coloriste, dessinateur, que sais-je ? est d'abord un créateur d'espace. Moyennant quoi il le travaille, son espace. Il l'évide et le remplit. Le coupe et le cisèle. Moyennant quoi il va, pour lui donner sa profondeur, jusqu'à lui sculpter une troisième, quatrième, cinquième, énième dimension. On a beaucoup épilogué sur ce devenir-sculpture de la peinture de Stella. On a dit qu'à force d'épaisseurs et de profondeurs, à force de superposer les couches, les facettes et les volumes, il finissait par carrément verser dans le genre du bas-relief. Je crois, pour ma part, qu'il n'est jamais tant peintre que lorsqu'il accumule ainsi les plans et les surfaces. Mais il l'est au sens du Caravage (et peut-être aussi d'Henri Matisse murmurant, à la fin de sa vie, que « découper à vif dans la couleur lui rappelle la taille des sculpteurs ») : il est un peintre qui, à la tentation platonicienne et quasi mystique d'un formalisme en voie d'épuisement, oppose la majesté d'un objet que l'on monte, déploie, *construit* avant de le peindre.

L'espace... Le temps... Un philosophe reconnaîtrait ici les formes *a priori* d'une sensibilité — soit, à la lettre, d'une esthétique — dont il n'est, après tout, pas étonnant qu'elle soit aussi celle de la peinture. Stella, de fait, a pu changer. Il a pu varier les styles, les saisons, les humeurs. Il a su passer du noir des premières toiles aux couleurs et aux courbes des *Protactors*. De la platitude de ses peintures à bandes, au relief des « Villages polonais ». Il a pu traverser ses « Oiseaux » indiens ou exotiques. Ses « Séries » brésiliennes, maltaises, sud-africaines. Il peut même — comme dans cet ensemble d'œuvres que l'on a placées, faute de mieux, sous le signe des années quatre-vingt — croiser les cônes et les arabesques, les rectangles et les *shaped canvas* les couleurs criardes d'*Estoril* et les demi-teintes de *The Gilder*. Sur ce point au moins il n'a, même à l'époque des *Black Paintings* et de leurs épais châssis, jamais cédé ni varié : la nécessité, pour échapper au nihilisme, de rebâtir un espace-temps qui s'était délité au fil des ans — et, en fonction de cet espace-temps, à l'intérieur d'un champ assujetti à ses canons, de rendre à l'abstraction ses contenus et ses langages. Tâche énorme. Colossale. Travail d'un athlète autant que d'un esthète. Si Stella est un peintre « cultivé », il est aussi (et je précise aussi, pour ne surtout pas oublier la prodigieuse érudition qu'il consomme et qu'il brasse) ce drôle de géant que l'on voit manches retroussées, silhouette carrée et comme à l'offensive, sur les photos dans son atelier. De la peinture considérée comme un sport — ou, mieux, une performance — autant que comme un des Beaux-Arts.

Car, à partir de là, tout s'enchaîne — à commencer par le retour à ce qu'il faut bien appeler un matérialisme résolu. Stella n'est pas le seul artiste à se soucier de ses supports. Il n'est ni le premier ni le dernier à utiliser le fer, l'aluminium, la fibre de verre, le caoutchouc. Et quant à ce goût du monument qui fait de la plupart de ses œuvres de gigantesques « productions » dont d'innombrables techniciens ont usiné la forme avec lui, n'était-il pas déjà présent, pour ne citer que lui, dans les grands formats de Barnett Newman ? Ce qui lui appartient pourtant — et, de Rubin à Pleynet et à Pacquement, tous les commentateurs l'ont souligné — c'est la façon dont il vit tout ça. C'est sa ferveur. C'est son exaltation. C'est le ton sur lequel il nous dit que « la chose la plus importante qui lui soit jamais arrivée » est d'avoir entrepris un jour de « graver le magnésium ». Ou bien encore sa joie presque maligne lorsqu'il s'avise qu'il est parvenu, à force de gribouillis et graffiti, d'ingénierie et de techniques, à « insuffler » le bronze ou « faire vivre » le métal. On a trop dit que l'abstraction c'était l'Esprit. On l'a trop assimilée à l'Œil, à l'Idée, au Noumène. Eh bien voilà quelqu'un qui prétend que c'est aussi le Corps, le Solide, la Matière et qui, jusque dans ses sérigraphies, en marge des œuvres et de leur fabrique, tient à nous détailler l'incroyable diversité de moyens (« silkscreen, lithography, linoleum, marbling, collage, hand colouring », etc.) qu'il a dû investir. Stella ? Un artiste qui se souvient du temps où l'on disait « Art concret » pour désigner ce que, de nos jours, on appelle bizarrement l'art « abstrait ».

La couleur ensuite. Les œuvres qu'on nous présente sont peut-être en retrait sur l'explosion néo-baroque de l'époque des *Indians birds* ou des *Brazilian Compositions*. N'empêche. On retrouve dans les trois *Circuits* un peu de cette violence. Dans le *Dimenzzato*, un reste de bleu profond. Dans le

Shard, ce mélange de froideur et de clinquant qui a tant dérouté les critiques de l'époque. Dans les sérigraphies toujours, et malgré l'étouffement des teintes qui était la loi du genre, il reste, sinon la gamme, du moins les rapports de coloris qui sont devenus sa signature. Jaune sur rouge. Mauve sur orange. Rose bonbon. Vert lavande. Jaune encore. Bleu dans le jaune. Vert dans le bleu. Jaune toujours — mais mêlé à un vert accentué. Vert encore — mais plaqué sur un jaune déliquescent. Violet fluo. Pourpre disco. Quelque chose de sucré dans *Squid*. D'acide dans *The Whale as a Dish*. Des rafales de noir dans *The Counterpane*. Des barbouillages de vert dans *Ahab's Leg* et *Moby Dick*. Qui a peur du rouge, du jaune, du bleu, se demandait Barnett Newman dans une de ses plus célèbres toiles ? Pas Stella, en tout cas. Pas ses lithographies, toutes saturées de couleurs, dont le moins que l'on puisse dire est qu'elles vont aux antipodes des « hard edges » et autres « colour fields ». On a trop assimilé l'abstraction au lisse, au mat, à l'uniforme. On a trop pensé blanc sur blanc, noir sur noir, carré dans le carré et figures indiscernées. Voilà un artiste qui colore. Voilà des œuvres où l'on réconcilie l'abstrait avec la sensualité d'un chromatisme que d'aucuns pensaient condamné. Est-ce de là que vient ce léger vertige qui vous saisit à trop fixer des « Vagues » qu'il a, proprement, mises en mouvement ?

Les formes enfin. Il y a du cubisme chez Stella. Du constructivisme. Il y a toute une veine « géométrique » qui n'est, elle non plus, pas nouvelle puisqu'elle lui arrive en droite ligne des classiques de l'abstraction. Mais ce qui est neuf — et qui procède, toujours, de la même redéfinition de l'espace-temps — c'est le mélange de ces motifs avec une variété de boucles, méandres, arabesques, courbes et rubans divers qui nous ramène, elle, tout à coup, dans un baroque échevelé ; sans parler de ces formes pliées, froissées, chiffonnées ou tout simplement circulaires et spiroïdes qui n'apparaissaient guère, à ma connaissance, avant cette série de *Waves* mais qui, conjuguées au reste, entrant pour ainsi dire dans la danse et le tourbillon, contribuent à ce mouvement dont je parlais à l'instant. Festival de formes. Carnaval de formes. Toutes les formes du monde convoquées, mobilisées, animées pour l'occasion. Toutes ses formes à lui, le Stella des vingt dernières années, qui reviennent comme en gerbe — depuis les équerres du début jusqu'aux lignes serpentines des *Circuits*. Jamais il n'avait tant tracé de lignes. Jamais il ne s'était livré à cette débauche d'images, de contours. Jamais il n'avait été si loin, du coup, de l'abstraction laconique et minimale. Parfois, dans l'angle d'un des « Melville » ou dans l'admirable *Silverstone*, dans cet espace débordant de volutes et d'angles, de doubles rapporteurs et de clefs de sol énigmatiques, on le sent proche, tout proche de la figuration. Une figuration libre, certes. Sans histoire ni narration. Mais une figuration tout de même — dont ce nouvel art de la forme (ce ne serait pas sa moindre vertu !) se mettrait à absorber le risque et la perspective. Stella ou l'intégration, par l'abstrait, de la tentation figurative.

Ces formes, faut-il le rappeler ? ont ceci de particulier que Stella ne les a ni dessinées ni tout à fait conçues puisqu'il s'agit de motifs quasi standards — équerres, compas, rapporteurs, décimètres et règles molles, curvimètres et diagraphes divers — qu'il se contente d'aller chercher dans l'arsenal le plus banal des dessinateurs professionnels. Par provocation ? Paresse ? Par incapacité à se doter d'un alphabet qui soit le sien ? Parce qu'il croit peut-être trouver là, comme en son temps Jackson Pollock, des modules archétypaux qui le renverraient dans les parages d'on ne sait quel « inconscient » jungien ? Allons donc ! Si Stella procède ainsi, s'il préfère reprendre qu'inventer, récupérer qu'imaginer, s'il va, ces derniers temps, jusqu'à retrouver ses proches chutes et recycler les déchets de ses propres toiles, c'est pour une raison bien plus sérieuse sans laquelle on n'entend rien au sens final de l'entreprise. Oui à la couleur, semble-t-il dire. Oui au baroque et à ses profusions. Oui encore à la ronde fabuleuse de ces œuvres tournoyantes, tourbillonnant autour d'elles-mêmes que sont *The Hyena*, *Ahab*, *The Whale* ou *Quarter-Deck*. Mais sans jamais céder, ajoute-t-il, au caprice et à l'arbitraire. Sans renoncer à ce minimum de normes et de points fixes qui assurent la tenue d'une toile en même temps que son libre jeu. Ordre et désordre. Normes et turbulences. Tous les tourbillons que l'on veut — mais à l'intérieur d'un cadre et d'une structure. L'auteur des *Waves* a su étendre comme personne la palette de l'abstraction. Mais il ne renonce pas pour autant à ce souci géométrique qui est l'inoubliable acquis de la grande abstraction traditionnelle ; et c'est pourquoi il ne peut pas céder non plus sur la présence de ces ready made et de leurs régularités silencieuses.

Regardez d'ailleurs ces lithos. Oui, examinez-les. Fixez-les bien. Ne détachez surtout pas le regard de leurs formes enchevêtrées ni de leurs superpositions de matières. Vous commencerez par les plus simples. Celles dont le mouvement vous paraîtra le moins fou, le moins tumultueux. Puis, très vite, vous passerez aux autres. Vous scruterez *Hark* et son chaos de cônes et de cercles. *The Pacific* et son entassement absurde. Vous scruterez, si possible sans ciller, celles de ces *Vagues* qui vont de tous côtés sans qu'aucune intelligence paraisse les avoir gouvernées. Au bout d'un moment, vous verrez : le regard ne flottera plus. Il cessera de tourner, lui aussi, au rythme de la toile. Il se fixera, au contraire. Il trouvera son point d'appui, quelque part dans le haut du cadre. Peut-être ne s'attardera-t-il même plus sur cette griffure minuscule, ce bout de blanc dans la structure, ce graffiti, ce remords qui vous agaçaient. Et vous verrez alors un axe qui sortira du cadre ; une diagonale qui le traversera ; vous apercevrez un invisible centre qui commandait à ses mouvements — et une discrète architecture dont il sera inutile de dire qu'elle est le pur produit de votre imagination hypnotisée. Stella, au fond, reste un cubiste. Jusque dans ces œuvres lâchées, le même impeccable géomètre. Jusqu'au bord du kitsch, du mauvais goût, le même héritier de Cézanne. Et c'est bien le coup de génie de cette série que d'avoir su combiner les plus extrêmes désordres avec cette mathématique secrète qui demeure, à mes yeux, l'honneur de l'art abstrait.

J'aime ces « séries » de Stella. J'aime leur idée. Leur principe. J'aime les titres qu'il leur donne et qu'il tire de Diderot (pour les *Concentric Squares*) aussi bien que de Calvino (pour les *Cones and Pilars*). J'aime qu'il les programme ainsi. Qu'il les déduise littérairement. J'aime que la littérature commande à l'art, l'art à la littérature. J'aime qu'il essaie de nous faire croire que c'est le titre qui décide et qu'il n'a parfois rien pu faire d'autre que rendre une peinture « aussi bonne » que le nom qu'il lui a donné. J'aime qu'il déduise ses toiles. Qu'il les suppute *a priori*. J'aime qu'il brise, de la sorte, ses élans lyriques ou rhétoriques. J'aime qu'il mesure ses effusions. Qu'il calcule ses improvisations. J'aime cette autre folie — mais logique, celle-là ! — qui fait qu'il ne puisse pas prendre un pinceau sans avoir déjà dans la tête (c'est-à-dire, en fait, dans les doigts) la totalité des œuvres qui suivront fatalement la première. Et rien ne me fascine plus que cette image d'un homme énumérant et nommant, il y a maintenant plus de vingt-cinq ans, l'entière succession des toiles dont il se croyait alors porteur. D'autres l'ont fait comme lui ? Avant lui ? Certes. Mais à tort ou à raison, j'ai le sentiment que nul n'avait poussé si loin cet art d'une répétition qui, au lieu de reproduire du semblable, ne cesse de décliner, de libérer du différent ; et que cela vienne d'un homme qui, dans le même mouvement, rend à la peinture moderne le sens du corps, de la couleur, de la forme, de la matière, ne fait à mes yeux, je le répète, que donner à ce geste un prix plus grand encore. J'ai parlé de la « culture » de Stella. Puis de son goût de la « performance ». Si je devais résumer d'un dernier mot ce qui, en lui, me bouleverse, j'ajouterais ceci : cette alliance de grâce et de sang-froid que je n'ai, en littérature, trouvée que chez Baudelaire.

Janvier 1990.

CE QUE JE DOIS A KUNDERA

La réévaluation, d'abord, du grand roman centre-européen. Ce roman, je le soupçonnais. Parfois, je le connaissais. Mais ma génération — celle du culte voué à Proust, Joyce, Céline ou les grands américains — avait étrangement fait l'impasse sur ce qu'il avait à nous apprendre. A lui, donc, le mérite de nous avoir fait relire Musil. A lui, celui d'avoir introduit un Broch dans la sainte famille des fondateurs du roman moderne. A lui encore, pour ce qui me concerne, le mérite de m'avoir révélé cette éblouissante *Mort de Virgile* sous l'autorité de laquelle j'ai, à dessein, placé mon *Baudelaire*. Le roman centre-européen ? La part longtemps maudite de notre héritage littéraire. Sa région la plus obscure, la plus mystérieusement ignorée. Pour l'avoir simplement dit, pour lui avoir rendu son importance et sa place, pour ce seul geste critique en même temps que pleinement littéraire, je compterais déjà Kundera au nombre des contemporains capitaux.

A lui aussi, et du même coup, un « art » dont c'est peu dire que je me sens proche puisqu'il a très concrètement pesé dans mon propre travail littéraire. Il y avait — il y a — des romans qui se contentaient de raconter de belles histoires. Il y avait — il y a — des romans plus formalistes qui voyaient dans la langue même tout leur objet et leur souci. Quel soulagement alors et — quel émerveillement — d'entendre rétorquer que les romanciers sont aussi des gens qui ont quelque chose à nous apprendre sur le monde et sur les hommes ! Fonction de connaissance du roman. Vocation métaphysique. Idée qu'un roman qui ne découvrirait pas une portion jusqu'alors inconnue de l'existence serait raté ou immoral. Je n'avais bien évidemment pas lu Kundera quand j'écrivais, voici douze ans, que les artistes véritables en savent toujours plus long que les théoriciens et les savants. Mais je l'avais fait en revanche lorsque, plus tard, à l'heure de mettre ce pressentiment à l'épreuve d'un premier roman, j'ai pris cette position peu confortable pour le philosophe que je restais : passer au roman, oui, pour tenter de prendre à revers les questions (le fascisme, le communisme, la révolution, le pouvoir...) qui me hantaient et dont mes textes précédents n'étaient pas venus à bout.

Je lui dois — nous lui devons — encore une forme assez inédite d'entrelacement, dans un roman, du récit et du discours. On avait des romans à thèse. On avait des romans dits « engagés » où un ou plusieurs personnages se faisaient les porte-voix des convictions de l'auteur. Kundera, lui, répondait qu'une conviction n'est romanesque, qu'elle n'échappe à la lourdeur ou, pire, à la vulgarité des concepts mis en images que si elle est aussitôt relativisée, cassée, mise en suspens. Idée simple : le roman est le règne du relatif, de l'incertain, de l'ambigu. Impératif catégorique : que nulle pensée n'entre dans le livre sans y être présentée comme douteuse, équivoque, hypothétique. Que l'auteur de *L'Immortalité* soit fidèle ou non, lui-même, à cet impératif n'est en l'occurrence pas la question. Et l'on pourrait du reste pointer, dans ce nouveau livre, quelques exemples de « thèses » (l'amour de la nature... l'apologie des chemins... le procès de la technique, de la modernité... le malaise devant un monde où « à cause des voitures, l'ancienne beauté des villes est devenue invisible »...) où l'on ne sait plus trop qui parle — d'Agnès, de Paul, du professeur Avenarius ou de l'auteur lui-même qui, au mépris de sa propre doctrine, affirmerait ainsi une sorte de vision du monde. Reste que le programme est là. Il est, dans le corps même du livre, réaffirmé à maintes reprises. Et je tiens, moi, à dire que lorsque, dans mes propres livres, je fais varier mes points de vue, lorsque je fais en sorte que mes narrations se contrarient et que n'apparaisse nulle part un personnage dont on puisse imaginer qu'il porte mon drapeau, je le dois à ce Kundera-ci au moins autant qu'à Faulkner ou au Dos Passos de *La Grosse Galette* et de *Manhattan Transfer*.

De même, encore, pour ce souci de composition qu'il emprunte, explicitement cette fois, à Broch et Musil, et qu'il faut lui savoir gré de rappeler sans répit dans un paysage français qui y est souvent bien étranger. Tant de romans décousus ! Tant de récits qui, sous prétexte de « liberté », se résignent en fait à l'arbitraire, à la seule logique du caprice ! Liberté pour liberté, j'aime infiniment mieux, dans *L'Immortalité* toujours, le procès de « ces romans qui ressemblent à une rue étroite, le long de laquelle on pourchasse les personnages à coups de fouet » et dont la prétendue « tension dramatique » transforme tout, « même les plus belles pages, même les scènes et les observations les plus surprenantes, en une simple étape menant au dénouement final ». Et si j'aime mieux cela, si j'aime cette liberté d'allure, ce ton qui s'attarde et se déguste, c'est qu'ils n'excluent pas mais, au contraire, impliquent tout un système d'échos, d'autocitations et de signes qui donnent à l'ensemble son unité. Ces « gestes », par exemple, si drôles, si cocasses (« le geste du désir d'immortalité »... le geste de « casser les lunettes »...) qui sont comme un stock, toujours le même, où des générations d'hommes et de femmes viendraient puiser tour à tour — et qui confèrent à Laura et à Bettina von Arnim, à Goethe ou Beethoven et à leurs lointains descendants leur troublante et musicale parenté.

Je pourrais évoquer encore la cruauté de Kundera. Ses mises en scène sexuelles. Son regard. Je pourrais montrer pourquoi sa conception « expérimentale » du personnage est la meilleure façon de sortir de l'impasse où nous avait laissés le face à face du roman psychologique et du récit avant-gardiste. Je préfère terminer en rappelant ce que nous devons tous, et aujourd'hui plus que jamais, à sa réflexion déjà ancienne sur l'Europe et son futur. Avez-vous lu *L'Occident kidnappé*[1] ? Il serait temps. Car tout y est. Le passé de l'Europe asservie. La nature de sa servitude. Le fait que c'est l'Europe en elle que les totalitarismes brimaient — et que c'est cette même Europe, cette « européité » essentielle et nostalgique qui, le jour venu, viendrait à se réveiller. Kundera ne fait pas de politique, mais de la littérature. Est-ce en dépit ou à cause de cela qu'il a non pas, certes, prédit, mais défini par avance la forme de l'événement ? Lui sont redevables à

1. *Le Débat*, n° 27, novembre 1983 (Gallimard).

nouveau tous ceux qui, parmi nous, reconnaissent dans ce qui se passe à l'Est une révolte non seulement « en » Europe — mais par et pour cette Europe.

Je précise, à toutes fins utiles, que je ne connais pas Milan Kundera. Je l'ai croisé une fois, il y a huit ou dix ans, à Rome. Et le peu que je sais de lui, le peu que je devine de cette vision du monde dont je disais à l'instant qu'elle est « suspendue par ses romans », me semble bien éloigné de mon propre style et de mes choix. Autant dire que la dette dont je fais ici état, c'est moins à lui que je la dois qu'à ce double qui l'accompagne — pour écrire et signer ses livres.

Janvier 1990.

POUR ALBERT COHEN

C'était à la fin de l'été 68. Tout près des barricades de Mai. En pleine époque ultra-gauchiste. A l'heure où, dans les cercles que je fréquentais, il n'était question que de marxisme, de structuralisme, de psychanalyse — et où la littérature, quand elle survivait, n'était plus qu'un exercice savant, vaguement coupable et honteux, auquel nous ne nous livrions que sous le contrôle des cuistres et des linguistes. C'est dire combien *Belle du Seigneur*, avec son lustre, son panache, avec ses histoires d'amour, de luxe, de volupté, pouvait paraître hors de saison. Et combien il était peu fait pour m'enchanter, ce livre au fond classique, plein d'épisodes et de personnages, qui venait nous raconter simplement, sans détours ni précautions, et avec un aplomb qui, sur le moment, pouvait passer pour de l'inconscience, la troublante légende d'Ariane et de Solal. Il m'enchanta, pourtant. Mieux : il me transporta. Et telle est, probablement, l'irréductible puissance du romanesque que je me souviens de cette lecture, cet été-là, comme de l'une de mes plus foudroyantes émotions littéraires de jeunesse.

Plus tard, Albert Cohen. Il était vieux alors. Certainement déjà malade. Nous nous voyions chez lui, à Genève, dans le petit appartement de l'avenue Krieg d'où il ne sortait, je crois, plus guère. Et nous passions de longs après-midi, moi à lui parler de la vie, de la politique, des femmes ou des efforts que je déployais pour faire porter à l'écran *Belle du Seigneur* — et lui à me montrer de vieux papiers, des lettres d'admiratrices qu'il recevait, les messages des grands de ce monde qui proposaient son nom pour le Nobel ou à me lire à haute voix, dans un état d'excitation extrême, les passages de son livre qu'il chérissait le plus. Souvenir de lui mimant Ariane dans son bain. Singeant Solal au Ritz, dans la fameuse scène de la séduction. Souvenir de lui debout, un peu tremblant, dans son éternelle robe de chambre, jouant pour moi les scènes de la jalousie de la fin. Ridicule ? Oui, un peu ridicule sans doute. Mais il y avait dans ce ridicule, dans la passion qu'il supposait, dans la façon qu'avait cet homme d'assumer ainsi, sans préférence ou presque, la totalité de ses personnages, quelque chose d'assez sublime.

Le plus étrange, je crois, c'était sa réclusion. C'était sa solitude. C'était cet écart au monde, aux autres, à soi, auquel il semblait s'être voué. Le plus étrange, oui, c'était que toutes ces histoires, toute cette profusion de vie, de mots, de situations extravagantes ou d'intrigues sortaient de la tête d'un créateur qui, depuis dix ou vingt ans, n'avait quasiment plus quitté sa chambre. Image de Kafka, bien sûr. Image de Proust, dans la pièce de liège capitonnée comme un cercueil. Image de Dostoïevski dans son bagne, de Pound dans sa cage. Image de tous ces écrivains emmurés qui donnent à la littérature mondiale ses plus étincelants chefs-d'œuvre. Nous ne savions rien de Cohen, alors. Nous ne savions rien de sa vie. Nous ne savions même pas l'énigmatique raison qui, un beau jour, l'avait conduit à s'esseuler ainsi, entre les quatre murs de l'appartement de l'avenue Krieg. Toutes les hypothèses, du coup, étaient permises. Toutes les suppositions, y compris les plus romanesques. A commencer par celle-ci — qui avait, bien sûr, ma préférence et que confirme aujourd'hui la pauvre, si pauvre chronologie qui ouvre le volume de la Pléiade : le plus extraordinaire roman d'amour du XXe siècle était l'œuvre d'un écrivain privé, à la lettre, de biographie.

D'ailleurs non. Ne pas dire « roman d'amour ». Ou retirer au mot, si l'on y tient, tout ce qu'il peut impliquer d'heureux, de radieux, de romantique ou de complaisant. Cynisme de Solal en effet. Pathétique Ariane. Désastre de la chair. Comédie des sentiments. « Singerie », dit-il encore. Humaine « babouinerie ». Pauvre choc de squelettes, jetés l'un contre l'autre, promis à la mort, à la poussière. Et puis cette idée, terrible, qui enchaîne les deux amants l'un à l'autre et court à travers tout le livre : l'amour, aussi glorieux qu'il se prétende, n'aura jamais d'autre issue que le malheur, le supplice, la déroute des sens et des âmes. Jamais, me semble-t-il, on n'avait si bien décrit ses pièges, ses sortilèges. Jamais on n'avait si cruellement dénoncé sa part de farce, de tricherie. Et jamais (je veux dire : jamais, nulle part, dans l'histoire de la littérature), on n'était allé si loin dans la démystification de l'« amour fou », de l'« amour passion » et autres « éternels féminins » dont s'enchantent les élégiaques. Cohen, au fond, pensait comme Lacan que la chair est une débâcle, l'érotisme un ratage obligé. Et c'est peut-être l'une des raisons qui, depuis près de vingt ans maintenant, m'attachent si fort à ce roman.

M'y attache aussi, je pense, la métaphysique qui s'y exprime. Le mot est fort, je le sais. Il ne plaisait à l'intéressé qu'à demi. Et je me souviens de ce samedi où j'étais arrivé avec toute une batterie de questions sur la vie, la mort, la Loi, le sacré et où lui m'avait semblé si boudeur, si grincheux tout à coup — prétextant je ne sais quel malaise ou vertige pour m'obliger à me taire ou partir. Mais pourtant c'est bien cela. C'est bien de cela qu'il s'agissait jusque dans ses imprécations contre le mythe de l'amour fou. Et je ne vois guère par quel autre mot nommer ses incessants anathèmes portés contre la « nature » ou cette glorification, à l'inverse, de ce qu'il appelait l'« antinature ». Cohen, dans ces moments-là, retrouvait les prophètes bibliques. Il retrouvait le ton d'Isaïe vitupérant les « bosquets sacrés » ou les « jardins où prennent racine les méchants ». Et il prend place, ce faisant, dans la grande tradition antinaturaliste qui est, me semble-t-il, l'honneur de notre philosophie : celle qui, aux prestiges de la terre, de la vie, du concret, des choses même ou de l'esprit des bois, a toujours préféré l'austère discipline de l'artifice et de la loi. Est-il besoin de préciser ce que je lui dois sur ce chapitre ? Mettons que je ne serais pas le philosophe que je suis, sans les leçons de ce romancier.

Voilà. Je m'aperçois, en me relisant, que j'ai peut-être pas assez parlé de l'aspect juif de l'œuvre. Pas du tout évoqué Céphalonie, Mangeclous, les Valeureux. Pas suffisamment insisté non plus sur Solal, ce merveilleux héros, glorieux et incertain, qui, en pleine époque hitlérienne, au plus fort de la persécution, porte son judaïsme comme un faste et un défi. C'est d'autant plus dommage que cet aspect des choses fut important, bien sûr — et que cette célébration juive contribue largement à l'attrait que ce roman n'a cessé d'exercer sur moi. Pourquoi ne pas l'avouer, d'ailleurs ? Solal, à l'heure où je le découvris, fut bien plus, à mes yeux, qu'« un simple personnage de roman ». Ou plus exactement, et à l'instar des *vrais* personnages, ceux qui, non contents de nous charmer ou de nous divertir, nous changent, nous travaillent, nous entament au plus profond de nous-mêmes et nous obligent à lire, évaluer autrement le monde, il m'apparut tout de suite comme une manière de modèle, d'invitation au destin. « Solal, cher Solal », me lançait Albert Cohen, quand il m'accueillait ou m'écrivait. Et l'apostrophe, pour vainement flatteuse qu'elle puisse paraître, ne fut pas sans influence sur quelques-uns des choix que j'arbitrais alors en secret. La littérature se doit au principe du réel qu'elle façonne, à celui des existences dont elle s'empare.

Novembre 1986.

ENCORE COHEN

Reprendre la dernière scène. Car trop facile, après tout. Beaucoup trop convenu. Et risque, avec cette histoire d'amants ensemble se suicidant, de tomber dans le panneau de la grande faribole romantique, belle et bête à vomir, que j'ai tout fait pour éviter. Échec, donc, du suicide. Faillite de cet ultime projet. Intervention extrême, peut-être, d'un groom ou quelconque garçon d'hôtel découvrant les corps tout raides, un froid déjà leur venant. Et réapparition des faillis, de mes deux chers déchus, le roi Solal et Ariane sa belle, que l'on redécouvre en grande détresse dans la chambre d'hôpital où on les a piteusement transportés. Description, si possible, de la chambre. Forte accumulation de mots pour le côté nauséeux de la scène. Regard goguenard des médecins sur ces deux qui, ensemble, avaient voulu mourir et, ensemble sont condamnés à vivre. Bref tout, je dis bien tout, plutôt qu'Héloise-Abélard, Juliette-Roméo, et autres tristan et yseuteries — ce piège où ne surtout pas se perdre, avec ses mythes absurdes, usés jusqu'à la corde, pauvres mythes d'amour fatigués d'avoir trop souvent servi.

C'est Solal, à mon idée, qui le premier doit s'éveiller. Enfin « s'éveiller », façon de dire. Il faudra bien montrer le côté pénible, douloureux, presque sordide, de la remontée. C'est le corps qui vient d'abord. Et encore, pas le corps entier, mais un doigt, une jambe, une autre jambe, un autre doigt, un autre bout, puis encore un autre, de cette masse qui, bout à bout, organe après organe, sort de sa léthargie — oui, un à un les organes, une à une les cellules, jusqu'aux osselets de bouche, vérifiés au grand complet, qui semblent animés d'une vie propre, dégoûtante et répugnante et écœurante vie d'osselets. Horreur de cette chair qui vit. Hideur de cette viande qui s'anime. Jamais, au grand jamais, Solal n'avait si fort, si intimement senti son corps. Jamais, en aucun des remuements divers qui avaient occupé sa vie, il ne s'était senti si organiquement proche de lui-même. Et c'est dans cet état, dans cette moiteur, cette torpeur, c'est dans ce bouillonnement d'humeurs et cette débauche d'odeurs qu'un semblant de conscience, peu à peu, lui revient. Avec cette question d'abord, tout juste formulée, qui le taraude : « Et elle ? où est-elle ? vive aussi, sa fastueuse ? rescapée sa belle en pleurs et de voix si dorée ? ou là-bas, à l'hôtel, lourde et abandonnée en son dernier soupir ? »

Elle — Ariane — est là, bien sûr. Elle est là, sa pure, sa sainte, son Ariane haute de figure et d'austère lignée qui, pour lui et par amour de lui, se trouve là, près de lui, puante et pantelante, sur un lit pareil au sien. La voit-il ? Non, il ne la voit pas. Car œil vague, je l'ai dit. Torpeur pas dissipée. Tête lourde, comme plombée, qu'il ne pourrait, le voulût-il, lever de l'oreiller. Mais il l'entend, en revanche. Il entend un souffle. Un soupir. Il entend un râle, un murmure, un drôle de hoquet très disgrâcieux et puis, tout de suite après, comme pour le couvrir et le camoufler, un éclat de rire idiot et manifestement forcé qu'entre mille il reconnaîtrait. Chère chérie, songe-t-il ! Pauvre chère chérie qui, en sa douleur, en son humiliation et presque inconscience, trouve la force et l'esprit de simuler un rire camoufleur de hoquets. Ainsi faisait-elle à Agay, aux heures hautes de leur amour, quand elle se raclait la gorge pour couvrir un glouglou. Ainsi des mignons stratagèmes qu'elle allait imaginer pour comprimer, réduire ou faire taire un borborygme incongru. Ainsi, encore, quand elle disait très fort « il fait beau » et developpait ce thème à l'envi tandis que, en catimini, elle cherchait les poses meilleurement destructrices d'intarissables bruits intestins. A cela, oui, il la reconnaît. A cela, il la retrouve. Elle, sa piteuse, sa pitoyable, sa ridicule de grâce et de faiblesse — belle, ô belle pauvrette qui, à l'agonie, se défend de borborygmer en paix aux oreilles de son seigneur.

C'est cela le pire, d'ailleurs. C'est cette promiscuité. C'est cette proximité. Ce sont ces bruits, ces râles, de plus en plus nombreux, de plus en plus tonitruants, et qu'aucun éclat de rire, maintenant, n'est plus capable d'embrouiller. Le pire, c'est ce partage de misère et de miasme pour deux qui se seraient fait tuer plutôt que de partager une salle de bain ou de se moucher l'un face à l'autre. Leurs ruses de jadis ! Leurs rites ! Leurs mensonges ridicules ! Ce goût de ne se montrer qu'en amants prodigieux, sans cesse entre deux bains et toujours en prétendu désir ! Ces matins où ils s'évitaient, se croisaient sans se voir, quand ils allaient décoiffés, non parfumés à souhait ! Et puis ces dîners devant la baie, lui en smoking et elle en robe du soir, où ils s'entretenaient de sujets élevés, parlaient une langue distinguée, mangeaient du bout des lèvres, en leur folie de pureté avant que mine de rien, esquissant un faux bâillement, et prenant la voix pointue qui l'agaçait toujours un peu, elle finisse par lui lancer : « plairait-il à mon seigneur de venir partager la couche de sa servante... » Pour quoi, tout cela ? Pour quoi cette comédie ? Pour quelle déroute, quelle débâcle aujourd'hui ? Ces grabats, désormais. Ces vomissements pour les ensoleillés qu'ils ont été. « Ta femme », râle-t-elle entre deux glouglous et hoquets. Et lui, plein de pitié, mais aussi d'une colère insensée : « j'ai tout raté, même ma mort ».

Car enfin, quoi maintenant ? Quoi après cette épreuve, lorsque, sortis de la chambre, il faudra bien se parler, se regarder, se souvenir ? Possible de la quitter bien sûr, une fois pour toutes la quitter, elle à son destin, lui au sien, Auble elle est née, Auble elle n'a qu'à redevenir — mais il trouve l'idée vulgaire. Possible de la tuer, là, tout de suite, dans ce lit, de ses mains, avec aide éventuelle de l'oreiller pour étouffer le rire idiot — mais il n'a pas la force. Recommencer alors ? A nouveau la comédie, le faire l'amant de chaque instant, à nouveau les baisers tumultueux, les caresses sentimentales, à nouveau plusieurs bains par jour, les battements de chairs, les expressions poétiques à trouver pour louer la beauté de l'aimée et les diverses parties de sa viande ? Ça non plus, il n'a plus la force. Il n'en a plus le courage ni le désir. Et il sait bien, après ce qu'il voit et qu'elle voit, que jamais plus ils ne croiront à leurs respectifs boniments. Alors, une idée lui vient. Une idée absurde. Une idée désespérée. La toute dernière idée d'un malheureux qui sent sa tête qui lui manque, son temps qui se dérobe et aucune issue, non, aucune, à l'impasse où il s'est mis. Ce n'est pas une idée, c'est un remords. Ce n'est pas un remords, c'est un rêve. Et ce rêve, tandis qu'il le formule, il en mesure — ou croit en mesurer — l'inqualifiable égoïsme : « être mort, oui, *mais seul*, et en elle demeurer comme un immortel regret ».

LETTRE D'UN PERSAN A UNE PERSANE
A PROPOS DE PHILIPPE SOLLERS

Voici, ma chère Astarté, les renseignements que j'ai pu recueillir au sujet de l'auteur qui semble si fort t'intéresser.

Il est né, si j'ai bien compris, dans une ville du sud de la France qui porte le nom d'un vin. La famille est anglophile — ce qui, dans la région, est classique. Elle est résistante et patriote — ce qui, dans le pays, l'est beaucoup moins. Ce pur joyau de Gironde aura beau fuir son patronyme, cette origine, m'ont dit ses proches, l'a cependant façonné.

Son premier livre paraît en 1959 sous le parrainage conjoint des deux Mamamouchis de l'époque. A ma droite, le Mamamouchi Mauriac, se flattant d'être le premier à « écrire ce jeune nom ». A ma gauche, le Mamamouchi Aragon, qui revendique aussi l'honneur de « célébrer ce glorieux printemps ». Philippe Sollers n'a que vingt ans. Mais l'agitation bat déjà son plein. Et il n'est bruit dans le royaume que de ces querelles de préséance autour du divin baptême.

Au même moment ou presque, il fonde l'un de ces établissements bizarres, à mi-chemin du bazar et du sérail, que l'on appelle ici *Revue* et où ne tardent pas à se retrouver les esprits nouveaux du temps. Des noms ? MM. Althusser, Foucault, Lacan, Derrida, Ponge, Barthes — j'en passe : ces noms, de toute façon, ne te diront rien ; sache qu'il s'agit de gens éminents qui n'ont pas pour habitude de suivre n'importe qui. Ce sont des maîtres, des vrais : et c'est son mérite d'avoir osé et pu, lui, tout jeune homme encore, les embrigader ainsi sous ses couleurs et sa bannière.

Survient l'an 1968 qui l'installe sur le bord extrême du « parti révolutionnaire ». Cet engagement, à l'heure où je t'écris, lui est, va donc savoir pourquoi, toujours imputé à crime. Et je suis tombé, l'autre matin, sur une gazette qui, chose extraordinaire, attribue à ses écrits d'alors la responsabilité du « terrorisme ». Vérification faite, je suis en mesure d'affirmer : premièrement, que l'imputation est sans fondement ; secondement, que l'engagement en question était dans le droit fil de sa révolte, un peu plus tôt, contre les crimes français en Algérie ; troisièmement, qu'il y avait dans toute l'affaire une indéniable part de comédie : comme si cet écrivain-né s'était déguisé en maoïste, comme Usbek et moi en Parisiens, aux seules fins d'apprivoiser la langue, la culture, la littérature des Chinois. On le croyait « garde rouge ». Il allait en réalité sur les traces de son prédécesseur, le père Lorenzo Ricci — ce qui, pour l'admirateur des jésuites qu'il se révélera bientôt être, ne manquait ni de prescience ni de cohérence !

La démarche te choque ? Je veux dire : es-tu fâchée qu'un écrivain se serve d'une cause politique dans un but purement littéraire ? Tu aurais tort. Car c'est l'habitude ici : tous les grands écrivains sans exception ne crient si fort leur dévotion au Peuple, au Parti, à la Révolution que pour dissimuler le seul vrai lien qui leur importe et qui est celui des livres. Souviens-toi de ton Malraux. Ou de ton Sartre. Ou encore de ces « surréalistes » qui ne s'intéressaient aux choses de la cité que pour autant qu'elles préservaient ou renforçaient l'infracassable noyau de leur œuvre. Philippe Sollers, à sa façon, n'a rien fait d'autre. A ceci près qu'il aura, lui, clamé très haut ce que ses aînés faisaient tout bas : un romancier n'a qu'une morale, qu'une foi, qu'une religion — celle, sacrée, de ses romans.

C'est à dessein, bien sûr, que je nomme les surréalistes. Non pas, comprends-moi bien, qu'il y ait rien de commun entre son art et le leur. Mais il y a dans sa manière et sa personne quelque chose qu'on n'entend pas si l'on ne pense à eux. Je t'ai parlé de sa revue. Eh bien, sache qu'autour de la revue il y avait un groupe. Autour du groupe, une chapelle. Et, au sein de la chapelle, tout un jeu d'amitiés et de ruptures, d'hérésies et d'anathèmes, qui rappelle irrésistiblement celui de la secte d'André Breton. Sollers, nouveau Breton ? Disons, pour rester prudent : le dernier « pape » authentique qu'aient produit les lettres françaises. Ou bien, si tu préfères, le dernier de leurs écrivains à avoir écrit (et vécu) comme l'un de nos sultans — avec eunuques, vizirs, derviches et sérail prodigieux...

Aujourd'hui, le sérail est brisé. La secte, apparemment dissoute. Et la sacro-sainte *Revue* est restée chez son libraire d'origine qui l'a, paraît-il, prise en otage. N'empêche. Aussi seul soit-il, aussi singulier qu'il se veuille, notre homme continue de régenter à distance son Église invisible. Il suffit de voir ses proches, d'observer leurs manies et leurs accents, il suffit d'écouter comme ils s'expriment, comme ils fredonnent un air ou répètent un mot de passe, il suffit de voir l'étrange manière qu'ils ont de s'emparer tous, au même moment, du même livre fétiche qui leur devient comme un sésame (le plus récent en date serait, à ce qu'on me dit, les *Commentaires* d'un certain Debord connu pour son hostilité à toutes les formes d'ordre établi) pour comprendre que l'école, aussi dispersée soit-elle, n'en a pas moins maintenu des signes de reconnaissance et ses rites.

Voilà, ma chère Astarté. Tu sauras tout lorsque je t'aurai dit que ce grand écrivain est aussi l'un des personnages les plus drôles d'un Paris qui ne l'est guère. Oh ! pas cette drôlerie française dont nous avons, en Perse, un si méchant préjugé. Mais une drôlerie plus légère, plus subtile, plus carnavalesque aussi — qui semble toujours au bord de nous rejouer les situations les plus cocasses de l'*Imprésario de Smyrne*. Ajoute à cela son goût de l'allusion, du clin d'œil, de l'esquive. Ajoute, dans ses livres mêmes, ce drôle de demi-sourire qu'affectent parfois ses phrases. Ou bien cette façon qu'elles ont, d'une suspension à l'autre, de nous jouer une note sur deux. Oui, ajoute tout cela et tu auras le portrait d'un des hommes les plus libres, les plus imprévisibles de ce temps. Aux dernières nouvelles, il naviguerait quelque part entre Voltaire, Fragonard et Montesquieu dans un XVIIIe siècle qui le repose des mortelles lourdeurs du nôtre. Bernard-Henri Lévy, que je tiens pour un avisé satrape, m'assure qu'il s'est enrichi dans l'aventure d'un *Lys d'or* qui, plus que jamais, le conforte dans son rang : celui qui, dans cette nation littéraire, revient par principe aux meilleurs.

Février 1989.

BLOC-NOTES

Talk of the Globe. Baudelaire comme d'habitude.
Pourquoi j'ai préfacé Negri. Comment Le Pen a tout ramassé.
Notre échec, notre honte. Un juif peut-il se signer ?
Vive l'esprit de chapelle ! Vive le sectarisme !
Richard Serra, Clara Clara[1].

2 octobre : Conversation avec Georges-Marc Benamou qui me convainc — sans trop de mal ! —
d'inaugurer dans son journal une sorte de bloc-
notes qui devrait ressembler, selon lui, au « Talk of
the town » du *New Yorker*. De la politique, autrement dit... Mais aussi de l'esthétique... Des impressions au jour le jour... Des réflexions sur des lieux,
objets, livres ou spectacles de rencontre... Bref une
déambulation, flâneuse et grave à la fois, au travers
d'un « paysage moderne » dont l'exploration sera —
c'est toujours Benamou qui parle — le souci le plus
insistant de *Globe*... L'idée m'amuse, bien sûr. Elle
flatte ce qu'il y a en moi de goût pour la variation,
la fugue ou l'éclectisme. Et elle tombe on ne peut
mieux, à un moment où je me soucie de plus en
plus, moi, de ce lien discret, secret parfois, mais
tenace, qui noue les uns aux autres nos choix
idéologiques et puis les formes, les lignes, les cou-

1. Ce bloc-notes, ainsi que les suivants, sont parus dans *Globe*,
entre novembre 1985 et février 1987.

leurs et les choses où nous nous reconnaissons le plus volontiers...

Baudelaire, comme d'habitude, avait tout dit là-dessus. Il avait, une fois de plus, tout compris. Et le mieux, pour me faire entendre, est peut-être de rappeler ce texte, lu il y a longtemps, où il expliquait en substance — je cite de mémoire — que c'est pour la même raison *de fond* qu'il aimait Delacroix, haïssait le progressisme, se défiait d'Ancelle ou de George Sand et désirait Jeanne Duval.

4 octobre : Lu dans *L'Express* de ce matin une notule où l'on s'étonne de la « complaisance » avec laquelle *(sic)* j'aurais préfacé les *Carnets de prison* de Toni Negri, ce « mauvais maître » italien accusé, dans son pays, d'être l'inspirateur d'un brigadisme que l'on voyait, hier encore, faire de la bombe et du P 38 ses arguments ultimes. Sur quel ton faut-il donc dire les choses ? Et faudra-t-il bientôt les crier pour être certain d'être entendu ? J'ai clairement dit en effet, dans la préface incriminée, ce qui me séparait de l'homme. J'ai non moins clairement expliqué qu'il n'y avait pas un thème, une analyse, un parti-pris qui, dans son livre, nous fussent véritablement communs. Et je suis même allé jusqu'à rappeler — craignant les interprétations perverses — que l'auteur faisait indubitablement partie de cette catégorie d'intellectuels où j'ai toujours reconnu mes adversaires irréductibles. Restait le symptôme, cependant. Restait le témoignage. Restait ce visage qui, disais-je, s'obstine à nous regarder avec l'inquiétante étrangeté des miroirs. Et reste le cas d'un homme qui, dans mes dispositifs imaginaires, ne pouvait pas ne pas prendre place aux côtés de tous ces êtres noirs, marqués et comme élus à rebours dont j'ai tendance à croire que leur affinité avec le

Mal en fait des figures limites et paradoxalement exemplaires. Toni Negri, en d'autres termes, est un enfant du siècle. C'est un raté, un hoquet, un lapsus de son époque. Et s'il m'intéresse tant, s'il me passionne et si j'ai pris le risque, donc, de cette préface, ce n'est pas par complaisance, mais par souci de connaissance ; c'est, si l'on préfère, parce que nul n'a incarné mieux que lui les tentations de cette génération étrange, aux destinées imprévisibles et dont je n'ai peut-être rien fait d'autre, depuis dix ans, de livre en livre, que d'essayer de reconstituer l'histoire.

16 octobre : Complaisance pour complaisance, on devrait s'intéresser un peu plus, il me semble, à celle dont a bénéficié hier soir, sur Antenne 2, un certain Jean-Marie Le Pen. Que les règles de la démocratie obligent à donner son temps d'antenne à un homme de cette espèce, je veux bien à la rigueur l'admettre. Mais fallait-il cette faiblesse ? Fallait-il cette déférence ? Fallait-il traiter de manière aussi convenue, convenable et, donc, respectable et respectueuse, un homme dont chacun sait qu'il est un authentique fasciste, doublé probablement d'un assassin ?

J'entends, ici et là, que c'est en lui posant des « vraies » questions, en l'interrogeant sur des problèmes « techniques » et « complexes », en le sommant de donner son avis sur les grands sujets canoniques de la grande politique classique, bref en le contraignant à abattre enfin son jeu et à décliner son éventuel programme de société, que l'on finira par le confondre et par dégonfler l'odieuse baudruche. Eh bien je ne crois pas. Je crois même très exactement l'inverse. Et il faut être bien aveugle pour ne pas comprendre que c'est en procédant ainsi, en multipliant ces questions « sérieuses », en faisant semblant de croire qu'il puisse avoir un avis autorisé sur les problèmes « techniques », « complexes », etc. qui sont le lot des chefs de parti traditionnels, il faut être aveugle, oui, pour ne pas comprendre que c'est en le traitant ainsi qu'on lui confère la légitimité dont il a si cruellement besoin.

Une seule attitude juste, face à Le Pen : l'exclure par tous les moyens possibles du cercle de famille de la politique consacrée. Un seul impératif : tracer autour de lui le cordon idéologique et éthique qui, seul, le tiendra hors du jeu. Une seule question, un seul *type* de question à lui poser : encore, toujours, sans relâche ni rémission, la question de ce racisme dont il est, avant toutes choses, le héraut. Force est de constater que nous étions, hier, loin du compte et que, pour le téléspectateur moyen, un homme qui a son mot à dire sur l'économie, la science, la monnaie, la crise des chantiers navals, la situation des paysans et des commerçants, les rapports Est/Ouest ou la guerre des étoiles est, au sens propre, *un homme politique banalisé.*

18 octobre : J'insiste sur ce cas Le Pen. Le fond de l'affaire, bien sûr, c'est le tabou qui a sauté. C'est le verrou qui a lâché. C'est cette vieille boue, retenue depuis des années, qui remonte tout à coup, suinte dans les consciences. Et face à ce suintement, face à cette crue et aux risques de délitement de l'ordre démocratique qu'entraîne le phénomène, je crois qu'il ne faut plus craindre d'appeler les choses par leur nom — et d'en appeler, littéralement, à *une restauration de l'Interdit.*

Misère, à cet égard, de ce « libéralisme » idéologique à tous crins qui nous revient des années soixante. Misère de ce « relativisme », sans règles ni rivages, qui veut que les idées, toutes les idées sans exception, se valent et s'équilibrent. Misère de ces « sondages » dont la télévision, l'autre soir, nous livrait « en direct » les résultats et où se dévoilait, sans fard ni honte aucune, le visage d'une certaine France, arrondie en son infamie. Oui, par le libre jeu du libre débat politique, nous avons appris ce soir-là que la France est un pays où, 30, 40, 50 p. 100, je ne sais plus, de Français peuvent, en toute impunité et liberté, se déclarer « séduits » par une propagande néo-fasciste affichée. Et l'évidence est là, du coup, dont il faudra bien finir par tirer toutes les leçons : notre système médiatique — ainsi que, du reste, notre système et notre classe politiques — ont probablement échoué à endiguer l'effet Le Pen.

21 octobre : Bernard Privat, pour moi, était plus qu'un éditeur. Plus qu'un écrivain. Plus qu'un ami même, un complice ou le délicieux compagnon dépeint, la semaine passée, dans toutes ses nécrologies. Et je ne saurais mieux dire ma peine, je crois, qu'en disant qu'est partie avec lui l'une des très rares personnes qui ont, depuis quinze ans, vraiment pesé sur mon destin. Je ne suis pas seul dans ce cas, sans doute. Et nous étions quelques-uns, j'en jurerais, à ressentir le même désarroi, l'autre jour, à Cliousclat, dans le petit cimetière blanc où nous nous trouvions rassemblés. Ai-je changé ? Vieilli ? Ou est-ce l'ombre de Bernard qui, déjà... ? Pour la première fois, en tout cas, cette idée d'un deuil vécu en commun ne m'a étrangement pas choqué. Et moi qui ai toujours eu si peur, si profondément horreur des rites, des prescriptions et des cérémonies de funérailles, j'ai presque aimé, tout à coup, ce moment de recueillement, ce partage de douleur et de chagrin. A la toute fin, lorsque

303

l'heure est arrivée de passer un par un, pour lui rendre un dernier hommage, devant la tombe ouverte où reposait déjà le corps, je me suis surpris, moi l'impie, le mécréant, à m'arrêter à mon tour, à hésiter un instant — et puis à regretter de ne pouvoir me signer aussi.

23 octobre : New York. Dîner avec Martin Peretz, le directeur de *New Republic*, qui me presse de lui donner un texte sur le drame de l'Achille Lauro. La conversation, à mesure que les heures passent, s'attarde à des sujets plus frivoles. Et nous en arrivons à parler de ce qui est à ses yeux l'énigme majeure de la vie culturelle française : l'idée, l'existence même d'une « rentrée littéraire ».

« Non, lui dis-je, vous avez tort... L'idée n'est pas si absurde... Elle n'est pas si dérisoire non plus... Et il y a quelque chose d'essentiel dans cette fièvre qui, chaque automne, emporte les éditeurs, les journalistes, les intellectuels parisiens... Brigue, dites-vous ? Intrigue ? Embrouilles même, ou magouilles ? Je ne suis pas loin de penser qu'il y a dans tout cela, dans tous ces codes, ces rituels, ces nœuds d'intérêts croisés et savamment orchestrés, quelque chose qui, ne vous en déplaise, appartient de plein droit à la mythologie littéraire — quelque chose qui, plus exactement, relève de ce pouvoir qu'ont les livres de tracer autour d'eux d'impalpables communautés où les hommes se réassemblent en un ordre différent... Vive, en ce sens, l'esprit de chapelle ! Vive l'esprit de clan ! Vive ce que d'aucuns, à Paris, appellent l'esprit de coterie ! Ces coteries, elles sont l'autre nom de ce que Leiris et Bataille nommaient, avant la guerre, des « sociétés secrètes ». Et à ceux qui me demanderaient où se trouve en cette saison-ci, ma « société secrète » à moi, je répondrais en citant deux ou trois livres. Ils sont l'enjeu, c'est vrai, de mes brigues et intrigues du moment. Mais ce sont ceux, surtout, dont je me sens le plus fondamentalement contemporain. Le roman de Jacques Henric par exemple — ou celui de René Swennen qui saisit comme nul autre la naissance et la nature du sentiment de modernité.

26 octobre : Décidément, ce bloc-notes commence bien mal. Et c'est vrai qu'au lieu de ces fantaisies, impressions et subtiles variations dont j'aurais aimé l'émailler, il a fâcheusement tendance à tourner à la monomanie. Ce matin, en effet, c'est le *Figaro Magazine* qui monte au créneau. C'est lui qui, fort d'une prétendue « enquête » qui frise la désinformation, nous offre le plus ahurissant dossier sur l'immigration qu'ait jamais publié à ce jour un organe de presse libéral. Et je vois mal comment ne pas réagir à nouveau devant cet étalage de fantasmes, de mensonges ou de délires. Le plus grave, d'ailleurs, ce n'est même pas l'article. Ce n'est même pas le ton. Ce n'est pas non plus le fait que l'on ait requis en l'occurrence un demi-solde des lettres, promu « spécialiste en humanité et en sciences démographiques ». Non, le plus grave c'est la façon dont la presse, dans son ensemble, réagit à l'événement. C'est l'extraordinaire docilité avec laquelle elle accepte les termes du problème que pose ce numéro du magazine. Et c'est le fait qu'il n'y ait, à l'exception de *Libération*, pas un commentateur pour refuser de réfléchir en termes de quotas, de taux d'entrée ou de retour, de seuils de tolérance ou au contraire d'explosion. Imaginons, dans les années 30, une presse anti-fasciste s'interrogeant sur le « taux de fécondité » des femmes juives d'Europe de l'Est... Imaginons-la en train d'expliquer que non, il n'y a pas le feu, ces redoutables pondeuses étrangères finiront par se calmer... Imaginons des discussions byzantines où l'on n'aurait le choix qu'entre la position de ceux qui verraient déjà la culture, la religion, les rites juifs triompher — et celle des « humanistes » pour qui la douce France saura bien acclimater les monstres, apprivoiser la menace... C'est à peu près, toutes proportions gardées, ce qui se passe aujourd'hui dans la plupart des tribunes où l'on débat de l'immigration et du racisme. Et il est difficile, après cela, de ne pas se dire que, dans l'ordre du discours au moins, le fascisme est d'ores et déjà passé.

29 octobre : Paris tout gris, soudain. Paris très froid, presque lugubre. Et, dans ce square du XIIIe arrondissement où je passe par hasard, cette haute sculpture d'acier rouillé que j'avais vue déjà, l'an dernier, dans les jardins des Tuileries. Elle s'appelle Clara Clara. L'auteur s'appelle Richard Serra. Et grâces soient rendues à ceux par qui ce monument de l'art américain moderne a pu rester ici. Ça n'a l'air de rien, une sculpture. Ça ne change rien, apparemment, à ce climat de régression dans lequel nous nous complaisons. A mes yeux, pourtant, c'est décisif — et c'est avec des riens de ce style que je compte passer l'hiver qui s'annonce.

Novembre 1985.

Coluche et l'infamie. Julien Gracq à Stockholm.
Que sont les Polonais devenus ? Le chic Bérégovoy.
Un bond hors du rang des meurtriers. Vive Berlusconi !
On n'en a pas fini avec le P.C.

14 novembre : Pardon à ceux que Coluche arrive
encore à faire rire. Et pardon à ceux qui, surtout,
seraient tentés de voir dans ce rire je ne sais quel
argument valant excuse ou indulgence. Mais la
manière dont il s'est conduit vis-à-vis de Christine
Clerc, hier, dans les studios d'Europe 1, m'a semblé,
moi, inexcusable. Et quitte à paraître un peu solennel, je tiens à dire ici, qu'un homme capable de
traiter ainsi une journaliste, de la molester, de
l'insulter est, qu'on le veuille ou non, un lâche
doublé d'un salaud. Le fait que la journaliste en
question soit au *Figaro Magazine* ne justifie, bien
entendu, rien. Et qu'elle soit femme, en revanche,
ne fait qu'ajouter à l'affaire ce zeste de haine
sexuelle qui lui donne tout son parfum. Chacun
sait cela, je crois. Chacun sent bien que Coluche
vient d'accomplir là un geste qui, s'ajoutant à tout
ce qu'il débite, à longueur d'antenne et de journée, sur le compte des Juifs, des Arabes, des
handicapés, et j'en passe, ne le grandira pas. La
question, la *seule* question qui, dans ce cas, continue de se poser, c'est : comment ne sont-ils pas
plus nombreux, les commentateurs qui, dans la
presse, acceptent ce matin de prendre la mesure de
la saloperie ?

18 novembre : Arrivée hier soir à Stockholm avec
— outre Marek Halter — toute la délégation de
S.O.S. Racisme venue recevoir en grande pompe le
« Prix de la Liberté ». Cérémonies donc... Discours
et colloques en tous genres... Polémiques amicales

307

avec un Breyten Breytenbach qui, comme ses amis sud-africains, ne démord pas de l'idée que le racisme est le produit d'un « certain type de société »... Et puis Stockholm surtout, oui la troublante, l'embarrassante Stockholm avec ses grandes avenues vides, ses étranges toits vert-de-gris, sa lumière pauvre, presque blafarde, qui commence de s'éteindre dès les premières heures de l'après-midi. Ville sans couleurs... Ville sans saveurs... Ville sans odeurs ni humeurs... La seule ville que je connaisse où l'on puisse marcher des heures, des nuits et des jours entiers, sans jamais rencontrer de ces zones d'ombre et de mystère qui font le charme des autres villes... Souvenir de ce beau texte de Gracq disant, de Stockholm justement — à moins, je ne sais plus, que ce ne soit d'Oslo ou de Copenhague — que c'est la seule ville de la planète qui n'ait, à la lettre, *pas de bas-fonds*.

20 novembre : Deux jours de théâtre donc. Deux jours de comédie. Deux jours voulus, organisés, j'allais presque dire programmés pour qu'il ne s'y passe strictement rien. Et toute une mise en scène, toute une orchestration destinées à mettre en spectacle cette grande illusion genevoise. N'est-il pas important, dira-t-on, que le Sommet lui-même ait eu lieu ? Et ne faut-il pas se réjouir qu'à défaut de s'être entendus sur des « résultats tangibles et concrets », les deux grands aient pu se voir, se tâter, parler au moins, et dialoguer ? Eh bien, au risque de choquer, je crois précisément que non. Et à ceux qui en douteraient, j'ai envie de conseiller d'aller demander ce qu'ils en pensent aux Polonais, aux Afghans ou à ceux qui, en Russie même, crèvent sous la botte communiste.

Pour ceux-là, en effet, le message est clair. Et ce

qu'on leur a très clairement dit c'est, en substance, que le monde ne va pas si mal ; qu'il tourne à peu près rond ; qu'il n'a pas de défaut majeur sur quoi les grands ne puissent transiger ; ce qu'on leur a dit c'est que toutes ces larmes, toutes ces souffrances, toutes ces détresses qui sont leur lot et qu'ils vivent comme un cauchemar font, elles aussi, tout bien pesé, partie de l'ordre, de l'équilibre, de l'harmonie de la planète ; et le résultat c'est alors, très normalement et logiquement, qu'à tous ces gueux qui voulaient des armes, qui attendaient des aides ou des paroles, on a discrètement fait injonction, sinon de se soumettre, du moins d'apprendre à se taire, à ne plus espérer ni réclamer. C'est cela, au fond, la Détente. C'est cette machine à banaliser le Mal et à éterniser le malheur. C'est la mirobolante mais diabolique méthode qui, au plus absurde, au plus insensé, au plus scandaleux des malheurs permet de donner, soudain, l'accablante figure d'un destin.

21 novembre : Pierre Bérégovoy à « L'Heure de Vérité ». Voilà un ministre des Finances en exercice qui, fort d'une série de succès à faire pâlir d'envie quelques-uns de ses prédécesseurs, reconnaît néanmoins les « erreurs commises » ; confesse qu'il n'y a pas de « recette magique » pour sortir le pays de la crise ; évoque ses « déceptions » ou ses « désillusions » sur le même ton que ses victoires ; trouve le ton juste enfin, sans grandiloquence ni complaisance, pour refuser que le thème de l'immigration devienne le « thème central » du débat politique de demain ; bref, voilà un ministre des Finances qui, loin des vantardises et des rodomontades qui sont souvent la loi du genre, nous a donné, deux heures durant, une grande leçon de mesure, de modestie, d'humilité — c'est-à-dire, au fond, de démocratie.

Pierre Mendès France, dont il se réclame, n'aurait pas désavoué la performance. Et il y avait dans le style de l'émission, dans le parler vrai du personnage, dans ce va-et-vient constant entre un empirisme résolu et une intransigeance extrême sur les principes, quelque chose qui, de fait, n'était pas sans rappeler la petite musique du mendésisme. Qui m'eût dit, il y a quinze ans, lorsque je le croisais, un mercredi sur deux, dans le comité d'experts qui entourait François Mitterrand que cet autodidacte sévère trouverait si naturellement l'accent d'un homme d'État ?

25 novembre : Lu dans la *Vie de Mallarmé* d'Henri Mondor, cette phrase écrite au lendemain des massacres de la Commune : « je n'admets pas que ces interruptions s'imposent à notre intime pensée ». La phrase est terrible, certes... Mais n'est-ce pas, à peu de chose près, ce que disait Joyce avec son fameux : « périsse la Pologne, pourvu que vive Finnegans Wake ? » Ce que sous-entendait Kafka avec la non moins fameuse invitation à faire, comme il disait « un bond hors du rang des meurtriers » ? Et n'est-ce pas l'inavouable pensée qui rôde dans la cervelle de tous les écrivains du monde lors même qu'ils se veulent, s'affirment, s'affichent « amis » du genre humain ? Moi-même, pourquoi le nier ? j'ai pu nourrir, parfois, des idées de cette espèce. Il a pu m'arriver de rêver d'un retrait, d'une sécession totale vis-à-vis des obligations civiles où je me sentais pris. Et cet après-midi encore, au théâtre de l'Athénée, en plein cœur de cette manifestation antifasciste que je me flattais pourtant d'avoir en partie fomentée, je ne pouvais, malgré mes efforts, m'ôter de la tête l'horrible petit murmure. Et si l'engagement des intellectuels n'était, après tout, qu'une manière de dîme qu'ils paient à la communauté pour prix de leur odieuse, monstrueuse singularité ?

26 novembre : Ainsi donc, Silvio Berlusconi est un voyou et un vautour. C'est un vampire assoiffé de sang qui ne serait venu chez nous que dans l'espoir d'assassiner notre cher cinéma national. Et nous n'aurions pas trop de tous nos artistes, de tous nos producteurs et de notre petit monde culturel et médiatique pour faire front contre l'intrus et tenter, à toute vitesse, de lui faire retraverser les Alpes. Qu'il y ait, dans tout ce remue-ménage, des accents de xénophobie ne gêne apparemment pas nos vertueux. Et je n'en vois aucun protester, notamment, contre l'ahurissant entretien, publié hier par *Le Quotidien*, et où Bertrand Tavernier accusait le « magnat italien » d'innonder notre marché de « techniciens étrangers » ; de mettre en péril « l'emploi et la survie de la profession » ; de « s'acharner » *(sic)* sur une vieille famille française, les Seydoux, dont il aurait déjà, au moment de l'aventure Gaumont Italie, « foutu en l'air » le premier fils ; sans parler de l'inexpiable crime qui consisterait selon lui, si l'on n'y mettait le holà, à introduire dans notre bonne terre gauloise le « droit anglo-saxon »... Pourquoi le droit anglo-saxon ? Mystère bien entendu ! C'est-à-dire, en réalité, délire ! Et l'on aurait presque envie, face à ce vent de panique, à cette débauche d'irrationalité et parfois, aussi, de franche bêtise, de rappeler tout simplement quelques vérités de bon sens... Celle-ci, par exemple : que le cinéma italien dont Berlusconi est censé être le « fossoyeur » a eu, hélas pour lui, bien d'autres raisons de mourir — à commencer, comme chacun sait, par les carences d'un État qui n'a eu ni la lucidité ni le courage du nôtre. Celle-ci encore : que le cinéma américain, de son côté, et contrairement aux analyses de nos oiseaux de malheur, n'a pas le moins du monde souffert de l'explosion des télévisions — Coppola, Kubrick ou Woody Allen ne sont pas encore, que l'on sache, les idiots décervelés que nous risquerions, nous, à les entendre, de devenir. Ou bien celle-ci : qu'il est aussi débile de reprocher à une télé commerciale d'être par définition « vulgaire », que d'accuser une télé publique d'être, par la force des choses, « totalitaire » — la vérité étant surtout, qu'on ne sait encore grand-chose ni de la grille ni des programmes ni du cahier des charges de la « Cinq ». Et quant à l'épineux problème, enfin, des plages de publicité qui vont nous saucissonner les chefs-d'œuvre de Tavernier, je ne saurais mieux faire, je crois, que de m'autoriser cette fois de la parole d'un vrai grand. C'est Truffaut en effet qui, réfléchissant à la manière de repeupler les salles obscures, déclarait carrément, quelques mois avant sa mort, dans une interview à *Paris-Match* : « En France, on a commencé à tuer le cinéma le jour où l'on a décidé que les films diffusés par la télévision ne seraient jamais interrompus par des spots publicitaires ».

27 novembre : Déjeuner, à huit jours de distance, avec un « cacique » socialiste et un « présidentiable » de l'opposition qui me parlent tous les deux, dans des termes presque identiques, de l'« inquiétude » que leur inspire « l'inexorable déclin du P.C.F. ». Explication courte — et qui vient aussitôt à l'esprit : l'un regrette l'Union de la gauche et l'autre le bon temps où c'étaient les communistes qui assuraient, chaque année ou presque, les victoires électorales de la droite. Explication plus complexe — mais que je crois plus féconde : ils savent l'un comme l'autre que le P.C. est la pierre d'angle du système politique français ; que c'est autour de lui que s'ordonnent ses paysages, ses stratégies, ses débats ; que c'est par rapport à lui, et par rapport à lui seulement, que la partie, vaille que vaille, continue symboliquement d'être jouée : ils savent l'un et l'autre, si l'on préfère, que si le vieil astre déclinant venait à s'éteindre tout à fait, c'est toute la galaxie qui, d'un coup, entrerait dans la pénombre. Programme commun à la classe politique tout entière : sauver coûte que coûte un parti qui la fait persévérer dans son être. Impératif catégorique auquel j'ai bien peur qu'elle s'oblige dans les mois ou années à venir : que ce parti conserve le plus longtemps possible crédit et respectabilité. Pour quelqu'un qui, comme moi, pense qu'il n'y a rien de plus semblable à l'effet Marchais que l'effet Le Pen, l'idée n'a, bien entendu, rien de particulièrement réjouissant.

28 novembre : Mais non, *L'Année du Dragon* de Michael Cimino n'est pas un film « raciste ». Que les personnages chinois soient, pour la plupart, négatifs et sombres, je veux bien en effet l'admettre. Mais n'en va-t-il pas de même pour l'ensemble des personnages du film ? Y en a-t-il un seul qui nous soit présenté comme un héros positif traditionnel ? Et le capitaine de police, notamment, qu'incarne Mickey Rourke n'apparaît-il pas clairement comme un semi-maniaque, détraqué par la guerre du Viêtnam et portant sur ses épaules toutes les plus noires folies de l'Amérique reaganienne ? *L'Année du Dragon* est un voyage au bout de ces folies. C'est une plongée dans ces bas-fonds. C'est une enquête hallucinée, mais minutieuse, du côté de cette nuit primordiale qui pourrait bien être, à en croire

Cimino et quelques autres, la vérité de l'espèce. Et quand je dis « quelques autres », je songe à tous ceux qui, avant lui ou mieux que lui, ont clamé que le grand Art ne pouvait avoir d'autre objet que cette exploration patiente, féroce parfois, du fond d'apocalypse où se déploie notre aventure. Si Cimino est « suspect » il l'est, autrement dit, et toutes proportions gardées, au même titre que Kafka, Faulkner, Joyce ou le premier Céline. Il l'est à la manière de tous ces écrivains qui n'ont jamais eu d'autre ambition que d'aborder, d'affronter, de traiter l'énigmatique question du Mal. S'il est « coupable » c'est au sens où Georges Bataille disait de la littérature qu'elle est toujours, fatalement, et par définition, coupable.

29 novembre : Je n'ai pas de goût particulier pour les oraisons funèbres. Et je ne voudrais pas prendre l'habitude de terminer chacun de ces bloc-notes par un hommage à un disparu. Mais comment ne pas dire un mot, à l'heure de remettre ces lignes à l'imprimerie, de l'immense historien qu'était Fernand Braudel ? Puisqu'il semble être de bon ton, ces jours-ci, de cracher sur la « pensée 68 » et nos « années structurales », je ne suis pas fâché de rappeler que c'est à des hommes tels que lui que je dois de savoir lire, penser, peut-être écrire.

Décembre 1986.

Encore Berlusconi. Comme mort. Révérences et idolâtries.
Un journal pestiféré ? Pourquoi je ne suis pas libéral.
Le sexe est toujours coupable.
Orban éditeur. Scarlett et la princesse de Clèves.
Autant en emporte le vent.

Oui, bien sûr, je persiste. Et quitte à choquer davantage encore, je répète au sujet de la cinquième chaîne : primo, que tout ce qui peut aider à la libération de nos ondes, à l'élargissement de notre espace audiovisuel, que tout ce qui peut remédier à notre effroyable provincialisme culturel mérite d'être soutenu ; secundo, que tout ce qui va dans le sens de notre xénophobie rampante, que tout ce qui confirme ou renforce nos réflexes poujadistes traditionnels, que tout ce qui peut alimenter nos tentations archaïques les plus frileuses mérite d'être combattu ; tertio, et par conséquent, qu'on peut déplorer le contexte où l'affaire s'est nouée, qu'on peut condamner telle ou telle clause de la concession octroyée, qu'on peut regretter que le choix ne se soit pas porté sur telle autre équipe, tel autre projet (et j'avais moi-même, autant le dire, de toutes autres inclinations...) — l'antiberlusconisme primaire que l'on a vu se déchaîner ces dernières semaines n'en reste pas moins, lui, totalement inacceptable. Vive Berlusconi, alors ? Et carte blanche à celui qui, à entendre nos braillards, aurait tué le cinéma italien ? J'attends de voir, simplement. Et je dis que la raison, la logique, la défense même de la culture passent aussi, pour le moment, par la fin de ce psychodrame.

François Chatelet donc après Lacan, Barthes, Foucault, Braudel, Clavel, Sartre, Aron, sans parler de Louis Althusser qui n'en finirait pas, à ce que

315

l'on me dit, d'errer dans sa nuit intérieure... C'est peut-être une illusion. Mais j'ai le sentiment que jamais, dans l'histoire des idées, on n'avait vu semblable hécatombe. J'ai le sentiment que jamais, nulle part, aucune génération n'aura vu s'éteindre si vite toutes les étoiles qui composaient son ciel. Et cela fait un drôle d'effet, vraiment, de voir chuter un à un, comme sous une invisible mitraille, les plus hautes figures d'une époque dont je continue de penser, moi, contrairement à la rumeur, qu'elle aura été l'une des plus fortes et des plus effectivement fécondes de notre histoire intellectuelle... S'ajoute à ce malaise, en l'occurrence, l'impression qu'une fois de plus il aura fallu attendre qu'il meure pour voir reconnaître à un philosophe l'ensemble de ses mérites. L'impression que l'on n'avait jamais dit tant de bien de Chatelet, jamais chanté si haut la louange de son *Platon* ou de sa *Naissance de l'histoire* que depuis que l'intéressé n'est plus là pour l'entendre. Les grands écrivains, c'est bien connu, sont toujours les écrivains morts. Et face à ce spectacle, face à son absurdité, face à cette génuflexion collective devant le cadavre d'un homme que j'aimais, qui a guidé mes premiers pas de philosophe et dont on faisait, il faut bien le dire, moins de cas lorsqu'il vivait, j'ai peine à ne pas songer à cette si belle page où le jeune Malraux, songeant à sa gloire future, disait que le seul rêve digne d'un écrivain était d'être non pas, certes, mort — mais « *comme mort* ».

Il y a des « fondamentalistes », c'est vrai, dans les rangs de la résistance afghane. Il y a des gens qui ne partagent à peu près rien de l'idée que nous nous faisons de la démocratie, des droits de l'homme, de la liberté. Et je me souviens en avoir entendu moi-même plus d'un, il y a quelques années, dans les montagnes du Khunar ou les bases de Peshawar, peindre sous des couleurs bien inquiétantes la société selon leurs vœux ou me raconter très tranquillement, sans l'ombre d'un scrupule ou d'un remords, comment ils venaient de « tailler un gilet » — entendre : couper les jambes et les bras — à un prisonnier soviétique. Faut-il, cela dit, en tirer des conséquences quant au soutien que nous apportons à l'ensemble de la Résistance ? Et est-ce une raison, comme pourrait le laisser entendre le *Matin* d'aujourd'hui, de reconsidérer l'urgence, la nécessité ou la légitimité de notre engagement à ses côtés ? C'est ainsi que l'on raisonnait, je le sais bien, en ces temps où il fallait être tout pour ou tout contre, adhérer totalement ou pas du tout — et où l'on n'avait le choix, dans l'affaire vietnamienne par exemple, qu'entre ces deux attitudes extrêmes et extrêmement imbéciles : accepter le napalm américain sous prétexte qu'on refusait le communisme ou accepter le communisme, sous prétexte qu'on refusait le napalm. Aujourd'hui, grâce au ciel, les temps changent. Nous avons appris la complexité, la *difficulté* de l'Histoire réelle. Et c'est un des avantages de leurs désillusions récentes que d'avoir fait entendre à nos clercs qu'il était possible de s'engager sans se rallier, de militer sans adhérer, de défendre des hommes sans en faire des saints ou des héros, bref de prendre des partis sans se croire obligés, pour autant, d'en accepter en bloc l'entière vision du monde. C'est ainsi que, pour ma part, j'ai pu récemment prendre le parti des étudiants coréens en lutte contre leur État — tout en sachant fort bien ce que leur idéologie pouvait véhiculer de douteux. C'est ainsi que j'ai pu, il y a trois ou quatre ans, intituler un article « Nous sommes tous des catholiques polonais » — tout en demeurant conscient de l'inexpiable contentieux qui oppose le monde juif au catholicisme de la Vierge noire. Et c'est ainsi que, récemment encore, je n'ai pas attendu que la guerre du Proche-Orient s'éteigne, que l'antisémitisme disparaisse, pour lutter moi aussi, au coude à coude avec des hommes dont je me sentais parfois très loin, contre la vague raciste qui menaçait de déferler. Assez de révérences, autrement dit. Assez de vénérations. Assez, au sens strict, d'idolâtrie. C'est en aidant les résistants afghans sans endosser forcément tous leurs choix, c'est en restant intraitables sur nos devoirs sans rien céder de nos valeurs que nous sortirons peut-être enfin de notre âge totalitaire.

Un mot encore sur *Le Matin*. Parce que ce journal m'a été cher. Parce que j'y ai, douze mois durant, tenu un bloc-notes comme celui-ci. Et parce que je ne détesterais rien tant, avec ces quelques lignes sur l'Afghanistan, que de sembler joindre ma voix à l'odieuse petite clameur qui, depuis près d'un an maintenant, s'acharne à le déconsidérer. Car enfin quoi ? Suffit-il à un journal de choisir son camp pour devenir un non-journal ? Lui suffit-il de choisir son camp pour devenir pestiféré ? Et suffit-il à un homme, surtout, d'avoir passé quelques mois de sa vie dans un bureau de ministre pour que s'effacent d'un coup, des décennies de littérature et de journalisme authentique ? Je ne suis, pour ma part, pas « socialiste ». Et je me suis trouvé plus d'une fois en désaccord avec ce journal. N'empêche qu'aux analphabètes qui vont, de dîner en ville en cocktail, répétant leur sempiternel procès du nouveau *Matin*-godillot, j'ai tout de même envie de rappeler que le cas n'est, à tout prendre, pas plus choquant que celui de *L'Express* mendésiste il y a trente ans — et puis que, sur le fond, c'est-à-dire sur la forme journalistique elle-même, j'attends que l'on me démontre en quoi le journal de Max Gallo est plus mal informé, plus culturellement débranché ou plus politiquement archaïque que celui, mettons, de Serge July.

Ce que je pense du libéralisme, me demande un journaliste japonais ? Et comment un homme comme moi, « antimarxiste » en diable et « moderne » comme personne, n'est-il pas plus enthousiaste de cette vague néo-libérale qui, paraît-il, submerge Paris ? Mon problème, tenté-je de lui expliquer, ce n'est bien évidemment pas la « liberté » des libéraux. Ce n'est pas le juste souci qu'ils ont des intérêts de la « société civile ». Ce n'est même pas — encore que, sur ce point, je ne sois pas sans réticences — la méfiance de principe dont ils accablent un État naturellement porté, disent-ils, à l'abus de pouvoir, au despotisme. Non, mes réserves sont plus profondes. Elles tiennent à cet inébranlable optimisme qui sous-tend tout leur discours. Elles tiennent à cette image d'une société qui, pour peu qu'on en laisse librement jouer les lois, produit toute seule, ou presque, l'ordre qui lui convient. Elle tient, si l'on préfère, à cette sourde mais redoutable conviction qu'un ordre spontané vaut mieux qu'un ordre concerté, une structure « naturelle » qu'une structure instituée, un rapport « immédiat » entre les hommes, qu'un rapport médiatisé. Et leur pire erreur, en fin de compte, est de parier sur je ne sais quelle harmonie naturelle des désirs, des passions ou des intérêts. Le libéralisme, en d'autres termes, n'est pas une politique, mais une métaphysique. Son tort n'est pas de minimiser l'État, mais d'escamoter le Mal. Et je m'aperçois, tout en parlant, que je ne trouve rien de mieux à lui opposer qu'une série de livres dont la liste laisse, d'ailleurs, pantois mon Japonais : la Bible par exemple, les textes politiques de Freud ou les Écrits de Lacan — tous experts à décrire ou traiter l'inévitable dimension de maléfice qui trame un lien social.

A propos de « libéralisme » toujours, ce discret entrefilet sur la Suède qui, apparemment, songerait à réglementer sa littérature « pornographique ». La nouvelle, mine de rien, est importante. Elle est même, quand on y songe, spectaculaire, car la Suède a tout de même été le paradis de cette sexualité libérée, innocente, affranchie de tout interdit et déliée de toute contrainte que l'on nous promettait naguère. Et qu'elle en revienne à présent, qu'elle disqualifie ses propres rêves, qu'elle renonce à cette « permissivité » qui fit une part de sa légende — n'est-ce pas la preuve que là non plus ça ne marche pas ? Que là non plus l'harmonie spontanée des désirs, des passions, etc., n'était qu'une illusion ? N'est-ce pas la preuve que ce qui vaut de nos cités devrait valoir, à la limite, de nos corps et de nos sexes ? Lacan encore qui avait à peu près tout dit. Lacan, au Séminaire, tonnant que « le sexe n'existe pas, qu'il n'y a pas de rapports sexuels », que toutes ces histoires de libération, de désaliénation, de déculpabilisation d'un érotisme réprimé ne sont que de la « foutaise ». Lacan oui, ce Juif de Lacan, retrouvant les plus anciennes leçons bibliques pour nous dire qu'il n'y a pas de désir qui ne soit toujours, déjà et de toute éternité, marqué au sceau de la Loi — et que l'oublier ou le refuser c'est prendre le risque de la mort. Les morts, hélas, sont morts... Plus là pour témoigner...

Plus là pour conjurer leurs rêves... Leurs yeux vides simplement, leurs corps étrangement mortifiés qui, loin déjà dans ma mémoire, rappellent qu'on meurt aussi d'aimer...

Il y a eu Caton... Fabien... Commynes... D'autres sûrement... Et voilà que nous arrive un mystérieux Charles de France dont le non moins mystérieux *La Gaule m'inquiète*, rédigé dans le ton gaulliste le plus pur, ne tardera pas, soyons-en sûrs, à se trouver au centre des commentaires. Chirac ? Barre ? Mitterrand peut-être, à cause de la défense et illustration de la cohabitation que l'on y lit en filigrane ? Le plus étrange, avec les livres de ce genre, c'est que toutes les solutions sont possibles. C'est que toutes les hypothèses sont plausibles. C'est qu'on les dirait tout entiers construits pour demeurer ouverts à ce jeu infini des lectures. C'est, comme dit Olivier Orban, éditeur et complice de Charles de France, qu'ils reflètent l'aléa de la chose politique en même temps que sa nécessité. Cher Olivier ! Cher, très cher ami ! Que cette occasion me soit donnée de rendre hommage à celui que je tiens pour l'un des meilleurs, des plus talentueux éditeurs d'aujourd'hui. L'espèce se fait rare, n'est-ce pas ? Alors que, de sa survie, dépend un peu de l'honneur des lettres.

D'où vient que l'on puisse revoir cinq, six fois le même film sans que s'émousse le moins du monde le plaisir que l'on y prend ? La seule explication que je vois, c'est qu'il ne s'agit plus vraiment du même film. C'est qu'il se recompose, se réorganise, chaque fois différemment. C'est qu'il est comme un kaléidoscope dont les mille éclats brisés se combineraient en un ordre toujours neuf, toujours inattendu. Et je crois, à la limite, qu'une bonne part de ma jouissance vient de l'incertitude où je me trouve de la combinaison qui va sortir, de l'ordre ou du sens qui vont jaillir : il y a les scènes que je connais, les répliques dont je me souviens, les gestes ou les images que je pressens sans les attendre, et puis il y a tout ce que j'ai oublié, tout ce sur quoi le souvenir que je gardais du film avait en quelque sorte fait l'impasse et qui, lorsqu'il revient, me bouleverse davantage que si je ne l'avais jamais vu.

Dans le cas d'*Autant en emporte le vent*, cela dit, il y a peut-être autre chose... Une autre source à sa magie... Une autre explication à l'envoûtement qu'il exerce à nouveau sur moi. Et je me demande s'il ne faudrait pas la chercher, cette explication, du côté de ce formidable malentendu autour de quoi s'organise l'essentiel de son intrigue. Car enfin imaginez la Princesse de Clèves indifférente à Monsieur de Nemours. Imaginez Mathilde ou la Sanseverina insensibles aux charmes de Julien ou de Fabrice. Imaginez Coralie éprise du baron Nucingen ou la belle Emma énamourée de son Bovary de mari.

Impossible ? Oui, impossible. Sauf que c'est ce qui se passe dans le cas de Scarlett O'Hara. Et sauf que tout le livre, tout le film, sont bâtis autour de ce paradoxe qui veut qu'elle ne parvienne à aimer que le piteux Ashley et qu'elle reste désespérément rebelle à celui que le charme, le sort, le lecteur même et le spectateur lui destinent de plus en plus fiévreusement à mesure que se déroule l'histoire : le sublime Rhett Butler, sous le masque de Clark Gable. *Autant en emporte le vent*, ou le seul grand roman bâti, à ma connaissance, sur une *érotique de la déception*.

Janvier 1986.

322

Barre est-il encore démocrate ?
Vive la cohabitation ! A gauche, comme d'habitude.
Les écrivains parlent beaucoup trop.
Flaubert et Stendhal. Le sang-froid de Charles Baudelaire.
Nourissier n'est pas un romancier français.
Un dérapage à *Libération*.

Imaginons un instant que Raymond Barre l'ait emporté. Oui, imaginons une seule seconde qu'il ait obtenu de Chirac et de Giscard la « déclaration solennelle » qu'il souhaitait et aux termes de laquelle les trois leaders auraient promis « qu'en aucun cas le président de la République ne pourrait compter sur le concours d'aucun d'entre eux ». En clair, cela voulait dire que trois responsables éminents de la classe politique française se seraient publiquement engagés : primo à refuser de former le gouvernement dont une majorité éventuelle leur aurait confié le mandat ; secundo à saborder, sans quartiers ni réserves, celui que, fort de leur défaillance, le président de la République aurait bien été forcé de constituer ; tertio, et par conséquent, à faire servir tout leur crédit, toute leur puissance, tous les votes et tous les vœux cristallisés autour de leur image non pas à renforcer mais à *empêcher de fonctionner* les institutions de leur pays. Les amis du député de Lyon auront beau dire : dans l'histoire de ce pays, le raisonnement est à peu près sans précédent ; et c'est la première fois, à ma connaissance, qu'un leader de cette importance prend si calmement, si froidement, si ouvertement le risque de saboter le principe de démocratie.

Car c'est bien d'une question de principe qu'il s'agit dans cette affaire. Que tel ou tel responsable se méfie de la cohabitation c'est son droit le plus strict, après tout. Et je comprends fort bien que l'on préfère, dans l'idéal, un choix électoral clair, débouchant sur une majorité et un gouvernement tout aussi clairs. Reste que le corps électoral n'est pas là, malheureusement, pour flatter les préférences des politiques ; qu'il lui arrive de faire des choix qui, même s'ils apparaissent obscurs, confus, voire équivoques, n'en n'ont pas moins leur sens, leur logique, leur cohérence ; et lorsque cela arrive, lorsque de tels choix se formulent, lorsqu'un pays décide par exemple de désigner coup sur coup, à quelques années de distance, un président de la République de gauche et une Assemblée nationale de droite, le rôle d'un démocrate n'est pas de gronder, de bouder, de s'indigner ou de vitupérer (pourquoi pas, tant qu'on y est, et pour parler comme Brecht, ne pas dissoudre carrément un peuple si insolent ?) mais de décoder le message, de reconstituer sa cohérence — et puis de le *traiter* ensuite, vaille que vaille, modestement. La démocratie, en d'autres termes, n'est pas le règne du pur, mais de l'impur. Elle a pour élément non pas le simple mais le mixte. Non pas le transparent ou l'homogène, mais le composé, le contradictoire, le compromis, l'hétérogène. Et si elle a une vertu, si elle mérite d'être honorée, si les sociétés contemporaines continuent d'en avoir si évidemment besoin, ce n'est pas pour gérer, bien sûr, les unanimités radieuses dont elles se dotent trois fois par siècle — mais pour aménager ces majorités confuses, terriblement fragiles et précaires qui sont, nous le savons, leur lot le plus constant. C'est cela que Raymond Barre n'a pas compris. Et s'il y a un reproche à lui faire c'est de n'avoir pas assez réfléchi, en fin de compte, à la nature *fondamentalement* « cohabitationniste » de l'idée démocratique en tant que telle.

Mon problème à moi, dans tout ça — et le problème, me semble-t-il, de la plupart des écrivains — c'est de répondre ou non à la formidable pression qui, à chaque échéance électorale, nous invite à prendre parti. Car un intellectuel a-t-il, justement, à prendre parti ? Doit-il rallier ces solutions toutes faites que lui proposent les appareils ? S'il sert à quelque chose lui aussi, s'il a un mérite ou une vertu, n'est-ce pas à la condition de rester irréductiblement fidèle à une parole capable d'excéder, de transgresser les clivages institués ? Et n'ai-je pas cent fois dit, moi-même, que la pire des choses qui pourrait lui arriver serait de renoncer à défendre *son* parti, *ses* couleurs, *ses* nuances pour se lier, pieds et poings, à la logique d'un collectif ! J'ai dit cela, en effet. Je suis prêt à le redire. Sauf qu'aujourd'hui — et politiquement parlant — je suis tout aussi persuadé que le moins mauvais des gouvernements restera, dans les temps à venir, le gouvernement formé, voulu, *animé* par François Mitterrand. Puisse le peuple français, au soir du 16 mars prochain, lui en donner alors le loisir et les moyens !

En même temps, les écrivains parlent trop... Beaucoup trop... Et je pense, en disant ça, à ce type de parole que la modernité a inventé et qu'elle appelle une « interview ». Car qu'est-ce, au juste, qu'une interview ? C'est une parole « libre », dit-on. C'est une parole « improvisée ». C'est une parole dont tout le jeu tient à son caractère brut, familier, non élaboré. Et chacun s'accorde à dire que les « meilleures » interviews sont celles où l'on perçoit encore l'écho de ces ratés, de ces lapsus, de ces balbutiements obscurs et supposés originaires où les imbéciles croient voir la vérité d'une pensée. Alors, de deux choses l'une. Ou bien on reconnaît cette parole pour ce qu'elle est : une ébauche, une esquisse, une vague parole au rabais qui, dans le corpus d'une œuvre, ne saurait, sans malentendu, prétendre au statut de la vraie parole — et, dans ce cas, tout va très bien. Ou bien (et c'est de plus en plus souvent la règle) on la traite comme une parole pleine, égale à l'autre en dignité et susceptible de lui être rapportée, comparée, voire opposée : et les écrivains prennent alors ce risque, sans précédent dans leur histoire, de voir toute une partie de leur œuvre énoncée à la diable, dans une forme grossière et illettrée qu'ils ne toléreraient pas, c'est évident, dans le plus humble de leurs livres ; ils prennent le risque, surtout, de la voir stockée, cette mauvaise œuvre, au même titre que la bonne, dans une Archive qui, jusqu'à la fin des temps, ne fera plus la différence. Ça n'a l'air de rien, sans doute. Et il y a des dangers qui, j'en conviens, sont autrement plus menaçants. N'empêche que cette tendance, si elle devait se confirmer, aurait sur la littérature, sur l'appréhension que l'on en a, sur sa définition même, des conséquences vertigineuses. Imagine-t-on Montaigne ou Chateaubriand jeter aux quatre vents, dans les feuilles les plus obscures ou les plus improbables conversations, des pages et des pages de texte qu'ils n'auraient ni relues ni contrôlées, mais dont le volume côtoierait — puis, très vite, écraserait — celui des *Essais* ou des *Mémoires* ? Personnellement, à ma mesure modeste, j'ai depuis longtemps résolu le problème en ne donnant jamais d'interview, donc, que je ne sois assuré, non seulement de « relire » et de « contrôler » mais, à la lettre, de réécrire.

J'ai longtemps cru que les grands romans étaient ceux dont les héros continuent de vous hanter après qu'on a fermé le livre. J'ai cru, à cause de Malraux ensuite, que c'étaient ceux dont les figures, les mythes et les légendes devenaient comme une nouvelle échelle où mesurer le sens, la valeur de notre vie. Plus tard encore, lorsque j'ai découvert Broch et Musil, j'ai pensé — et écrit — que les plus grands d'entre les grands étaient ceux qui, par-dessus le marché, nourrissaient l'ambition, quasi métaphysique, de « rivaliser avec l'univers ». Or voilà qu'aujourd'hui, exposant à un public d'étudiants étrangers mon « paysage littéraire personnel », je m'aperçois que j'ai irrésistiblement tendance à privilégier, tout à coup, des critères purement formels — comme si je ne savais plus juger les écrivains qu'en fonction de leur plus ou moins grand talent à contrôler, maîtriser, bref *composer leur prose.* Flaubert par exemple, et non Stendhal... Roussel, et non Breton... Joyce ou Faulkner plutôt, finalement, que Dos Passos... Et chaque fois, à chacune des alternatives qu'on jouait à me soumettre, non pas le plus « épique » ou le plus « métaphysique » mais le plus habile, simplement, à réduire dans son phrasé cette part de flottement, de tremblement léger, de laisser-aller ou d'insouciance qui fait, de l'avis général, tout l'infini charme du genre — mais où je n'arrive plus à distinguer, moi, que la marque de sa trivialité. Une littérature sans charme, alors ? Sans grâce ni faveur ? Non, bien sûr. Mais une littérature qui, à la grâce ou au charme, préfère ce que Baudelaire, dans un texte sur Flaubert, choisissait d'appeler une esthétique du « sang-froid ».

Prenez quelqu'un comme Nourissier. Nous ne sommes, lui et moi, pas de la même famille. Et nous n'en finirions pas d'énumérer tout ce qui peut distinguer nos sensibilités, nos goûts, nos histoires.

Si je le lis pourtant, c'est à cause de cette écriture nette, sèche et presque laconique qui semble ne rien devoir au désordre de l'émotion. C'est à cause de cette « froideur ostensible » qu'il dit avoir apprise chez Radiguet et qui casse la tentation de l'emphase, de l'effusion ou du lyrisme qui poisse si souvent le roman français contemporain. Si je le lis, autrement dit — et si j'aime, outre sa *Fête des pères*, la très belle préface qu'il a donnée à *L'eau grise*, son tout premier texte publié — c'est qu'il y a très très peu de romanciers qui illustrent avec autant d'éclat ce rêve d'une littérature sans contingence, effaçant, tant que faire se peut, tout ce qui, dans sa musique, pourrait ressembler à un tremblé, une bavure, une incertitude ou un remords. François Nourissier, en ce sens, n'est pas un romancier « français ». Ce n'est pas, même s'il le croit, le simple héritier de Chardonne ou Montherlant. Ce n'est surtout pas ce spécialiste de l'intériorité et de l'aimable roman bourgeois que l'on nous présente de-ci de-là. Si j'avais, d'un mot, à le définir, je crois que je dirais : le romancier le moins enthousiaste que l'on puisse lire en ce moment — à condition d'entendre par « enthousiasme », cet indécent « élan » qui faisait dire à Valéry qu'il convenait de tenir le roman « en grand mépris »...

Enthousiasme contre sang-froid : ce sont deux éthiques qui s'affrontent là, autant que deux esthétiques ; et c'est tout l'honneur du roman qui, peut-être, se joue dans leur débat.

Un mot encore — puisque je me sens, ce mois-ci, d'humeur plutôt « littéraire » — sur le singulier hommage rendu un peu partout à la figure d'Ernst von Salomon. Que Roger Stéphane reprenne, plutôt finement, les thèmes de son *Portrait de l'Aventurier*, n'a bien entendu rien de choquant. Mais qu'un journal comme *Libération* (4 février) lui emboîte si naïvement le pas et, sans l'ombre d'une nuance ni d'une distance critique, nous chante sur une pleine page le dithyrambe d'un écrivain nazi, voilà qui, en revanche, mérite qu'on s'interroge. Car enfin peut-on, pour qualifier un intellectuel qui fit ses premières armes politiques aux côtés de Martin Bormann et du docteur Goebbels, se contenter de parler d'un « nationaliste courageux, insolent et romantique » ? Peut-on, à propos de son appartenance à la nébuleuse de mouvements para-nazis qui peuplaient les années vingt, se contenter de dire qu'il fut « de toutes les épopées de l'Allemagne vaincue » ? Du jeune intellectuel antisémite qui s'apprête à être mêlé au meurtre de Rathenau, a-t-on le droit d'écrire, sans rire, qu'il « lance — je cite — son panache, sa vitalité et son insolence dans ce que Benoist-Méchin a appelé l'ère des coups d'État » ? Et ne frise-t-on pas l'intolérable enfin quand, évoquant le séjour « dans les prisons allemandes » d'un homme qui s'amusait, pour passer le temps, à marquer d'une croix gammée, sur le mur de sa cellule, la date du putsch d'Hitler — ne frise-t-on pas l'intolérable, dis-je, quand, emporté par son lyrisme, l'auteur de l'article nous raconte (je cite toujours) comment son héros entreprend « à l'abri des vilenies du monde, dans la nuit de son cachot, la rédaction de son premier livre, funèbre, exalté et glorieux » ? Cette page de *Libération* n'a, en soi, pas d'importance ; et je la mets bien volontiers au compte de ces dérapages incontrôlés dont il n'y a pas de journal, fût-il insoupçonnable, qui ne soit parfois victime. Si je m'y attarde, pourtant, c'est qu'elle me semble exemplaire d'un état d'esprit de plus en plus étrange où, sous couvert de « dandysme », d'« esthétisme », on craint de moins en moins de nous refiler l'infâme vieille camelote. A propos : avez-vous lu *La Ville* ? avez-vous lu *Les Réprouvés* ? et êtes-vous si sûrs que ça, vraiment, que la *littérature* de von Salomon mérite tout ce tintouin ?

Février 1986.

Le retour des intellectuels de gauche. Attention à l'euphorie !
La sainte famille et moi. Les bermudas de Castro.
Je vote socialiste, bien sûr. Pompidou et l'art moderne.
La droite n'a pas la gale.

Ainsi donc il aura suffi d'une pétition, d'un manifeste, d'un ministre de la Culture plébiscité par les créateurs, d'une couverture de *Globe* peut-être, d'une ou deux déclarations, pour que la nouvelle coure, s'enfle, s'inscrive fièvreusement sur les téléscripteurs du monde entier et nous revienne ici, à Paris, avec l'étrange autorité d'une évidence indiscutée : les intellectuels de gauche sont de retour ; c'en est fini de leur silence, de leur absence, de leur bouderie ou de leurs caprices ; et les voici à nouveau, tout malentendu dissipé, en rangs serrés derrière une gauche qu'ils n'avaient que trop longtemps désavouée... Vrai ? Faux ? Caricatural en tout cas. Approximatif et un peu niais. Car s'il est exact que le vent tourne, qu'intelligentsia et gauche se rapprochent, s'il est exact, par exemple, que je consente moi-même aux socialistes en campagne un soutien dont je me gardais bien aux heures de leur triomphe, je ne vois pas que l'on puisse, pour autant, présenter les choses de cette façon ; et je crois même, pour tout dire — et au risque d'assumer, une fois de plus, le rôle ingrat du rabat-joie — qu'il y a, dans le climat présent, toute une part d'emphase et d'euphorie qu'il est urgent de tempérer.

Car enfin, et pour commencer, que s'est-il passé au juste ? Comment le rapprochement, puisque rapprochement il y a eu, s'est-il concrètement opéré ? Sont-ce vraiment les intellectuels qui, touchés par une grâce tardive, sont enfin rentrés au bercail de la gauche — ou ne serait-ce pas la gauche plutôt qui, à l'épreuve du pouvoir et de ses erreurs, aurait bougé, glissé, révisé ses préjugés pour, au fil d'une lente quoique sûre reconversion, se retrouver, au bout du compte, sur des positions plus acceptables aux clercs qui la boudaient ? Sur la question communiste par exemple c'est elle qui a bougé. Sur la question de l'U.R.S.S., des Droits de l'homme, c'est elle, évidemment aussi. Au chapitre de l'idéologie ce ne sont pas les clercs, que je sache, qui sont revenus au marxisme — mais elle encore qui a cessé de s'y référer. Et il n'est pas jusqu'à ce fameux terrain culturel enfin — lieu par excellence du « ralliement » dont on nous rebat les oreilles — où la même remise à jour ne se soit sourdement opérée : ce n'est pas moi, mais Lang, qui a changé depuis le temps où je lui reprochais un anti-américanisme primaire et des éloges d'une introuvable « latinité » — et si je désarme aujourd'hui, si nous désarmons tous, si nous sommes si nombreux, désormais, à saluer son talent et à nous féliciter de son action, c'est bien parce que le Lang d'aujourd'hui n'est plus celui d'hier et qu'il a, littéralement, fini par changer de discours... Je maintiens, en d'autres termes, ce que je disais au lendemain du 10 mai, à savoir que ce ne sont pas les intellectuels qui, alors, « retardaient » sur l'événement mais l'événement qui, au contraire, retardait sur ce que les intellectuels pensaient, disaient, écrivaient depuis des années ; et j'ajoute simplement que ce qui a changé depuis, ce qui s'est vraiment passé, ce n'est pas cette reddition des clercs que tout le monde tient pour acquise et qui serait en train de les ramener, humbles et repentants, dans le giron de la sainte famille — mais la reddition de la famille plutôt, son incroyable repentir et la spectaculaire reconversion qui fait que peu à peu, sans tambours ni trompettes, elle s'aligne sur les positions même au nom desquelles, il y a cinq ans, nous nous devions de la censurer.

Alors, bien sûr, elle ne le dit pas. Elle s'obstine même à ne pas le dire. Et c'est un étrange spectacle, en vérité, que de voir cette gauche socialiste qui a plus évolué en cinq qu'en cinquante ans, faire comme si de rien n'était — comme s'il ne s'était rien passé et qu'elle était là simplement, arrondie en son histoire, telle qu'en elle-même le pouvoir ne l'aurait, grâce au ciel, pas entamée... Pourquoi ? Je l'ignore. Mais ce que je sais, en revanche, c'est qu'il y a dans cette attitude, dans ce déni du « passage » et des erreurs qu'il a sanctionnées, quelque chose non seulement d'absurde mais d'éminemment dangereux. Le propre d'une erreur, en effet, c'est qu'elle n'est pas vraiment liquidée tant qu'elle n'est pas tout à fait assumée. C'est qu'elle n'est pas irréversiblement dépassée, tant qu'elle n'est pas verbalisée. Et il y a tout lieu de craindre alors, qu'en hésitant à dresser le procès-verbal, en refusant de nous donner les explications qui s'imposeraient, en laissant s'installer, entre ses démons et elle, un silence bien plus pesant, quand on y songe, que celui dont elle nous faisait naguère si bruyamment reproche — il y a tout lieu de craindre, oui, que la gauche ne coure ainsi un risque dont elle ne soupçonne pas toujours l'ampleur, la gravité : voir revenir demain, avec une violence extrême, le refoulé que, de manière bien étourdie, elle croirait avoir étouffé... On comprendra que, là encore, je m'efforce de résister à l'euphorie régnante. On comprendra que le soutien que j'apporte aux socialistes d'aujourd'hui ne vaut en aucune manière, à mes yeux, quitus à leurs égarements d'hier. On admettra surtout, j'espère, que le rôle d'un intellectuel, face à une amnésie de ce calibre, ne peut pas être de se taire — mais de dire, plutôt, ce qui est tu ; de rappeler ce qui est oublié ; de remémorer pour son compte propre, mais peut-être aussi pour celui de la gauche, cette part de son histoire qu'elle a si périlleusement occultée. Dimanche, à l'heure de voter, je penserai, bien entendu, aux réformes de Badinter. Je penserai au travail de Jack Lang. J'aurai en tête cette « ligne Bérégovoy » dont j'ai fait ici même l'éloge. Mais je n'oublierai pas pour autant, qu'on me pardonne, certain congrès de Valence. Je n'oublierai pas Fiterman, le populisme de Mauroy, le maurrassisme de Chevènement. Je n'oublierai pas les bermudas de Castro, les lapsus crypto-totalitaires de tel ou tel, ou ce dictateur nicaraguayen aux tribunes du 14 juillet. Si je ne veux rien oublier de tout cela c'est qu'il s'agit, je le répète, de l'ineffaçable part de nuit qui borde « la lumière » socialiste et constitue, pour demain comme pour hier, sa plus inquiétante limite.

Autant dire que je suis troublé quand j'entends les socialistes d'aujourd'hui, à mesure que la campagne avance, durcir la ligne, hausser le ton, nous expliquer que, de notre soutien, dépend rien moins que le salut de la France démocratique et transformer leurs adversaires, du coup, en un vague ramassis de fascistes probablement doublés de factieux. François Mitterrand, chez Mourousi, a tenté, me semble-t-il, de donner un coup d'arrêt à cette tendance. Il a fermement déclaré qu'il y a, dans les rangs de l'opposition, des personnalités de cœur et de talent. Mais rien n'y a fait. Les petits chefs ont continué. Et c'est un autre singulier spectacle que de les voir, eux qui ont tant daubé, jadis, sur le fameux « moi ou le chaos », aller partout répétant, celui-ci : « moi ou le désert » ; celui-là : « moi ou le fascisme » ; celui-là encore : « moi ou une régression dont vous n'avez pas même l'idée... » Propos de campagne, dira-t-on... Oui, sans doute, propos de campagne. Et l'autre bord, c'est vrai, n'a pas été non plus en reste sur ce registre de l'invective. Reste qu'un intellectuel n'a pas à enchérir, me semble-t-il, dans ces concours d'indignité. Et si, dans une campagne donc, il a un rôle à assumer c'est, autant qu'il est en son pouvoir, de faire échec aux tombereaux de bêtise que l'on déverse jour après jour dans le gueuloir électoral. Je voterai socialiste, je le répète. Je le ferai avec fermeté, détermination. Mais je ne pense pas que, de ce vote, dépende la survie de ce pays. Je ne pense pas que, s'il échoue, la France rechutera dans les ténèbres. Je me refuse à croire et par conséquent à dire, que, l'actuelle opposition n'étant composée que de benêts et de salauds, elle nous imposerait, en cas de victoire, un ordre social irrespirable. Démagogie que tout cela. Mauvaise foi. Imposture. C'est parce que je refusais cette imposture que j'ai, le mois dernier, signé le Manifeste que lançait *Globe* et qui était tout sauf une plate-forme électorale.

Car que disait-il, ce Manifeste ? je sais qu'il s'est trouvé un certain nombre de commentateurs pour y voir, Dieu sait pourquoi, un texte de haine et d'exclusion. Et j'ai moi-même eu, le jour de sa parution, un long débat avec mon ami Paul Guilbert qui lui reprochait, en substance, de soupçonner globalement la droite de nous préparer Le Pen, les tribunaux d'exception, le retour de la peine de mort et la mort des libertés... Ce texte en réalité, et pour peu qu'on le lût vraiment, était bien plus mesuré que ça. Il était surtout beaucoup plus fin. Et c'était un texte qui, loin de porter l'anathème sur la « droite » en tant que telle, la mettait en garde contre des tentations qui, en effet, la menaçaient mais dont il lui appartenait, pensions-nous, de conjurer le péril. N'y avait-il pas, dans l'idée même de dresser le catalogue des dix mesures à ne pas franchir sous peine de ruiner, effectivement, notre culture démocratique, une présomption non pas de crime, mais au contraire d'innocence ? Marquer les bornes au-delà desquelles le retour de la droite serait inacceptable, n'était-ce pas marquer ipso facto, dans le même geste et la même démarche, les bornes en deçà desquelles il serait au contraire acceptable ? Il n'y a pas une mais deux droites, disaient les signataires. Il y en a une qui glisse au fascisme, il y en a une autre au triomphe de laquelle on se résignait, ma foi, sans peine. Et tout le texte était écrit pour, face aux éternels et irresponsables tenants du « bonnet blanc, blanc bonnet », rappeler qu'entre ces deux droites il y a une différence, non de degré mais *de nature*. Le contraire du sectarisme, autrement dit. Le contraire du stalinisme. Le contraire de la facilité, de l'imbécillité partisanes.

Mieux, tout le texte était écrit pour *faire en sorte* que la différence soit de nature, pas de degré. Et si je l'ai signé c'est qu'il me semblait, par son existence même, par le seul fait qu'il soit lancé et à l'opposition adressé, contribuer à *opérer* le démarquage entre ces deux droites. Il y a, suggérait le manifeste, un débat dans l'opposition sur la question de la peine de mort. Il y a un débat sur Badinter, la Cour de Sûreté de l'État, les juridictions d'exception. Il y a de vraies discussions sur la culture, les immigrés, l'avenir de l'audiovisuel ou le statut du Front national. Bref, elle est traversée, cette opposition, par un certain nombre d'affrontements dont elle ne fait, du reste, pas mystère mais dont l'issue est incertaine. Et toute la tâche des clercs, fussent-ils de gauche et à la gauche ralliés, doit être d'œuvrer aussi, avec les moyens qui sont les leurs, à l'arbitrage de ces conflits. Cela ne fait pas l'affaire, c'est sûr, des apparatchiks socialistes pour qui les problèmes de la droite doivent rester les problèmes de la droite — sans que les intellectuels de l'autre bord aident à leur solution. Cela ne fait pas l'affaire, c'est sûr non plus, des apparatchiks d'opposition pour qui les intellectuels auraient avantage à balayer devant leur porte — sans venir semer le trouble à l'intérieur des rangs adverses. Mais cela fait celle, en revanche, de tous les hommes et les femmes libres pour qui le premier parti de France ne devrait être ni le P.S. ni le R.P.R. — mais le parti de l'intelligence, de la démocratie, de la culture. Et c'est ainsi, par exemple, que je tiens pour une vraie victoire de ce « Manifeste du 17 mars » d'avoir permis à un certain nombre de gaullistes de dire qu'ils préféraient Daniel Buren au faux Louis XVI, la vraie modernité au poujadisme environnant — je considère comme une vraie victoire, non pas de *Globe* mais de l'esprit public, d'avoir vu ces gaullistes se démarquer de leurs appareils en tirant soudain des limbes, pour s'en réclamer et s'y draper, cette grande tradition culturelle pompidolienne que nul, apparemment, ne semblait se soucier de commémorer. Ce type de victoire me semble, sur le fond, aussi important et riche de promesses que la victoire politique qui sortira, ou ne sortira pas, des urnes de dimanche soir.

Peut-être certains s'étonneront-ils de me voir tenir pareil langage à la veille d'une échéance où il s'agira justement, disent-ils, de formuler des choix clairs, nets, sans bavures. Et je les entends déjà, éternels adjudants, gronder que cela fait beaucoup de réserves, de prudences, de pudeurs et de circonlocutions quand la gravité de l'heure exigerait plutôt, des hommes de mon espèce, élan et enthousiasme... Eh bien, oui. Mettons que l'« élan », décidément, ne soit pas trop mon fort. Mettons que l'« exaltation » ne figure plus que marginalement au catalogue des valeurs politiques dont j'aime à me servir. Et mettons que cet « enthousiasme » dont j'instruisais, le mois dernier, le procès en littérature, ne me paraisse nulle part plus pernicieux qu'ici, dans ces affaires de vote et de gouvernement. Un choix clair, vraiment ? Sans bavure ni ambiguïté ? C'est toujours « à son détriment », disait je crois Bernis, qu'on « sort de l'ambiguïté ». Ce qui, traduit en politique, implique qu'ils sont toujours, les « choix clairs », signes de trouble et de malheur ; et que c'est le luxe des époques heureuses au contraire, le privilège des démocraties, que de faire droit, dans la Cité, à la part la plus incertaine de nous-mêmes. Puissions-nous, le 17 mars, persévérer dans l'indécision !

Mars 1986.

Un polichinelle décoloré. Recouronnera-t-on Ubu ?
Hélas, le fascisme est passé. Freud et la proportionnelle.
Pour une platée de ragoût.
Pourquoi la droite n'a décidément pas la gale.
La vraie vie était ailleurs. Proust et les médias.
Richard Avedon, bientôt.

Voilà. Ça y est. La comédie va recommencer. Et tous ceux qui, comme moi, s'imaginaient que c'était fini, que nous commencions de l'emporter et que la baudruche lepéniste était en train de se dégonfler, sont bien obligés de déchanter. Que la France de 1986 en soit réduite à ça, est bien entendu décourageant. Et j'ai presque honte moi-même, alors qu'il y a tant de choses à dire, tant de livres à lire et commenter, tant de vrais grands débats qu'il faudrait tenter d'ouvrir, j'ai presque honte, oui, d'avoir à consacrer ne fût-ce qu'un paragraphe de ce bloc-notes à un phénomène aussi minable, définitivement ringard et archaïque. Les faits sont là, pourtant. Les trente-cinq députés aussi, qui sont entrés tambour battant dans l'enceinte du parlement. Sans parler des 10 p. 100 de citoyens capables de se reconnaître dans ce polichinelle décoloré, bouffi de haine et de fatuité qui, avec son éloquence de sous-préfecture et ses ficelles de cabot usées jusqu'à la corde, incarne tout ce que la France peut avoir de plus vieillot. Hallucinante cocasserie d'un pays

338

moderne, cultivé, civilisé qui, à quinze ans de l'an 2000, se paie le luxe absurde de recouronner Ubu...

Y a-t-il lieu de dramatiser, cela dit ? Et faut-il proclamer la patrie en danger sous prétexte que deux ou trois millions de Français ont, le 16 mars dernier, choisi le parti des bouffons ? Le danger n'est pas dans le nombre, bien sûr. Et la France, de ce point de vue, n'en est pas à son coup d'essai — qui a vu défiler depuis un siècle, sans en être autrement bouleversée, le boulangisme, les Croix de feu, l'O.A.S. ou le poujadisme. Non. La menace, si menace il y a, serait plutôt dans le style de ces pitres-ci. Dans leur prudence bien tempérée. Dans cette façon qu'ils ont — et que n'avaient pas, notamment, les poujadistes des années 1950 — de jouer loyalement, tout à coup, le jeu républicain. La menace, si l'on préfère, vient de cette idée neuve, plus insistante au fil des mois et qui pourrait bien, avec cette élection, avoir achevé de s'accréditer : un fascisme de bon ton, de bon aloi et bon enfant qui serait tout à fait compatible avec le système démocratique qu'il récusait jusqu'à présent. Voilà des années que, personnellement, j'annonçais ce moment. Voilà des années que, dans mes livres d'abord, puis aux côtés de S.O.S. Racisme, j'affirmais que l'heure du plus haut péril ne serait pas celle de la multiplication des bataillons fascistes en France mais celle de leur banalisation ; de l'acclimatation de leurs idées ; de leur intégration lente, rampante, puis soudain plus foudroyante à l'ordre de nos discours ; bref, voilà des années que je redoute l'heure où les idées de l'extrême-droite, aussi discutables, condamnables, voire haïssables qu'elles puissent paraître, finiraient par figurer, au même titre que les autres, au catalogue des idées normales, convenables, acceptables. Eh bien, nous y sommes. Et la France est un pays — le seul en Europe, pour l'instant — où un électeur sur dix peut naturellement, sans l'ombre d'un remords ou d'une provocation, s'affirmer xénophobe, raciste, antisémite.

Fallait-il, si tel était le climat, doter pareilles idées d'une représentation parlementaire ? Et était-il bien judicieux, par la réforme électorale que nous savons, de faire à Jean-Marie Le Pen et à ses sbires le cadeau inespéré de trente-cinq écharpes tricolores ? La question se pose, bien sûr. Et il est difficile, de ce point de vue, de donner tout à fait tort à ceux qui, dans l'actuelle majorité mais aussi hors de ses rangs, en font grief aux socialistes. Ce que je crois, cependant, c'est que, quitte à la poser, autant vaut le faire sur le fond — au niveau des principes autrement dit, des présupposés ou des philosophies qui, en réalité, commandent à ce débat. Car enfin de deux choses l'une. Ou bien l'on considère qu'on ne pactise pas avec le mal, qu'on ne ruse ni ne joue avec les forces de la perversion et que la seule manière de les gérer est de dresser, sur leur route, tout un luxe de tabous, d'interdits ou de censures qui, sans nuances ni états d'âme, travaillent à les refouler — et alors, en effet, je comprends que l'on milite pour un mode de scrutin qui refuse à 10 p. 100 de Français leur expression parlementaire. Ou bien l'on pense au contraire qu'aucune société n'a intérêt à entretenir de tels refoulements, qu'elle prend le risque, en le faisant, de voir resurgir ce refoulé d'une manière plus explosive et que la bonne attitude est de le libérer donc, de le laisser éclore au grand jour pour, une fois l'abcès crevé, le kyste bien isolé, tout mettre en œuvre pour le traiter

— et c'est une raison alors, c'est la seule bonne raison d'opter pour un système qui autorise les fascistes à avoir, eux aussi, leurs députés. J'avoue, en ce qui me concerne, pencher vers cette seconde formule dans mes moments les plus optimistes, quand je crois aux vertus de l'aveu, du verbe, de la vérité — quand je crois qu'une société capable d'exhiber ses plaies est une société qui, déjà, court à la guérison ; mais j'avoue incliner vers la première à mes moments plus sombres — lorsque je songe au pathétique destin de tous ces « guérisseurs », maîtres de vérité et stratèges en tout genre, qui ont cru jouer au plus fin avec les progrès de la barbarie et dont la barbarie, aux jour et heure prescrits, a balayé tous les calculs. Je suis farouchement partisan, autrement dit, du mode de scrutin proportionnel quand je me sens « freudien » et que rien ne vaut, à mes yeux, un bon symptôme bien net, parfaitement localisé, où se cristallise en quelque sorte toute la névrose d'une société ; et je suis non moins farouchement partisan du mode de scrutin majoritaire quand tout cela me semble vain, illusoire, absurde ou frivole et que, doutant soudain que l'espèce en finisse jamais avec les monstres qui la hantent, j'en reviens aux bonnes vieilles vertus du cordon sanitaire et de l'exclusion. Oui, deux philosophies. Deux systèmes de principes concurrents. Deux visions du monde qui s'affrontent et se contrarient. Si, en toute franchise, j'hésite personnellement à trancher, au moins suis-je convaincu que tel est le cadre du débat — que c'est sur ces bases, et sur ces bases seulement, qu'il conviendrait de l'aborder si l'on voulait, le temps de la réflexion, l'arracher aux tumultes et aux démagogies partisanes.

Ce dont je suis convaincu également c'est que, s'il y a une discussion possible sur les moyens, la tactique, la technique, il n'y en a pas, en revanche, sur le principe même de la répugnance que devraient inspirer aux démocrates les idées de l'extrême-droite ; ce dont je suis certain, c'est qu'ils ont gravement manqué aux règles de la morale, ces caciques de la droite traditionnelle qui, rompant au niveau local les pieux serments qu'ils avaient faits dans un cadre plus global, ont, sitôt l'élection passée, négocié avec le Front national la présidence de leurs régions. Oh ! Je connais leurs raisons, bien sûr. J'entends leurs justifications. Je sais qu'ils vont nous dire — qu'ils nous disent déjà — qu'ils ne pouvaient tout de même pas, en excommuniant Le Pen, faire le lit des socialistes — ni, au nom de grands principes abstraits, perdre complètement le contrôle d'une assemblée de province. Eh bien soit. Admettons. Prenons-les, même, au pied de la lettre. En clair cela signifie qu'il y a des libéraux dans ce pays qui aiment mieux faire le lit de Le Pen que celui d'un social-démocrate et qui sont prêts, quand il le faut et que passe sous leurs narines l'irrésistible fumet des cuisines politiciennes, à troquer leur morale abstraite contre un très concret plat de ragoût — à vendre leur âme et leur vertu au prix, sinon d'une poignée de deniers, du moins d'un maroquin dans la république de Clochemerle. Pardon d'employer les grands mots : mais je crois qu'ils ont, ces libéraux, sali outre leur honneur, celui des électeurs qu'ils étaient censés représenter. Un homme face à eux qui, en refusant l'idée même d'un marchandage, a sauvé et son honneur et sa région : il s'appelle Bernard Stasi. Un autre, qui appartient à l'histoire, pour ne pas dire à la légende et qui renonça, lui, à l'exercice même du pouvoir du jour où il s'avéra qu'il ne le conservait qu'au prix de voix qu'il récusait : il s'appelait Pierre Mendès France. Opposer, donc, ces deux exemples. Les rappeler aussi souvent, aussi bruyamment qu'il le faudra. Histoire, au moins, de se souvenir que la politique n'est pas toujours trafic, magouilles, complaisances — et qu'il est parfois possible de la conjuguer avec l'éthique.

Autant dire que je sors de ces élections législatives plus renforcé que jamais dans ma détermination à tendre la main à ceux que, faute de mieux, j'appellerai les « vrais libéraux ». La droite n'a pas la gale, disais-je. Non, en effet, elle ne l'a pas, quand elle a le visage d'un Stasi, d'un Seguin, d'autres encore — comme ces gaullistes par exemple qui, à l'image d'une Lise Toubon, refusent, dans le domaine de l'art, de céder au poujadisme. Mais toute la question qui se pose alors, tout le problème qu'il faut résoudre et dont dépend, plus que jamais, la figure de notre avenir est de savoir si ce sont ces visages-ci, justement, qui, dans l'actuelle majorité, finiront par l'emporter — ou bien ceux, tellement plus veules, des tartarins qui, par avance, ont accepté de se coucher. C'est leur affaire, dira-t-on ? C'est un peu la mienne aussi. La nôtre. Celle de tous les intellectuels qui, sachant que la politique du pire reste, quoiqu'il arrive, la pire des politiques, estiment de leur devoir de contribuer eux aussi, modestement mais fermement, à l'arbitrage de ce débat. C'était mon propos le mois dernier. C'est mon propos ce mois-ci. C'est ce que je ne me lasserai pas de redire — et de refaire — dans les mois voire les années qui viennent. Et, pour prendre un exemple plus net encore que celui de ce bloc-notes, peut-être est-ce, après tout, ce que j'avais déjà en tête lorsque j'ai, avant même les élections, remis à mon ami Jean-Marie Rouart, pour publication dans *Le Figaro*, un article dont le principe m'a valu, sur le moment, reproches et incompréhensions. Que le texte en question fût un texte littéraire, n'est certes pas douteux. Et j'aurais mauvaise grâce à ne pas dire que c'est à un « supplément » *littéraire* de qualité que je l'avais d'abord confié. Reste que si tout ce que j'explique est exact, s'il est vrai que la droite française d'aujourd'hui est à la croisée des chemins que je dis, s'il est vrai qu'elle est traversée par le formidable clivage dont je parle, alors il faut bien admettre que signer dans un journal de droite libérale peut devenir, en toute logique, non seulement normal mais utile. A la fin des années 1970, quand le problème numéro un qui se posait était celui d'un totalitarisme qui étendait déjà son ombre jusqu'au cœur de la gauche modérée, c'était du côté d'un organe, mettons, comme *Le Matin* qu'était la zone des tempêtes. Au milieu des années 1980, à l'heure où ce problème, sans être bien entendu réglé, perd un peu de son acuité pour laisser la place à celui, tout à coup plus vertigineux, d'une autre tentation qui, tout doucement, à bas bruit mais à coup sûr, commence d'étendre son ravage jusqu'au noyau de la droite traditionnelle, il n'est pas exclu que ce soit de l'autre côté — celui donc, et pour simplifier toujours, d'un organe comme le *Figaro* — que soit en train de se déplacer l'épicentre du débat. Ne jamais oublier qu'une bourgeoisie libérale forte, renforcée dans sa mémoire et fière de son identité a toujours historiquement été le meilleur des remparts au fascisme. Ne jamais oublier non plus que c'est son déclin au contraire, son amnésie ou sa démission qui, historiquement encore, et n'en déplaise aux sectaires, ont fait que le fascisme a pu passer.

Voilà, oui. Ça y est. Cette chronique tire à sa fin. Et je suis en train de m'apercevoir qu'hésitant, tout à l'heure, à en consacrer « ne fût-ce qu'un paragraphe » aux aspects les plus nauséabonds de l'actualité récente, j'ai réussi, chemin faisant, à ne parler finalement que de ça. Pas un mot, du coup, du recueil de nouvelles de Grace Paley que j'aurais voulu saluer. Pas un mot du Proust de Léon-Pierre Quint, relu l'autre semaine, où l'on apprend que l'auteur de *La Recherche* fut le premier grand écrivain obsédé par les médias et la pub. Pas un mot, non plus, ni des eaux-fortes de Rembrandt exposées au Petit Palais, ni des œuvres de Saint Laurent rassemblées bientôt au Musée de la Mode, ni de ce recueil de photos de Richard Avedon, à paraître ces jours-ci, dont il faudra bien que j'aille parler ailleurs. Et à peine me reste-t-il quelques lignes pour dire — d'un mot, vraiment — combien me semble injuste le silence qui se fait autour de *La Conspiration de Fiesque*, cet admirable texte de Schiller adapté par Saskia Cohen Tanugi au théâtre Gérard Philipe. Mais peut-être est-ce, au fond, la première victoire d'un certain fascisme que de contraindre l'esprit à renoncer à l'essentiel ; peut-être l'a-t-il déjà à demi emporté quand il peut l'assigner ainsi à ses demeures les plus lugubres — alors que la vraie vie, comme d'habitude, était ailleurs.

Avril 1986.

Tchernobyl et le Moyen Age.
Ça ne va pas fort pour Gorbatchev.
Qu'est-ce que le libertinage ? Non au Carmel à Auschwitz.
Une blessure qui saignera jusqu'à la fin des temps.
Sartre et Claudel. Nihiliste ? pourquoi pas... Bravo Reagan.
Halte à la coabdication. Ras le bol des oraisons funèbres.
Le Sacré et le Saint. L'infamie d'Helmut Kohl.

Extraordinaire mécanique, une fois de plus, de la Rumeur. Il a suffi que les Soviétiques se taisent, il a suffi qu'ils retiennent l'information sur l'origine, la nature, l'ampleur de la catastrophe de Tchernobyl pour que la nouvelle coure, s'enfle, s'emballe et que les bruits les plus fantastiques — les plus contradictoires aussi — se répandent tout à coup à la vitesse d'une épidémie. Je ne nie pas, bien entendu, qu'il y ait eu, à la base de tout, l'épidémie nucléaire concrète. Et il n'est pas douteux que, cette fois, rumeur ou pas rumeur, l'humanité ait frôlé de près un véritable cataclysme. Ce que je dis, simplement, c'est que le secret, dans cette affaire, a joué, comme à l'accoutumée, son rôle accélérateur et que loin, comme le croyaient sans doute les stratèges du Kremlin, de raréfier les commentaires, il n'a fait qu'alimenter les fantasmes, les hantises, les exagérations ou les hallucinations — la fin du monde en Ukraine... un nouveau Moyen Age en Pologne... une flopée de cancers ou de maladies nouvelles en Suède... sans parler de ces experts qui, ne sachant strictement rien, multipliaient allègrement par mille le nombre des victimes. J'ajoute, soit dit en passant, que cette politique du secret avait déjà eu en amont, dans le déclenchement même de la catastrophe, sa part de responsabilité et qu'un accident de ce type n'était possible que dans un pays où le secret donc, l'arbitraire, le silence du pouvoir et sa toute-puissance autorisaient à construire, sans contrôle ni censure, des centrales bâclées, vieillies avant l'âge et dénuées, à tout le moins, des conditions de sécurité que l'on exigerait partout ailleurs. A la question cent fois posée : « Un accident de ce calibre avait-il autant de chances d'arriver dans un pays occidental », il ne faut pas craindre de répondre alors : « Non, probablement non — pour autant qu'un pays occidental est un pays où il faut compter avec une opinion publique qui, à la lettre, contraint l'État. » Et à ceux qui vont partout répétant que la catastrophe de Tchernobyl aura pour conséquence, en Europe, de rendre un peu de leur crédit perdu aux mouvements écologistes d'autrefois, il ne faut pas craindre de rétorquer non plus qu'il n'y a, à tout prendre, qu'un gagnant dans cette tragédie — et que ce gagnant c'est la démocratie. Le socialisme, au temps de Lénine, c'était « les Soviets plus l'électricité ». Le socialisme, sous Gorbatchev, c'est « les Soviets plus la radioactivité ». Où l'on voit que les affaires du totalitarisme, décidément, ne vont pas fort.

Lu le *Danton* de Büchner avec, dans la bouche d'un comparse, cet étrange portrait du héros révolutionnaire occupé, nous dit-on, à « rassembler morceau par morceau la Vénus Médicis auprès de toute les grisettes du Palais-Royal » et s'affligeant « de voir comment la nature morcelle la beauté et en disperse les fragments dans leurs corps »... Émotion, bien entendu, à découvrir là, au détour d'un texte inconnu, cette théorie du « harem invisible et dispersé » que j'attribuais dans *Le Diable en tête*, au personnage de Benjamin. Et fascination, à nouveau, pour cette idée d'un réseau, d'un système, d'une batterie de corps codés, dûment étiquetés et assignés, chacun, à une affectation sexuelle déterminée. Hors de toute vraisemblance et nonobstant, bien sûr, les commandements de la morale, connaissez-vous plus rigoureuse définition de ce que, pour aller vite, on appelle en général « libertinage » ?

Je vais peut-être choquer quelques-uns de mes amis. Mais je ne suis pas si sûr que ça, après tout, qu'elles n'aient que des mauvaises pensées en tête, les carmélites qui, depuis un an ou deux, prétendent s'installer à Auschwitz. Et je ne me sens pas le droit, en ce qui me concerne, de venir suspecter ou mettre en doute l'authenticité de l'esprit de pénitence, de réparation ou de repentir qui est, à les entendre, le vrai moteur de leur démarche. Est-ce à dire que je m'y rallie ? Grands Dieux non ! Mais ça veut certainement dire en revanche que le problème, une fois de plus, mérite d'être mieux posé. Si cette affaire de Carmel me choque, en effet, ce n'est pas à cause de la supposée duplicité des nonnes. Ce n'est pas à cause de l'indécrottable antisémitisme des Polonais dont elle est censée témoigner. Ce n'est même pas vraiment parce qu'en venant prier ainsi sur les cendres des juifs, les catholiques tenteraient, en fait, de s'approprier leurs morts et leur martyre. Non, la seule, la vraie question à mes yeux, est de savoir si, sur le fond, face à une tragédie aux dimensions de la Shoah, l'idée même de pénitence (aussi purs, sincères, qu'en soient le vœu et l'intention) conserve encore un sens. Je crois, personnellement, que non. Je crois qu'il y a des crimes dont aucune prière, aucun remords, aucune action de grâce ou de repentir, entameront jamais la trace. Je crois qu'il y a des blessures si terribles, si effroyablement inouïes et mémorables, qu'elles méritent de saigner jusqu'à la fin des temps humains. Et je ne suis pas loin de penser, à la limite, que s'il y a bien un point où nous divergeons métaphysiquement d'avec les catholiques, c'est sur cette croyance têtue en l'irrémissibilité d'un Mal qu'aucune espèce de rédemption ne viendra plus racheter, effacer ou transfigurer. Le désert donc, au lieu de la plus haute désolation... Le silence des hommes, là où pesa si lourd l'épouvantable silence de Dieu... L'absence de tout établissement humain, comme condition sine qua non du devoir de commémoration... C'est *parce qu'*il estime que dans la nuit d'Auschwitz, brillait encore un peu de la divine lumière que l'archevêque de Cracovie peut proposer en conscience d'en sanctifier le nom ; c'est parce qu'il me semble, moi, à l'inverse, qu'il n'y avait pas de lumière du tout, pas un soupçon d'humanité, d'espérance ou de conscience aux portes des chambres à gaz que toute cette affaire me scandalise. C'est toute ma conception de la mort autrement dit, toute ma conception du deuil et de la mémoire, qui font qu'Auschwitz doit demeurer, à mes yeux, ce qu'il est depuis quarante ans : le plus grand cimetière de la planète.

Un journal américain me reproche, ce matin, d'appartenir à cette race d'intellectuels négatifs, nihilistes et, au bout du compte, totalement stériles et destructeurs qui n'ont jamais su, insiste-t-il, que « dire non, indéfiniment non aux forces de la vie ». Sur le moment, l'article m'agace. Je lui trouve ce côté ostensiblement positif et *matter of fact* qu'on a souvent en Amérique, pour parler de nos écrivains. Et au mépris de mes sacro-saints principes — ne jamais répondre ! ne surtout jamais polémiquer ! — je songe même un court instant, à me fendre d'une réplique. Très vite, pourtant, je me calme. Et relisant l'article en question, je me demande s'il n'aurait pas, après tout, mis le doigt sans le savoir sur quelque chose d'assez juste et si ce ne serait pas notre honneur justement, à nous autres clercs d'Europe, que de cultiver ce négativisme total, viscéral, instinctif, qui nous tient en quelque sorte à distance des religions communautaires. Tous les écrivains que j'admire ressemblent, en tout ça, à ça. Tous ont passé leur temps, leur vie, et, bien évidemment leur œuvre à refuser ce qui, autour d'eux, était susceptible de faire souche, masse, bloc ou rassemblement. Et de Flaubert à Baudelaire, de Céline à Joyce ou Artaud, des grands Austro-Hongrois à Faulkner ou Dos Passos, je n'en connais pas un qui ne se serait férocement esclaffé si l'on s'était risqué à le rappeler à l'ordre d'une quelconque positivité. Souvenir, à ce propos, d'un texte de Malraux opposant à l'étrange frénésie « d'acquiescement » d'un Claudel, le contre-exemple de Sartre — l'homme qui ne savait que dire non, encore non, toujours non, fût-ce à lui-même, à son œuvre, à son public ou à son éventuelle postérité. J'aime ce Sartre, moi aussi. J'aime son style bougon, têtu et même un peu revêche. J'aime son air de vieux râleur, attardé en anarchisme et indocile, jusqu'au bout, à toute discipline. J'aime ce Sartre tête de mule, j'aime ce Sartre tête de brique — j'aime ce Sartre « aux idées de pierre », en guerre perpétuelle avec la pierre de ses idées. Au cœur de ce Sartre-là, cette conviction sourde, et « nihiliste » s'il en est : la plus terrible menace qui pèse sur un écrivain est celle de la pression, de la sommation, de l'agrégation à quoi le convie toujours, tôt ou tard, la bêtise positiviste.

D'accord avec Marguerite Duras pour dire le soulagement que m'a procuré, le mois dernier, le raid américain sur Tripoli. Ce n'était pas la bonne méthode ? Il y avait d'autres stratégies, plus finement appropriées à la guerre antiterroriste ? C'est possible. C'est même probable. N'empêche que c'est le mérite de Reagan, au moins, de l'avoir reconnue, cette guerre ; d'en avoir tiré les conséquences ; et d'avoir rompu, enfin, avec le règne de l'hypocrisie.

En face de ça, en France, les petites facilités de la coabdication.

L'ennui, avec cette avalanche de morts illustres qui n'arrêtent pas, depuis quelques mois, de nous dégringoler dessus, c'est le ton patelin et effroyablement cagot qu'on se croit obligé de prendre, chaque fois, pour rendre son dernier hommage au disparu. Eh quoi ! Otto Preminger, par exemple, n'avait-il donc que des amis ? Simone de Beauvoir était-elle vraiment cette vieille dame digne et distinguée dont on s'accorde partout à célébrer les pieux mérites ? Genêt lui-même était-il ce bon garçon, honnête et laborieux forçat des lettres dont on nous fait le portrait — et que reste-t-il, dans les nécrologies académiques qui le submergent, du voyou, du rebelle, de l'asocial et de l'enragé dont je ne partageais (et c'est peu dire !) aucune des positions mais dont le déclassement était, qu'on le veuille ou non, indissociable de l'œuvre ? On me permettra, sur un cas au moins, d'enfreindre la règle non écrite. Il s'agit de Mircea Éliade, le moins connu de ces disparus, mais celui qui, à certains égards, me touche peut-être de plus près. J'aime bien l'écrivain, en effet. Je respecte l'érudit. Mais la louange est si forte, la dévotion si galopante et la confusion du coup, si évidemment menaçante que je ne résiste pas à la tentation de dire, mieux que mes réserves, mon hostilité résolue aux implications idéologiques de l'œuvre. Éliade, philosophe du sacré ? Ouï, c'est ça. Mais un Sacré si vaste, si diffus et si universellement épandu qu'il pose plus de problèmes qu'il n'en résout ; qu'il brouille plus de pistes qu'il n'en ouvre ; et qu'il n'a peut-être rien fait d'autre, au fond, qu'alimenter les courants les plus douteux des hiérophanies contemporaines. Témoignage personnel — mais qui en concernera, je crois, plus d'un : lorsque, il y a dix ans, je commençai à travailler sur l'histoire des religions en général, et celle des monothéismes en particulier, c'est dans *La Nostalgie des origines* et *Le Mythe de l'éternel retour* qu'il me fallut bien reconnaître le plus rude obstacle à ma recherche. Le Sacré contre le Saint... L'ésotérisme contre la théologie... Les fameux retours aux sources contre le recours au Verbe et la Loi... On ne saurait poser, n'est-ce pas, contrariétés plus radicales ? Plaise au ciel qu'on ne vienne pas alors, à la faveur d'une célébration nécrologique un peu hâtive, aplatir tout ça, le réduire, le recouvrir — et nous refaire dans la foulée, le coup d'un « retour au spirituel » qui, présenté de cette façon, sans autre forme de procès, ne sera jamais, à nouveau, que l'autre visage d'une régression.

« Kurt Waldheim est un grand patriote. Si j'étais électeur en Autriche, je saurais pour qui voter. » Cette fière déclaration d'Helmut Kohl, chancelier de la République fédérale d'Allemagne, comment ne pas la rappeler pour terminer ? C'est elle qui, ce mois-ci, aura probablement battu tous les records de l'infamie. Allemagne-Autriche, même combat dans l'ordre de la honte : c'est ce que, en 1938, on appelait l'Anschluss.

Mai 1986.

Mon ami Verdiglione. Le Pen et les chambres à gaz.
Vienne, berceau du nazisme.
Relire Hermann Broch, de toute urgence.
Les salades de Tchernobyl. Les pompiers de l'Apocalypse.
Un Sakharov mallarméen.
Sartre ne comprend rien à la littérature.
Dieu garde l'écrivain et ses héritiers.

Retour de Milan où le procès d'Armando Verdiglione, ce psychanalyste italien accusé d'avoir extorqué de l'argent à ses patients pour financer ses colloques, ses maisons d'édition ou ses revues, a finalement été ajourné. Je ne crois pas, pour ma part, à ces accusations. Je ne crois pas à cette rocambolesque histoire de psychanalyste-Raspoutine hypnotisant quasiment ses malades pour les contraindre à investir dans l'édition des œuvres de Borgès, Wiesel, Kundera, Marek Halter. Et ayant pris la peine — et le temps — d'entrer dans le détail du dossier, j'ai surtout l'impression d'une singulière machination où la haine, la bêtise, le règlement de comptes politique ou la rancune auraient eu plus que leur part. C'est ce que je comptais dire ce matin, donc. C'est ce que je redirai le mois prochain. En ajoutant, bien sûr, qu'Armando est un ami et que je m'honore d'avoir moi-même édité chez Grasset — avant Gallimard, après Bourgois — un certain nombre de ses livres. Horrible image en tout cas, et pour l'heure, de cet ami, de cet auteur, arrivant enchaîné (oui, je dis bien enchaîné, littéralement enchaîné, comme dans un procès du Moyen Age) à la barre du tribunal — avec, pour tout cortège, l'hystérie d'une classe politique et journalistique qui ne lui pardonne peut-être pas d'avoir été, depuis quinze ans, face au double et sinistre chantage du terrorisme et du communisme, l'un des intellectuels *les plus authentiquement libres* de l'Italie contemporaine.

M. Le Pen, donc, n'est pas fasciste. Il n'est pas antisémite. Et chacun sait — ou devrait savoir — que l'ex-tortionnaire reconverti dans l'édition de chants hitlériens est devenu, au fil des années, le plus respectable des démocrates. Question, alors, au démocrate : « que pense-t-il des deux petits articles dont *Le Matin* d'aujourd'hui se fait l'écho et que son propre journal consacrait, l'autre semaine, à cette fameuse "thèse" parrainée par l'université de Nantes et qui prétendait, paraît-il, nier l'existence des chambres à gaz ? » Ils disaient en substance, ces articles : primo, que c'est parce qu'elle a perdu la partie que l'Allemagne a été « accusée de crimes de guerre » ; secundo, qu'« il n'est pas du tout prouvé que la fameuse solution finale ait été l'extermination » ; tertio, que « les prétendues chambres à gaz hitlériennes et le prétendu génocide des juifs forment un seul et même mensonge historique » ; quarto, que la plupart des « accusateurs », au premier rang desquels « l'ashkénaze de première classe Yvan Levaï », sont, et ce n'est pas un hasard, « d'origine juive » ; enfin, et pour couronner le tout, que ce formidable mensonge n'a, et n'a toujours eu, pour but que d'« ouvrir la voie à une gigantesque escroquerie politico-financière dont les principaux bénéficiaires sont l'État d'Israël et le sionisme ». On croit rêver, n'est-ce pas ? Eh bien non, on ne rêve pas ! On est en plein réel, au contraire ! Et vu les liens de M. Le Pen avec ledit journal, vu aussi que l'un des deux signataires de ces tissus d'insanités se trouve être un journaliste — François Brigneau — dont il faisait noblement l'éloge, il y a quelques semaines, à la télévision, je me permets d'insister :

ou bien le leader du Front national désavoue sans équivoque des propos qui, quoi qu'il en ait, l'engagent, ou bien il ne dit mot — mais en couvrant, alors, un petit passage à l'acte néo-nazi dont il lui sera difficile, désormais, de se dépêtrer.

A propos de néo-nazis, il y en a un qui, en attendant, poursuit son bonhomme de chemin et qui, quand ces lignes paraîtront, aura été élu président de la République autrichienne. Ça vous étonne, vraiment ? Ça vous semble si bizarre, si extraordinaire que cela ? Je ne connais pas bien Vienne, c'est sûr. Mais je me souviens de ce qu'en disait Freud. Je me souviens de ce qu'en disait Broch. Je me souviens de ce qu'ils en écrivaient, tous, les vrais grands Viennois d'avant-guerre, tandis qu'ils fuyaient l'un après l'autre cette ville absurde, un peu spectrale — incontestable centre, disait Broch, du « vide européen des valeurs » et inévitable berceau, du coup, du nazisme triomphant. Non, ne jamais oublier Broch quand on pense à cette affaire Waldheim. Ne jamais oublier sa nausée face à une « gaieté viennoise » où il ne pouvait voir, disait-il encore, que « la gaieté des imbéciles ». Et bien garder présente à l'esprit, surtout, sa description d'une vie politique qui, déjà, lui semblait si effroyablement fantomatique. Vienne 86 — ou l'éternel retour des revenants.

Pas très étonnantes non plus — encore que dignes d'être notées — nos réactions d'Occidentaux à la catastrophe de Tchernobyl. On a eu très peur en effet. On a été très scandalisés. On a trouvé que les Soviétiques étaient de fieffés salauds d'empoisonneurs qui se moquaient comme d'une guigne de la santé de nos enfants. Et on s'est même risqué ici ou là, dans un joli mouvement de révolte, de résistance ou d'impatience, à interdire le passage de nos frontières aux laitages, aux salades, aux fruits et aux légumes éventuellement contaminés. Un absent, pourtant, dans tout ça. Un absent dont personne, pour le coup, ne semble s'être soucié, alors qu'il était tout de même — et c'est peu dire ! — le premier concerné par cette affaire. Je veux parler des Ukrainiens bien sûr qui, pendant qu'on se demandait, à Monaco, si on avait atteint le centième, le millième ou le millionième de la radioactivité susceptible de nous menacer, attendaient eux, bel et bien, les signes d'une mort annoncée. Cynisme ? Égoïsme ? Chacun pour soi, et chacun chez soi, à l'heure où la fin du monde semble revenir à l'ordre du jour ? Tout se passe en réalité comme s'il s'était fait une sorte de « blanc » dans nos têtes, nos langues, nos imaginaires — et comme si c'était Tchernobyl même, j'entends *le vrai Tchernobyl*, avec ses morts, ses agonisants et ses pauvres pompiers d'apocalypse travaillant, sous la menace des tanks, à éteindre le brasier, qui avait proprement disparu de notre représentation de la planète. Oui, éclipse de Tchernobyl... Évaporation de ses victimes... Dissolution pure et simple du noyau le plus dur, le plus véritablement radioactif, de la réalité... Encore un effort, chers amis des libertés, de la démocratie, des Droits de l'homme ou du combat antitotalitaire — et, dans vos planisphères de demain, l'U.R.S.S. aura remplacé la Terra Incognita des cartes médiévales : elle sera, pour de bon, devenue la zone du plus épais mystère en même temps que, fatalement, de la plus haute indifférence.

« Gorki c'est un peu Tchernobyl. Là-bas, c'est une

chape de béton qu'ils coulent sous la centrale. Nous, c'est une chape de silence qui va de nouveau nous recouvrir... » Cette phrase d'Élena Bonner, comme toutes celles qui, de loin en loin, parviennent encore à nous instruire de la situation de Sakharov à Gorki, me plonge, je dois l'avouer, dans une infinie perplexité. Car enfin, à quoi cela rime-t-il ? Pourquoi cet acharnement inouï sur le corps d'un simple individu ? L'U.R.S.S. a-t-elle besoin, vraiment, de peser de tout son poids sur la tête d'un homme seul, isolé parmi les siens, qui a renoncé depuis longtemps à représenter, dans son pays, un quelconque mouvement de « masse » ou d'« opinion » ? Et n'y a-t-il pas quelque chose d'absurde, surtout, dans le spectacle de cet État concentrant toute sa violence sur un symbole aussi visible quand il serait si simple, après tout, de l'oublier, de le neutraliser, de l'enterrer éventuellement même sous les honneurs, les fleurs ou les faveurs ? La seule explication me dit Nicole Wisniak (dont on ne répétera jamais assez, soit dit en passant, qu'elle fait, une fois par an, l'un des plus beaux journaux du monde), c'est qu'on est en présence, là, d'un phénomène non pas absurde, mais irrationnel — et qui, comme souvent dans les pays totalitaires, ne ressortit plus tout à fait à l'entendement politique traditionnel. Retrouver la définition de l'« homme en trop » selon Soljenitsyne... Retrouver, chez Zinoviev, l'admirable portrait de ces « indépendants » qui ne représentent, aucune espèce de « groupe », de « classe » ou de « collectif », mais dont la répression aveugle, sans rime ni raison, est comme le ciment métaphysique de la « société ivanienne ».

Sur ma table, pour le moment, le non moins admirable portrait, dans *La musique et les lettres* de Mallarmé, de ces « êtres à côté » dont « on ne sait trop à leur éloge comment les désigner, gratuits, étrangers, peut-être vains » — mais dont l'impalpable « minorité » fait pourtant, allez savoir pourquoi, comme un invisible et paradoxal étai à la communauté qui les exclut. Il s'agit des poètes, bien sûr. Mais il me plaît de penser qu'il pourrait s'agir, aussi bien, de ceux que le discours politique — mais s'agit-il, encore, de politique ? — appelle les « dissidents ».

Comme Sartre est mauvais quand il parle de littérature ! Et comme il est décevant, ce *Mallarmé* précisément que republie ces jours-ci Gallimard ! Dans le genre, on avait déjà le *Genet*... On avait le *Flaubert*... On avait le *Baudelaire* surtout, avec l'odieux procès qu'il instruisait contre un poète accusé, selon les pages, de n'être pas assez socialiste, progressiste, féministe, utopiste, j'en passe — ah ! si seulement l'auteur des *Fleurs du mal* avait eu le bon goût de se ranger, aux côtés de Hugo, Sand et Michelet, dans la forte cohorte des amis du genre humain dont Sartre se voulait l'héritier... Avec ce *Mallarmé*, pourtant, je crois que tous les records sont battus. Et on pouvait difficilement aller plus loin sur les chemins du malentendu et du réductionnisme idéologique. Que penser d'un philosophe qui, aussi prestigieux soit-il, est capable de nous dire que la conception mallarméenne de l'amour « traduit dans le langage des beaux esprits cette misogynie d'époque que Bismarck incarnait par ailleurs » ? que penser quand il nous assène que les valeurs où l'auteur d'*Igitur* voyait le signe d'« une aristocratie de l'esprit », ne sont rien, en réalité, que la « sublimation des vertus bourgeoises » et des « illusions de la classe dirigeante » ? que conclure, oui, quand il est, ce philosophe, capable d'écrire, noir sur blanc, que « le naufrage du *Coup de dés* traduit parfaitement bien la terreur de la classe possédante qui prend conscience de son inévitable déclin » ? On savait, depuis *L'Homme au magnéto-phone* et la brouille avec Pontalis, que Sartre était irrévocablement fermé au discours de la psychana-lyse. J'ai peur, à la lecture de ce petit ouvrage, du reste inachevé, qu'il ne faille admettre qu'il était tout aussi étranger au mystère, au secret, à l'essence de la littérature.

Le vrai problème, bien entendu, c'est celui du statut de ce type de textes et de la nécessité qu'il peut y avoir, à titre posthume ou non, de les rééditer. On connaît la position des critiques, des érudits, des scoliastes : tout publier, absolument tout, car il y va de la cohérence, de l'unité profonde d'une œuvre. Mais on connaît aussi celle de Kafka : « Brûler, oui tout brûler » ; celle de Proust : « Oublier, effacer les pages avortées » ; celle de Mallarmé encore, prenant la peine entre deux hoquets, dans l'intervalle des quelques heures qui séparent les deux crises qui vont le tuer, de rédiger de sa propre main une « recommandation quant à ses papiers » où il est expressément dit : « Brûlez par conséquent ; il n'y a pas là d'héritage littéraire, mes pauvres enfants » ; bref, on sait la sainte terreur qu'ils ont tous à la seule idée que leurs brouillons, leurs projets, leurs lapsus ou leurs œuvres tremblées puissent accéder un jour à la dignité de textes publiés. Qu'une première édition de ce *Mallarmé* ait été faite voici quelques années déjà, alors que Sartre vivait encore, dans une revue confidentielle, change assurément quelque peu les données du problème. Sur le fond, pourtant, je n'en démords pas : l'admirateur que je suis des *Mots*, des *Carnets de la drôle de guerre* ou de certaines *Situations* ne voit pas bien ce que la réédition aujourd'hui, dans une collection grand public, de ce laborieux exercice de style pouvait bien ajouter à la gloire de leur auteur. Dieu garde les écrivains des disciples et des héritiers !

Juin 1986.

Encore la privatisation de la télé.
Ras le bol la gauche jacobine. Signes semblants et simulacres.
Federico Fellini et l'assassinat du pape.
Vive TF1 quand il programme *Shoa*. Andy Warhol's T.V.
Ezra Pound et la radio. Le souci de la lettre et de la culture.
Devenir ondes du monde et devenir monde des ondes.
Nam June Paik sur Channel 13.

Bon. Reprenons. Et puisque mes déclarations sur la privatisation de TF1 semblent avoir quelque peu scandalisé, autant mettre les points sur les « i ». Je n'ai absolument pas fait, bien sûr, le procès du service public. Et je n'ai jamais, au grand jamais nié qu'il ait pu être — qu'il demeure, bien souvent — le lieu d'une création, d'une innovation culturelles incomparables. Ce que j'ai dit, simplement, c'est qu'il y a un domaine au moins où l'affirmation de ses principes est archaïque et extravagante : le domaine de l'information. Que dirait-on d'un journaliste de la presse écrite qui se réclamerait du « service public » ? De *Libération* ou du *Monde*, s'ils étaient, structurellement, dans l'organisation même de leur capital ou de leurs statuts, des entreprises d'État ? Trouverait-on normal que Serge July, Jean Daniel, André Fontaine, ou d'autres, voient leur statut, leur carrière, leur position même ou leur pérennité mises à la discrétion d'une « Haute Autorité » dépendant du pouvoir politique ? Les directeurs de l'information de nos grandes chaînes nationales me pardonneront, j'espère. Mais quels que soient leur courage, leur compétence, leur sens de l'éthique ou du devoir, c'est dans cette situation que, malgré eux, ils se trouvent ; et je ne vois pas comment diable ils en sortiront sans que l'un d'entre eux — je veux dire une des trois chaînes — échappe au sort commun, s'émancipe de la tutelle et, obéissant à de tout autres règles, entraîne l'ensemble du système. C'est leur intérêt. C'est la nôtre. C'est celui, stricto sensu, de la démocratie.

Un opérateur privé ferait-il mieux, demandent les partisans du service public à tous crins ? Et la tutelle de l'Argent est-elle vraiment préférable à celle de la puissance publique ? Ma réponse c'est d'abord, et n'en déplaise au simplisme environnant, qu'il y a bien évidemment « opérateur » et « opérateur ». Et puis c'est, secundo, que, privatisation pour privatisation, il y a une formule qui, hélas, n'a pas l'air d'avoir été prise au sérieux, alors qu'elle avait à la fois le mérite de la clarté, de la transparence et de l'équité : la formule suggérée par François de Witt, de l'introduction en Bourse du capital de TF1. Sur le fond, en tout cas — et quelle que soit la solution concrète qui sera, au bout du compte, retenue — ma religion est faite : entre l'État et la Bourse, je choisis la Bourse ; entre l'intrigue des partis et la vérité des titres, je choisis la vérité des titres ; entre une « voix » de la France qui risque fort, au train où vont les choses, d'avoir pour de longues années l'accent de ce qu'il est convenu d'appeler la droite, et des sociétés de télévision privées, dotées d'un capital privé et susceptibles par conséquent, comme n'importe quelles sociétés privées, de voir leur capital tourner, circuler, changer de mains ou de composition, j'opte pour la seconde démarche. La démocratie est à ce prix. Ainsi que cette part d'« objectivité » que l'on est tout de même en droit d'attendre, dans un pays adulte, d'une information digne de ce nom.

Et la culture, dit-on encore ? La télé publique n'a-t-elle pas, dans ce domaine, fait la preuve de ses vertus ? Oui, bien sûr. Et loin de moi, je le répète, l'idée de refuser à une chaîne qui, dans quelques semaines, et pour ne prendre que cet exemple, diffusera l'intégralité de *Shoa*, le si beau film de Claude Lanzmann, le privilège de la qualité. Ce que je demande simplement, là encore, c'est que l'on traite avec le même esprit de mesure le cas de la télé privée et que l'on en finisse, au moins, avec l'imbécile argument qui veut que sa logique soit forcément, et en vertu de je ne sais quelle fatalité, celle de la bassesse, de la vulgarité ou de la culture au rabais. On cite parfois, au bénéfice du privé, l'exemple du « Channel 4 » britannique. On pourrait citer, à New York, celui de cette fameuse « treizième chaîne », financée par la fondation Rockfeller et où, de Nam June Paik à John Sanborn, de Kit Fitzgerald à Ed Emschwiller, les artistes américains les plus exigeants, les plus pointus, les plus avant-gardistes, produisent régulièrement des émissions. On pourrait, il *faudrait* peut-être aussi rappeler que, de la peinture au théâtre, de la littérature au cinéma ou à la musique, bref, dans tous les domaines de la création sans exception, le moteur dominant a toujours été, que l'on sache, celui de l'initiative privée. Aujourd'hui pourtant, je n'ai rien envie de citer du tout. Je ne suis même pas sûr d'avoir envie d'argumenter. Car l'affaire, me semble-t-il, défie tout argument... Elle excède toute espèce de logique... Comme si, dans ce procès de principe que l'on a si étourdiment instruit, se jouaient d'autres combats — plus discrets, moins avouables et qui n'ont qu'accessoirement à voir, en tout cas, avec la question de l'audiovisuel.

Car c'est bien de cela qu'il s'agit. Et il est clair que je ne me serais pas engagé si brutalement dans ce débat si je n'avais eu le sentiment que l'on était en train, sous le très convenable pavillon de la « défense du service public », d'essayer de nous refiler une drôle de petite contrebande. Télé-test, si l'on veut... Télé-prétexte... Télé-symptôme et télé-brèche où s'engouffrent toute une foule de thèmes et de concepts que l'on croyait disqualifiés... Il a fallu cette affaire de télé, par exemple, pour que l'on s'amuse à nouveau, comme aux beaux temps de la gauche dite unie, à voir dans l'Argent l'image du grand Satan ; dans l'Amérique, celle du petit Satan ; dans la forme-État, au contraire, le meilleur pourvoyeur de sens et d'idéal ; il a fallu cette affaire de télé pour que, oubliant soudain ce qu'elle avait pu dire, faire ou apprendre pendant ces cinq années d'exercice du pouvoir, une partie de la gauche remette subrepticement à l'honneur quelques-uns de ses vieux démons — avec, en prime, et pour couronner le tout, cette forte thèse que, même en U.R.S.S., personne n'oserait plus proférer sans rire : la preuve que la télé est « à nous », c'est qu'elle appartient à l'État ou à la Sainte Collectivité qu'il représente... En bon français, ça s'appelle une régression. Et on peut, je crois, faire le pari : quelques mois encore de cette « bataille » — et c'est tout un dispositif idéologique qui, de proche en proche, et mine de rien, viendra se reconstituer. Fallait-il vraiment chanter sur tous les tons l'air de la modernité, de l'aggiornamento idéologique ou de la « culture de gouvernement » pour retomber, si vite, dans l'ornière de la gauche jacobine la plus éculée ? Personnellement je dis, *j'espère* de tout mon cœur que non. Et j'ai bien l'intention, par-delà cet épisode TF1, de trouver d'autres occasions — nombreuses — de le répéter.

D'autant que, sur le fond, et comme à l'accoutumée, le débat est probablement déjà réglé et que l'on voit mal à quoi peut bien rimer la vieille référence jacobine dans l'univers des satellites, des câbles, des espaces géo-stationnaires ou des antennes paraboliques qui feront l'audiovisuel de demain. Il y a des villes américaines où l'on reçoit jusqu'à trente chaînes. D'autres où fonctionnent des systèmes de « free access » qui permettent aux téléspectateurs d'élaborer leurs propres programmes. D'autres où la transmission des images par télex ou téléphone est quasiment monnaie courante. Et même si nous n'en sommes pas encore là, il est évident que nous entrons, nous aussi, dans un monde d'images, de reflets, de reflets d'images ou de reflets de reflets dont il devient de plus en plus hardi de prétendre contrôler la production. Quel est l'État qui pourra se targuer de maîtriser ces bombardements d'informations ? A quelle « Haute Autorité » s'en remettra-t-il pour arrêter les flux d'images qui, se jouant des frontières et des nations, en seront le corrélat ? De quel « service public » parlera-t-on le jour, pas si lointain, où nous serons tous pris dans un véritable mouvement brownien d'ondes devenues folles et littéralement déréglées ? Tout cela n'aura, bien entendu, plus grand sens. Et il est permis de se demander si, derrière les beaux discours des vestales de la télévision d'hier, il n'y aurait pas d'*abord* une formidable réaction de panique devant les manifestations de la révolution télématique en cours.

Que cette révolution pose des problèmes, j'en suis le premier convaincu. Et il est difficile, c'est vrai, d'envisager avec sérénité les processus de décomposition qui sont sans doute à l'horizon de ses fractures les plus brutales. Fellini, au moment de l'attentat contre le pape, a dit de très belles choses sur la « disparition de la réalité » à quoi nous exposait la multiplication soudaine des images. Un autre Italien, Pier Paolo Pasolini a fort justement insisté, lui, sur l'uniformisation des modèles, des codes et des comportements qui pourrait en résulter. Et nous avons un romancier, Guy Scarpetta, qui a bâti toute une fiction, pas si « fictionnelle » qu'elle en a l'air *(L'Italie)*, sur l'idée d'une planète s'épuisant, se dissolvant et, finalement, disparaissant avec les derniers relais hertziens. Devenir-ondes du monde... Devenir-monde des ondes... Exténuation ondulatoire d'une réalité proprement éclipsée par ses signes, ses ombres, ses simulacres ou ses semblants — avec, à l'extrême, la vertigineuse histoire de ces stratèges israéliens de la guerre du Kippour qui, sachant qu'un déplacement de troupes induisait, sur une longueur d'ondes donnée, une vibration particulière, induisirent artificiellement la vibration en faisant l'économie du déplacement... Nul ne sait, encore une fois, que penser au juste de tout cela. Et nul ne sait, surtout, comment conjurer les conséquences, à certains égards effroyables, de ces processus de dissolution. Ce qui est sûr, c'est que les réponses, si elles existent, ne ressortissent certainement pas aux pauvres combats d'arrière-garde menés sous nos yeux depuis quelques jours.

Je ne suis, en ce qui me concerne, ni politique, ni législateur, ni même expert ou technicien de ces affaires. Écrivain en revanche, entretenant un certain type de rapport au symbolique et à la langue, je dis que la télévision moderne m'assigne, en tant qu'écrivain, un certain nombre de défis. Celui d'y intervenir par exemple, d'apprendre à s'en servir : un peu comme l'ont déjà fait, dans d'autres disciplines, des gens comme Wenders (jouant, très tôt, le jeu du petit écran), Warhol (inaugurant, dès 1980, son *Andy Warhol's TV*), Bob Wilson (proposant avec son *Vidéo 50* ou son *Deafman glance*, une véritable révolution dans la rhétorique télévisuelle classique). Celui de s'y adapter ensuite, de rendre le style littéraire authentiquement contemporain de celui que propose la mécanique audiovisuelle : un peu comme, en d'autres temps, et toutes proportions gardées ! des gens comme Joyce ou Ezra Pound ont travaillé (mais y ont-ils vraiment « travaillé » ?) à rendre l'effet-littérature contemporain de ce qui apparaissait alors comme le tout nouvel « effet radiophonique ». Celui, enfin, de sauver cet effet-littérature en arrachant à la décomposition générale ce fragment très particulier du réel que sont les mots dont je me sers : ou bien, dit Scarpetta[1], les romanciers de demain ignorent la révolution dont je parle et se bercent de l'illusion d'être au-dessus ou en dehors — et alors, en effet, la télé les avalera ; ou bien, au contraire, ils traitent cette révolution, l'intègrent, se situent résolument dedans ou sur ses bords — et alors le Livre aura toutes les chances

1. *Cf. Art Press*, spécial audiovisuel, juin 1982.

de préserver son éminence. Ces défis concernent, au-delà de moi, tous ceux qui ont le souci de la lettre et de la culture. Puisse le présent débat, si mal engagé soit-il, faire que nous soyons quelques-uns à en ressentir au moins l'urgence.

Juillet 1986.

Dommage pour Belle du Seigneur.
Un meurtre pour une minute d'antenne.
Faut-il épeler les noms des otages français au Liban ?
A la guerre comme à la guerre.
Jean-Bernard Raimond n'a rien compris.
Tabassage dans les commissariats. Refuser la guerre civile.
S.O.S. Racisme, lui, a tout compris. Ras le bol l'union sacrée.

Eh bien voilà. C'est reparti. Et j'ai envie de dire des terroristes ce que je disais l'année dernière, à peu près à la même époque, des fascistes du Front national. A savoir que leur première victoire c'est qu'on en parle ; qu'on ne parle que de cela ; qu'ils occupent toute la surface imprimée de nos journaux, de nos magazines ; et que moi-même — alors que j'avais tant de choses à dire, tant de sujets à traiter, alors qu'il y avait le *Mélo* de Resnais, *Belle du Seigneur* dans la Pléiade, des tas de romans de qualité, mon propre voyage en Éthiopie, le livre de mon ami Rufin, alors que l'actualité, la vraie, celle de la culture et de l'esprit, était si riche en thèmes qui n'auraient pas déparé cette seconde rentrée de *Globe* — j'en sois, comme tout le monde, réduit à ne penser qu'à ça. Konopnicki, l'autre jour, à déjeuner, aura, comme souvent, eu le mot juste : le premier résultat des bombes, c'est la baisse de fréquentation des salles de cinéma ; et leur première

367

victime — après, bien entendu, les morts et les blessés — c'est *Le Rayon vert* d'Eric Rohmer, éclipsé par les explosions. Le terrorisme contre la civilisation.

Est-ce que cela veut dire qu'il faille, face au terrorisme, adopter une attitude de réserve, voire de silence ou de censure ? Et suis-je en train de donner raison à ceux qui, de-ci de-là, trouvent par exemple que la télé, en épelant trois fois par jour, telle une litanie, le nom de nos otages au Liban, fait le jeu des poseurs de bombe ? La question peut se poser, sans doute. Elle s'est même très concrètement posée, il y a quelques années, en Italie, à l'époque où, de plus en plus clairement, il apparaissait que les Brigades rouges vivaient pour, par, et à travers les grands médias. C'était le temps où l'on voyait des organisations revendiquer des meurtres imaginaires ; s'attribuer des actions dont le « mérite » revenait à d'autres : séquestrer un journaliste, enlever un enfant, en échange non plus de quelques milliards de lires, mais de quelques minutes d'antenne ; c'était le temps où on les devinait engagés dans un invraisemblable combat dont l'enjeu n'était rien moins que le contrôle de cette richesse neuve, décisive, stratégique : l'espace médiatique ; et c'était le temps où les journaux de leur côté, mettant au-dessus de tout la sacro-sainte chasse au scoop, se battaient comme des chiens pour avoir le privilège de publier le fameux « communiqué numéro 10 » par lequel les ravisseurs d'Aldo Moro adressaient un message codé à leur « colonne romaine »... La France, cela dit, n'en est pas là. Elle est loin d'en être là. Et arguer de cette dérive possible, mais lointaine, pour demander à nos journaux de se plier à je ne sais quel devoir de réserve ou de silence, serait une autre façon, peut-être plus insidieuse encore, d'entrer dans la logique des poseurs de bombe. Quel triomphe, en effet, pour des gens qui n'ont d'autre objectif, au fond, que de contraindre les démocraties à renoncer à leurs principes ! Oui, quel triomphe ce serait, quelle sinistre victoire, si nous nous obligions à museler notre presse, à censurer nos couvertures de magazine ou à ne plus évoquer qu'entre les lignes, comme dans un vulgaire pays totalitaire, les informations vraiment brûlantes qui concernent tout un chacun !

Bon. Que dire alors ? Que dire qui, cent fois, n'ait été dit — et qui permette de voir un peu clair dans l'atroce imbroglio où nous nous trouvons pris ? Eh bien ceci, par exemple, qui, peut-être, surprendra, mais qu'il faudrait prendre à la lettre : le terrorisme n'existe pas. Comment cela, le terrorisme n'existe pas ? Eh bien non : le terrorisme, en France, n'existe pas ; il n'a ni l'autonomie ni la spécificité qu'on croit ; il n'y a pas, si l'on préfère, d'authentique « mouvance » terroriste dans ce pays avec tout ce que cela peut supposer de réseaux, de structures, d'infrastructures ou de complicités ; il n'y a rien, si l'on préfère encore, qui ressemble à ces usines et universités italiennes des seventies, à demi gagnées à la terreur et où — je puis en témoigner ! — il fallait aller plaider, débattre, démontrer : combien de soirées, combien de journées, combien de meetings passés à expliquer à des assemblées d'« autonomes » que les terroristes n'étaient pas des « camarades » mais des « fascistes »... Rien de tel, donc, en France. Rien — ou presque — de ces indulgences. Rien de cette microsociologie qui fait qu'un terrorisme est vraiment un terrorisme et qu'il est, dans une société, comme un poisson dans l'eau.

En sorte que ce qui existe, ce qui nous menace vraiment, le vrai nom qu'il faut donner à l'horreur parisienne des dernières semaines, c'est, beaucoup plus simplement, *la guerre*. Il y a la guerre conventionnelle. Il y a la guerre d'usure. Il y a la guerre nucléaire. Il y a la guerre bactériologique. Bref, il y a mille sortes de guerres — avec, aujourd'hui, et même si ce n'est pas complètement une nouveauté, cette autre forme de guerre qu'est la guerre par les bombes. Que la France tarde à le reconnaître, qu'elle hésite à en tirer les conséquences, qu'elle ne sache pas trop bien, surtout, quelle stratégie adopter pour y faire face et qu'elle soit bien mal armée, la pauvre, avec ses services secrets discrédités et son service action ridiculisé, pour y riposter comme il convient, ne prouve hélas rien contre cette guerre, mais beaucoup de choses contre cette France. Ceci, notamment, que la France, comme d'habitude, est en retard d'une guerre.

Fort bien, dira-t-on. Mais est-ce que chacun ne s'accorde pas là-dessus, justement ? Est-ce qu'ils n'ont pas tous dit, de la droite à la gauche et de la gauche à la droite, que nous étions en guerre, qu'il fallait entrer en résistance, etc., etc. ? Oui, sans doute. Sauf que, lorsqu'il s'est agi de passer aux actes et de prendre des mesures concrètes, ils ont tous apparemment trouvé normal qu'on arrête quelques arabes ; qu'on en expulse quelques autres ; qu'on tabasse un ou deux « suspects » dans les commissariats parisiens ; bref, qu'on la mène, cette guerre, avec des méthodes de petite police aussi ridicules que choquantes. Que M. Pasqua me pardonne. Mais si j'étais lui, j'éviterais de me passer les nerfs sur les restaurateurs libanais ou les immigrés marocains. Et je rappellerais en revanche à l'ordre mon collègue des Relations extérieures qui, l'autre semaine, à la veille des attentats, pérorait encore que « non, voyons — un chef d'orchestre clandestin ? Une coordination des terroristes ? Vous n'y pensez pas... l'hypothèse est ridicule... ». A la guerre comme à la guerre, messieurs les ministres ! Si vous y croyez vraiment, à cette guerre, si vous pensez vraiment que c'est dans ces termes-là qu'il faut poser le problème, alors, de grâce, soyez cohérents ; intéressez-vous par exemple de plus près aux cas de MM. Kadhafi, Khomeiny ou Hafez El Assad ; demandez-vous comment il se fait qu'au sommet des non-alignés d'Harrar ils étaient les seuls chefs d'État à avoir refusé de se rallier à la motion antiterroriste ; et évitons, du coup, de nous égarer sur de fausses pistes, sur des combats douteux — évitons, en d'autres termes, tout ce qui pourrait donner à penser qu'il y a entre les bombes et la communauté immigrée une identité ou une symbiose.

Importante, cette idée de ne pas tout mélanger et de ne pas traiter comme un problème de police ce qui ressortit donc (nous en sommes tous d'accord) à la géopolitique ou à la guerre. Car enfin, que croit-on qui se passe quand on laisse jouer la confusion ? quand on laisse fonctionner les amalgames ? quand on donne à penser — cela a été dit — que « la communauté chiite » tout entière serait impliquée dans les attentats ? Les choses étant ce qu'elles sont, et la xénophobie ambiante étant ce que nous savons, cela donne forcément à penser que, de proche en proche, c'est la communauté musulmane, puis arabe, puis étrangère qui se trouve plus ou moins compromise ; cela fait peser une suspicion terrible et qui ne demandera, le jour venu, qu'à prendre une forme plus explosive, sur toute une part, non négligeable, de la communauté nationale ; et le résultat c'est qu'en dressant ainsi les gens les uns contre les autres, en creusant entre eux de tels fossés de méfiance et de culpabilité *a priori*, on prend un risque qui, avec le temps, pourrait se révéler plus grave encore que celui du terrorisme : le risque de la guerre civile. La France a connu cela à une époque récente de son histoire. Elle a connu ces heures où l'on passe peu à peu, presque insensiblement, des mesures à l'*État* d'exception. Puissions-nous ne jamais revoir cela ! Puissions-nous ne jamais revoir ces temps de grand malheur où, sur fond de bombes et de ratonnades, Paris était au bord du déchirement ! C'était le vœu de mes amis de S.O.S. Racisme quand, au plus haut de la vague d'attentats, ils ont lancé leur double appel — à la plus extrême fermeté dans la conduite de la guerre antiterroriste d'une part, et à la plus extrême vigilance dans le maniement des thèmes, des fantasmes sécuritaires d'autre part. N'en déplaise aux fanatiques de l'union sacrée à tous crins et à tout prix, c'est leur honneur d'avoir, du coup, résisté une fois de plus aux forces de haine et de guerre.

L'union sacrée... Il ne faudrait pas beaucoup me pousser pour me faire avouer qu'elle ne me dit rien qui vaille elle non plus — et qu'il y a même quelque chose qui me trouble dans ces appels partout répétés, dans la classe politique mais aussi dans la presse, à ne parler plus que d'une seule voix dès lors que le terrorisme nous menace. Que nous soyons tous derrière Jacques Chirac dans la lutte qu'il entend mener, me semble aller en effet de soi ; et je serais le dernier à le chicaner sur les mesures d'urgence qu'il croit ou croira bon de nous proposer. Mais que cette solidarité minimale, j'allais presque dire *technique*, devienne prétexte à une extinction de tout débat, à une interruption de toute réflexion, qu'elle soit l'occasion d'une sorte de stérilisation des idées ou de mise en veilleuse des intelligences, cela ne me paraît, en revanche, ni justifié ni souhaitable. Devons-nous tous avoir la même lecture du phénomène ? Sommes-nous tenus à la même doctrine sur sa genèse, ses développements ? Devrions-nous nous accorder sur les moyens de traiter les problèmes du Proche-Orient ? Ici même, en France, toute forme de réserve ou d'objection à l'endroit d'un gouvernement dont la politique ne se résout pas, que l'on sache, à la guerre contre les bombes, serait-elle devenue sacrilège ? Et puis — pour dire le fond de ma pensée — l'union sacrée dont on nous bassine implique-t-elle que nous avalions sans protester ce qui devrait rester à mes yeux (après les attentats, bien sûr) l'événement majeur, quoique étrangement peu commenté, de ces derniers jours : à savoir la réception de Jean-Marie Le Pen à l'hôtel Matignon, au même titre que n'importe quel chef de parti ?

Encore six mois de terrorisme — avec, dans l'opinion, six mois de ce régime — et, pour la première fois dans l'Histoire, la France n'aurait plus d'opposition ; donc plus de libre débat ; donc plus de démocratie.

Octobre 1986.

Prix Nobel au Judaïsme. Les philosophes n'ont pas d'histoire.
La masturbation de Ludwig Wittgenstein.
Roland Dumas et le Front national.
Retour à la Colombe d'Or. Pas de ratures pour Albert Cohen.
Éloge du parisianisme. Relire Oscar Wilde.

Élie Wiesel, prix Nobel. Cela faisait un certain temps que, chaque année, à la même époque, ses amis se demandaient laquelle des deux académies — la Paix ? la Littérature ? — finirait par le couronner. Et il s'en trouvera sûrement certains pour, aujourd'hui encore, une fois passées la surprise, l'émotion et, bien entendu, la joie, regretter que cet écrivain n'ait pas reçu, après tout, la conséation d'écrivain qu'il méritait. Personnellement, ce n'est pas mon cas. Et je suis de ceux qui, au contraire, ne sont pas loin de croire que ce prix de la Paix sera d'un poids symbolique encore plus considérable. C'est la première fois en effet qu'un écrivain se voit, en tant qu'écrivain justement, auréolé de cette distinction. C'est la première fois qu'un homme de mots, parce qu'il est un homme de mots, se voit reconnaître le mérite d'avoir contribué à la lutte contre la guerre. Et c'est la première fois, surtout, qu'une académie Nobel nous dit — car c'est le sens profond de son vote — que la mémoire est, en soi, l'une des plus formidables armes dont nous disposions face à l'horreur. J'ajoute qu'un prix de littérature n'aurait couronné « que » l'œuvre. Alors qu'un prix de la Paix, au-delà de l'œuvre, consacre l'homme ; au-delà de l'homme, le combat auquel il s'est voué ; au-delà même de ce combat, les principes, les valeurs, bref la tradition qui l'a fondé et à laquelle Wiesel, depuis qu'il agit et écrit, reste irrémissiblement fidèle. *Je dédie ce prix*, a-t-il annoncé, *à tous ceux qui, comme moi, ont réchappé des camps de concentration nazis.* Il aurait pu dire aussi bien : je le dédie à tous ceux qui, avant moi, ont illustré cette haute tradition humaniste et cosmopolite, qui est l'honneur de mon peuple et dont je me veux l'héritier. Prix Nobel du Verbe. Prix Nobel de la Mémoire. Mais aussi — et c'est peut-être l'essentiel — prix Nobel au Judaïsme.

Publication dans *L'Espresso* de Rome des carnets intimes — et secrets — du philosophe, mathématicien et logicien autrichien Ludwig Wittgenstein. L'auteur du « Tractatus logico-philosophicus » n'était pas précisément du genre à souhaiter que fussent rendus publics des carnets de cette nature. Et il y a quelque chose de terriblement choquant à voir ainsi étalées, au mépris de la volonté de l'auteur, ces menues méditations sur l'amour, la mort, la mère, la non-existence de Dieu ou la masturbation. Les responsables de l'opération plaident, j'imagine, l'érudition. Le souci de la vérité. Ils plaident, ou plaideront, la nécessité de faire toute la lumière sur l'un des êtres les plus énigmatiques de notre scène intellectuelle. Et je les entends d'ici clamer que le plus austère des philosophes avait une vie lui aussi, des affects, des faiblesses — dont le dévoilement ne peut qu'aider à l'indispensable démystification des mystères de la pensée. Au risque de choquer je crois, moi, que cette démarche est sotte ; absurde ; contraire à tout ce que nous savons du travail philosophique ; je crois que l'idée même de vouloir rendre un philosophe plus « proche », plus « humain », sinon plus « familier » est une des idées les plus ineptes qui soient ; et je suis convaincu, pour tout dire, qu'une telle démarche, loin de dissiper les ombres qui obscurcissent une théorie, loin de contribuer à je ne sais quelle intelligence de la vérité d'un texte, ne fait que le rendre, ce texte, plus opaque et inintelligible encore. Il y a des philosophes qui n'ont pas d'histoire. Pas de biographie. Il y a des philosophes dont l'œuvre n'a d'autre objet que de réduire, de faire taire le murmure même de l'existence. Ludwig Wittgenstein est de ceux-là. Et si ce numéro de *l'Espresso* me scandalise c'est qu'au-delà des problèmes de « droit moral », au-delà de la « vie privée » dont il profane étourdiment le secret, au-delà de l'homme et de l'outrage qui lui est fait, il est symptomatique d'un véritable outrage à la pensée.

Je n'ai rien contre Roland Dumas. Et ses adversaires politiques seraient mal venus, c'est évident, de jouer les offusqués après son élection surprise à la très convoitée présidence de la Commission des Affaires étrangères de l'Assemblée. Reste que l'élection a eu lieu. Qu'un ancien ministre socialiste, réputé proche de François Mitterrand, a triomphé grâce à l'apport des voix du Front national. Et reste que cet homme, loin, comme aurait fait un Mendès France, de trouver problématique de devoir sa bonne fortune à une alliance contre nature avec des politiciens totalitaires, semble n'y trouver rien à redire. Certains parleront d'un retour des combinaisons de la République d'antan. J'y vois surtout, moi, un pas de plus — mais décisif — sur le chemin de cette banalisation de l'extrême droite dont je ne cesse, depuis des mois, de dénoncer le danger. Hier c'étaient les caciques de la droite qui négociaient leurs strapontins régionaux avec les représentants de Le Pen. Aujourd'hui c'est un cacique de la gauche qui trouve tout naturel de voir les mêmes représentants de Le Pen voler au secours d'un combat qui, sans eux, était perdu. A quand des élections législatives ou, pourquoi pas ? présidentielles où, de gauche à droite, et de droite à gauche, il reviendra aux imbéciles et aux fascistes de définir les règles du jeu, puis d'arbitrer son déroulement ?

Je n'aime pas les villages. J'aime encore moins la campagne. Et, au contact de ce qu'il est convenu d'appeler la « Nature », j'ai toujours ressenti (je parle pour mon compte, bien sûr ; pas pour celui des gens qui ont choisi d'y demeurer) je ne sais quelle torpeur, lourdeur — je ne sais quel affaissement de l'âme et de l'esprit dont le moins que l'on puisse dire est qu'il ne favorise guère l'étude ni la réflexion. Saint-Paul, pourtant, ce n'est pas la campagne. Ce n'est pas un village. Ça n'a plus grand chose à voir avec ce bucolisme épais qui, partout ailleurs, me met mal à l'aise. Et de me retrouver ici, au plein d'un automne si glorieux, me met dans un état d'euphorie que je n'avais pas connu depuis longtemps. Charme de la Colombe d'Or. Fraîcheur des ruelles enfin désertes. Cette lumière tendre, fragile, qui décline ostensiblement sitôt midi sonné. Le petit cimetière, à l'extrême bout des remparts, avec ses fleurs, ses herbes folles, ses buissons de ronces ou ses tombes. Et puis en contre-bas, au pied du chemin de ronde qui ceinture le bourg, ce paysage épierré, désolé, quasi lunaire parfois, qui descend jusque dans la vallée et ne fait qu'ajouter à l'artificialité du lieu. Méditation. Travail. Lectures surtout. A commencer par tous ces livres en souffrance que je prends enfin le temps de lire — sans but, gratuitement. Hemingway. *L'arrêt de mort* de Blanchot. *L'Art abstrait* de Dora Vallier. *Normance*. La *Correspondance* de Cézanne. Une grande biographie de Fitzgerald. *L'Histoire des Girondins* de Lamartine. *La Figure de Fraser* de Jacques Attali.

Royaume farfelu. Le *Testament* de Gombrowicz. Et puis, dix fois lu, mais relu d'une traite, en une nuit, ce merveilleux *Belle du Seigneur* dont le *Figaro littéraire* de Rouart m'a demandé le compte rendu et où je retrouve — écho à ce que j'écrivais l'autre soir sur Wittgenstein — le miracle d'une œuvre finie, presque figée, dont on a le sentiment que rien, aucun remords, aucune correction, aucune espèce d'émoi ou d'incident extérieurs au texte, n'entameront plus la cohérence. Livre sans tremblé. Œuvre sans rature. Littérature pure, qui met son point d'honneur à ne plus souffrir la moindre « incertitude ». Albert Cohen a effacé ses traces. Il a gommé tout ce qui, d'une manière ou d'une autre, pouvait rattacher son livre à lui ou à sa vie. Première fois, à ma connaissance, que la *Pléiade* publie un volume amputé, par la force des choses, de ses sacro-saintes « notes et variantes ».

Si une idée vous semble fausse, un débat mal venu, un concept mal formé ou inexactement articulé, il ne faut plus polémiquer. Ne plus opposer de contre concept. Ne surtout pas essayer de poser autrement le problème. Non. La meilleure méthode, la plus sûre, celle qui paraît avoir, en tout cas, la préférence des petits maîtres d'aujourd'hui est d'esquiver toute discussion en accolant à l'idée, au débat, au concept malformé, etc., la simple et infâmante étiquette de « parisianisme ». Ainsi de l'affaire éthiopienne. Un intellectuel fait-il, dans l'*Événement*, le récit de ce qu'il a vu entre Harrar et l'Érythrée ? Un autre — Gilles Hertzog —, instruit-il le procès des déportations sans précédent qu'opère le régime de Mengistu ? D'autres encore — Glucksmann et Wolton — publient-ils un livre lumineux, accablant pour ce régime et qui contraindrait, si on le lisait, à réévaluer de fond en comble nos idéologies « humanitaires » ? Peu importe la réévaluation. Peu importent les centaines de milliers de cadavres qui en sont l'enjeu. Au diable, même, les millions d'hommes et de femmes dont le destin est un peu entre nos mains. Les tenants du statu quo, en fait, se gardent bien de répondre, objecter ou argumenter — et préfèrent bredouiller ce monotone : « parisianisme ! parisianisme ! » qui semble devoir, à leurs yeux, clore toute espèce de discussion. Imaginons en 1938 la querelle Gide-Barbusse sur les camps de concentration staliniens, qualifiée de « parisianiste » ; le duel Malraux-Drieu sur le fascisme et l'antifascisme, disqualifié pour le même motif ; imaginons, dans les années cinquante, à l'heure de la guerre d'Algérie et des porteurs de valises du F.L.N., toutes les brûlantes questions qui agitent alors les clercs rayées du même trait de plume. Cet anti-parisianisme, quand on y regarde d'un peu près, n'est probablement pas sans rapport avec le vieil anti-intellectualisme. Même bêtise. Même langue de bois. Et puis, en arrière-fond, mêmes relents d'infâmie.

« Ce n'est pas l'art qui doit imiter la nature, c'est la nature qui imite l'art. » Cette phrase d'Oscar Wilde que je cite depuis vingt ans sans bien savoir d'où elle provient, la voici enfin, littérale, dans ce *Déclin du mensonge* que les éditions Complexe ont la bonne idée de rééditer. Antiréalisme, là, pour le coup. Antinaturalisme. Horreur de cette « adoration du fait » qui perd la littérature. Et conviction, surtout, qu'il n'y a pas de grande culture sans un recours constant, raisonné, méthodique, aux puissances du Faux. Oui, relire Oscar Wilde, le meilleur antidote à cette autre imbécillité qui affecte parfois l'art moderne.

J'ignore, à l'heure où j'écris ces lignes, ce que valent les informations qui nous arrivent sur les cent un Maliens arrêtés, enchaînés, puis embarqués de force à destination de Bamako. Mais si elles s'avéraient exactes, cela constituerait, bien sûr, un incroyable précédent dans l'histoire de la Vᵉ République ; et la police de M. Pasqua aurait franchi une étape de plus — et quelle étape ! — dans l'escalade de la violence contre nos populations immigrées. Image des galériens d'antan. Image de ces troupeaux d'hommes, transportés à fond de cale dans les vaisseaux de l'âge colonial. Pour ma part, en tout cas, je ne suis pas allé, à Addis-Abeba, dénoncer les Antonov chargés de bétail humain pour accepter ici, à Paris, l'idée de ce Mercure bourré jusqu'à la gueule d'étrangers indésirés. Suite, donc, au mois prochain.

Novembre 1986.

La Bible sur Schillerstrasse. Un parfum de mort et d'apocalypse.
Robert Musil et la question du Mal. Le retour de l'ordre moral.
Encore la régression ! Terroristes et muscadins.
Foucault contre les prisons privées.
Hamlet chez Gérard Philipe. Rien sur Mallet-Stevens ?
Sublime casino de Saint-Jean-de-Luz.

Punir la faute des pères sur les fils jusqu'à la troisième, quatrième génération. Jamais la litanie biblique ne m'avait tant obsédé qu'au cours de ce périple allemand. Et je l'ai eue au bord des lèvres tout au long de ces cinq conférences données à

Hambourg, Fribourg, Munich, Francfort et Berlin sur la littérature et *Le Diable en tête*. D'où vient, alors, que je n'y croie pas ? D'où vient que je n'y arrive pas ? D'où vient, pour être précis, que contrairement à un Jankélévitch qui ne cessait de répéter qu'il n'avait plus, depuis la guerre, parlé allemand, rencontré un Allemand, pensé ou philosophé en allemand, je ne parvienne pas, moi, à tenir pour coresponsable du nazisme le new-waver en pantalon de skaï et cravate-ficelle croisé sur Schillerstrasse ? C'est que le problème est plus complexe. Qu'il n'a peut-être rien à voir avec ces histoires de « générations ». Et que c'est dans la structure même d'une culture, d'une ville ou d'une société qu'il faudrait, en toute rigueur, penser à en chercher les clefs. Cas de Berlin, bien sûr. Cas de cette demi-ville, coupée en son milieu, rongée de l'intérieur. Cas de cette ville fantôme, étrangement moribonde ou survivante, que l'on dirait occupée à gérer je ne sais quelle malédiction. Berlin, ville vide. Berlin, ville ruine. Berlin et ses décombres, ses terrains vagues, ses cabarets désaffectés ou ses quartiers désertifiés. Berlin est une ville gaie en même temps. Mais il flotte sur cette gaieté elle-même un étrange parfum de mort, d'apocalypse en suspension. Relire la Bible à Berlin. Relire toutes ces histoires de « *raisins verts* » et de « *dents gâtées* ». Et les relire pour leur faire dire qu'au-delà des hommes et de leurs passions, il y a un temps du crime, une temporalité du forfait qui modèlent jusqu'à l'espace, jusqu'à la géographie des choses.

Le roman, donc, à Berlin. Son rôle. Sa place. Sa très récente naissance. Sa très possible disparition. Et pourquoi moi, philosophe, j'ai choisi, un beau matin, d'écrire à mon tour un roman. Bizarre comme cette question revient. Absurde comme, d'un bout du monde à l'autre, de Pékin à New York, de Sydney à Milan ou à Tokyo, elle m'est identiquement posée. Ici, pourtant, à Berlin, elle trouve un autre sens. Elle prend un autre poids. Et tout se passe comme si elle se dotait, soudain, d'une extrême et inhabituelle gravité. Réponse grave, alors. Réponse par Musil. Réponse par Hermann Broch. Réponse par l'infinie puissance d'une forme que j'ai toujours crue, personnellement, plus apte que la forme philosophique à traiter de la question du Mal. Si je me suis, moi, mis à mon tour à cette épreuve, c'est que j'étais, au sens strict — et certes provisoirement — *las de ma voix de philosophe.*

Retour à Paris où Paul Giannoli m'apprend que le gentil Geldof a décidé de nous intenter, au *Journal du Dimanche* et à moi-même, un procès en diffamation. Qu'ai-je dit, au juste, de si terrible ? Que Geldof est sympathique. Qu'il est parfaitement méritant. Qu'il a contribué comme personne à mobiliser la générosité en faveur du tiers monde affamé. Mais qu'un grain d'irresponsabilité, allié à une solide niaiserie morale et politique, l'a involontairement rendu complice des déportations de masse en Éthiopie. Ce que j'ai dit, je le maintiens. Je le confirme plus que jamais. Et à ceux qui en douteraient, je recommanderais une fois de plus la fort instructive lecture du livre de Glucksmann et Wolton. Tout y est. Toutes les pièces du dossier. Tous les éléments d'information. Avec, en toile de fond, le portrait comico-tragique d'un « prince de l'opinion » qui, après avoir bravé Thatcher, tenu tête à Mitterrand, fait le fier et l'insolent sur tous les écrans de télé occidentaux, n'a su que se coucher, tout à coup, devant le redoutable Mengistu.

Paris toujours, avec ce grand colloque sur l'« ordre moral », organisé par *Globe* et nos amis de S.O.S. Racisme. Heureuse initiative, bien sûr. Interventions de qualité. Systématisation bien venue de tous ces signes épars (code de la nationalité, par exemple, prisons privées, prisons pour drogués...) qui, pris isolément, ne veulent peut-être rien dire mais qui, mis bout à bout, articulés les uns aux autres, finissent par composer un air du temps nauséabond. Pourquoi ce malaise alors ? Pourquoi cette impression de demi-échec ? Pourquoi ce sentiment — qui ne nous a, je crois, pas quittés de la journée — qu'il y avait dans tout ça quelque chose d'absurde, de faux, presque de vain ? Le principe même du débat, sans doute. Le fait qu'il ait pu et dû avoir lieu. Le fait, si l'on préfère, que nous en soyons encore, en cette fin du XXe siècle, à penser notre présent, et peut-être notre avenir, dans les termes où le pensaient les contemporains de Mac Mahon ou de la construction du Sacré-Cœur. Oui, c'est ça : ce qui était absurde, ce qui était désespérant, c'était de se retrouver là tout à coup, à cet étiage de la réflexion, à ce degré zéro de la polémique — tous unis contre des fantômes ; tous tonnant contre des spectres ; et tous renouant avec des arguments que nous pensions n'avoir jamais plus à ressortir de nos anciens arsenaux. Échec donc. Régression.

Ainsi de cette affaire de « Révolution française » dont les médias sont pleins. Ce qui me choque, là, ce n'est pas le débat lui-même. Et ce n'est certainement pas, en tout cas — comme le répètent, de-ci de-là, les sots — de voir les Français continuer, presque deux siècles après, de se disputer avec vigueur autour de leur Histoire. Non, ce qui me choque c'est le tour que prennent les choses. C'est le niveau de la discussion. Et c'est la fantastique régression, là aussi, à laquelle nous assistons. Quoi ? Nous n'aurions le choix, vraiment, qu'entre terroristes et muscadins ? « Révolutionnaires » et « contre-révolutionnaires » ? Nous n'aurions le choix qu'entre la sacralisation sans nuance et la diabolisation sans réserve ! Si tel était le cas — et même si, à tout prendre, je préfère Gallo à Chaunu — ce serait une entière génération d'historiens qui se trouverait invalidée ; ce serait tout l'effort entrepris autour, notamment, de l'École des Annales, qui se trouverait réduit à rien ; si tel était le cas, et si nous devions nous retrouver dans l'obligation de choisir entre Allard et Gaxotte, Soboul et Bainville, c'est l'intelligence qui aurait perdu, c'est la bêtise politique qui triompherait. Relire d'urgence François Furet. Relire son double refus de la double simplification. Relire, dans *La Machine à Terreur* de Dispot, les principes d'une « critique » de la Révolution, capable d'opérer les tris, les démarcations indispensables. Et capable, du coup, de rendre enfin à l'Histoire réelle sa nécessaire complexité.

Ainsi des prisons privées. Je suis contre, bien entendu. Et je pense, moi aussi, que le droit de punir fait intégralement partie de ce « bloc de souveraineté » que l'on ne saurait, sans risque grave, retirer à la compétence d'un État. Ce qui me choque le plus, cependant, c'est là aussi le ton du débat. Son lamentable niveau. C'est que nous en soyons aujourd'hui, fin 1986, à arbitrer encore une discussion aussi débile. Ce qui me choque, ce qui *m'épouvante*, c'est de voir à quelle vitesse peuvent être balayées des décennies et des décennies de réflexion sur le principe même de la prison, sa place dans la société, les disciplines qu'elle fomente, les discours auxquels elle s'adosse. Il y a dix ans, l'intelligentsia française discutait le *Surveiller et punir* de Foucault. Les mêmes, aujourd'hui, en train de disputer des vertus comparées de Bouygues et des syndicats de matons pour la juste détermination d'un prix de journée pénitentiaire.

Lu, pour un article dans un journal japonais, le *Michel Foucault tel que je l'imagine* de Maurice Blanchot. Cette page notamment, très belle, où l'auteur de *Thomas l'obscur* évoque la singulière répugnance qu'avait Foucault pour la « notion de profondeur ». Superficialité ? Frivolité ? Cynisme, peut-être, ou scepticisme ? Non, bien sûr. Mais le goût d'un discours de surface, sans arrière-monde ni mirages, sans transcendance ni trompe-l'œil — « *non pas étranger, comme on l'a cru, à la recherche de la vérité, mais laissant voir après bien d'autres les périls de cette recherche ainsi que ses relations ambiguës avec les divers dispositifs du pouvoir* ». Ne pas oublier — et ce n'est pas sans rapports avec ce que je disais l'autre semaine en Allemagne — qu'il est le seul philosophe à avoir obstinément tenu à ce que ses livres fussent aussi des « fictions » ; ne jamais oublier la singulière insistance de ce maître-archéologue à présenter ses traités comme des contes sans moralité. Michel Foucault, fabuliste. Les risques et périls de la « volonté de vérité » c'est aussi le thème d'Hamlet tel que l'a ressuscité Mesguich en son théâtre Gérard-Philipe. Folie de la vérité. Horreur de la vérité. Paralysie, inévitable, de celui qui, seul à savoir une vérité (la vérité, en l'occurrence, du fratricide commis à la tête du royaume de Danemark), prétend consacrer sa vie au soin de la manifester. Malheur, du coup. Promesse de catastrophe.

Renonciation au salut. Et amer constat, à l'inverse, que seuls ont droit à la vie, au bonheur, à la force, ceux qui prennent leur parti du mensonge, du simulacre. Hamlet n'est pas une pièce lyrique. Ce n'est pas une pièce romantique. C'est une pièce grinçante au contraire, parfois drôle, toujours cruelle. Et c'est le mérite de Mesguich, me semble-t-il, que d'avoir su enjamber deux siècles de commentaires goethéens ou coleridgiens pour lui restituer sa tonalité originaire. Lire Shakespeare à la lumière du Talmud évoquant les effets foudroyants du « crime de vérité ». Le lire au voisinage d'Hölderlin imputant à Empédocle le crime d'avoir apporté aux hommes la vérité. Éloge de l'illusion.

Nuls. Nous sommes décidément nuls. Et qu'il n'y ait eu qu'une vague exposition, une ou deux humbles célébrations, pour commémorer le centenaire de la naissance de Robert Mallet-Stevens est un des vrais scandales du mois. Voilà un homme qui a révolutionné l'architecture. Voilà quelqu'un qui, avant Le Corbusier, a réussi à tordre le cou aux mièvreries « art déco » du « Modern Style ». Voilà un géant, un génie, qui invente avant tout le monde l'usage intensif du béton, les grands volumes géométriques, les vastes panneaux de verre à la place de la fenêtre traditionnelle, ou la subtile articulation des formes orthogonales ou cylindriques sans quoi la modernité ne serait sûrement pas ce qu'elle est. Et pas un vrai hommage dans la presse, pas un vrai film à la télé, pas le dixième de ce que l'on fait d'habitude, quand il s'agit de littérature, d'idéologie ou de politique, pour la plus modeste commémoration. Jacques Martinez n'a pas tort lorsqu'il déplore que l'architecture n'ait pas la place qu'elle mérite dans le paysage culturel contemporain. Trouver le temps, très vite, d'aller revoir la caserne des pompiers de la rue Mesnil, le château Mézy de Paul Poiret ou même, pourquoi pas, le toujours sublime casino de Saint-Jean-de-Luz.

Décembre 1986.

De Paris à Alma-Ata. Les lieux communs juvénistes.
Monet et William Bouguereau. Le Musée selon Malraux.
Révolution en Union soviétique ?
Les Matins du Nouveau Monde. Yves Berger, écrivain.
Pour en finir avec les ragots. « Le Nom de la Rose » à l'écran.

Mais non, je ne retire rien. Je maintiens, à la virgule près, ce que j'écrivais l'autre semaine de la sotte idolâtrie de la jeunesse dont s'est accompagné le mouvement étudiant. Et je répète par conséquent, n'en déplaise aux démagogues, que ce culte, cette révérence, cette mise en avant de la « jeunesse » devenant, au fil des jours, une sorte de mythe suprême, suprêmement indiscuté et qui ne mériterait, tout à coup, qu'hommages et génuflexions, était le vrai point faible de ces semaines. Que les étudiants aient eu raison de se révolter allait, bien entendu, de soi. Et je ne crois pas leur avoir marchandé, du reste, ni ma sympathie ni mon soutien. Mais de là à entonner l'hymne bêtifiant aux valeurs, aux privilèges, à la ressource ou à la sainteté d'une classe d'âge supposée, en tant que telle, dépositaire de la vérité, il y avait un pas que, personnellement, je répugnais à franchir. Souvenir de Baudelaire moquant, en termes définitifs, le juvénisme de Musset. Souvenir de Blum et Zola s'inquiétant de voir un « prince de la jeunesse »

387

porter haut l'étendard de la croisade contre Dreyfus. Souvenir de cette époque où les communistes comme les nazis — et qui sait si ce n'est pas leur véritable point commun ? — ouvraient des « camps de jeunesse » et fomentaient des sociétés qui devaient être, disaient-ils, comme une nouvelle « jeunesse du monde ». Pardon de me citer moi-même. Mais j'ai écrit, dans mon *Idéologie française*, sur les dangers de ce juvénisme. Et, sans aller jusqu'à prétendre que ce serait le cœur ou le nœud des fascismes, je ne suis pas loin de penser que c'est l'un des plus sûrs piliers de ce naturalisme politique où j'ai toujours cru voir l'origine des barbaries. Vive, donc, le mouvement étudiant ; mais à bas le lieu commun juvéniste. Vive le souffle d'insoumission qui va de Paris à Shanghai, de Rome à Alma-Ata ; mais à bas le vent de conformisme qui tend à rabattre tout ça sur les très vieilles lunes d'une soi-disant culture adolescente. Pauvreté de la « jeunesse ».

Ce qui me gêne dans ce musée d'Orsay, ce n'est pas le lieu. Ce n'est pas l'architecture. Ce n'est pas la mégalomanie douce, et d'ailleurs plutôt plaisante, de Gae Aulenti. Non, ce qui me gêne et, à la limite, me choque, ce serait plutôt la manière dont, sur le fond, ce musée a été conçu. Quel intérêt en effet de réconcilier, comme on dit, pompiers et impressionnistes ? Quel intérêt de juxtaposer Monet et William Bouguereau, Fantin-Latour et Carolus-Duran ? Quel intérêt, quel *sens* est-ce que ça peut bien avoir de nous rappeler ainsi, à chaque pas et à chaque instant, que le portrait de Mme Cézanne est contemporain de celui de Madeleine Brohan, ou tel chef-d'œuvre de Renoir des odalisques de Chassériau ? Un musée, d'habitude, ça sert à oublier justement tout ça. Ça sert à effacer ces rencontres de hasard, ces paysages de contingences. Ça n'a de sens, si l'on préfère, qu'à abstraire les grandes œuvres de cette nature, de cette matière, de cette *histoire* naturelle et matérielle qui est leur part la plus pauvre, la plus inessentielle. Et on sait bien, depuis Malraux, comment les plus grands musées sont ceux qui, suspendant en quelque sorte le face à face des formes et du monde, deviennent le lieu du dialogue, par-delà les lieux et les âges, des formes avec les formes. Là, donc, c'est le contraire. C'est exactement le contraire. De sorte qu'en ramenant les formes à leur temps, les toiles à leur contexte, telle œuvre d'Ingres à un *Combat de coqs* de Gérôme, telle *Fernande* de Picasso à *L'Arche* de Bourdelle ou le fameux *Atelier* de Courbet, refusé par le jury de l'Exposition de 1855, aux scènes d'orgies romaines de Thomas Couture célébrées au même moment, on réduit le génie de l'Art à son expression la plus plate. Erreur, au fond, sur l'idée même d'histoire de l'art. Erreur sur le rapport qu'elle entretient, cette histoire, avec l'Histoire en général. Et refus, apparemment, de cette loi qui veut que l'Art ait un temps à lui, irréductible au temps des choses. Vive le Musée, pensé comme absence au monde. Vive le bougé, le tremblé, l'imperceptible mais sublime tressaillement des œuvres qu'induit, d'habitude, cette absence — et que je ne retrouve pas à Orsay.

Donc, Sakharov est libre. Enfin, libre, façon de parler. Et c'est tout de même l'une des très grandes folies de l'époque que de voir la presse, la télé, l'opinion publique du monde entier et toutes les chancelleries de la planète crier « Alléluia » ! sous prétexte qu'un homme, après des années de martyre et de réclusion, se voit enfin autorisé à émigrer... jusqu'à Moscou ! Mais, bon, c'est ainsi. C'est la

389

grande nouvelle du mois. Et tous ceux qui, comme moi, ont milité pour cet homme, dénoncé son exil à Gorki, tenté de relayer sa voix ou de l'empêcher de s'égarer, auraient mauvaise grâce, en ce jour, à ne pas crier victoire. Ne pas oublier le martyre, cependant. Ne pas oublier ce corps meurtri, cette santé délabrée. Ne pas oublier que, à Moscou même, un autre corps à corps s'annonce dont il n'est pas sûr d'être vainqueur. Et ne pas oublier surtout qu'au même moment, tout juste quelques jours avant que ne nous arrive l'écho de l'auguste clémence gorbatchévienne, un autre homme, Anatoli Martchenko, crevait tout doucement au fond d'une geôle de Tchistopol. Ceci est-il cause de cela ? La mort de celui-ci vaut-elle à celui-là son provisoire élargissement ? Et le Kremlin a-t-il voulu, aux termes d'une habile mais macabre comptabilité des douleurs, effacer le fâcheux effet qu'allait avoir le meurtre — car c'est le mot qui convient — de l'un des héros de la dissidence ? Sûr, en tout cas, que l'heure n'est pas à l'euphorie, aux imbéciles soulagements ou aux doctes dissertations sur le cours nouveau soviétique, la libéralisation du régime ou la modernisation sans précédent de ses systèmes de répression. Tant pis si je choque : mais je crois qu'il y a un malentendu de fond dans la façon que nous avons d'envisager ou de traiter cette question des droits de l'homme en U.R.S.S. Ma conviction, finalement, c'est que Gorbatchev pourrait libérer tout à fait Sakharov ; qu'il pourrait à la limite, donner dix ou vingt mille fois satisfaction à nos pressions et exigences — mais qu'il resterait encore, au cœur de son système, au nœud du lien social tel qu'il continuerait de le tramer, quelque chose d'irréductiblement pervers, dont on aurait tort de le tenir quitte. Les droits de l'homme, en d'autres termes, c'est un système. C'est l'index d'une société. C'est l'autre nom d'une communauté qui a ses lois et ses contraintes. Et qui est, à ce titre, contradictoire des appareils totalitaires.

J'ai toujours été fasciné par ces écrivains rares, délibérément laconiques et maigres, dont les livres ne semblent pouvoir nous arriver et rejoindre la lumière du jour qu'au terme d'une très longue course dans les souterrains de la création. Ils nous donnent, ces écrivains-là, un livre tous les dix ans. Un livre tous les vingt ans, parfois. Il leur arrive même, tout au long d'une vie, de ne nous donner qu'un livre, un seul, indéfiniment recommencé, interminablement remis sur le métier. Et il y a en général dans ces livres comme un surcroît de grâce et de mystère qui pourrait bien leur venir de ce séjour prolongé, tellement énigmatique ! dans ce que j'imagine être les limbes d'un désir plus obscur, plus exigeant que le banal désir d'écrire. Cas de Stendhal, sans doute. Cas de Choderlos de Laclos. Cas de Baudelaire ne produisant en fin de compte, mis à part *Les Fleurs du mal* ou les *Poèmes en prose*, qu'une douloureuse suite de fragments, ébauches, articles, plagiats et traductions. Cas de Mallarmé, encore, dilapidant son œuvre en une myriade de textes de circonstance sans écrire un traître mot, lui, de son livre fondamental. Yves Berger — mon ami Yves Berger — appartient manifestement à cette famille littéraire-là. Il est dans la lignée de ces écrivains retenus, contenus. Et cela n'est certainement pas étranger à l'inhabituel attrait qu'exercent sur moi, depuis vingt ans, ses rarissimes romans. Hier, *Le Fou d'Amérique*. Avant-hier, *Le Sud*. Aujourd'hui, après plus de dix ans, ces *Matins du Nouveau Monde* auxquels les mauvais esprits avaient fini par ne plus croire — mais dont nous étions quelques-uns à savoir qu'ils tiendraient la promesse des deux premiers. Le livre, donc, est là. Conforme à ce que j'en attendais. A la réserve près, tout de même, qu'il s'agit du chef-d'œuvre d'Yves.

Un mot sur ces *Matins*. Ce qui frappe le plus, il me semble, c'est le goût de la langue qu'on y devine ; c'est le plaisir du verbe qu'on y retrouve ; ce qui frappe, ce qui saute tout de suite aux yeux, c'est cette passion folle, presque charnelle, pour le poids, la densité, la corpulence ou le corps des mots. Berger, c'est évident, se damnerait pour un mot rare. Il crèverait pour une tournure, une nuance ou un point de style. Et il y a dans sa façon de rajeunir une expression inusitée, d'altérer insidieusement les usages traditionnels, il y a dans la manière qu'il peut avoir d'articuler les formules courantes selon des règles corrigées ou de modifier insensiblement le tissu même, ou le grain, de la langue dont il hérite, tout un jeu extraordinaire dont on avait perdu le sens. En fait-il trop, cette fois ? Et verra-t-on dans cette jouissance stylistique une excessive cérémonie, une affectation exagérée ? Autant reprocher à Saint-John Perse ses « aumaille », « vaigrage », « achaine », « brehaigne », « pavie » et « effarvate ». Autant retirer à nos meilleurs prosateurs ce fabuleux pouvoir qu'ils ont de décréter leur lexique, d'inventer leur grammaire, d'instituer les régularités muettes mais singulières qui les désigneront à chaque ligne. Oui, lire *Les Matins du Nouveau Monde* pour découvrir, au-delà de Fenimore Cooper et de *La Case de l'oncle Tom*, en deçà de la légende américaine, *le dialecte d'un grand écrivain*.

Croisé des tas de gens depuis trois jours qui, connaissant probablement mes liens d'amitié avec l'auteur, me rebattent les oreilles d'un article de Bothorel, publié dans *Le Figaro*, et où, au terme d'une analyse des récents mouvements étudiants, il aurait, m'affirme-t-on, carrément mis en question le sacrosaint principe de la « liberté de l'information ». L'ont-ils lu, cet article ? Non, ils ne l'ont pas lu. Et tous le citent, en fait, sur la foi d'une émission de télé qui, l'autre samedi, l'a épinglé. Vérifications faites, il n'y avait rien de ça, bien sûr, dans le papier. Mais une réflexion plutôt subtile et d'inspiration, disons, « macluhanienne » sur les pouvoirs et les principes, les pièges et les prestiges, les dérapages même ou les effets pervers dont les grands médias modernes peuvent, dans une société démocratique avancée, se rendre responsables. Rumeur, donc. Mensonge. Désinformation caractérisée, à l'échelle de Landerneau. Je ne suis pas — loin s'en faut ! — d'accord avec tout ce qu'écrit Bothorel. Mais si je m'attarde ainsi sur cette petite histoire, c'est qu'elle me semble exemplaire, après tout, des mœurs intellectuelles du moment. Ragots et non débats... Calomnies et non polémiques... Ouï-dire, en lieu et place du plus élémentaire souci d'information... Serions-nous en train de payer le prix de l'interminable — et pathétique — destructuration de notre scène idéologique ?

Le Nom de la Rose de Jean-Jacques Annaud est-il conforme ou non à son modèle littéraire ? Cette question est mal posée. Admettons, une fois pour toutes, qu'un film n'est pas la traduction d'un livre ; qu'il n'en est ni l'« adaptation », ni la « transposition » ; mais que de façon bien plus subtile, il le recommence et le rejoue. Il y a de bons recommencements, certes, et il y en a de mauvais. Mais cela ne concerne qu'indirectement les écrivains. Car la langue est différente. Le registre n'a rien à voir. Les produits, au bout du compte, sont rigoureusement hétérogènes. Et, entre le film nouveau et le livre qui, naguère, portait son titre, le véritable rapport est un rapport d'homonymie. De là, la grande différence des véritables écrivains face aux passages éventuels de leurs livres à l'écran. De là la souveraine aisance avec laquelle un Fitzgerald passait d'un genre à l'autre, mais sans songer une seule seconde à les rabattre l'un sur l'autre. De là, encore, cet aveu de Romain Gary, dont le moins que l'on puisse dire est que le cinéma l'a honoré, qui me confia un jour n'avoir pu désirer, véritablement désirer, un film tiré de ses livres. Entre cinéma et littérature, malentendu comme d'habitude.

Janvier 1987.

Paul Guilbert et la cohabitation. Le sexe, le crime et le mal. Donnez-nous notre B.V.A. quotidienne ! Le sondage, ou la démocratie permanente. A la folie pas du tout : les intellos sont-ils solubles dans l'alcool du show-business ? Lu Xun et Élie Faure. La peinture la plus détestable. Pour la dernière fois, je le jure, Hermann Broch.

Pourquoi ce coup de froid, soudain, sur le front de la cohabitation ? Et faut-il, comme mon cher Paul Guilbert, ce matin, dans *Le Quotidien*, y voir la versatilité d'une opinion prête à plébisciter un système tant qu'il semble aller de pair avec l'ordre, la paix sociale et la bonne gestion des petites affaires — et prompte à le désavouer aussi sec, dès lors qu'il apparaît synonyme de grèves, de crises et de revers ? Ma conviction, moi, c'est que les Français n'ont jamais plébiscité la cohabitation. Qu'ils ne l'ont jamais tout à fait, ni véritablement, désirée. Ou, plus exactement, que ce qu'on a pu prendre pour un désir n'était que l'infini plaisir qu'ils prenaient à ce spectacle politique nouveau, jamais vu de mémoire de républicain, qu'était la coexistence, pacifique, d'un président de gauche et d'un Premier ministre de droite. Ainsi, en 1974, de notre évidente jubilation à voir, je dis bien *voir*, l'installation du giscardisme, la déconfiture du gaullisme. Ainsi, en 1981, de notre non moins évidente jouissance à regarder, je dis bien *regarder*, les socialistes gouverner. Ainsi de ce spectacle, de tous ces spectacles successifs auxquels se réduit en fait, et de plus en plus souvent, la chose politique en France. On peut le déplorer, bien sûr. Mais, sur le fond, on n'y peut rien. On ne peut rien au mouvement qui fait que l'on s'intéresse aux affaires de la cité dans le même esprit, finalement, qu'au tiercé ou au Mundial. Ce spectacle-ci, lui, en tout cas, a fait long feu. L'intrigue n'est plus crédible. Les péripéties n'amusent plus. Et ses principaux acteurs feraient bien de s'en aviser, s'ils ne veulent pas laisser la place à ceux qui — suprême habileté ou providentielle naïveté ? — ont su s'en tenir à l'écart et se réserver pour le suivant.

Je sais que le sujet est délicat. Et je ne suis pas sûr que la « littérature » soit vraiment de mise face à un fléau d'une telle ampleur. Mais enfin comment — ne fût-ce qu'en quelques mots — ne pas rapporter cette affaire de Sida à ce que nous savons de l'histoire de nos sexualités ? Comment ne pas songer qu'elle arrive au moment précis où, pour la première fois sans doute dans l'histoire de l'humanité moderne, nous vivions notre désir dans l'innocence, la transparence et, disions-nous, la « liberté » ? Et comment ne pas penser, alors, qu'il y a dans cette épidémie nouvelle, dans le parfum de mort et de malheur qu'elle fait flotter autour des corps, comme un terrible désaveu du joli rêve libérateur ? Je n'irais pas jusqu'à dire, rassurez-vous, que le Sida soit le doigt de Dieu pointé sur nos péchés. Mais il ne me semble pas absurde de soutenir qu'il est comme un obscur rappel de cette dimension de maléfice, voire de crime, qui s'est attachée de tout temps à l'idée même de sexualité — et dont nous avions, étourdiment, cru pouvoir faire l'économie. Relire Bataille à ce propos. Relire les lettres de Flaubert à Louise Colet. Relire l'horreur de la chair façon Faulkner ou Dos Passos. Et puis, par-delà tout ça, relire ce que, depuis Augustin, la grande tradition chrétienne nous conte des rapports du Sexe et de la Chute. L'amour, oui, est toujours coupable.

Mais qu'est-ce qu'ils ont tous à grogner contre les sondages ? A redouter leur autorité ? A douter de leur fiabilité ? Bon, c'est vrai qu'il y en a parfois beaucoup. Et qu'il y a une fâcheuse tendance, chez certains de nos hommes politiques, à gouverner l'œil rivé sur leur cote de popularité ou le baromètre des opinions. Mais, en même temps, quelle merveille ! Quel fabuleux indicateur ! Quel irremplaçable moyen pour vous, pour nous, pour les citoyens en général, de donner leur avis, de s'exprimer ! Je ne crois pas que l'on ait rien inventé de mieux pour permettre à tout un chacun d'intervenir à tout moment, sur tout sujet, dans tout débat. Et je ne crois pas qu'on ait rien trouvé de mieux, surtout, pour permettre aux électeurs de se déterminer —

non plus sur des partis, des appartenances toutes faites ou des clivages institués — mais sur des vraies idées, des vrais problèmes, des vrais enjeux. Mérite, donc, du système... Vertus de sa prolifération... Donnez-nous notre I.F.O.P., notre S.O.F.R.E.S, notre B.V.A. quotidienne... Si la dictature de l'opinion est bien, comme le disait Tocqueville, la forme la plus dévoyée de l'idéal républicain — sa libre expression est, à l'inverse, la plus sophistiquée de ses versions. Le sondage, ou la démocratie permanente. La sondomanie, stade suprême de la démocratie.

Question de Patrick Poivre d'Arvor sut TF1, l'autre après-midi, à propos de ces chanteurs, acteurs et autres bateleurs qui sont en train, me disait-il, de « supplanter les intellos ». Sans doute l'« intello » que je suis moi-même n'est-il pas le mieux placé pour répondre à cette interpellation. Et tant pis pour moi, après tout, tant pis pour l'ensemble de la cléricature, si elle n'est pas fichue de tenir son rang face à ces « directeurs de conscience » d'un nouveau type. N'empêche — et peut-être aurais-je dû le dire avec davantage de fermeté — que le phénomène, s'il se confirmait, serait bien évidemment catastrophique. Et qu'il y aurait là, dans cette disqualification des intellectuels traditionnels et dans le promotion, conjointe, de personnages sympathiques, charismatiques, parfois même courageux ou lucides, mais dont l'exercice de la Pensée n'a jamais été, que l'on sache, l'activité la plus ordinaire, un désastre incontestable. Penser, en effet, ce n'est pas rien. C'est quelque chose de spécifique. C'est une activité qui a ses lois, ses règles, ses procédures. C'est une activité qui, enfin, n'a probablement de sens qu'à épeler, gérer, prendre son parti de l'intraitable complexité des choses. Et aussi généreuse ou vertueuse que soit telle ou telle vedette du show-business je ne crois tout bonnement pas que son métier soit de gérer ce type-là de complexité. Qu'un Renaud parle, tant mieux. Qu'un Geldof s'engage, bravo. Qu'un autre élève le ton et couvre de sa voix les petits murmures de complaisance, je suis — j'ai toujours été — le premier à m'en réjouir. Mais que les uns ou les autres s'arrogent (ou pis : que les intellectuels eux-mêmes, dans je ne sais quel accès de masochisme jubilatoire, leur attribuent) le fabuleux pouvoir de poser les questions, de les articuler, d'en éprouver les impasses ou d'en indiquer les solutions, voilà qui ouvrirait la voie à un intolérable processus de banalisation, de vulgarisation, de simplification. Au mieux, ce serait le commencement d'une crétinisation généralisée. Au pire, l'anti-chambre d'une barbarie douce, souriante, presque invisible. Avec, dans les deux cas, le risque d'un rétrécissement sans précédent de cet « espace public de débat » qui est, nous le savons, le cadre et la condition même de l'éploiement démocratique. Gare, disait Hannah Arendt, à la dictature du stéréotype, de la trivialité, du lieu commun. Gare, avertissait Heidegger dans un passage célèbre de *Sein und Zeit*, au « pouvoir accablant du bavardage irrésistiblement engendré par le domaine public ». Et vive les « intellos », alors, s'il est vrai que leur rôle n'est pas de simplifier le monde, mais au contraire de le compliquer — et de résister, de ce fait, à ce qui pourrait bien devenir *notre nouvelle langue de bois*.

Est-elle si étonnante que cela, la vague de répression qui s'abat sur la Chine de M. Deng ? J'étais à Pékin, moi-même, il y a un peu plus d'un an. Invité à parler littérature et philosophie devant des auditoires universitaires, j'ai pu le faire, c'est vrai, dans un climat de liberté assez exceptionnel. Et partout, toujours, dans toutes les circonstances où j'ai eu à me trouver, j'ai pu apprécier directement l'incontestable vent de renouveau qui soufflait sur le pays. Reste qu'il fallait être bien naïf pour ne pas distinguer en même temps, par-delà les discours, les slogans, la débauche de publicité sur les murs de Tien An Men, par-delà l'apologie du profit, la vente de blue jeans au marché noir ou la troublante découverte, dans les couches les plus avancées de l'intelligentsia et du régime, de Sartre, de l'art abstrait ou du travail de Saint Laurent — il fallait être bien naïf, donc, pour ne pas s'aviser en même temps de l'immensité des forces qui contrariaient le mouvement et le vouaient à se renverser. On pouvait le dire à la façon de Lu Xun dénonçant tout ce vieux fonds ritualiste et dogmatique, héritier de l'ancien monde, qui est « comme une muraille de Chine dans la tête de chaque Chinois ». On pouvait le dire comme Élie Faure démontrant il y a presque un siècle — mais la leçon, ça saute aux yeux, valait pour aujourd'hui — comment la société chinoise est structurellement, organiquement, *métaphysiquement* rebelle à l'« impératif de modernité ». Ou on pouvait, plus simplement, se rappeler qu'il n'y a pas d'exemple d'une « libéralisation » menée, dans un régime et un pays socialiste, sous la bannière d'un Parti inentamé dans son privilège. Dans tous les cas, c'était clair. C'était quasi joué. Et je n'ai, au demeurant, pas rencontré un intellectuel, un écrivain ou un savant qui ne m'ait dit sa conviction que cette soudaine invitation qui leur était faite de parler, créer ou même écrire librement était un piège épouvantable. Parmi eux, cet astrophysicien de dimension internationale dont j'apprends aujourd'hui la chute. Parmi eux, ce romancier, menacé lui aussi, avec qui j'avais passé une longue soirée à discuter de Marguerite Duras, Albert Cohen et Valery Larbaud. Sans parler des autres, de *tous* les autres dont, à l'heure où j'écris ces lignes, je suis, hélas, sans nouvelles.

Je ne vais pas, en quelques lignes, « démolir » Julian Schnabel. Mais devant l'avalanche de louanges et d'hommages que lui rend la presse française, j'ai tout de même envie de dire que son travail n'est pas très loin d'incarner, à mes yeux, tout ce qu'il peut y avoir de plus détestable dans la peinture contemporaine. Expressionnisme mal digéré... Relents de « bad painting »... Abus de la citation... Priorité de la performance, du « coup », sur la qualité même de l'œuvre... Ce qui manque sûrement le plus à ce peintre par ailleurs sympathique et talentueux, c'est cette espèce de rigueur, de souveraineté absolue du goût, qui font les très grands artistes. Baudelaire, dans son *Salon de 46* : si Michel-Ange était si grand, c'est que son art était « précis comme une science ».

Rénovateurs au bureau politique... Contestataires au comité central... Déclarations incendiaires d'un tel... Rupture spectaculaire de tel autre, qui passait pour un fidèle de X, mais était un allié de Y... La presse est pleine, ce matin, de titres racoleurs sur la nouvelle crise qui, à l'entendre, déchirerait le parti de Georges Marchais. Et moi, face à tout ça, face à ces débauches d'informations, face à ces trésors d'intelligence et de dialectique employés à nous faire croire que le cadavre se porte bien, qu'il bouge, mais oui qu'il bouge encore, et que la meilleure preuve en est qu'il est en train de se diviser — j'ai d'abord envie de rire. Comme si rien ne changeait, décidément, au soleil de la classe politique ; et qu'en vertu d'un involontaire mais très réel comique de répétition, son programme commun devait, malgré les années, rester le même : encore, toujours et d'abord *sauver le P.C.*

Relu des textes de Hermann Broch sur l'« enfer de l'art pour l'art », de « dégoût de la littérature pure » et l'obligation, à ses yeux, de « mettre toute esthétique sous la domination de l'éthique ». Formules à l'emporte-pièce. Appels terroristes à épouser l'« esprit de l'époque ». Déclarations un peu folles sur Néron devenant le modèle même du « littérateur esthétisant ». Et lecture douteuse de Kafka qui, « sentant l'ultime insuffisance de toute approche par le moyen de l'art », aurait décidé, nous raconte toujours Hermann Broch, d'« abandonner le royaume des lettres et de demander que son œuvre fût détruite ». Le problème, néanmoins, est là, posé dans sa radicalité extrême et auquel je ne sache pas qu'un écrivain digne de ce nom ait jamais pu se dérober : jusqu'à quel point suis-je, moi qui écris, non point seulement le témoin *mais l'obligé du monde.*

Février 1987.

VII

CIRCONSTANCES

DANS LA TÊTE DU CENSEUR

Essayer pour une fois d'entrer dans la tête du censeur. Dans sa tête, oui. J'ai presque envie de dire dans son œil, son oreille ou son geste. Essayer de découvrir ce qui se passe au juste, quel type de désir ou de croyance se met mystérieusement en branle, quand on interdit *Les Fleurs du mal*, qu'on excommunie Salman Rushdie ou qu'on censure *La Grande Illusion*. Délire sans doute. Folie. Passage à l'acte névrotique dont les flics ou les bien-pensants auraient, dit-on, le secret. Il y a de cela, bien sûr. Il y a *toujours* un peu de cela. Mais n'y a-t-il *que* cela, vraiment ? Et n'est-ce pas aller vite en besogne que de réduire à si peu un geste qui a l'âge de la culture elle-même ?

De la censure, d'abord, comme défaut de ce qu'un philosophe appelait « le sens historique ». Éternité des codes. Pérennité du préjugé. Idée qu'un état donné de la sensibilité ou de la morale est de nature, non de culture. La censure est un naturalisme. C'est un éternalisme. Le censeur est un naïf qui ne croit pas un seul instant que le jour puisse arriver où le spectacle du baiser de May Irving et de John C. Rice apparaîtra non plus « *obscène, bestial, scandaleux* » — ce sont les mots de la presse accueillant, au début du siècle, le premier baiser grandeur nature de l'histoire du cinéma — mais désespérément banal. Ingénuité de la censure.

Les censeurs ont-ils tort ? Je veux dire tort de leur *point de vue* ? Et la stratégie qui consiste à figer à toutes forces l'inévitable mouvement d'un monde en mutation est-elle aussi vaine, et vouée à l'échec, qu'on aimerait à le penser ? Pas toujours. Et il suffit, me semble-t-il, que l'ingénuité de cette vision de l'Histoire se conjugue à un minimum de cynisme ou d'intelligence des rapports de forces pour que le dispositif atteigne parfois son but. Le rédacteur du journal de Chicago choqué par le baiser en gros plan n'a certes pas empêché Carl Baker de sucer son pouce dans *Baby Doll* ni Maruschka Detmers, trente ans plus tard, de donner une audacieuse tournure au *Diable au corps* de Radiguet. Mais regardez l'Église catholique, en revanche. Voyez la façon, plutôt subtile, dont elle a mené, en France, la lutte contre la montée des huguenots. Censure. Chasse aux versions vulgaires, c'est-à-dire tout simplement lisibles, des Saintes Écritures. Interdiction systématique de ces traductions des Évangiles dont les pays germaniques ont accepté la profusion. Que cela plaise ou non, le fait est là : l'esprit de censure a fonctionné ; il a modelé durablement les consciences et la foi ; et c'est aussi à lui que la Contre-Réforme doit son succès. Victoire de la censure.

La censure est-elle toujours bête ? Analphabète ? Repose-t-elle forcément sur cet inepte mépris des œuvres qu'on voudrait pouvoir lui prêter ? Pas sûr, non plus. Pas sûr du tout. Et ce qui me frappe, moi, quand je lis les textes des censeurs, c'est l'incroyable crédit qu'ils font aux livres, aux films, aux chansons ou aux exhibitions. Maurice Poncet dénonçant — on est au XVIe siècle — le caractère pernicieux des traductions... Le juge Pinard voyant dans *Madame Bovary* — on est au XIXe siècle — une bombe qui peut suffire à détruire l'ordre bourgeois... L'ayatollah Khomeyni — nous sommes déjà au XXe siècle ou encore au Moyen Age ? — trouvant dans quelques pages blasphématoires d'un roman joycien une menace sur l'Islam tout entier... La censure est un crime. Le censeur est un criminel. Difficile néanmoins de lui retirer ceci — qui n'est pas un mérite mais, tout simplement, l'un de ses traits : il est, que cela plaise ou pas, l'un des derniers à croire au fabuleux pouvoir des mots et, plus généralement, des œuvres de l'esprit. Une situation de cauchemar à inscrire de toute urgence dans les paysages les plus funestes d'un univers postorwellien : une société définitivement frivole où écrivains et cinéastes auraient cessé de croire à la gravité de ce qu'ils font et où seuls une poignée de censeurs continueraient à leur rappeler de quelle redoutable puissance les formes sont parfois chargées.

Ce qui me répugne le plus dans le discours du censeur c'est, au fond, son obsession de la contagion, de la corruption. Il vit dans un univers malin où les mauvais esprits prolifèrent. Il ne voit partout que causalités, contaminations diaboliques. Les livres sont des bacilles. Les films des tumeurs. Les images sont des maladies qui atteignent de proche en proche un corps social supposé sain. Et s'il existe, lui, le censeur, c'est comme un chirurgien des âmes éliminant inlassablement ces obscurs foyers microbiens. Le censeur est un médecin. La censure une prophylaxie. Le geste d'interdire, un geste de clinicien plus que de politique ou même de moraliste.

Où l'on retrouvera sans peine — sur fond de pureté et de nostalgie de la transparence — quelques-uns des traits classiquement reconnus comme ceux du fascisme à l'état naissant.

Calmez-vous donc, conseillera le libéral... Laissez faire. Laissez dire... Vous savez bien que la vérité l'emporte sur l'erreur... Vous ne pouvez pas ne pas savoir que les livres immoraux, les films sacrilèges finissent un jour ou l'autre par se disqualifier d'eux-mêmes... Le censeur, justement, n'en sait rien. Il ne croit pas que le Vrai soit plus fort que le Faux, le Bien plus séduisant que le Mal. Il ne croit même pas qu'ils aient, le Vrai ou le Bien, le moindre signe qui les distingue et les fasse immanquablement choisir par les âmes égarées. Et, pari pour pari, il répondrait probablement que le pire, en ces matières, est à tout prendre le plus plausible. Ainsi pensent les ayatollahs. Ainsi pensaient, au début du siècle, les ligues de vertu qui faisaient méthodiquement la chasse à la « pornographie ». Et ainsi raisonnent encore, dans un tout autre ordre d'idées, ces censeurs bien-pensants qui s'obstinent à demander l'interdiction des pamphlets de Céline. Pessimisme des censeurs. Extrême scepticisme quant au pouvoir de discernement de leurs contemporains. On ne comprend rien à leur démarche si on oublie qu'elle repose sur cette vision prodigieusement noire de la circulation des idées et de ses effets.

Faut-il rééditer Céline ? Faut-il prendre le risque de diffuser les pages infâmes de *Bagatelles pour un massacre*, de *L'École des cadavres* ou des *Beaux Draps* ? Je crois justement que oui. Non pas que je sois plus optimiste. Ni qu'il me semble aller de soi que ces textes, s'ils sont lus, se discréditeront spontanément aux yeux de la plupart. Mais je suis, en revanche, plus freudien que ces prudents et probablement plus attentif à ce phénomène bien connu qu'est le « retour du refoulé ». Pas de censure sans ce retour. Pas d'exemple d'étouffement qui ne se solde, tôt ou tard, par de terribles et fracassants lapsus. Si je suis, par principe, opposé à la censure c'est que je préfère la folie des mots à celle des bombes ; et que je sais qu'en contraignant l'une à la clandestinité, on mène inévitablement l'autre à se manifester. Republier Céline, oui. Ne pas craindre qu'un Faurrisson trouve éditeur pour l'éditer. Accepter que s'expriment les contrefaçons les plus odieuses. Tout le problème étant bien sûr — mais il s'agit là de critique, pas de censure — de veiller à ce que se développent, autour des livres tolérés, toute une série de commentaires qui en disent la nature. Le vrai danger d'aujourd'hui ? Non pas la libre expression des salauds ou des pervers — mais le glissement progressif qui fait qu'entre ceux-là et les tenants d'un discours de rigueur ou de vérité la différence, insensiblement, s'efface et disparaît.

Un freudien orthodoxe n'ajouterait-il pas que la vérité ne se dit pas toute ? qu'elle est vouée à se « mi dire » ? et que la censure est donc la règle, en ce sens, dans le fonctionnement même de l'inconscient ? Certes oui. Mais il y a censure et censure. Et il préciserait, ce freudien, que ce type-ci de refoulement a la particularité, tout de même énorme, de n'exister que pour être nié, contrarié, bafoué. Pas d'interdit sans démenti. Pas de tabou sans autorisation, invitation à la transgression. Et pas de trangression qui, inversement, ne confirme le tabou en même temps qu'elle le dépasse. Toute la différence est là — et l'originalité d'un « interdit » qui, au lieu de refuser le blasphème, l'appelle, le souhaite et lui est finalement consubstantiel. Erreur ultime des censeurs : confondre un interdit et une interdiction ; identifier — alors que c'est le contraire ! — la Loi de l'esprit et celle de ses lois ; ne pas voir, si l'on préfère, que la prolifération de ses règlements, loin d'être la réponse à la logique profonde du désir, en est à la lettre la négation.

Observer ce qui se passe, d'ailleurs, quand on se risque à dénéguer cette forme freudienne du désir. Plus de Loi, disent-ils. Plus de négativité fondatrice. La libre expression d'une pulsion sans entrave ni réserve, qui ne connaît plus la moindre règle pour borner son expansion. Le monde qui en découle est-il un monde chaotique, désordonné, qu'il appartient au censeur de remettre sur ses pieds ? Non, justement ! Tout à l'inverse ! Et il suffit d'y regarder d'un peu près pour voir que cette anarchie libidinale nous promet le même univers naturel, fondamentalement pur et sain, que le censeur clinicien de tout à l'heure. Gémellité, une fois de plus, du naturalisme et du puritanisme. Identité de structure entre le dispositif du policier et celui qui, métaphysiquement, semble s'être affranchi de l'ordre du Symbolique. Et si la meilleure des répressions était celle qui se « contentait » d'en finir avec la Loi ? et si c'était le dernier — et le plus redoutable — tour du censeur que de prétendre abolir, en nous, ce principe muet qui fait que nos désirs ou nos discours se distribuent, se structurent, se raréfient. Michel Foucault, dans son *Histoire de la sexualité* : la meilleure des « censures » est celle qui convainc les hommes non de se taire mais de parler — et de se livrer ainsi, en toute transparence, à la plus savante, la plus totale des polices.

Mai 1989.

CARNET DE LECTURES

Comme c'est étrange ! On le croit esthète. Artiste et pur esprit. On l'imagine isolé, coupé du monde, ne s'évadant de ses rêves et de ses déserts que pour nous donner, de loin en loin, à la plus grande distance possible de la politique et de ses tumultes, quelques-unes de ces pages hautaines dont il a, dit-on, le secret. Et puis hop ! Le voilà qui, sans crier gare, apparaît au sommaire de la plus militante des revues militantes : la *Revue d'études palestiniennes*. Le Clézio pro-palestinien ? Antisioniste déclaré, déchaîné ? Le Clézio ne sortant de sa légendaire réserve *que* pour s'associer à ceux qui veulent — clament — la mort d'Israël ? Dire que je suis déçu serait excessif. Je sais trop ce que valent les « opinions » des écrivains, je connais trop de cas — Dostoïevski, Soljenitsyne, Ibsen... — où la meilleure littérature s'accommode de la pire des politiques, pour accorder à l'événement plus d'importance qu'il n'en a. N'empêche. L'auteur du *Désert* n'est pas Dostoïevski. Et la haine d'Israël n'est pas une politique ordinaire. J'aurai peine, pour ma part, à

réprimer un très léger malaise le jour où **J.M.G.
Le Clézio** nous livrera son prochain *Rêve mexicain*.

Il y a, dit quelque part Blanchot, deux catégories
d'écrivains. D'un côté ceux qui biffent, retranchent,
épurent leurs textes : c'est, disons, la famille Flaubert avec cet inlassable corps à corps de l'auteur et
d'une page qui se rétracte, se consume sous la
plume. De l'autre ceux qui ajoutent, surchargent,
enrichissent une phrase qui n'en finit pas, au
contraire, de croître et proliférer : c'est plutôt la
ligne Proust avec ce prodigieux système de béquets
et paperoles dont Céleste venait, chaque matin,
saisir le dernier état. Dirai-je qu'il y en a une
troisième, irréductible aux deux premières et qui,
pourtant, les recoupe ? C'est la famille de ceux qui
ne retranchent ni n'ajoutent, puisque, à la lettre, ils
recommencent. Ni ôter ni alourdir — mais reprendre.
Ni trop plein ni trop peu — mais une interminable
« relance ». Plus je vais, plus je sais que la grande
affaire de l'écriture est de poser, et donc « relan-
cer », sa voix ; plus j'écris, et plus je crois que les
écrivains ne font pas des « brouillons » mais des
« esquisses ». Écrire comme les peintres peignent :
c'était le rêve de Baudelaire ; puis celui de Mallarmé ; c'est celui, aujourd'hui, de tous ceux qui
savent qu'un prosateur est toujours — d'abord —
compositeur.

Très belle page du *Contre Sainte-Beuve* sur l'effroyable aveuglement des écrivains face à leurs
grands contemporains. On les imagine proches,
familiers les uns des autres. On rêve d'une entente
secrète, tacite, à demi-mot. On se dit : « L'époque
peut les mépriser, au moins s'apprécient-ils, se

reconnaissent-ils au premier coup d'œil et c'est, entre les plus grands, comme une maçonnerie de l'esprit aux codes immanquables. » Eh bien non ! Pas du tout ! Et la réalité, tragique, c'est Flaubert ignorant Stendhal, Stendhal moquant Balzac, Balzac ne louant Stendhal que moyennant rémunération — la réalité, oui, ce sont tous ces grands esprits s'ignorant mutuellement et n'ayant pas la moindre idée, jamais, des hiérarchies futures où s'inscriront leurs noms. Ajoutez à cela l'ignorance où ils se tiennent de l'importance de leur propre œuvre. Songez que Stendhal, par exemple, croyait que *La Chartreuse* n'était qu'un exercice et que son œuvre, la vraie, se ferait du côté du théâtre ou de l'opérabouffe. Pensez à Chateaubriand convaincu que ce n'est pas *Les Mémoires* mais *Le Génie* qui lui servirait de sauf-conduit pour la postérité. On ne dira jamais assez cette formidable opacité des lettres. On ne répétera jamais trop combien le destin des livres est, sur l'instant, indéchiffrable.

Soyons francs. Je ne suis pas plus averti que quiconque des œuvres de mon époque. Et n'était mon métier d'éditeur, n'étaient les menues obligations que m'impose ce qui nous reste de « vie littéraire », je pourrais passer des mois, pour ne pas dire des années, sans ouvrir un roman d'aujourd'hui. De là ma joie lorsque, la chose advenant, je me sens récompensé par un véritable plaisir de lire. Et de là que, dans ce cas, je ne me lasse pas de clamer ce plaisir. Dernier en date de ces émerveillements : cet *Impromptu de Madrid* dont je dois la découverte à une commande journalistique — et dont l'auteur, Marc Lambron, pour inconnu qu'il me soit, me semble désormais incroyablement familier. De la critique considérée, non comme un genre, mais comme un instrument de reconnaissance : celui qui, tout à coup, vous dote d'un nouvel et improbable contemporain.

Proust encore. Le très joli petit livre de Franck Lhomeau et Alain Coelho (Éditions Orban) où l'on voit l'auteur de *La Recherche* batailler, des années durant, pour éditer puis imposer son œuvre. Il faut lire ce livre. Il faut le lire et le relire. Il faudrait pouvoir en confronter les épisodes (l'affaire Grasset, les rapports avec *Le Temps*, avec Calmette du *Figaro*, les projets de compte d'auteur à la N.R.F...) à ce que racontait Léon Pierre Quint dans son *Dernier Combat*. L'enjeu : en finir avec la niaise image de l'écrivain serein, indifférent au destin mondain de son œuvre et tablant sur on ne sait quelle garantie providentielle pour en assurer le succès futur. Aucun écrivain n'a pensé ainsi. Aucun — sauf peut-être Kafka — n'a fait l'économie de ce détour par ce qu'il faut bien appeler l'univers (le malentendu ?) médiatique. Mallarmé lui-même : « Nul, décidément, n'échappe au journalisme. »

Relu dans *Les Voix du silence* les pages où Malraux dit son agacement face au mythe imbécile de l'artiste *visionnaire*. « L'art plastique, tonne-t-il, ne naît jamais d'une façon de voir le monde, mais de le faire. » Et l'auteur du *Musée* de répéter qu'il n'y a d'art que là où il y a « style », c'est-à-dire création de formes. Style et non regard... Faire et non pas voir... Inventer le monde, plutôt que le copier, le démarquer, l'imaginer... Tout est là, comme d'habitude ; et il n'y aurait pas grand-chose à ajouter à cette esthétique formaliste pour ruiner les lieux communs qui nous poissent la langue depuis un siècle. Malraux contre le romantisme. *Le Musée imaginaire* contre le pont aux ânes de la littérature « inspirée ».

Novembre 1988.

ÊTRE JUIF AUJOURD'HUI

BERNARD-HENRI LÉVY : La bizarrerie, bien sûr, c'est déjà de se poser cette question. C'est de faire de cet « être juif » quelque chose de problématique, d'hypothétique. C'est de transformer en un sujet de débat, de discussion, quelque chose qui, en principe, devrait aller de soi. Je me souviens d'une phrase d'Emmanuel Lévinas qui disait — je cite de mémoire — que « s'interroger sur l'identité juive c'est déjà l'avoir perdue ». Alors, est-ce que nous en serions là par hasard ? Est-ce que nous serions arrivés, nous, les juifs, à ce point ? Et est-ce qu'il n'y a pas quelque chose de tout à fait inquiétant dans le fait de réfléchir ainsi, dans un journal, à ce que peut bien vouloir dire « être juif en 1987 » ?

ELIE WIESEL : Il est vrai que pendant très long-temps les juifs ont fait l'économie de ce type de débat. Ils vivaient une vie qui ne faisait pas question. Une vie qui coulait de source. Une vie dramatique certes, parfois tragique, mais qui s'éprouvait en fait sur le mode de l'évidence. Les gens se levaient le matin. Ils se couchaient le soir. Et, entre ces deux moments, ils faisaient ce que les juifs ont fait depuis des siècles et des siècles. Sans jamais se demander pourquoi. Sans vraiment se poser de problèmes. Et sans imaginer, surtout, qu'il puisse en aller autrement. C'est dans cette atmosphère que j'ai pour ma part grandi. J'étais juif. Je l'étais totalement. Et la conversation que nous avons aujourd'hui n'aurait eu, en effet, pas de sens...

B.-H.L. : C'est ça, oui. Et c'est probablement, d'ailleurs, ce qui distingue nos deux jeunesses. Car moi je n'ai pas connu cette évidence. Je n'ai pas connu cet « être juif » spontané. Et même si j'ai toujours su qu'il y avait dans le fait d'être juif une sorte d'allégeance sans âge, d'appartenance très ancienne et antérieure à toute espèce d'adhésion consciente ou raisonnée, j'ai néanmoins vécu mon judaïsme comme quelque chose de problématique. En un mot, je ne suis pas seulement « né » juif, je le suis devenu. Et je le suis devenu de manière pensée, concertée, par une véritable démarche de l'intelligence et de l'esprit. J'avais le choix, si vous préférez, entre assimilation et affirmation. Et c'est délibérément, en pleine conscience et connaissance de cause, que j'ai *choisi* l'affirmation.

E.W. : Ma génération à moi n'a pas eu le choix. Nous étions juifs. Immédiatement juifs. Et la seule inquiétude que nous avions était de ne l'être pas assez. Chaque matin, je me réveillais en me demandant : « qu'est-ce que je peux faire pour être plus juif ? mieux juif ? qu'est-ce que je peux faire pour approfondir encore mon attachement au judaïsme ? » Mais sur le fond, je le répète, il n'y avait pas de question. Il n'y avait pas de mise en question. Et je me souviens comme d'un événement extraordinaire, presque inimaginable, de la première fois où j'ai dû couper mes papillotes. J'avais quatorze ans. Nous étions dans le ghetto. Et nous avions tous dû faire ça pour nous protéger. Eh bien c'était terrible ! C'était inconcevable ! Car, sans papillotes et sans calotte je ne me reconnaissais plus, je n'avais plus l'air juif...

B.-H.L. : Soit. Mais après ? Il y a eu les camps. L'horreur. Il y a eu la découverte, pour les adolescents que vous étiez, de cette « mort pire que la mort », de ce mal absolu qu'était le nazisme. Est-ce qu'il n'y a pas eu, à ce moment-là, un déchirement spirituel, un ébranlement de ces évidences ? Est-ce que vous ne croyez pas que...

E.W. : Attendez ! Il y a eu un ébranlement, c'est sûr. Mais ce qui a été ébranlé, c'est ma foi. C'est ma confiance en Dieu ou en ses promesses. Ce n'est en aucune façon mon attachement à la tradition juive. Aux heures les plus noires, dans les moments de doute les plus terribles, quand je scrutais à n'en plus finir un ciel désespérément silencieux, c'est encore et toujours elle, la mémoire juive, qui m'inspirait...

B.-H.L. : C'est cela, oui. Et on pourrait, du reste, tout à fait dire que cette crise de la foi, cette façon de s'adresser au ciel, d'interpeller le Seigneur ou de constater son silence font elles-mêmes partie de la tradition juive dans ce qu'elle a de plus authentique. Relisons Isaïe. Relisons Jérémie. Relisons tous nos prophètes, « nuque raide tendue vers un ciel vide ». Je crois vraiment que le judaïsme est la seule religion au monde à constater plus souvent l'absence de Dieu que sa présence.

E.W. : En effet. Ce qui est très beau dans le judaïsme c'est que c'est une religion où il est permis à l'homme de se révolter, de dire non à Dieu. Le monde est-il insensé ? l'œuvre divine incompréhensible ? l'injustice est-elle la règle, l'ordinaire des hommes ? eh bien il leur reste la ressource de protester, de s'insurger. Mais attention ! Pas n'importe comment ! Car ce que disent les textes c'est que cette insurrection ne vaut que pour autant qu'elle se déploie *à l'intérieur de la communauté*. Protestation, oui. Désertion, non. La seule vraie faute, la seule véritable apostasie ce serait d'exprimer cette révolte en tournant le dos à la communauté.

B.-H.L. : Sans doute. Mais est-ce qu'on ne risque pas, en soulignant cet aspect des choses, de faire l'impasse sur l'autre : le côté, disons, « individualiste » du judaïsme ? Pour moi, ce serait très grave. Ce serait même assez dramatique. Car s'il n'y avait pas ça dans le judaïsme, s'il n'y avait pas cette dimension de l'individu, s'il n'y avait pas cette idée d'un sujet singulier, singulièrement confronté à la Loi et à son Auteur, bref, s'il n'y avait pas cette idée d'un sujet fondamentalement rebelle à toute espèce de pression, de définition communautaires, alors je crois que ce serait la marque d'un très grand échec ; et que le message juif perdrait, du coup, de sa puissance.

E.W. : Non, pas du tout. L'individu compte dans le judaïsme. C'est à lui que Dieu parle. C'est à lui, singulièrement à lui, qu'ont été adressés les commandements. Et je dirais même que la grande différence entre le judaïsme et, par exemple, le communisme, c'est que le communisme joue sur l'abstraction alors que, pour nous, la seule chose qui soit vraiment réelle, c'est l'individu concret. Il y a une loi codifiée par Maïmonide : si l'ennemi assiège une ville et dit à la communauté « livrez-moi l'un des vôtres sinon je vous tue tous », la communauté n'a pas le droit d'obtempérer ; elle est là pour sauver l'individu, pas pour le sacrifier. Tout homme, si vous préférez, est à l'image de Dieu. Tout homme peut faire venir le messie. Et, des textes les plus anciens de la Bible aux livres de quelqu'un comme Buber, la tradition est unanime là-dessus : la valeur suprême, c'est la vie, la vie concrète...

B.-H.L. : Hum... « La vie », je ne sais pas. J'ai plutôt tendance, moi, à me méfier de ce concept de « vie ». Et je me demande si ce n'est pas une des grandes utilités du judaïsme, précisément, que de nous mettre en garde contre ce vitalisme diffus qu'on trouve dans la plupart des autres visions du monde. L'idée importante, dans nos textes sacrés, ce n'est pas la vie mais la Loi. Ou, plus exactement, ce n'est la vie que pour autant qu'elle est marquée, frappée au sceau de la Loi.

E.W. : L'important, c'est la vie comme projet. La vie comme dépassement. L'important c'est cette idée d'un messie dont le nom a été conçu avant la création du monde mais qui projette son image, son désir et sa flamme jusque sur la fin des temps. L'important, oui, c'est que nous sommes entre les deux, oscillant entre le premier et le dernier regard du messie... C'est cela, notre aventure. C'est cela, l'aventure d'être juif.

B.-H.L. : Pardon, mais je tiens personnellement à ce refus du vitalisme, du culte de la vie pour la vie. « Détruire les bosquets sacrés », dit Isaïe ; et ce qu'il exprime par ces mots c'est, d'une manière très générale, notre irréductible méfiance pour l'idée même de « Nature ». La nature, c'est le mal. La nature, c'est la barbarie. Le judaïsme n'a jamais démordu de ça, et c'est même à mes yeux, l'un des points cardinaux de cette « aventure juive » dont vous parlez.

E.W. : La nature est une idole. Mais ce n'est pas la seule idole. Le judaïsme, comme vous savez, n'est pas à proprement parler une « religion ». Mais plutôt une « tradition ». Un « enseignement ». Eh bien dans l'« enseignement » juif il est dit qu'on n'a pas le droit de faire de la politique, de la science ou de l'art des religions ; et que si on le fait, on prend le risque majeur de mélanger le sacré et le profane. Tous les samedis soir nous avons une prière qui s'appelle la « havdala », c'est-à-dire « la séparation ». Et cette prière, elle commence par ces mots : « béni sois-tu, ô mon Dieu, qui sépares le sacré du profane »...

B.-H.L. : Ça va très loin, cette idée que le judaïsme n'est pas une religion. On a l'habitude, dans le prêt à penser contemporain, d'interpréter ce retour au judaïsme auquel on assiste en ce moment comme une modalité parmi d'autres de je ne sais quel « retour au sacré ». Or ce n'est pas ça — ce n'est pas ça du tout. Et s'il a un adversaire, le judaïsme, c'est peut-être bien, justement, ce sacré, cette sacralité, cette superstition diffuse et vague dont on nous rebat les oreilles. Ça aussi, Lévinas l'a bien vu. Il a bien vu — et établi — qu'être juif c'est tendre de toutes ses forces à désacraliser le monde, à le désenchanter, à résister à ce ruissellement de religiosité qui est l'état naturel de l'humanité. La Bible est, au sens propre, un texte athée. Je veux dire : une texte qui, loin d'offrir un « plus » de religion, nous propose au contraire *le moins de religion possible*.

E.W. : Ce qui est tout à fait remarquable c'est que l'idée de sainteté, par exemple, fait problème dans nos textes. Bien sûr, il convient d'aspirer à la sainteté. Mais, au sens strict du terme, il n'y a pas de saints dans le judaïsme. Moïse n'est pas un saint. Jérémie n'est pas un saint. Abraham n'était pas un saint. Tous nos prophètes sont des êtres fragiles, précaires, qui ont leurs faiblesses, leurs petitesses...

B.-H.L. : N'importe qui, au fond, peut être prophète... Il y a une « fonction » prophétique qui investit celui-ci, celui-là, sans considération de ses mérites, de ses vertus...

E.W. : Les prophètes, en général, refusent l'aventure prophétique. Ils y résistent. Ils en ont peur. Ils la considèrent comme une charge, un fardeau. Ils sont, à la limite, *forcés* par Dieu de prophétiser. C'est, à mes yeux, l'une des plus belles idées du judaïsme : l'idée que la prophétie est d'abord une blessure...

B.-H.L. : C'est aussi l'une des idées les plus *libres* du judaïsme. L'une de celles qui en font une si formidable machine de résistances aux égarements modernes. Ça peut paraître étrange, vu l'extrême ancienneté du texte biblique : mais je crois qu'il y a dans son humanisme, dans son sens de l'universel, dans son souci permanent de l'éthique ou dans sa modestie ontologique, tout ce qu'il nous faut, aujourd'hui, pour bâtir de vraies philosophies anti-despotiques. Le judaïsme, arme métaphysique contre les totalitarismes.

E.W. : Je dirai les choses autrement. Il y a un Être suprême, dans le judaïsme. Un Être vénérable. Un Être qui a donné la loi. Mais l'étrangeté c'est que cette loi, une fois donnée, ne lui appartient plus. Dieu l'a inspirée, si vous voulez. Il l'a offerte aux hommes. Mais, à partir de là, elle lui échappe : il appartient aux hommes de l'interpréter et il lui appartient, lui, Dieu, de se soumettre. C'est une idée très forte, n'est-ce pas ? Elle met l'accent sur ce qu'il y a de plus beau, de plus émouvant dans la liberté humaine. Et c'est peut-être ce qui rend l'être juif tel qu'il est : irrésistible et vulnérable.

Janvier 1987.

JE ME SOUVIENS

Je me souviens des années 80. Je me souviens du « je me souviens », autrefois, de Georges Perec. Je me souviens de Georges Perec qui n'était pas mon écrivain préféré ; mais enfin c'était un grand. Je me souviens de Roland Barthes, à sa table habituelle du Flore. Je me souviens de Borges au Collège de France. De Konrad au Twickenham. Je me souviens très précisément du jour, de l'heure où j'ai compris que le monde était une fable. Je me souviens de Foucault, chez lui, rue de Vaugirard, et de notre dernière conversation ; nous avions parlé de la « Révolution » qui avait, me disait-il, cessé d'être « désirable » ; de l'Islam chiite intégriste qui était en train de devenir, bien plus que totalitarisme, la vraie « menace planétaire » ; nous avions parlé des « peuples de l'Est » qui vivaient leur Histoire « dans la forme du Destin » mais qui ne tarderaient plus, insistait-il, à la voir, cette Histoire, « se remettre en mouvement. » Je me souviens de quelques voyages. Je me souviens de la fin du tiers-mondisme. Je me souviens qu'avec Octavio Paz, à Mexico, on prenait des tomates et des œufs pourris dans la figure. Je me souviens m'être dit qu'Antonin-Balthazar aurait vingt ans en l'an 2000. Je me souviens de Tien An Men désert, un matin d'octobre 85 : j'ai pensé, ce matin-là, que c'en était fini du communisme. Je me souviens de la mort de Danilo Kiš, mon ami, mon cher ami, au moment où renaissait le rêve de la Mitteleuropa. Je me souviens de la première fois où mon image à la télévision m'est devenue franchement odieuse : mon Dieu, je me suis dit, comme je peux être antipathique ! Je me souviens de *L'Idéologie française*, de la meute à mes trousses, de la cabale : on me prenait pour un fou parce que j'osais parler de « fascisme à la française ». Je me souviens de Roland Barthes, encore, rêvant d'écrire un roman. Je me souviens du jour où il a fallu rajouter un 4 à tous les numéros de téléphone parisiens. Je me souviens de la première fois où j'ai soupçonné Justine-Juliette de lire les romans de son père plus attentivement qu'elle ne le prétendait. Je me souviens de la mort de Foucault. Je me souviens du crime d'Althusser. Je me souviens des films de Rohmer et d'une certaine rencontre à Milan. Je me souviens de Milan. Je me souviens de l'université où j'étais venu parler du terrorisme et sur les murs de laquelle on avait écrit : « Lévy, on te tirera dans la bouche ». Je me souviens des hivers. Je me souviens des étés. Je me souviens d'avoir relu *La vie des hommes illustres* de Plutarque, sur la plage de Granville, en plein été. De Jérusalem à Beyrouth, de Rome à Berlin et à Ostende, je me souviens d'avoir refait le trajet d'un certain Benjamin C. Je me souviens de la *Mort de Virgile*. Je me souviens du Grand Hôtel, à Stockholm parce que j'y ai découvert un ami. Je me souviens avoir eu très peur, une nuit, dans la vallée de la Khunar, en

425

Afghanistan. Je me souviens des batailles que j'ai perdues, moins bien de celles que j'ai gagnées. Je me souviens de la vie comme une guerre. Je me souviens d'en avoir eu assez de voir la vie comme cette guerre. Je me souviens de tous les faux écrivains qui me tapaient sur l'épaule en me disant : « nous autres les écrivains ». Je me souviens du malentendu, de la confusion généralisée.

Novembre 1989.

BERNARD PRIVAT

J'ai connu Bernard Privat au début des années 70. J'avais un peu plus de vingt ans. Je rentrais du Bangladesh où j'avais passé quelques mois à jouer au petit soldat dans les maquis. Et c'était une époque où, pour être franc, je me rêvais plus volontiers dans la peau d'un épigone de Lawrence ou de Malraux que dans celle d'un jeune auteur ou d'un fonctionnaire de l'édition. Rien, en d'autres termes, ne me disposait à cette rencontre. Elle n'était dans l'ordre ni de mes choix ni de mes projets d'alors. Et j'ai beau chercher, scruter, interroger les souvenirs de ces années, je n'arrive pas à lui trouver ce halo de nécessité qui nimbe, paraît-il, les rencontres décisives. Pardon de le dire de manière aussi brutale : comme la plupart de ceux qui ont vraiment marqué ma vie, Bernard m'est d'abord apparu sous le signe du malentendu.

*
* *

J'insiste. On pouvait difficilement, je crois, être plus dissemblables que nous ne l'étions. On pouvait difficilement imaginer goûts, cultures, sensibilités ou visions du monde plus parfaitement contradictoires. Et j'ai peine, aujourd'hui encore, à comprendre comment le jeune intellectuel que j'étais, intransigeant, sectaire, féru de structuralisme et marxiste jusqu'au bout des ongles, a pu se lier si vite — et de manière aussi durable ! — avec un homme qui, de notoriété publique, préférait Chardonne à Roland Barthes, mettait plus haut que tout Delteil ou Marcel Aymé et avait jusque dans son allure quelque chose de ces « piétons de Paris » exquis mais un peu vieillots, que l'on croisait chez Léautaud ou Léon-Paul Fargue plus souvent que chez les maîtres que je m'étais alors donnés. Aimait-il au moins mes livres ? Je veux dire : les aimait-il vraiment, comme on aime des livres qui vous parlent et vous sont d'emblée familiers ? Je n'en jurerais pas. Non, je ne jurerais pas qu'il ne les ait pas vus, lui aussi, comme des météorites étranges, venus d'une planète lointaine et dont l'essentiel lui échappait. Ce n'est pas trahir un secret — nous en plaisantions même assez ! — que de rappeler qu'à toutes ces « idéologies » qui faisaient alors mon régal et donnaient sens à mon existence, il prétendait, lui, littéralement ne rien entendre.

*
* *

Tout cela pour dire que mes relations avec Bernard Privat étaient en ce temps-là — et sont, dans une large mesure, restées — des relations fort différentes de celles que je pouvais entretenir avec la plupart de mes amis. Nous ne discutions guère. Nous n'avions pas de débats de fond. Nous ne parlions politique, par exemple, qu'au registre de la farce, du canular ou de la pure curiosité — combien de déjeuners, combien d'interminables promenades où, se tordant de rire d'avance, il me demandait de lui redire les us, coutumes et fantaisies de cette bizarre tribu socialiste que je fréquentais alors un peu ! Lui me parlait de l'oncle Grasset. Il me racontait des anecdotes désopilantes sur l'époque héroïque de la Maison. Il me disait — mais gaiement, sans amertume — son regret d'une vie consacrée à Cliouscat, à ses livres, à la peinture peut-être ou à ces romanesques « jeunes filles » dont il croisait parfois le regard au détour de ses déambulations. Et je nous revois certains soirs, allant, venant, puis revenant, tels des collégiens qui se « raccompagneraient » indéfiniment, entre la rue des Saints-Pères où j'habitais et le métro où il allait s'engouffrer : nous parlions des uns, des autres, des petits riens qui font la vie et qui avaient fait notre journée. C'est peu ? Oh ! non, ce n'est pas si peu ; et si je dois quelque chose à Bernard c'est peut-être, déjà, de m'avoir donné le sens de ces connivences ténues, légères, enracinées dans le sentiment et la pure contingence de l'émotion — mais qui sont au moins aussi importantes, quand on y pense, que les complicités d'idées.

* *
*

Si j'essaie de préciser, de fixer un petit peu mieux les images de ces années, il me semble que nos conversations tournaient presque toujours, au fond, autour du même type de sujets. Appelons ça la comédie humaine... Le jeu des brigues et des intrigues... Appelons ça le drôle de petit manège qui nous emporte tous — avec ses mensonges, ses ficelles, ses grimaces de complaisance et ses éternels malentendus... Est-ce parce que cet homme de pouvoir n'aimait pas, au fond, le pouvoir ? parce que cet héritier n'avait jamais, finalement, désiré son héritage ? est-ce parce que ce grand éditeur n'était devenu ce qu'il était qu'au prix d'un extravagant enchaînement de hasards, de contingences et de réticences ? Toujours est-il qu'il portait sur tout ça un regard dont le détachement me sidérait ; qu'il considérait tout ce cirque, toute cette folle mais passionnante sarabande avec une liberté, une légèreté et, pour tout dire, une lucidité que je ne crois pas avoir jamais connues ailleurs ; toujours est-il, oui, qu'il n'avait pas son pareil pour radiographier en profondeur cette société littéraire où nous vivions et dont il était, cela va sans dire (et quoi qu'il prétendît lui-même) l'un des spécimens les mieux réussis. J'aimais la part de cynisme qu'impliquait son ironie. J'aimais la merveilleuse désinvolture — parfois moqueuse, jamais cruelle — avec laquelle il perçait à jour tel petit calcul, tel minuscule travers. Il y avait dans cette distance qu'il entretenait avec son métier, avec le milieu où il évoluait et, au bout du compte, avec lui-même, une forme d'élégance qui, bien entendu, me ravissait.

*
* *

De là, sans doute aussi le singulier scepticisme qu'il nourrissait vis-à-vis des auteurs, et des livres, qu'il publiait. Il les aimait, bien sûr, ces auteurs. Il les choyait mieux que quiconque. Et, pour certains d'entre eux, il avait très certainement le sentiment d'œuvrer, en les parrainant, à ce que l'exercice de son métier pouvait avoir de plus respectable. Seulement, il y avait une part de lui qui, en même temps, n'y croyait pas. Il y avait une part de son jugement qui, quels que fussent sa loyauté et son scrupule professionnel, demeurait comme en retrait, en réserve d'adhésion. Il y avait toujours un moment où, au comble de l'euphorie, il prenait un air songeur, boudeur et presque chafouin qui semblait vouloir dire : « J'aime ce livre, soit ; j'ai foi en son auteur ; mais ne suis-je pas en train de m'égarer, pis, d'égarer ceux qui m'écoutent en annonçant, comme je le fais, la naissance d'un nouveau chef-d'œuvre ? » Derrière cette attitude, il y avait la conviction que rien, personne, aucune autorité ni aucun magistère critiques n'ont le pouvoir d'annoncer un chef-d'œuvre ; qu'il n'y a même pas de signe, de critère objectif ou intrinsèque qui, logé au creux des textes, dans leur secret le mieux gardé, permettrait de le distinguer ; et cela parce qu'aux textes en question, à leurs mérites ou vertus supposés, il manquera probablement, toujours, avant de pouvoir prétendre au sacre littéraire suprême, cette ultime et indécidable dimension qui sera leur postérité. Oui, je suis sûr que Bernard — comme du reste, son ami Gracq — croyait qu'il n'y a pas de grand livre sans le travail de l'Histoire qui le remet en jeu. Je suis sûr qu'au fond de lui-même il savait que le futur littéraire, non content de continuer le passé, le réinvente et l'improvise. Je suis sûr, en d'autres termes, qu'il aurait aimé pouvoir attendre, avant de trancher ou de se prononcer, cette patine que le temps dépose et qui, en fait, achève les œuvres. Redoutable philosophie, on en conviendra, pour un éditeur. Mais c'est avec elle qu'il vivait — et c'est elle qui, proprement, n'en finissait pas de le p ta-ger.

De là encore — et pour les mêmes raisons — le non moins singulier mépris où il tenait les gloires et les grandeurs d'établissement. Car il y travaillait, à nouveau. Il prenait plus que sa part aux fracassants lancements qu'il arrivait à la maison d'organiser. Et je puis attester qu'en matière de publicité — il disait encore de « réclame » — il était bien le digne neveu de feu Bernard Grasset. Mais là non plus, pourtant, il n'adhérait manifestement qu'à demi. Il y avait quelque chose en lui qui refusait le tohu-bohu qu'il savait si bien orchestrer. Et tous ceux qui l'ont connu savent que cet éditeur fougueux, ce spécialiste des « coups » et d'« opérations spectaculaires » n'avait jamais autant de respect que pour les écrivains secrets, les œuvres énigmatiques et les réputations qui, volontairement ou non, se tenaient aux confins de la clandestinité... Témoin, sa propre œuvre, gardée si scrupuleusement à l'écart du tapage médiatique. Témoins, ces écrivains « invendables » dont il persistait vaille que vaille, dans une indifférence parfois totale, à publier les textes. Témoins, encore, les confidences qu'il lui arrivait de faire sur le grand malheur qu'il y a, pour un écrivain, à être connu, reconnu, adopté par la communauté. Je me souviens de ce jour où, à propos d'un auteur que l'on me permettra de ne point nommer mais qui venait enfin, après de longues années de revers, d'adversité extrême et, en fait, de méconnaissance, de connaître son premier succès et sa première vraie consécration, je me souviens de ce jour, donc, où il n'avait pas pu s'empêcher de lâcher — et sans l'ombre, je le précise, d'une ironie ou d'un second degré : « Il méritait tout de même mieux. »

Dois-je rappeler enfin tout ce que Bernard m'a apporté ? Tout ce qu'il m'a personnellement — et concrètement — appris ? Nous n'aimions pas les mêmes livres, c'est entendu. Nous n'avions ni les mêmes héros ni la même mythologie. Restait la littérature, pourtant... L'idée que nous nous en faisions... Ce goût commun que nous avions d'une écriture sèche, nette, sans tremblé ni bavure... Restait ce goût qu'il m'avait communiqué, plutôt, d'une langue sobre, économe — évitant, tant que faire se peut, les facilités de l'emphase ou les recours de la rhétorique... Souvenir, pour mes tout premiers textes, de ces subtiles et amicales remarques qui sanctionnaient mes défaillances. Souvenir de cette fin d'après-midi à Cliou où il m'avait expliqué que Kafka n'était devenu Kafka qu'en substituant à l'enflure de son « je » la géniale impersonnalité du « il » de ses romans. Et puis là, sur ma table, ce petit mot de lui, de sa drôle d'écriture torturée et comme électrocutée, où il me signalait, quelques mois avant la fin, ce fragment de Baudelaire déclarant qu'il n'y a peut-être pas, en littérature, de plus haute vertu que le *sang-froid*. Je ne suis pas certain, hélas, d'avoir toujours entendu la leçon. Et il n'est pas rare, aujourd'hui encore, que je me surprenne, en face de tel article, de telle page d'un de mes livres, à me demander ce que Bernard en aurait dit. Reste que si je suis écrivain, c'est un peu à lui que je le dois.

A présent, Bernard n'est plus. Pour la première fois depuis quinze ans, il ne sera pas là, dans

quelques jours, pour notre « déjeuner de rentrée ».
Il ne sera pas là pour ces rires, ces riens, ces leçons
d'édition, d'écriture, etc. Et de ce personnage à qui
je dois finalement tant, il ne me reste aujourd'hui
que ces quelques lettres, ces quelques souvenirs
flous, flottants — dont je vois bien, hélas ! tandis
que j'essaie de les consigner, quel maigre trésor ils
sont pour une si longue amitié.

Décembre 1986.

QU'EST-CE QUE LA LITTÉRATURE JUIVE ?

JACQUES NERSON : *On parle souvent de littérature juive. On en parle de plus en plus. Est-ce que nous pourrions essayer, déjà, de définir la formule ?*

BERNARD-HENRI LÉVI : C'est difficile à dire comme ça, en quelques mots. D'autant qu'il y a dans cette expression même, « litttérature juive », quelque chose d'assez redoutable. On voit bien le risque. On voit bien l'usage pervers qu'on pourrait faire de la formule. Disons — je préfère ça — qu'il y a des écrivains qui portent un regard juif sur le monde et qui en font de la littérature...

J.N. : *Dans ce cas, posons la question autrement : existe-t-il des écrivains juifs ? Et comment les caractériser ?*

B.-H.L. : Je vais vous répondre. Mais permettez-moi d'abord d'insister. Un écrivain n'est vraiment un écrivain que s'il est complètement singulier et qu'il échappe à toute espèce de réduction, d'identification simplificatrices. C'est vrai de Dante qui disait : « je ne suis pas italien ». De Flaubert : « je n'écris pas en français ». De Joyce : « j'écris en unglish » (littéralement : en « antiglais »). Comment voulez-vous qu'il en aille autrement pour des gens comme Bellow, Malamud, Cohen, Wiesel ? Pas d'identité simple là non plus. Pas d'étiquette — celle-là pas plus qu'une autre — qu'on puisse leur coller dans le dos.

J.N. : *D'autant que dans leur cas il n'y a même pas de langue commune...*

B.-H.L. : Tout à fait. Car il y a l'hébreu, bien sûr. Mais il y a aussi le yiddisch, le ladino, le judéo-turc, le judéo-persan et j'en passe — sans parler de toutes les langues nationales qui restent le véhicule le plus courant de la littérature juive contemporaine. Ne pas dire, en d'autres termes : « la » mais « les » littératures juives. Ou, si l'on tient absolument au singulier, définir cette littérature ainsi : une fabuleuse machine à produire, croiser, métisser ou multiplier les langues...

J.N. : *Il y a le cas de Kafka qui est assez clair. Il se veut un écrivain juif. Il est intéressé par la tradition juive. Il va très souvent au théâtre yiddish.*

B.-H.L. : Je me demande si ce n'est pas justement le cas le plus compliqué. Qu'il s'intéresse au théâtre yiddisch, c'est sûr. Qu'il soit fasciné par le sionisme, par la montée en Palestine, c'est probable. Et il a même prononcé — je crois que c'est en 1912 — un très beau « discours sur la langue yiddisch » qui prend le contrepied de tout le côté « juif honteux » des juifs de son époque. Cela dit, attention ! Oui, attention à ne pas trop prendre au mot l'ami Max Brod quand il en fait un kibboutznik avant la lettre ! Ces références juives, quand on les regarde de près, sont en effet ambivalentes. Elles sont comme un rêve, un regret, une nostalgie. Elles indiquent une espèce de point fixe, de pôle rédempteur et rassurant auxquels l'auteur du *Procès* aimerait bien pouvoir se raccrocher — mais sans y parvenir.

J.N. : *Ce qui veut dire...*

B.-H.L. : Ce qui veut dire qu'il y a des écrivains juifs, assurément. Mais qu'on ferait fausse route en voyant ce judaïsme comme une espèce de « famille » à laquelle on appartiendrait. Un écrivain, même juif, *surtout juif*, n'a pas de famille. Il n'appartient à personne. Il est absolument, désespérément seul.

J.N. : *Je reviens dans ce cas à ma question. Cette littérature juive, avec tous les guillemets que vous voudrez, comment est-ce qu'on peut la caractériser...*

B.-H.L. : Eh bien peut-être de cette manière justement. Les écrivains juifs ne sont certes pas les seuls à être consients de tout cela. Mais je crois qu'ils le sont de façon particulièrement aiguë. Ils se méfient plus que quiconque de tout ce qui pourrait ressembler à un « terroir », une « racine », un « inconscient collectif », un « esprit de peuple », bref une « communauté »...

J.N. : *Ce n'est pas propre aux écrivains juifs.*

B.-H.L. : C'est ce que je vous dis. En revanche, c'est propre au judaïsme. Et c'est, par ailleurs, la condition sine qua non qui fait une grande littérature. Un grand écrivain est *toujours* cosmopolite. Il appartient *toujours* à plusieurs communautés à la fois. Il est perpétuellement, *forcément* à cheval sur plusieurs langues. En ce sens, il est toujours un peu juif ; et nous pourrions tout à fait dire, les uns et les autres, quelles que soient notre origine, notre confession, etc. : « nous sommes tous des écrivains juifs français ».

J.N. : *A cause de ce principe d'« inappartenance » ?*

B.-H.L. : Oui. Et puis aussi à cause de la relation très particulière que nous entretenons avec les livres. La Bible est, en Occident, le « premier » des livres. Et je ne suis pas loin de penser qu'il y a dans le rapport du juif talmudiste, cabbaliste à la Bible le modèle du rapport de tout écrivain à sa bibliothèque. La littérature, pour peu qu'elle soit authentique, est fatalement une « affaire juive ».

J.N. : *Revenons à la littérature juive stricto sensu. Quels sont les auteurs que vous appréciez le plus ?*

B.-H.L. : Pour être très franc, des auteurs d'expression française. Wiesel, évidemment. Mais peut-être aussi Albert Cohen qui a inventé, avec Solal, le vrai « héros positif » du judaïsme contemporain. Gloire du judaïsme. Génie du judaïsme. Affirmation sans réserve d'un judaïsme solaire, triomphant. A tous les antisémites d'aujourd'hui et de demain, je recommande vivement la lecture de *Belle du Seigneur*...

J.N. : *Et chez tous ces auteurs, donc, une suspicion vis-à-vis des communautés closes, réductrices...*

B.-H.L. : C'est ça. De même qu'une autre suspicion, très forte, vis-à-vis du mirage « naturaliste ». Prenez le Bellow de *Herzog* ou de *Henderson le faiseur de pluie*. Prenez le Malamud de *The Natural* ou de *The Assistant*. Ce qu'ils ont de commun c'est une vive réticence à l'endroit du fond « primitiviste » du rêve américain. La nature n'est pas innocente. Elle n'est pas rédemptrice. Elle est le lieu de la perdition davantage que du rachat.

J.N. : *Est-ce qu'avec l'existence d'Israël tout ça n'a pas beaucoup changé ?*

B.-H.L. : Si, bien sûr. Il y a une incontestable tentation de l'enracinement dans la littérature israélienne d'aujourd'hui. Et vous avez des tas de gens — A.B. Yehoshua par exemple — qui vous disent : « Ça y est, c'est fini, on va enfin pouvoir parler des fleurs, des fruits, du chant des petits oiseaux, de la grâce d'un terroir ou de l'odeur d'un paysage ».

J.N. : *En devenant israéliens, ces écrivains ont cessé d'être juifs ?*

B.-H.L. : Disons qu'ils représentent *une* des voies possibles pour la littérature juive. Mais il y en a d'autres. Il y en a une autre, au moins. Et elles sont au moins aussi légitimes. Je suis de ceux qui ont toujours été passionnément solidaires de l'état d'Israël. Mais cela ne me fera jamais tirer un trait sur la littérature juive de l'exil. Celle de Kafka, encore une fois. Celle de Wiesel. Celle de Proust.

J.N. : *Parce que vous reconnaissez Proust comme un écrivain juif ?*

B.-H.L. : C'est un judaïsme ambigu. C'est un judaïsme souffrant. C'est un judaïsme contemporain de la plus formidable explosion d'antisémitisme que la France ait connue. Mais c'est un judaïsme quand même.

J.N. : *Est-ce que vous pourriez donner des exemples ? Car, autant qu'on le sache, Proust n'a pas été nourri de cette culture, il la connaissait à peine...*

B.-H.L. : Il faudrait pouvoir reprendre tous les personnages de Swann dans *La Recherche*, de Schlechtemburg, dans *Jean Santeuil*, de Baldassare

Silvande dans *Les Plaisirs et les Jours*. Il faudrait pouvoir regarder de près comment il traite, tout au long de son œuvre, l'affaire Dreyfus. Il faudrait relire telle scène de *La Recherche* où le narrateur est bouleversé par un propos sur les juifs tenu à la table des Guermantes. Sans parler de ce tour incroyablement biblique, talmudique qu'on sent derrière le ton, le style, l'allure narratrice de *La Recherche*...

J.N. : *Pouvez-vous préciser davantage ?*

B.-H.L. : Daniel Sibony écrit dans son dernier livre qu'avec ses mélanges, ses pots pourris, avec cette drôle de façon qu'il a de mêler le récit romanesque, la description sexuelle, la méditation métaphysique, l'Histoire, etc., le Talmud est la vraie matrice du roman moderne. C'est assez net dans *La Recherche*. Il y a des moments, hallucinants, où on entend littéralement l'écho des « paroles des jours » prophétiques...

J.N. : *Même si Proust n'avait pas vraiment lu les textes ?*

B.-H.L. : Kafka dit, quelque part, qu'on sait toujours plus de yiddish qu'on ne le croit.

J.N. : *Même s'il ne parle des juifs, du judaïsme, que de manière incidente ?*

B.-H.L. : Il n'y a pas besoin de « parler » des juifs pour être juif. De même, soit dit en passant, qu'on peut être antisémite, en avoir tous les traits, tous les symptômes, toutes les pustules, sans que le signifiant lui-même soit jamais prononcé. Il y a une très belle page de Rosenzweig à propos de Kafka. Il dit que son texte « le plus juif » c'est *Le Château*.

Or *Le Château* est un livre où le mot « juif » n'apparaît pas.

J.N. : *Est-ce que vous n'êtes pas en train de nous parler d'une espèce d'âme ou de culture collectives qui traverseraient un écrivain à son insu et reproduiraient exactement cette « âme nationale » que vous fustigez par ailleurs ?*

B.-H.L. : Je suis en train de vous parler de quelque chose de bien plus important qui est le mystère, le miracle de la *transmission*. Que veut dire Péguy quand, sans avoir lu (et pour cause !) *Job sur son fumier*, il chante le « prophétisme » de Bernard Lazare ? Freud, le très agnostique Freud, quand, à la fin de sa vie, il parle de « péché » à propos de *Moïse et le monothéisme* ? Que se passe-t-il quand, d'âge en âge, et malgré les mille et un obstacles dressés par la persécution, l'assimilation, l'essentiel du judaïsme parvient à « repasser » ? Que signifient-elles, chez Fondane, Schönberg, Rosenzweig, tant d'autres, toutes ces « Téchouva » — proprement : tous ces « retours au judaïsme » — célèbres et souvent spectaculaires ? On est là, je le sais bien, au cœur des choses. En leur point le plus obscur, le plus énigmatique. Et peut-être revient-il à chacun d'entre nous de refaire pour son propre compte, non seulement le chemin, le récit de ce chemin. Un jour, bien sûr, je le ferai. Ce n'est pas le lieu. Ce n'est pas le moment.

Juin 1987.

KAFKA ET PRAGUE[1]

Tout commence quarante ans plus tôt, aux confins du quartier juif, dans la modeste demeure d'une famille de commerçants de Prague. Kafka a vécu ici, entre une église et une synagogue. Puis ici, aux Trois Rois, entre la petite et la grande place. Puis là, beaucoup plus tard, dans la chambre d'angle sous les toits. Ce qui frappe quand on va d'une maison à l'autre, puis des maisons au Gymnase, du Gymnase au palais Kinsky où M. Kafka père tenait son magasin de nouveautés, ou bien encore au siège de la compagnie d'assurances où l'auteur de *La Métamorphose* mènera, vingt ans durant, la vie d'un employé finalement exemplaire, c'est que tous ces lieux kafkaïens soient si proches les uns des autres. Prague est une ville immense. C'est la ville des passages, des labyrinthes, des promenades. Or voici qu'un écrivain y passe sa vie, sans presque changer de rue.

1. Commentaires « off » d'un petit film réalisé par William Karel, en avril 1989, dans le cadre de l'émission littéraire *Ex libris*.

Le plus étrange est qu'il n'aime pas cette ville. Non, il n'aime pas ses coupoles, ses temples, ses palais anciens. Il n'aime ni ses tuiles, ni ses arcades, ni ses façades trop baroques. Et il ne passe jamais sans frissonner devant ce désordre de pierres, jetées l'une contre l'autre, d'où l'on s'attend à voir surgir le spectre du Golem. Il a peur de ses spectres. Peur de ses morts et de ses vivants. Il y a une peur de Prague qui tantôt l'éblouit, tantôt l'épouvante et le terrasse. Et le malaise qui nous étreint devant cette ville si belle mais aux couleurs éteintes où l'on se surprend à songer que l'histoire est passée, s'est accomplie puis s'est figée, je parie qu'il le ressent déjà quand, dans ses lettres à Félice, il ne rêve que de quitter son affreuse prison praguoise. Bien sûr il ne la quitte pas. La ville maudite le tient. « Prague ne nous lache pas, dit-il. Cette petite mère a des griffes. Il faudrait y mettre le feu pour pouvoir en réchapper. » On pense à Freud et Vienne. A Lisbonne et Pessoa. Au Baudelaire de la fin, à Bruxelles. Comment ne pas penser, surtout, à l'intime tragédie de cet homme au visage muré et au regard opaque, tourné vers le dedans, qui n'en finit pas, comme ses héros, de « se cogner la tête aux murs de sa cellule sans portes ni fenêtres » ?

J'ai relu *Le Procès* sur l'esplanade du parc Chotek où il aimait bien venir pour écrire à Miléna. J'ai relu les quelques textes où, au détour d'une page, surgissent le pont Charles IV, l'île des Archers, la grande place de la vieille ville ou encore, au début du *Verdict*, le paysage de pierres et de crépis qu'il voyait de sa fenêtre. Comme ces paysages sont plats ! Comme leurs images sont pâles, désincarnées, abstraites ! Kafka le Praguois en dit finalement moins sur Prague que sur Paris ou Lugano. C'est comme si sa langue même se refusait aux facilités du pittoresque, du folklore ou de la poésie des lieux. Un écrivain, une ville ? Allons donc ! C'est contre sa ville qu'il écrit. En haine de sa ville et de son supposé génie. Prague, quand il en parle, est une région de l'être et non du monde.

Le moins que l'on puisse dire est que la Prague-du-monde lui a fait cher payer cette admirable distance. Car j'ai suivi Kafka dans Prague. Je l'ai suivi dans les rues, les ponts, les monuments, les squares. Et l'extraordinaire est que, de cette présence immense dont je croyais à chaque pas retrouver les vestiges ou la trace, il ne reste plus même l'ombre. Le moindre des staliniens ou des nationalistes tchèques a son mémorial ou sa statue. Lui, n'a rien. Enfin, presque rien. Une plaque tout au plus. Une toute petite plaque qui est là comme un remords. Et partout ailleurs, désolation, dévastations, des boutiques de souvenirs aux lieux de mémoire les plus sacrés ou des coulées de béton dans les canaux de Mala Strana. Kafka le juif. Kafka le fou. Kafka qui prétendait — quelle audace ! — sortir du rang des meurtriers. Quand, dans une librairie de la rue Stepenska, l'on s'aventure à demander un livre de Franz Kafka, on vous répond d'un air gêné qu'on ne connaît pas ce monsieur ou que ses livres sont introuvables.

P.S. Le lendemain, je suis allé rencontrer, dans la banlieue de Prague, les amis de Vaclav Havel. Signataires avec lui de la Charte 77 pour les Droits de l'Homme et le rétablissement de la démocratie, ils ne m'ont demandé en vérité qu'une chose : relayer ici, à mon retour, l'appel qu'ils viennent de lancer, dans la clandestinité, en faveur de Vaclav Havel, prix Nobel de la Paix. Ainsi serait honoré l'un des hérauts de la liberté. Ainsi serait consacré l'esprit même du combat de la Tchécoslovaquie contre la servitude et le malheur. Soyons nombreux à leur répondre. Voici l'adresse à laquelle vous pouvez tous, dès aujourd'hui, adresser vos messages de soutien :

Secrétariat du Prix Nobel
Drammenswege 19
Oslo-Norvège

Avril 1989.

TROIS JOURS A OSLO

Élysée, 8 décembre. L'appartement de garde, au rez-de-chaussée, où la République héberge, semble-t-il, ses hôtes privés les plus marquants. Wiesel est là, ce matin. En transit entre deux avions. Venu remercier, m'a-t-il dit, l'un des quelques chefs d'État occidentaux qui sont intervenus en sa faveur dans cette affaire de Prix Nobel. François Mitterrand le verra tout à l'heure. Ils auront l'une de ces longues conversations sur la vie, la mort, l'enfance, la littérature ou la Bible dont ils ont tous deux le goût. Et puis, en fin d'après-midi, sur un ton très « venez donc, cher ami, nous continuerons à parler dans la voiture », il l'emmènera avec lui chez les parents de Malik Oussekine, l'étudiant assassiné, l'autre nuit, par les policiers voltigeurs de M. Pandraud. Mais pour l'instant, en tout cas, il est là. Seul entre les quatre murs aux teintes passées de ce petit appartement. Il a cet air décalé, déplacé ou en exil que je lui ai partout, toujours, et dans presque toutes les circonstances, connu. Et debout, la mèche en bataille, dans un grand désordre de livres, de fiches ou de valises à demi défaites, il lit, relit, corrige et recorrige le texte de l'allocution qu'il prononcera demain à Oslo. Le passage sur les Palestiniens est bien entendu le plus épineux. Je le sais. Il le sait. Et, pour la énième fois sans doute, il en affine le moindre détail, la moindre ponctuation. Prophète ? Oui. Mais les prophètes sont aussi des stratèges.

* * *

Oslo. Je n'aime pas beaucoup Oslo. Je n'aime pas ces villes du Nord, tristes et froides à mourir, avec leur côté trop net, trop propre, quasi aseptisé. Et il y a dans la pauvreté de leur lumière, dans leurs nuits interminables, il y a dans leurs rues provinciales, dans leurs petites maisons frileuses, dans cette vie étriquée, étouffée qu'on y devine, quelque chose qui met mal à l'aise. Est-ce l'occasion, alors ? La fièvre du moment ? Est-ce la présence de Jean-Claude Fasquelle, avec qui j'ai fait le voyage ? Ou est-ce l'idée qu'ici, dans cette ville falote, presque endormie, où nous avons eu toutes les peines du monde, ce matin, à trouver un bistrot convenable, un Juif de Transylvanie, rescapé de tous les ghettos et survivant des plus hauts calvaires, va recevoir tout à l'heure la plus magnifique distinction dont un écrivain puisse s'honorer ? Toujours est-il que les choses sont différentes aujourd'hui et que je me surprends à voir tout ça d'un œil plus sympathique. Images d'Andersen. Images des dessins de Kay Nielsen. Images de ces contes norvégiens, enfouis dans ma mémoire d'enfant. Et puis souvenir, plus proche, de ce texte de Gracq célébrant la beauté de ces paysages du Nord. Oslo, lisière du monde habité.

Oui, un conte de fées. Je vis un conte de fées.
Élie, lui aussi, vit probablement un conte de fées.
Et il y a dans la cérémonie elle-même, dans ses
pompes, ses rites, dans son lustre suranné et un
peu vain, il y a dans l'arrivée du Roi et de la Reine,
dans le silence qui se fait sur leur passage, dans la
façon qu'a le rang des Ambassadeurs de s'ouvrir
respectueusement devant eux, il y a dans la dégaine
de héros de bandes dessinées qu'ont les officiers et
courtisans divers, chamarrés comme à la parade,
qui leur font muettement cortège, un parfum d'ir-
réalité qui conforte encore cette féerie. Le ton
changera, bien sûr, lorsqu'Élie parlera. Il deviendra
plus grave. Il deviendra plus sombre. Et quand il
évoquera, sur fond d'horreur et de camps de la
mort, le dialogue imaginaire de l'enfant qu'il a été
et de l'adulte qu'il est devenu, la féerie cédera
carrément la place à une ambiance de tragédie.
Grand moment d'émotion tout de même, quand
Elisha, son fils, monte à son tour à la tribune.
Instant de grande beauté, à nouveau, quand ce petit
garçon viendra, près de son père, prendre sa part
d'honneur, de mémoire et de douleur. Wiesel :
« C'est parce que je me souviens de ce dont l'homme
fut capable que je désespère ; c'est parce que je me
souviens des enfants qui attendent de nous leur
salut que l'espoir m'est ordonné. »

Deuxième discours de Wiesel. Plus grave encore
que le précédent. Plus lourd. Plus solennel. Avec,
dans le ton même de l'orateur, dans sa voix rauque
et inhabituellement cassée, un accent douloureux

qu'il n'avait pas tout à fait hier. Et puis avec, au moment d'intensité extrême, lorsqu'il en vient à évoquer sa découverte du « monde de la nuit » et celle, concomitante, et presque plus bouleversante encore, du silence des Nations face à l'horreur, cette chose extraordinaire qui laisse les auditeurs médusés : comme si les mots ne suffisaient pas et que la parole ordinaire ne pouvait plus vraiment les porter, Élie se met à... chanter ! Stupeur, donc. Sidération de l'assistance. Notables qui se regardent, jurés qui se consultent, ambassadeurs et ambassadrices qui se tâtent pour voir s'ils ne rêvent pas. A-t-on jamais entendu un lauréat du Prix Nobel de la Paix psalmodier en yiddish son discours d'acceptation ? Non, on n'a jamais entendu ça. On ne l'a probablement même jamais imaginé. Mais la voix est si belle, la mélodie si prenante, la mélancolie, surtout, qui se dégage de cet homme est soudain si pathétique que tout ce joli monde, le premier instant d'hésitation passé, finit par se mettre au diapason ; et c'est toute la salle, tout le grand amphithéâtre légendaire de l'université d'Oslo qui, emporté par le chef d'orchestre improvisé, se met à reprendre en chœur le refrain du chant wieselien.

*
* *

L'autre Élie. L'anti Élie. L'Élie qui rit. L'Élie qui blague. Un Élie qui, ici, réfugié avec Marion, sa femme, dans la « suite Nobel » du Grand Hôtel, ne ressemble plus que d'assez loin à l'image austère et mortifiée qu'a plaisir à fixer la légende. Il est capable, cet Élie-là, de rire à gorge déployée d'une plaisanterie. Il est capable de préférer, à l'ennuyeuse compagnie des importants, celle d'un vieux rabbin norvégien, fidèle de la première heure. Et il est capable surtout de nous demander, sur un ton anxieux et presque enfantin, s'il était digne de ce Nobel, s'il le méritait vraiment tout à fait et si d'autres, aussi méritants, ne le partageaient pas en fait avec lui. Comédie ? Coquetterie ? Peut-être, pour une part. Mais une vraie modestie aussi. Une forme authentique d'humilité. Et puis cette conscience, aiguë, que ce prix qui lui est accordé, il revient aussi, par vocation, à l'ensemble de la communauté dont il s'est fait et voulu le héraut. Jamais, probablement, il n'aura tant senti qu'aujourd'hui le poids des morts autour de lui. Jamais, depuis longtemps, il n'aura si douloureusement éprouvé la cruauté de leur absence. Élie, le survivant. Élie Wiesel, Prix Nobel au Judaïsme.

*
* *

Illustration directe de ce que j'écrivais hier soir. Nous sommes une fois de plus, Jean-Claude Fasquelle et moi, dans la fameuse « suite Nobel ». Les télégrammes succèdent aux télégrammes. Les messages de Reagan à ceux des émissaires de Gorbatchev. Le garçon d'étage ne cesse d'entrer dans la pièce pour annoncer des visiteurs plus prestigieux les uns que les autres. Or que fait Élie pendant ce temps ? Il téléphone. Où donc téléphone-t-il ? A Moscou et Vladivostock. Et à qui, précisément, parle-t-il ? A ces dissidents absolus, martyrs parmi les martyrs, humbles parmi les humbles, que sont les « refuzniks » — ces Juifs soviétiques persécutés, objets de toutes les vexations et interdits d'émigration, vers l'Israël de leurs rêves... Étonnant spectacle alors que celui de ces conversations. Extraordinaire image de cet écrivain qui, à l'heure de la plus grande gloire, n'a pas d'autre souci que de la célébrer, cette gloire, avec ses frères persécutés. Bouleversant symbole, oui, que celui de ce partage de Nobel, par-delà les frontières et les misères, avec la foule de ceux pour qui, là-bas, au fond de l'hiver extrême, ce Prix est déjà, à soi seul, promesse de délivrance. La scène se passe, faut-il le préciser ? loin cette fois des caméras. A distance des journalistes. Sans autre témoin que celui de ces quelques lignes. Je ne suis pas prêt d'oublier, à cet instant, la joie d'enfant d'Élie Wiesel.

Février 1987.

RECHERCHE MÉTAPHYSICIENS
DÉSESPÉRÉMENT

Il y avait l'espace physique. Il y avait l'espace géographique. Il y avait, chez les géographes, l'espace atlantique, méditerranéen, asiatique, j'en passe. Et il y avait, pour les figurer tous, l'espace galiléen, spinoziste, aristotélicien, einsteinien. Eh bien, il y en a un autre désormais, superposé aux précédents, qui a ses règles, sa découpe, ses instruments de mesure, son épaisseur et que l'on appellera, par convention, « l'espace des télécommunications ». Il n'est pas nouveau, cet espace. Il a l'âge de l'effort des hommes pour faire circuler l'information. Force est de constater, cependant, qu'il a, ces derniers temps, pris un singulier essor ; et qu'avec nos outils récents, avec nos télex, télécopies, instruments de télérencontre et de télétravail divers, avec la possibilité que nous avons de reconstituer synthétiquement la présence d'un corps ou d'un regard, avec les téléphones modernes, avec leurs procédures de tarification, avec le fait, par exemple, que la transmission proprement dite pèse de moins en moins lourd dans ce tarif et que seuls comptent vraiment, aux deux extrémités de la ligne, les dispositifs fixes de raccordement et de commutation, avec le fait, autrement dit, qu'une transmission Paris-New York ne devrait plus, à terme, coûter beaucoup plus cher qu'une transmission Paris-Paris, on entre dans une logique — c'est-à-dire, encore une fois, dans un espace — très largement inédite. Espace abstrait, si l'on veut. Espace labile, fragile, sans frontières ni arêtes. Espace atopique. Espace sans distance. Espace où les proximités symboliques ou télématiques l'emportent — l'emporteront — sur les proximités physiques. Cet espace, nous l'habitons. Nous le pratiquons quotidiennement. Il est d'ores et déjà devenu *le* véritable espace d'échange où se déploient nos économies. Il reste à l'imaginer. Il reste à le penser.

Fin de la ville, dit-on par exemple. Fin de ces lieux, tangibles s'il en est, où les hommes se sont rapprochés, parfois agglomérés, au gré de nécessités très classiquement physiques. Je ne crois personnellement pas à cette histoire de « fin de ville ». Et je n'aime pas, autant le dire, ces drôles de rêveries « polpotisantes », de plus en plus nombreuses outre-Atlantique, autour de la ville éclatée, démantelée, déménagée à la campagne, sous la douce mais ferme poussée des télécommunications d'après-demain. Ce que je crois, en revanche, c'est que les villes se remodèleront. Qu'elles distribueront autrement leurs règles de voisinage. Ce que je crois c'est que dans la cité câblée du futur, dans ces grands ensembles satellisés où l'on pourra aller, venir, dialoguer, travailler ou se distraire sans guère sortir de chez soi, d'autres formes de sociabilité ne manqueront pas d'apparaître. C'est ça : d'autres formes de sociabilité. D'autres manières, pour les humains, de s'assembler, de se séparer. Des réseaux de convivialité à distance — plus souples, moins palpables, moins tributaires des voisinages. Sera « socialisé » celui dont la bulle de communication sera richement câblée, ouverte sur le dehors. Sera « asocial » au contraire celui qui, par choix ou fatalité, vivra sous-exposé à la pluie d'informations qui tisseront, de plus en plus, la trame du réseau urbain. On peut s'en inquiéter. J'ai plutôt tendance, moi, comme Alain Minc et Simon Nora, à m'en féliciter. Et je préfère ça, en tout cas, aux modes de socialisation fondés sur la loi du sang, de la race, du territoire. Les télécom, contre l'esprit de « terroir ». L'agora informationnelle, contre la pesanteur de la « racine ». Si cette révolution me fascine c'est qu'elle est un antidote, au fond, à cette étrange tendance qu'ont les sociétés à se croire et vouloir *naturelles*.

Communication « pauvre », dit-on encore. Sans charme ni vraie grâce. Et qui, réduite en quelque sorte à la pure utilité, perdrait forcément, en chemin, cette précieuse part d'aléa, d'arbitraire, bref de *désir* dont se nourrit habituellement la communication en face à face. Erreur, là-encore. Simplification assez grossière. D'abord parce qu'on sous-estime, en disant ça, l'intelligence des machines ; on sous-estime leurs pouvoirs, leurs capacités de simulation ; on tient pour rien ces dispositifs qui, moyennant un appareillage adéquat de casques, lunettes et terminaux, permettront de reproduire bientôt, jusque dans ses ratés, ses blocages, ses silences, l'ensemble des para-langages d'une communication classique. Ensuite parce qu'on oublie, même sans ces machines, toute la spécifique richesse d'une communication électronique ; on oublie ses rituels, ses codes de séduction ; on oublie les jeux de masques et de contremasques relancés à l'infini par le fil du minitel ; on oublie le timbre des voix ; on oublie les abandons, les extases, les pures jouissances de la voix ; on oublie que Robert Bresson ne choisissait ses acteurs qu'à la voix, par téléphone ; et on oublie les émois de Proust face aux demoiselles de l'interurbain qu'il appelait joliment les « grandes prêtresses de l'ombre ». Et puis simplification enfin parce qu'une communication de ce type n'est pas pauvre mais *froide*, et que cette froideur, loin d'être la catastrophe qu'on nous prédit, est peut-être, à l'inverse, une chance et un progrès. Une sociabilité refroidie ? Une sociabilité non seulement allégée mais tempérée — où l'on a fait l'économie d'un certain nombre de tentations. La tentation collective par exemple. L'enthousiasme communautaire excessif. L'ardeur des hommes à se mettre en foule, à ne penser qu'à travers la foule. Froideur civilisée, contre fièvres et chaleurs barbares.

Baudelaire, j'en suis sûr, aurait aimé le téléphone. Il aurait joui, comme personne, de ces fabuleuses machines à couper, filtrer, refroidir les rapports entre les humains. Et je l'imagine tellement bien, lui le grand haïsseur de la nature, le négateur intraitable des humeurs, moiteurs, tiédeurs, voire ardeurs naturalistes, saluer dans ces « artifices » le comble du dandysme ! Si je cite Baudelaire, ce n'est ni facétie ni provocation. Mais c'est que nul n'a mieux dit, justement, les pièges du naturel. Nul non plus, aussi bien, les risques du contact direct. Si je le cite, si je lui rends ainsi hommage, c'est qu'il demeure jusqu'aujourd'hui le meilleur de nos garde-fous contre les séductions d'un face à face qui, loin d'être signe de paix, n'amène jamais, nous dit-il, que guerre, torture, barbarie. Éloge, oui, de l'interface. Éloge de l'indirect. Éloge de tous les systèmes qui, parce qu'ils interrompent, médiatisent la communication entre les êtres, permettent de réduire sa part de sauvagerie. Je n'oblige personne à être baudelairien. Mais je voudrais bien, en revanche, que l'on relise la Bible. Je voudrais que l'on médite ces textes fondateurs où il est dit, identiquement, qu'un dialogue sans médiation, c'est-à-dire en l'occurrence sans Loi, est un dialogue qui, fatalement, débouche sur le meurtre. Éviter de répéter, en tout cas — c'est le poncif le plus courant mais le plus bête — qu'un réseau de télécom bien bouclé nous prépare un totalitarisme « orwellien ». Si Baudelaire et la Bible disent vrai, c'est la violence au contraire que nous épargne ce réseau — et ce sont les chances de la subjectivité qu'à l'encontre de toutes les pressions, de toutes les pesanteurs communautaires, il contribue à préserver.

Prenez une usine « satellisée ». Pénétrez dans cet univers froid, oh ! oui, si froid lui aussi, de robots, de bureaux, de terminaux, d'écrans de contrôle. Et imaginez ces hommes en col blanc, penchés sur leurs écrans, en train d'échanger en silence des signes hiéroglyphiques. On peut s'inquiéter là encore. On peut crier au cauchemar. On peut supposer que ces ouvriers du futur, cloîtrés dans leurs logiciels, perdront jusqu'au souvenir de la communication d'antan. Et il paraît même qu'à l'Ircam, dans ces étranges sous-sols où l'on fabrique des sons parfaits, les hommes se déshabituent de parler et ne se saluent plus, déjà, que par le truchement de leurs claviers. Ce qui me plaît pourtant, dans ce tableau, c'est l'image qu'il donne du travail. C'est cette idée d'un travail abstrait, déconnecté de la production. Ce qui me plaît c'est la perspective d'un travail allégé, délesté de son poids de peine et qui, consistant tout entier dans des tâches de surveillance ou de contrôle, verra s'effacer peu à peu les gestes du labeur et s'interrompre, de ce fait, le corps à corps de l'ouvrier et de son ouvrage. Fin de l'« ouvrier ». Fin de son « métro-boulot-dodo ». Fin de la forme-entreprise, délocalisée en autant de lieux possibles que de centres de télétravail. Fin de l'usine elle-même, de sa sacro-sainte unité de temps, de lieu, d'action. Fin de la « conscience de classe ». Fin de la mythologie prolétarienne. Fin du tintouin idéo-logique qui en était l'orchestration. Et éclipse, à la limite, dans les parages les plus troubles de nos identités nationales, de l'idée même de « métier », avec tout ce qu'elle pouvait charrier d'imaginaire et de fantasmes. Étonnerai-je en disant que, de tout cela non plus, je ne porte pas le deuil ?

Dénaturation, donc, du travail. Dématérialisation du monde. Entrée dans un univers lisse où les outils de communication ont eux-mêmes, à plus ou moins court terme, vocation à se dissoudre — cabines vocales, téléphones dits « mains libres », objets quasi volatilisés. L'événement, le vrai, est là. Il est dans cette déchosification. Il est dans cette nihilisation. Il est dans ce désenchantement d'un monde où, si loin que l'on avance, si profond que l'on s'enfonce, on ne trouve plus de ces riches et magiques sub-stances qui charmaient tant, jusqu'ici, l'imagination naturaliste. Ne plus dire : le monde d'un côté, les signes de l'autre ; mais un monde de signes, rien que de signes, où il n'y a plus de fragment d'être qui ne soit toujours déjà signifié. Ne plus dire, comme s'il s'agissait de deux « secteurs » distincts : ici les biens et services matériels, là les biens et services informationnels ; mais des biens et des services qui sont tous, toujours, de plus en plus pétris d'information. Ne pas imaginer non plus, dans une trop classique topique : un réel certes absent, soustrait à notre emprise, quoique persistant à nous border comme un regard ou un remords ; mais un réel aboli, dissipé à tout jamais, dont il faudrait apprendre à faire son deuil. Triomphe, au fond, du programme kantien. Élision de cette « chose en soi » qu'il maintenait encore, à titre d'horizon ou de référent. Suppression de ce fondement ultime qu'il préservait — mais dont la télécommunication n'a tout à coup plus besoin. Jamais le processus n'était allé si loin. Jamais, au grand jamais, dans toute l'histoire connue de l'humanité, on n'avait imaginé pareil radicalisme. On est à cent lieues, ici, de cet « arasement » fameux du monde où la philosophie voyait l'essence de la technique. Triomphe des artifices. Victoire absolue du simulacre. Disparition, en fait, du réel en tant que tel.

Effrayant ? Oui, effrayant. Vertigineux. Pas facile à accepter pour toute la France frileuse, figée dans ses certitudes, qui résiste depuis deux siècles à cette épopée technologique. Difficultés des frères Chappe à imposer leur télégraphe optique. Difficultés plus grandes encore pour le télégraphe électrifié. Refus du téléphone. Phobie de ses supposés pouvoirs. Prolifération de paroles condamnant, cinquante ans durant, l'« immoralité » d'un appareil — le téléphone toujours — qui, acheminant la parole à travers les murs des maisons bourgeoises, fournissait aux couples adultères le plus inavouable des renforts. Suicide des inventeurs. Désespoir des ingénieurs. Incroyable histoire de ces « stationnaires » chargés de répercuter les signaux lumineux des télégrammes et que l'on choisissait, exprès, analphabètes. Et puis le mot fameux de Staline opposant à Trotski que son plan de modernisation du réseau téléphonique donnerait à la contre-révolution un « instrument de conspiration » inespéré. Yves

Stourdzé raconte tout ça. Il décrit la sainte terreur des États face à cette parole libre, indéfiniment circulante et réversible. Sauf que je ne crois pas, moi, qu'il ne s'agisse *que* des États ; je ne crois pas à la seule malveillance d'un « pouvoir » acharné à conjurer des risques de sédition ; et la panique, puisque panique il y a, me paraît à la fois plus profonde, plus générale, touchant à la racine même de nos croyances collectives. Ah ! la grande peur des bien-pensants, de *tous* les bien-pensants, en face de ce fil fou, courant dans les airs, sous les mers — et dont ils ont fort bien compris, depuis les tout débuts, qu'il allait trancher rien moins que le nœud du lien social.

Aujourd'hui ? Aujourd'hui, deux hypothèses. Ou bien la France a changé ; elle a gagné en maturité ; elle a su, avec les années, exorciser ses vieilles peurs ; et dans la fièvre d'aujourd'hui, dans nos ferveurs télématiques, dans cet engouement récent, pour les télé-outils les plus pointus, il faudrait lire la bonne nouvelle d'une défaite des conservatismes. Ou bien rien n'a changé ; les résistances profondes demeurent ; elles n'ont été, pour l'essentiel, que refoulées ou occultées ; et la plaie serait trop vive, la blessure narcissique trop douloureuse pour qu'il ne faille pas s'attendre, dans un avenir plus ou moins proche, à les voir se réouvrir, recommencer de saigner. Les deux hypothèses, comme souvent, sont sans doute vraies l'une et l'autre. Elles rendent compte, à elles deux, de cet étrange moment de suspens, de vacillement historique où nous sommes. Encore que, à tout prendre, et s'il fallait vraiment choisir, je parierais sur la seconde. Compter, autrement dit, sur des retours du refoulé. Compter sur des réactions, des convulsions, des crispations. Guetter d'ores et déjà ces surenchères dans le réel, ces escalades dans l'authentique et dans le vrai qu'annonce Baudrillard depuis longtemps et qui, venant compenser et garrotter l'hémorragie télématique, pourraient, si nous n'y prenions garde, déboucher sur des régressions. La partie est engagée. Elle est à demi gagnée. Mais rien n'indique pour autant qu'elle soit irrévocablement jouée. A ceux qui, comme moi, attachent du prix à son issue, à ceux qui voient dans ces nouvelles techniques une chance ou un atout, je dis que des batailles se préparent — la « déréglementation » par exemple — où nous ne serons pas trop nombreux à défendre et illustrer les couleurs de la modernité.

Attention ! Je ne dis pas non plus qu'il faille, dans ces batailles, aller à l'aveugle, tête baissée. Et rien ne me semblerait plus absurde que d'opposer aux grandes peurs de jadis je ne sais quelle euphorie télématique voyant dans les systèmes câblés, dans le soin pris à les harmoniser, dans l'intégration horizontale — et non plus verticale ou pyramidale — de leurs bulles informationnelles, la solution enfin trouvée à tous les problèmes de l'humanité. La société câblée, faut-il le préciser ? ne sera pas une société parfaite. Ce ne sera pas cette société idéale, merveilleusement cohérente et transparente, dont les utopistes, depuis des lustres, cherchaient en vain la clef. Elle aura ses failles. Elle aura ses poches d'ombre. Elle aura ses ruptures, ses différends, ses malentendus. Elle connaîtra même des guerres, inconnues jusqu'à présent, dont l'enjeu sera l'appropriation des banques de données, le contrôle de la mémoire du monde. Si l'équivoque subsiste, autant la dissiper alors : je ne crois bien entendu pas aux charmantes élégies qui se murmurent ici ou là ; je ne crois pas à ce pays de cocagne, miraculeusement pacifié, où le triomphe des télécom suffirait à faire disparaître — pêle-mêle — le chômage, l'insécurité, la misère dans les grands ensembles, le goût du crime, de la faute, la faim dans le monde, le malheur... J'aime, oui, cet univers. Mais je l'aime moins comme un rêve que comme une humble réalité : la chance, simplement, d'une liberté supplémentaire.

Ni enfer ni paradis. Ni phobie ni euphorie. Ni le désespoir des uns, ni la béatitude facile des autres. Si je les renvoie dos à dos ce n'est pas, qu'on se rassure, par goût du mi-chemin. Mais c'est qu'il y a dans ces attitudes quelque chose, au fond, de similaire ; et que c'est un peu le même mirage — celui, disons, de la « bonne communauté » — qui opère dans les deux cas. Remplacer la « bonne communauté » franchouillarde par la « bonne communauté » télématique ? L'organicisme pétainiste par l'organicisme électronique ? Substituer aux charmes du retour à la terre, ceux de la ville à la campagne ? Aux fantasmes prophylactiques d'antan le projet d'une société propre, purifiée par les machines ? Et faudrait-il, à la place de la fameuse « Nature », jouant le même type de rôle dans le même type de dispositif, installer l'impeccable « Artifice » qui en a réduit le sortilège ? Trop triste, non, vraiment. Trop lamentablement réducteur. Trop en deçà, surtout, du formidable séisme qu'est en train, dans nos consciences, de provoquer toute cette affaire. Remodelage de l'espace. Redéfinition de nos mesures du temps. Redéploiement de nos images d'autrui, du monde, de nous-mêmes. Mais révision aussi, à l'extrême bout du chemin, de notre idée de la mort ou de la souffrance ; de notre représentation de l'âme ou de sa survie ; révision, *conversion* de la forme d'une intelligence capable de stocker, et donc de travailler, toute la mémoire des siècles ; sans parler de ces véritables gouffres logiques où précipite, quand on y songe, l'infinité des possibles qui s'offrent, désormais, à la rêverie des hommes... C'est cela, l'aventure en cours. Cela, son enjeu ultime. Et c'est ce type de questions — touchant au cœur même de l'espèce, de son destin — que la grande tourmente du moment nous contraint à affronter. Révolution en marche. Recherche métaphysiciens, désespérément.

Novembre 1987.

Table

III. REPORTAGES

IV. ROMAN OR NOT ROMAN ?

V. FIGURES

VI. BLOC-NOTES

VII. CIRCONSTANCES

DU MÊME AUTEUR

BANGLA DESH, NATIONALISME DANS LA RÉVOLUTION
Maspero, 1973 ; réédité, en 1985, au Livre de Poche,
sous le titre LES INDES ROUGES.

LA BARBARIE A VISAGE HUMAIN
Grasset, 1977.

LE TESTAMENT DE DIEU
Grasset, 1979.

L'IDÉOLOGIE FRANÇAISE
Grasset, 1981.

QUESTIONS DE PRINCIPE I
Denoël, 1983.

LE DIABLE EN TÊTE
Prix Médicis, Grasset, 1984.

IMPRESSIONS D'ASIE
Le Chêne/Grasset, 1985.

QUESTIONS DE PRINCIPE DEUX
Le Livre de Poche, 1986.

ÉLOGE DES INTELLECTUELS
Grasset, 1987.

LES DERNIERS JOURS DE CHARLES BAUDELAIRE
Grasset, 1988.

Histoire des idées

Armand Abécassis. *La pensée juive, 1*
Du désert au désir.   *Inédit.* 4050.

Première présentation aussi minutieuse et aussi complète de *la pensée juive*. Armand Abécassis détaille la lettre des transformations subies au fil du temps et analyse le noyau conceptuel, formé par la trilogie Peuple-Texte-Terre.
Du milieu du IVe millénaire au Xe siècle avant J.-C. Trois valeurs fondatrices radiographiées. La Terre, montrée comme l'espace de l'Enracinement et le lieu de la Promesse. La Famille ensuite, structure originaire à partir de laquelle s'inventera l'architecture du collectif. Le Peuple enfin, désigné comme la valeur étalon, le creuset où se forgent les différences et la notion de responsabilité.

Armand Abécassis. *La pensée juive, 2*
De l'État politique à l'éclat prophétique.   *Inédit.* 4051.

Du Xe siècle à l'an 587 avant J.-C. (déportation en Babylonie). Une investigation approfondie qui révèle le rôle des prophètes face aux politiques et aux religieux, et montre comment se profilent les notions de justice, d'amour, de paix et d'alliance.

Pierre Ansart. *Proudhon.*
Textes et débats   *Inédit.* 5009.

« La propriété c'est le vol », « Dieu c'est le mal »... Formules désormais célèbres d'un penseur dont le travail aura largement contribué à bouleverser les idéologies du XIXe siècle. Les grands axes d'une réflexion, les grands débats qu'elle a suscités : Pierre Ansart nous offre un exposé concis et clair.

Jacques Attali. *Histoires du temps.*   4011.

Une généalogie de nos appareils à mesurer le temps : de la clepsydre à l'horloge astronomique. Où l'on apprend que les transformations des moyens de comptage de la durée révèlent les grandes fractures sociales et caractérisent « la trajectoire de chaque civilisation ».

Jacques Attali. *Les Trois Mondes.*   4012.

L'économie contemporaine et la crise. Après avoir vécu dans le monde de la *régulation*, puis dans celui de la *production*, nous sommes entrés dans celui de l'*organisation*.

Jacques Attali. *Bruits.* 4040.

« Le monde ne se lit pas, il s'écoute. » Jacques Attali se livre à un étonnant exercice : percer à jour les mystères de l'histoire des sociétés grâce à la compréhension de l'histoire de leur musique. Comment la maîtrise des sons explique la structure du pouvoir.

Jean Baudrillard. *Amérique.* 4080.

Les dessous d'un continent fabuleux. Un autre univers, un autre temps, un autre horizon. Une utopie étrange qui, sans cesse, oscille entre rêve et réalité. Avec Baudrillard comme guide.

Georges Benrekassa. *Montesquieu, la liberté et l'histoire.* *Inédit.* 4067.

Montesquieu notre contemporain. Pour découvrir un philosophe de la liberté aux prises avec l'intelligence de l'histoire et comprendre à quelles conditions les vérités du libéralisme sont acceptables.

Cornélius Castoriadis. *Devant la guerre.* *Nouvelle édition revue et corrigée* 4006.

Cornélius Castoriadis examine l'actuel état des forces des deux grandes puissances qui dominent la planète : U.S.A. et U.R.S.S. Pour l'heure, l'avantage est en faveur de l'Union soviétique. Devenue « statocratie », la nation laisse le militaire l'emporter sur le politique.

Guido Ceronetti. *Le Silence du corps.* 4089.

Le corps dans tous ses états. Corps biologique, corps social, corps nature... Peu de penseurs ont parlé avec tant d'intelligence de nos douleurs, de nos maladies, de nos sensations, de nos plaisirs comme de nos fantasmes.

Régis Debray. *Le Scribe.* 4003.

La figure de l'intellectuel sous la loupe de l'historien des idées. Des origines à nos jours, les mille et une métamorphoses du scribe. Une vaste fresque qui traverse siècles et civilisations.

Laurent Dispot. *La Machine à terreur.* 4016.

On ne peut comprendre les phénomènes de la violence politique contemporaine si l'on ignore ce qui s'est joué avec la Révolution française. La logique des hommes et les systèmes de la violence.

Umberto Eco. *La Guerre du faux.* 4064.

Une chronique raisonnée de nos nouvelles mythologies. Blue-jean, football, télévision, terrorisme, hyperréalité, phénomènes de mode... L'univers quotidien de notre siècle finissant méthodiquement déchiffré.

René Girard. *La Route antique des hommes pervers.*

4084.

A travers un commentaire stimulant du texte le plus étrange que contient la Bible, *Le Livre de Job*, René Girard nous convie à une formidable méditation sur le fonctionnement social. La Violence, l'Innocence, le Religieux, le Totalitarisme, le Sacrifice...

André Glucksmann. *La Force du vertige.*

4024.

Le pacifisme revu et corrigé. André Glucksmann continue son dépoussiérage des idées reçues et en appelle à une véritable révolution des consciences. Vouloir la paix au siècle de la bombe atomique cela signifie d'abord que l'on dispose d'un armement au moins équivalent à celui de son adversaire potentiel.

Yves Lacoste. *Questions de géopolitique L'Islam, la mer, l'Afrique.*

Inédit. 4087.

A travers une série d'analyses percutantes, Yves Lacoste nous montre la nouvelle physionomie de la planète et nous aide à débrouiller des questions aussi complexes que celles de l'Islam, des mers et de l'Afrique.

Claude Lefort. *L'Invention démocratique.*

4002.

Non, le totalitarisme n'est pas une fatalité. Et à qui sait entendre, des voix jaillies des profondeurs de l'oppression racontent le roman de sa disparition. Une très grande leçon de philosophie politique.

Bernard-Henri Lévy. *Les Indes rouges.*
précédé d'une Préface inédite

4031.

Le livre s'ouvre sur la décennie 70. En Afrique, en Amérique du Sud, en Asie, les pays qui subissaient la tutelle colonialiste de l'Occident secouent leur joug. *Les Indes rouges* est le récit de l'une de ces guerres de libération : l'histoire du Bangla Desh.

Bernard-Henri Lévy. *Questions de principe deux.*

Inédit. 4052.

De l'examen du « système Foucault » à l'évaluation du travail de Louis Althusser, d'un « éloge du béton » au décryptage des créations d'Yves Saint-Laurent, de l'interrogation de la décadence au douloureux problème de la faim dans le monde, de la fréquentation des maquis afghans à la fondation de S.O.S. Racisme, une même réflexion est à l'œuvre, un même engagement s'affirme. *Questions de principe deux* est un prisme où miroitent les enjeux de notre siècle finissant.

Jean-Jacques Marie. *Trotsky.*
Textes et débats

Inédit. 5004.

Le stratège, l'économiste, le philosophe, l'idéologue, le politique : toutes les figures de l'intellectuel sont soigneusement présentées.

Philosophie

Jean Baudrillard. *Les Stratégies fatales.* 4039.

Un livre à lire comme un recueil d'histoires. Il y est question d'amour,
de séduction, de plaisir, des formes inouïes de l'obscénité moderne...
Jean Baudrillard brise les clichés. *Les Stratégies fatales* est la chronique
désabusée d'un philosophe à la recherche de la nouvelle cohérence qui
régit son époque.

Jean-Claude Bonnet. *Diderot.*
Textes et débats 5001.

Diderot dans tous ses états : polémiste, humaniste, encyclopédiste,
philosophe, politologue, moraliste. Une œuvre à découvrir et à redécouvrir, une réflexion libre et stimulante.

Cahier de l'Herne. *Mircea Eliade.* 4033.

Appréhender l'homme à travers ses manifestations les plus singulières.
Saisir les mystères de l'esprit, les raisons de ses fascinations pour le
merveilleux ou l'inexplicable. Définir des réalités aussi étranges, aussi
impénétrables que la conscience ou l'imaginaire. Telles sont les voies sur
lesquelles s'est engagé Mircea Eliade.

Cahier de l'Herne. *Martin Heidegger.* 4048.

L'œuvre philosophique la plus considérable de ce siècle est indéniable-
ment celle de Martin Heidegger. La métaphysique, la pensée de l'Être,
la technique, la théologie, l'engagement politique : rien ne manque au
tableau de ce Cahier de l'Herne exceptionnel. Des intervenants prestigieux, des commentaires judicieux.

E.M. Cioran. *Des larmes et des saints.* 40.

« Il y a dans l'obsession de l'absolu un goût d'auto-destruction. D'où la
hantise du couvent et du bordel. "Cellules" et femmes de part et d'autre.
Le dégoût de vivre croît aussi bien à l'ombre des saintes que des
putains. »

Jeannette Colombel. *Jean-Paul Sartre, 1.*
Un homme en situations.
Textes et débats *Inédit.* 5008.

Dans ce premier volume, Jeannette Colombel met l'accent sur le Sartre
théoricien du « sujet », le penseur de *L'Être et le Néant*.

Jeannette Colombel. *Jean-Paul Sartre, 2.*
Une œuvre aux mille têtes.
Textes et débats *Inédit.* 5013.

Second tome qui présente le philosophe de la liberté. Sa vision de
l'Histoire, ses conceptions de la morale, sa passion de l'écriture, son sens
de l'injustice, son refus des oppressions. Tout Sartre, de *La Nausée* à
L'Idiot de la famille.

Armand Cuvillier. *Cours de philosophie, 1.*   4053.

Les questions fondamentales de la philosophie sont abordées dans des exposés rigoureux et précis. Toutes les notions, tous les concepts. Une superbe introduction à l'univers philosophique.
Problèmes de la conscience et de l'inconscient, de l'espace, du réel, de la mémoire, du temps, de l'intelligence, du langage, de la raison, de la connaissance, de l'esprit scientifique, de la biologie, de l'histoire, de la métaphysique, etc.

Armand Cuvillier. *Cours de philosophie, 2.*   4054.

Thèmes psychologiques, moraux et politiques. Le désir, le plaisir, les passions, le moi, la personnalité et le caractère, autrui, l'art, le Beau, la création, l'expérience morale, le devoir, le Bien, les grandes conceptions de la vie morale, la famille, le travail, l'État, la nation, la liberté, les théories politiques, etc.

Jean-Toussaint Desanti. *Un destin philosophique.* 4022.

Un philosophe, parmi les plus importants du moment, revient sur lui-même. Les questions cruciales de notre siècle y sont débattues sans artifices. Marxisme, stalinisme, violence, morale et engagement de l'intellectuel. Pour apprendre ce que penser veut dire.

Jacques D'Hondt. *Hegel.*
Textes et débats   Inédit. 5006.

« Ici et là, on veut encore brûler Hegel, cent cinquante ans après sa mort ! Les passions éveillées par la publication de ses idées et par leur succès équivoque ne s'apaisent pas. Cette longévité qualifie les grands penseurs. »

Élisabeth de Fontenay. *Diderot*
ou le matérialisme enchanté.   4017.

Élisabeth de Fontenay rompt le fil de l'exégèse traditionnelle pour faire apparaître un Diderot excentrique, rebelle, chantre de « la matière, de la nature et de la vie », qui, mieux que nul autre, aura « musiqué » la philosophie.

André Glucksmann. *Le Discours de la guerre,*
suivi de Europe 2004.   4030.

La guerre dans les têtes. Aujourd'hui, comme hier, présente au quotidien. Un horizon indépassable. Comment la penser à l'âge nucléaire ? Quels sont ses enjeux ? Quelle fin peut-on lui assigner ?

Michel Henry. *La Barbarie.*   4085.

Premier diagnostic du nouveau malaise dans la civilisation : la révélation du fossé qui se creuse entre savoir et culture. Michel Henry énonce avec force les vraies questions de la modernité.

Angèle Kremer-Marietti. *Michel Foucault, Archéologie et généalogie.*
Nouvelle édition revue, corrigée et augmentée 4036.

Lectures de Michel Foucault. Un parcours qui, de *La Naissance de la clinique* et *L'Histoire de la folie* aux derniers volumes de *L'Histoire de la sexualité*, explore méticuleusement le système Foucault. On visite l'inconscient politique occidental, on descend aux racines des valeurs, on entend la vérité des institutions sociales...

Emmanuel Lévinas. *Éthique et Infini.* 4018.

Emmanuel Lévinas dialogue avec Philippe Némo et passe au crible les thèmes forts de sa philosophie. La responsabilité, la relation avec l'Autre, le Mal, l'Amour, la Liberté : autant de problèmes essentiels dont l'élucidation aide à vivre aujourd'hui.

Emmanuel Lévinas. *Difficile liberté.* 4019.

Un texte qui appréhende la tradition hébraïque sur fond d'exterminations nazies et montre qu'elle porte en elle les paroles d'une sagesse éternelle. Sobrement, Emmanuel Lévinas nous raconte le grand roman de l'Homme. Décisif.

Emmanuel Lévinas. *Humanisme de l'autre homme.* 4058.

L'humanisme est toujours actuel, dit en substance Lévinas, et c'est grâce à lui que l'on peut apprendre à considérer l'« autre » dans ce qu'il a d'unique, et donc d'inestimable.

Emmanuel Lévinas. *Noms propres.* 4059.

Lire ses contemporains. Débusquer dans l'entrelacs des mots le travail de la pensée. Ou encore : le philosophe et ses « affinités électives ». *Noms propres* est un livre unique dans l'œuvre d'Emmanuel Lévinas. Le seul où le penseur désigne aussi clairement la teneur exacte de son environnement intellectuel.

Bernard-Henri Lévy. *La Barbarie à visage humain.* 4032.

Contre le bel optimisme des idéologies progressistes, *La Barbarie à visage humain* préconise une réhabilitation du travail philosophique, redéfinit les fonctions du philosophe dans la Cité et formule une critique radicale des illusions révolutionnaires.

Geneviève Rodis-Lewis. *Descartes.*
Textes et débats *Inédit.* 5003.

Du *Discours de la méthode* aux *Méditations*, de l'étude de la géométrie à la métaphysique, du doute à la connaissance, des preuves de l'existence divine aux réalités de la physique et au *Traité des passions*, Descartes mis à la portée de tous.

Michel Serres. *Esthétiques. Sur Carpaccio.* 4005.

Michel Serres, à côté d'une méditation sur la peinture, nous propose, dans des pages superbes, une réflexion novatrice sur les phénomènes de communication et de langage.

Approches littéraires

Henri Béhar et Michel Carassou.
Le Surréalisme.
Textes et débats *Inédit.* 5005.

Créé en 1924 par André Breton, et dissous en 1969, trois ans après sa mort, le surréalisme a été le mouvement littéraire qui a le plus fortement marqué ce siècle. Conceptions de l'amour, de l'art, du langage, de l'écriture, visions du continent intérieur de l'homme, passions du rêve, quête de l'au-delà du réel : un panorama complet.

Christiane Boutaudou. *Montaigne.*
Textes et débats *Inédit.* 5007.

A la charnière de deux mondes, Montaigne a proposé mieux qu'une éthique : une véritable esthétique de la vie. Il n'a pas créé un art de vivre, mais un mode d'être. Dans les célèbres *Essais*, conversation à bâtons rompus avec lui-même et son prochain, il suggère une merveilleuse leçon de sagesse.

Cahier de l'Herne. *Samuel Beckett.* 4934.

Mystères d'un homme et fulgurance d'une œuvre. Beckett est un auteur fascinant. Des textes de Cioran, Kristeva, Cixous, Bishop, etc.

Cahier de l'Herne. *Louis-Ferdinand Céline.* 4081.

Céline le diable, une œuvre aux relents sulfureux, et, malgré cela, l'un des monuments littéraires du XXe siècle. Dans ce Cahier désormais classique, Céline apparaît dans sa somptueuse diversité : le polémiste, l'écrivain, le casseur de langue, l'inventeur de syntaxe, le politique, l'exilé.

Cahier de l'Herne. *Julien Gracq.* 4069.

Julien Gracq, le dernier des grands auteurs mythiques de la littérature contemporaine. Par Jünger, Buzzati, Béalu, Juin, Mandiargues, etc. Et un texte de Gracq sur le surréalisme.

Madeleine Chapsal. *Envoyez la petite musique.* 4079.

Une remarquable introduction à l'univers intellectuel et culturel français des années 50-80. Plus d'une vingtaine de grands auteurs et grands penseurs sont passés au crible de l'entretien. Bachelard, Bataille, Beauvoir, Borgès, Breton, Céline, Lacan, Leiris, Mauriac, Merleau-Ponty, Sartre, Tzara, etc.

Umberto Eco. *Apostille au « Nom de la Rose ».* 4068.

Toutes les questions que suscite la lecture du *Nom de la Rose* trouvent ici leur réponse. Exercice rare d'un auteur livrant les clefs de son ouvrage, qui débouche sur une formidable réflexion concernant la création littéraire.

Jean-François Fogel et Daniel Rondeau
(sous la direction de).

Pourquoi écrivez-vous ? *Inédit.* 4086.

Une enquête sans précédent auprès de plus de quatre cents écrivains du monde entier. On obtient ainsi le premier atlas de la littérature contemporaine. Un instrument indispensable.

Edmond Jabès. *Le Livre des marges.* 4063.

Qu'est-ce qu'un livre ? Qu'est-ce que lire ? Qu'est-ce qui se raconte dans l'acte d'écriture ? Voilà quelques-unes des questions auxquelles s'attache Edmond Jabès dans de superbes méditations.

Vladimir Nabokov. *Littératures, 1.* 4065.

Le romancier génial se révèle aussi un remarquable analyste des grandes œuvres de la littérature européenne. Proust, Flaubert, Joyce, Dickens, Stevenson et Jane Austin sont passés au crible de l'interprétation.

Vladimir Nabokov. *Littératures, 2.* 4083.

Auteurs immenses et œuvres grandioses : un jaillissement d'intelligence qui séduit et enthousiasme. Pour découvrir ou redécouvrir les classiques de la littérature russe du XIXᵉ siècle : Gogol, Tourgueniev, Dostoïevski, Tolstoï, Tchékhov et Gorki.

René Girard. *Critique dans un souterrain.* 4009.

Dostoïevski, Camus, Dante, Hugo et quelques autres, par un maître de lecture. Ou la préhistoire du « système Girard ». La « rivalité mimétique » aperçue non plus dans le réel, mais dans la littérature.

Marthe Robert. *Livre de lectures.* 4007.

Un livre piège, qui envoûte son lecteur. Marthe Robert est certainement la plus grande critique française d'aujourd'hui. Une érudition étourdissante. Kafka, Balzac, Zola, Flaubert, Freud, Cervantès, etc. Pour saisir les facteurs qui ont plongé la littérature dans la crise.

Marthe Robert. *La Vérité littéraire.* 4008.

Un point de vue neuf sur les classiques. « Lire, quelquefois, c'est se frayer à grand-peine un chemin dans la poussière de paragraphes à travers des carcasses de mots. Et combien de livres morts ou moribonds abandonnés en cours de route... » (Marthe Robert). *La Vérité littéraire* est le manuel du savoir-lire moderne.

Marthe Robert. *En haine du roman.*   4020.

Dans des pages confondantes, Marthe Robert nous montre que nous ne
savions rien sur les racines profondes de la création chez Flaubert. *En
haine du roman* explicite le processus. Flaubert était un être double,
écartelé par le secret d'une tragédie intime : c'est dans le creux de ce
drame que s'est inscrite sa puissance créatrice.

Marthe Robert. *La Tyrannie de l'imprimé.*   4047.

A nouveau la chose littéraire travaillée par les interrogations de la
critique, réduite à ses plus infimes constituants, sommée de livrer la
formule de ses secrets. Tout est occasion, matière à questions : une
phrase, un mot, un silence. Le lecteur est convié à l'école de la
perspicacité.

Marthe Robert. *Le Puits de Babel.*   4091.

Livre de lecture : suite. Et à nouveau des pages rêveuses, traversées de
fulgurances, pour nous parler de littérature, de linguistique, de psychanalyse, et nous inciter à découvrir ou redécouvrir Buchner, Cervantès,
Kleist, et beaucoup d'autres.

Anthropologie
Ethnologie - Sociologie

Georges Balandier. *Anthropo-logiques,*
précédé d'un Avant-propos inédit.   4037.

A partir de son expérience africaine, Georges Balandier a formé une
anthropologie originale et féconde. *Anthropo-logiques* est son livre de
méthode. C'est là qu'il présente le canevas de sa recherche et délivre ses
conclusions majeures.

Gregory Bateson. *La Cérémonie du Naven,*
précédé d'une Introduction inédite,
par Michael Houseman et Carlo Severi.   4041.

La Cérémonie du Naven, à la fois récit ethnologique et autobiographie
intellectuelle, est considéré comme un classique de l'anthropologie
moderne. Les modes d'identification, l'hérédité et l'environnement,
l'impensé de l'homme et des cultures, la différenciation sexuelle, le
système des contraintes sont, parmi d'autres, des questions sur lesquelles
Bateson propose un nouvel éclairage.

Catherine Clément. *Claude Lévi-Strauss.*
nouvelle édition revue, corrigée et augmentée   4035.

L'œuvre de Claude Lévi-Strauss a bouleversé notre regard porté sur les
cultures et les sociétés archaïques. Il n'est plus possible aujourd'hui de
voir le monde primitif comme les ethnologues nous le montraient il y a
encore quelques décennies, telle une image trouble et vacillante de notre
propre passé.

René Girard. *Des choses cachées depuis la fondation du monde.* 4001.

L'ouvrage qui révolutionne les sciences humaines. Parallèlement à une réflexion approfondie sur les mécanismes qui règlent la vie des sociétés, René Girard développe et commente magistralement ce qu'il estime être l'antidote contre la violence : la parole biblique.

René Girard. *Le Bouc émissaire.* 4029.

Scénario fatal du mécanisme de la victime émissaire : une constante dans l'Histoire, dont René Girard relève la trace à de multiples reprises. L'Inquisition, la chasse aux sorcières, ou les modernes camps nazis et autre Goulag soviétique, autant de variantes d'un modèle qui ne change pas.

Marcel Griaule. *Dieu d'eau.* 4049.

Un texte qui va renouveler en profondeur l'anthropologie religieuse. Marcel Griaule montre, à travers l'examen de l'univers mental et symbolique des Dogon (peuple du Niger), qu'il existe des liens étroits entre la conception générale du monde que se forge un groupe humain et l'ensemble des techniques — corporelles, matérielles, symboliques — dont il dispose.

L'Homme (revue).
Anthropologie : état des lieux. *Inédit.* 4046.

Où en est l'anthropologie ? Quels nouveaux rapports entretient-elle avec les autres disciplines de l'encyclopédie ? La psychanalyse ? L'histoire ? La sociologie ? La biologie ? Les mathématiques ? De quels instruments conceptuels nouveaux dispose-t-elle ? Les réponses de Jean Pouillon, Marc Augé, Marc Abélès, Emmanuel Terray, Nicole Loraux, etc. Un ensemble de textes qui fait dorénavant référence.

Edgar Morin. *L'Esprit du temps.* 4010.

Examen d'une société en proie aux convulsions des transformations culturelles, *L'Esprit du temps* est une lecture raisonnée du temps présent, un repérage des valeurs, des mythes et des rêves du monde développé à l'aube des années 60. Edgar Morin a brossé un tableau - inégalé à ce jour - de notre inconscient culturel.

Edgar Morin. *La Métamorphose de Plozevet, Commune en France.* 4023.

Premier travail de sociologie qui cerne avec une précision clinique ce qu'a été l'irruption de la modernité dans la société française. Ce livre, novateur par son objet et par son approche multidisciplinaire, est devenu le texte programmatique de ce que Morin nomme « la sociologie du présent ».

Victor Segalen. *Essai sur l'exotisme*
et *Textes sur Gauguin et l'Océanie,*
précédé d'une Introduction inédite
par Gilles Manceron.   4042.

Segalen multiple, splendeurs du poète et merveilles du voyageur. Un
homme, un regard, une sensibilité rares dans ce siècle. *Essai sur
l'exotisme* est une véritable révélation. Pour découvrir les richesses de
l'« ailleurs ».

Histoire

Jacob Burckhardt. *La Civilisation*
de la Renaissance en Italie, 1.   4055.

Un temps, un monde, une civilisation. Jacob Burckhardt a peint le
tableau saisissant de la plus grande révolution culturelle de l'Occident
moderne : la Renaissance. Un âge était passé, un autre allait naître.
Où il est question de politique et de « développement de l'individu ». La
philosophie du pouvoir évolue : du conformisme au réalisme, du
moralisme au cynisme. Le volume des avènements.

Jacob Burckhardt. *La Civilisation*
de la Renaissance en Italie, 2.   4056.

Fascination des élites pour l'Antiquité, d'une part, et découverte de
l'homme et du monde, de l'autre. Le volume des nostalgies.

Jacob Burckhardt. *La Civilisation*
de la Renaissance en Italie, 3.   4057.

Pour percevoir la complexité d'un univers religieux où cohabitent des
superstitions ancestrales avec l'idée d'un Dieu unique. Diablerie et
sorcellerie côtoient les longues exégèses de la Bible. Le volume des
paradoxes.

Lucien Febvre. *Au cœur religieux du XVIᵉ siècle.* 4014.

Des figures remarquables : Érasme, Luther, Dolet ou Calvin. Les racines
de la Réforme. Les luttes contre la sorcellerie. Lucien Febvre remodèle
notre vision du XVIᵉ siècle et nous démontre (*a contrario* du discours
dominant) que cette époque ne s'était pas libérée de l'emprise religieuse,
donc qu'elle ne pouvait aucunement être perçue comme le point de
départ du rationalisme scientifique.

Bernard-Henri Lévy (sous la direction de).
Archives d'un procès : Klaus Barbie.   *Inédit.* 4078.
Un document exceptionnel à verser aux dossiers de l'Histoire. Tout y
est. Depuis le rappel de ce que furent le nazisme et l'Occupation en
France, la chronologie des faits et des événements, jusqu'au suivi du
procès lui-même. Acteurs, témoins, victimes : tous parlent, tous racontent, tous témoignent. Des signatures prestigieuses.

Émile Mâle. *L'art religieux*
du XIIIᵉ siècle en France.   4076.
Étourdissant d'érudition et d'intelligence. Le Moyen Age : ses croyances,
sa conception du monde, son univers mental sont mis à nu dans des
pages éblouissantes. Un classique de l'Histoire.

Anne Martin-Fugier. *La Place des bonnes,*
La domesticité féminine en 1900.   4028.
Fantasmes, rêves, désirs : l'inconscient bourgeois tel qu'en lui-même. *La
Place des bonnes* est, sur la société bourgeoise, l'un des plus formidables
documents issus de la nouvelle génération des historiens.

Anne Martin-Fugier. *La Bourgeoise.*   4082.
Élégante, paradante, rayonnante : la bourgeoise. Femme-épouse et
femme-mère, dévouée au service du mari et à l'éducation des enfants.
Sa vie est-elle sinécure ou enfer ? Bonheur ou tristesse ? Anne Martin-
Fugier continue son étonnante radiographie de la société bourgeoise.

Ernest Renan. *Marc Aurèle*
ou la fin du monde antique.   4015.
Marc Aurèle relate l'agonie de l'Empire romain. Sur un sujet qui a hanté
tout le XIXᵉ siècle, Renan a probablement été le seul à intuitionner une
version des faits et des causes proche de nos thèses modernes.

Dominique Veillon. *La Collaboration.*
Textes et débats   *Inédit.* 5002.
Synthèse brillante des documents et chronologie précise, de 1933 à la fin
de la guerre, la Collaboration avec ses acteurs et ses événements. Pour
comprendre comment un pays a pu accepter la rafle du Vel' d'Hiv, la
création des « Sections spéciales » et le S.T.O.

Composition réalisée par C.M.L., Montrouge.

IMPRIMÉ EN FRANCE PAR BRODARD ET TAUPIN
Usine de La Flèche (Sarthe).
LIBRAIRIE GÉNÉRALE FRANÇAISE - 6, rue Pierre-Sarrazin - 75006 Paris.

ISBN : 2 - 253 - 05432 - 1   ✛ 42/4123/8